100 Jahre AMERIKANISCHE *Automobile*

NICK GEORGANO
NICKY WRIGHT

Schutzumschlag-Gestaltung: Johann Walentek
unter Verwendung dreier Dias des Autors.

Die Originalausgabe ist erschienen unter dem Titel
The American Automobile – A Centenary 1893–1993.

Die Übertragung ins Deutsche besorgte Hermann Leifeld.

ISBN 3-613-01549-8

1. Auflage 1993.

Satz: Alber Fotosatz GmbH, 74385 Pleidelsheim.
Printed in Italy.

100 Jahre AMERIKANISCHE *Automobile*

NICK GEORGANO
NICKY WRIGHT

Motor
buch
Verlag

INHALTSVERZEICHNIS

INHALTSVERZEICHNIS

1929 Packard Custom 645 Dietrich

Besitzer: Duke Davenport (Foto: Nicky Wright)

Von allen Kunstprodukten des 20. Jahrhunderts ist keines amerikanischer als das Automobil. Deutschland mag sein Geburtsort gewesen sein und Frankreich seine Wiege, doch erst in Amerika wurde es Bestandteil des Lebens ganz gewöhnlicher Menschen und ein bedeutender Wirtschaftsfaktor. Die Vereinigten Staaten wurden zwar in den letzten Jahren von Japan überholt, hatten aber achtzig Jahre lang weltweit die führende Rolle im Automobilbau inne, nachdem sie Frankreich im Jahre 1906 mit einer Produktion von 33.200 Pkw hinter sich gelassen hatten. In Amerika gebaute oder konstruierte Autos wurden und werden auf der ganzen Welt verkauft, auch in Ländern mit einem anderen politischen System. Die sowjetische Traktor-, Pkw- und Lkw-Industrie wäre ohne die Hilfe von Ford nicht entstanden; auch Albert Kahn, der Architekt des riesigen Werks in Gorki, kam von Ford. Die ersten chinesischen Lastwagen aus den dreißiger Jahren bestanden teilweise aus amerikanischen Komponenten, und 1990 erreichte der auf dem Jeep Cherokee basierende Beijing BJ die zweithöchsten Fertigungszahlen in ganz China. In Australien, Südafrika und den meisten lateinamerikanischen Ländern entstand die Autoindustrie auf der Grundlage amerikanischer Konstruktionen. Die Serienfertigung wurde von Ford und, später, General Motors nach Europa gebracht. Im Jahre 1919 stammten zwei Fünftel aller Motorfahrzeuge auf britischen Straßen aus dem Ford-Werk in Manchester.

Mehr noch – alles, was mit unserer auf das Auto konzentrierten Welt zusammenhängt, ging von den USA aus: Verkehrsampeln, Parkuhren, mehrspurige Straßen, mehrstöckige Hoch- und Tiefgaragen, Motels und ein paar nahezu rein amerikanische Konzeptionen wie Autokinos, Drive-in-Restaurants und Auto-Bankschalter. Es ist ein Klischee zu sagen, daß das Automobil das Leben von Millionen von Amerikanern revolutioniert hat; man vergißt heute dabei aber zu leicht, wie tiefgreifend diese Revolution war. Nehmen wir beispielsweise den Urlaub. Noch bis Ende der zwanziger Jahre unseres Jahrhunderts dachten die meisten Arbeiterfamilien in den Städten und auf dem Land nicht im Traum daran, Urlaub zu machen. Ein Auto zu besitzen, wie es zwischen 1920 und 1930 immer häufiger der Fall war, bedeutete nun, daß man kurze Ausflüge machen konnte, und sei es nur über das Wochenende. Die Verlockung der großen Freiheit überkam die Amerikaner dann wie ein Sturm; weitab von modernen Haushaltshilfen zu kochen und zu waschen, wurde zu einer willkommenen Herausforderung. Das Bett war dabei oft nicht viel mehr als eine Planke zwischen zwei Trittbrettern. Unbequemlichkeit wirkte allenfalls anziehend: »Wir ertragen fröhlichen Herzens Nässe, Kälte, Moskitos, Kriebelmücken und schlaflose Nächte, nur um wieder einmal dem wahren Leben nahe zu sein,« sagte einmal einer von Henry Fords Reisegefährten.

Es gibt Schätzungen, demnach die Bewohner Nordamerikas zusammen 62.000 Jahre in der Woche in ihren Autos verbringen. Außerdem sollen zwanzig Prozent aller Amerikaner im Auto gezeugt werden. Einige kommen auch darin zur Welt und, wie sollte es anders sein, viele sterben darin. Gewisse Individualisten lassen sich sogar im Auto begraben. Die größere Mobilität hat die Rasse verbessert – auf dem Lande hatte es ein Ende mit derInzucht, als immer mehr Leute ein Auto besaßen: »Der Sohn des Farmers stellte fest, daß er der Dame seiner Wahl den Hof machen konnte, selbst wenn sie 80 Kilometer entfernt wohnte. Er konnte sich seine Partnerin in der großen weiten Welt suchen« *(Middletown: a Study in Contemporary American Culture, 1929).*

Die Rolle, die die amerikanische Autoindustrie für die Wirtschaft spielt, ist nicht weniger bedeutungsvoll. Mehr als 2,5 Millionen US-Bürger verdienen ihren Lebensunterhalt mit der Herstellung, dem Verkauf und der Reparatur von Motorfahrzeugen und in verwandten Branchen wie dem Tankstellengewerbe. Tausende weiterer bauen und unterhalten die Straßen des Landes. Es ist keineswegs übertrieben, wenn man sagt, das wirtschaftliche Wohlergehen der Nation hänge eng mit dem Erfolg oder Mißerfolg der Autoindustrie in und um Detroit zusammen. Die Menschen achten genau auf die Goodyear-Anzeige an der Straße vom Flughafen in die Stadt, die jedesmal weiterspringt, wenn wieder ein Auto fertiggestellt ist. In guten Jahren erscheint dort an jedem Arbeitstag im Sekundenabstand eine neue Zahl.

100 Jahre Geschichte, etwa 4.000 Modelle und eine Produktion von 1,757 Milliarden Fahrzeugen auf diesen Seiten unterzubringen, geht nicht ohne Verdichtung und Zusammenfassung. Ich habe mich aber bemüht, eine Balance zwischen den technischen, sozialen und persönlichen Faktoren zu finden, die das amerikanische Auto in all seiner Vielfalt geschaffen haben. Das Buch enthält alle bedeutenden und dazu eine Vielzahl interessanter Modelle.

Mein Dank für tatkräftige Mithilfe gebührt vielen Menschen. An dieser Stelle möchte ich nur den großartigen Photos meines Freundes Nicky Wright Tribut zollen, ohne den dieses Buch nie entstanden wäre.

Nick Georgano, 1992

Mobile Steamer, 1900 ▼

Besitzer: Mark und Tootsie Accomazzo

KAPITEL EINS

VORLÄUFER UND PIONIERE

1805 – 1900

"It ran no faster than an old man could walk . . . but it did run."

Charles Duryea, 1893

◀ **Die genaueste Darstellung des Orukter Amphibolos ist dieses Modell, das Greville Bathe nach Evans' Beschreibung anfertigte. Es steht in der Smithsonian Institution in Washington, D.C.**

Im Jahre 1803 gab es in Amerika angeblich nur sechs Dampfmaschinen, in Großbritannien hingegen mehrere Hundert – die industrielle Revolution war spät dran. Die Vereinigten Staaten waren noch größtenteils ein Land der Farmer und Händler; Manufakturwaren wurden importiert oder in kleinen Heimwerkstätten hergestellt, für Fernreisen eigneten sich die Flüsse viel besser als die Straßen. Die Atmosphäre regte nicht gerade dazu an, irgendwelche Motorfahrzeuge zu erfinden, und doch zeichnete Nathan Read aus Warren in Massachusetts schon im Jahre 1790 ein dampfgetriebenes Gefährt und durfte seine Vorstellungen vor George Washington erläutern. 15 Jahre später war tatsächlich ein Fahrzeug mit Eigenantrieb auf den Straßen Philadelphias zu bestaunen.

Oliver Evans (1755–1819) war im 18. Jahrhundert wahrscheinlich Amerikas führender Ingenieur und Autor eines Buches über Maschinenbautechnik, das noch in den sechziger Jahres des 19. Jahrhunderts als Standardwerk galt. Während James Watts Interesse am Dampf durch einen Teekessel geweckt wurde, war es bei Evans ein erhitzter, mit Wasser gefüllter Gewehrlauf. Wenn er das eine Ende des Laufs dicht mit einem Pfropf verschloß und das andere in einem Feuer erhitzte, flog der Pfropf nach einer gewissen Zeit mit einem Knall heraus, als wenn der Lauf mit Schießpulver gefüllt gewesen wäre. Das, so dachte sich der junge Evans, war doch eine Kraft, die sich einem nützlichen Zweck zuführen lassen mußte. Er baute zwar später stationäre Maschinen zum Schleifen von Gipskreide und Sägen von Marmor, aber seine ersten Gedanken richteten sich auf dampfgetriebene Wagen und Schiffe. Im Jahre 1805 realisierte er sein ehrgeiziges Vorhaben auf eine eher ungewöhnliche Art und Weise.

Die Gesundheitsbehörde der Stadt Philadelphia, beeindruckt von mehreren Evans-Maschinen, die in der Stadt arbeiteten, beauftragte ihn mit dem Bau eines dampfgetriebenen Schwimmbaggers, der den Schlick aus den Docks am Delaware River holen sollte. Dazu konstruierte eine neue Maschine, die mit 8,45 kg/cm² Dampfdruck in einem Zylinder mit 127 mm Bohrung und 482 mm Hub arbeitete. Diese Maschine wurde in einen 9,150 m langen und 3,660 m breiten Leichter eingebaut und wirkte auf ein Schaufelrad im Heck; der Schlick sollte durch eine Eimerkette heraufgeholt werden. Der Bagger entstand in Evans' Hinterhof in der Market and Ninth Street, etwa eine halbe Meile vom Delaware und eineinhalb Meilen vom Schuylkill River entfernt, wo er schließlich vom Stapel lief. Die Tatsache, daß Evans das Gerät so weit vom Wasser entfernt baute und auf den Namen Orukter Amphibolos (amphibischer Bagger) taufte, deutet darauf hin, daß es nach seinen Plänen für den – zumindest zeitweiligen – Einsatz an Land vorgesehen war. Da niemand bei ihm ein Straßenfahrzeug in Auftrag gegeben hatte, sah Evans dies vielleicht als die einzige Möglichkeit, ein Ziel zu erreichen, das er mehr als 30 Jahre ehrgeizig verfolgt hatte. Er hoffte wohl, der Orukter würde allen Menschen zeigen, daß eine selbstfahrende Kutsche durchaus machbar war.

Für die Fahrt von der Werkstatt zum Fluß installierte Evans einen einfachen Riemenantrieb zwischen Kurbelwelle und Hinterachse; das Schaufelrad sollte im Wasser in Betrieb genommen werden. Nach wenigen Metern brachen die Räder unter dem Gewicht des Fahrzeugs zusammen, aber die Arbeiter boten freiwillig an, in ihrer Freizeit neue Räder und Achsen zu bauen. Die Maschine verließ die Werkstatt am 13. Juli 1805 und war damit das erste Fahrzeug, das sich aus eigener Kraft auf den Straßen einer amerikanischen Stadt bewegte.

Evans konnte der Versuchung nicht widerstehen, mit seiner Schöpfung zum Centre Square (wo sich heute das Rathaus befindet) zu fahren; dort standen zwei riesige Balancierdampfmaschinen, die der Engländer Benjamin Latrobe zum Wasserpumpen aufgestellt hatte. Latrobe dachte wie Watt geringschätzig über Hochdruckdampf und hatte aus seiner Verachtung für Evans' Theorien keinen Hehl gemacht. Für Evans muß es deshalb süße Rache gewesen sein, seine relativ kleine Maschine unter der Nase seines Verleumders paradieren zu lassen. Es wurde eine richtige Parade, denn der Orukter erregte so viel Aufmerksamkeit, daß die Menschenmassen drei Tage lang strömten, um zu erleben, wie er seine Kreise um den Platz zog. Die Zuschauer, die es sich leisten konnten, mußten 25 Cent bezahlen, aber die anderen wurden auch nicht abgewiesen (damals verdiente ein Arbeiter 90 Cent am Tag). Die eine Hälfte der Einnahmen ging an Evans, die andere an die Arbeiter, die ihre freien Abende geopfert hatten.

Nach drei Tagen ratterte der Orukter die Market Street hinunter zum Schuylkill River. Dort wurde der Riemenantrieb abmontiert, nachdem die Flut den Leichter von seinem Fahrgestell gehoben hatte, installierte man das Schaufelrad. Der Orukter trat seine Jungfernfahrt an – den Schuylkill hinunter, den Delaware hinauf bis nach Dunks Ferry in New Jersey und zurück nach Philadelphia, eine Strecke von fast 73 km. Mit der Arbeit beginnen konnte er erst nach der Montage der Baggerausrüstung. Die verursachte endlose Probleme. Drei Jahre später hatte der Orukter noch keinen vollen Tag gearbeitet. Die Gesundheitsbehörde versuchte, Evans dafür verantwortlich zu machen, doch der wehrte sich und erhielt schließlich sein volles Honorar in Höhe von 5.000 Dollar, obwohl die Behörde das Gerät nie zu ihrer Zufriedenheit einsetzen konnte. Nach all der Aufmerksamkeit auf dem Centre

Square klingt der Nachruf auf den Orukter im Sitzungsprotokoll der Gesundheitsbehörde vom 9. Juni 1809 doch sehr traurig: »Der Ausschuß für den Verkauf der Schlickmaschine berichtete, daß er von James Ash June 27 Dollar für Roheisen und von Mr. Hamilton vier Dollar und zehn Cent für Ziegelsteine eingenommen habe. Beides sei von besagter Schlickmaschine aus dem Wasser geholt worden.«

Evans baute in der Folgezeit stationäre Hochdruckdampfmaschinen und verkaufte Lizenzen an andere Hersteller. Er stellte nie wieder ein Fahrzeug her, gab aber seine Träume nicht auf. Im Jahre 1812 schrieb er: »Es wird die Zeit kommen, in der die Menschen in Kutschen reisen, die von Dampfmaschinen bewegt werden – von einer Stadt zur anderen und fast so schnell, wie die Vögel fliegen… Die Kutschen werden morgens von Washington abfahren, die Passagiere werden in Baltimore frühstücken, in Philadelphia zu Mittag essen und in New York ihr Abendessen zu sich nehmen – alles am gleichen Tag.« Und genau so kam es dann schließlich, allerdings erst hundert Jahre später.

DER DAMPFWAGEN

Auf beiden Seiten des Atlantiks befaßten sich frühe Experimentatoren mit dem Nutzen des Straßenfahrzeugs. Der Urvater all dieser Fahrzeuge, der Fardier von Nicolas Cugnot aus dem Jahre 1770 war eine Geschütz-Zugmaschine, der Orukter war ein Schwimmbagger, und bei fast allen britischen Fahrzeugen der zwanziger und dreißiger Jahre des 19. Jahrhunderts handelte es sich um Busse oder Postkutschen. Im Jahre 1826 baute Thomas Blanchard aus Springfield in Massachusetts einen achtsitzigen Dampfwagen, vierzehn Jahre später fuhr auf den Straßen von New York das erste selbstgetriebene Feuerwehrauto, gebaut von Hodge. Personenwagen für das eigene Vergnügen tauchten erst im nächsten Jahrzehnt auf. Die Ehre, der erste Amerikaner gewesen zu sein, der Fahrzeuge zum Verkauf anbot, gebührt dem New Yorker John Kenrick Fisher, der die American Steam Carriage Company gründete. Im Jahre 1853 warb er für seine Dampfwagen, die den sehr hohen Preis von 2.000 Dollar kosteten, mit dem Versprechen, sie führen auf guten Schotterstraßen 24 km/h.

Vier Jahre nach Fisher baute ein weiterer New Yorker, Richard Dudgeon, ebenfalls einen dampfgetriebenen Personenwagen, der aber verbrannte. 1866 baute er einen zweiten Wagen, den es heute noch gibt. Mit seinen Holzsitzen beidseits des Kessels sieht er aus wie eine kleine Lokomotive. Die Maschine besteht aus zwei einzelnen Zylindern, die jeweils ein Hinterrad antreiben; die Räder bestehen aus massivem Rotzeder-Holz und sind mit Eisen beschlagen. Gelenkt wird mittels einer sich um einen Mittelzapfen drehenden Vorderachse, diese Lenkung scheint ein wahres Schreckgespenst gewesen zu sein. Nur der Erbauer des Wagen wurde damit fertig, selbst der landete

▶ Der erste Dampfwagen in Wisconsin war »The Spark« aus dem Jahre 1871, konstruiert von dem Physikprofessor H.S. Carhart auf Anregung seines Bruders Dr. J.W. Carhart. Der Kessel stammte von den Button Fire Engine Works in Waterford, New York, der Rest zum größten Teil von der J.I. Case Company in Racine. Der Wagen war zwar laut, lief aber erfolgreich und regte den US-Bundesstaat Wisconsin sieben Jahre später dazu an, einen Preis von 10.000 Dollar zu stiften.

State Historical Society of Wisconsin

▼ Die beiden Konkurrenten Green Bay und Oshkosh im 200-Meilen-Rennen von 1878. Der Green Bay war schneller, fuhr aber in den Graben. Den Preis erhielt damit der Oshkosh mit einem Schnitt von knapp 10 km/h. Diese Zeichnung entstand Jahre danach, so daß die Fahrzeuge möglicherweise nicht genau wiedergegeben sind

State Historical Society of Wisconsin

▲ **Dieser zweite Dampfwagen von Ransom Olds stammt aus dem Jahre 1890. Er hatte einen mit Flüssigbrennstoff befeuerten Kessel und eine Leistung von 4 PS. Verkauft wurde er an einen Kunden in Indien, der ihn aber nie zu Gesicht bekam, weil er auf See verloren ging.**

Oldsmobile History Center

einmal in einem Friseurgeschäft in Oyster Bay. Nach einem Versuch mit dem Dudgeon in den fünfziger Jahren unseres Jahrhunderts berichtete der Historiker Phil Dumka, die Lenkung brauche von Anschlag zu Anschlag fünfzig Umdrehungen und reagiere »langsamer als ein Öltanker« und der Fahrer Joe Knowles habe sich »bis zur Erschöpfung verausgabt, um dem seitlichen Ausscheren entgegenzulenken und dann wieder die Richtungskorrektur zu korrigieren«. Die Fahrt ging übrigens nur über gut eineinhalb Kilometer.

Dudgeon nutzte seinen Wagen einige Zeit in New York für Geschäftsreisen und um mit seiner Familie zur Kirche zu fahren, doch der Lärm und der Qualm verschreckten die Pferde dermaßen, daß die Polizei ihn aus den Straßen der Stadt verbannte. Außerdem hatte er sich mit den Politikern der Stadt angelegt, die auf genau die Art und Weise zurückschlugen, von der sie annahmen, daß sie Dudgeon am ehesten treffen konnten. Dudgeon brachte seinen Wagen zu seinem Landhaus in Locust Valley auf Long Island und setzte seine Experimente dort fort. Vermutlich waren die Pferde auf dem Land nicht erfreuter über seine Maschine als die in der Stadt, aber es gab dort zumindest nicht so viele.

Etwa ab 1860 mehrten sich die Dampfwagen in den Vereinigten Staaten, wobei allerdings nur wenige mehr als vergänglichen Ruhm ernteten. Ihre Erfinder verdienten trotz aller Hingabe nur selten Geld damit und trieben ihre Familien häufig zur Verzweiflung. Manchmal verzweifelten sie auch selbst. John Gore aus Brattleboro in Vermont, der ewigen Beschwerden der Nachbarn müde und der Tatsache überdrüssig, daß immer ein Junge mit einer Glocke vor ihm hergehen mußte, fuhr eines Tages in den Graben. Er kletterte aus seinem Wagen, meinte, seinetwegen könne das Ding dort bleiben, und ging nach Hause. Die Dampfmaschine wurde später für eine Bäckerei ausgebaut.

Die meisten dieser Pionierfahrzeuge waren leichte Buggies. Es gab aber auch schwerere Frachtwagen wie den im Jahre 1861 von Louis Badger aus Quincy in Massachusetts gebauten. Er war eigentlich für den Transport von Granit vorgesehen, fuhr aber gelegentlich auch mal die West Quincy Brass Band. Die meisten Bewohner von Quincy waren allerdings der Meinung, mit einem Gespann guter Ochsen könne er nicht mithalten. Die außergewöhnlichste Erfindung war sicherlich der Steam Man, den sich Zadoc P. Dederick und Isaac Grass aus Newark im Jahre 1870 patentieren ließen. Dabei handelte es sich um eine lebensgroße Männerpuppe, komplett mit Bowler, einem Kessel unter dem Jackett und einer Zweizylindermaschine hinter dem Rücken, die über ein kompliziertes Hebelsystem die Beine bewegte. Der Mann hatte sogar zwei

Vorwärts- und zwei Rückwärtsgänge. Er funktionierte nur, wenn er einen Karren oder eine leichte Kutsche schleppte. Zweifel an seiner Funktionsfähigkeit sind erlaubt, aber der bekannte Charles E. Duryea, einer der Pioniere des Benzinautos behauptete später, er habe den Steam Man tatsächlich in Aktion gesehen.

Der hartnäckigste Dampfwagenkonstrukteur in Amerika war Sylvester Hayward Roper aus Roxbury in Massachusetts. Sein erstes Fahrzeug wurde im Jahre 1863 im Scientific American angekündigt, könnte aber durchaus schon früher fertig gewesen sein. Das Vorderteil bestand aus einer leichten zweisitzigen Pferdekutsche, hinter der ein Kessel stand, der einen Druck von 4,22 kg/cm² erzeugte (halb so viel wie Evans' Kessel sechzig Jahre zuvor), an den wiederum eine 2-PS-Maschine anschloß. Roper verkaufte sein Gefährt später an den selbsternannten Professor W.W. Austen, einen Schausteller, der es unter seinem eigenen Namen zwischen 1865 und 1870, vermutlich auch noch später, auf zahlreichen Kirmesveranstaltungen in Neuengland und anderen Ostküstenstaaten ausstellte. Mit seiner angeblichen Geschwindigkeit von knapp 50 km/h war es der Anziehungspunkt auf vielen Veranstaltungen und mußte häufig gegen die schnellsten Pferde antreten, die die Bevölkerung aufbieten konnte. Roper baute später noch etwa zehn weitere Fahrzeuge, darunter zwei Dampfmotorräder. Das erste davon, 1869 gebaut, war ein plump aussehendes Veloziped mit Eisenbereifung, 1894 entstand ein sehr ansehnlich aussehendes Gefährt mit einem winzigen Wasserrohr-Kessel und einer Zweizylindermaschine, die im Rahmen eines normalen Columbia-Fahrrads montiert war und über das Verbindungsgestänge direkt auf das Hinterrad wirkte. Bei nur 200/min ermöglichte die Maschine theoretisch eine Höchstgeschwindigkeit von 96 km/h. Ob sie diese Geschwindigkeit jemals erreichte, ist nicht bekannt, aber Roper muß ganz schön schnell gefahren sein, als er 1896 im Alter von 60 Jahren auf dem Charles River Track in Boston verunglückte und sofort tot war. Ironischerweise war auch Austen zwei Jahre vorher an gleicher Stelle zu Tode gekommen, als er mit einem anderen Dampfwagen zusammenstieß – mit größter Sicherheit der erste Unfall in der amerikanischen Geschichte, an dem zwei Autos beteiligt waren.

Die meisten der frühen Dampffahrzeuge entstanden in Neuengland, es gab jedoch Ausnahmen. Das erste selbstgetriebene Fahrzeug aus Wisconsin, gebaut 1871, ging auf eine Idee von Dr. J.W. Carhart zurück, dessen Bruder H.S. Carhart, Physikprofessor an der Northwestern University und der Michigan State University, die Konstruktion übernahm. Der Bau selbst erfolgte größtenteils bei der J.I. Case Company, die heute noch für ihr landwirtschaftliches Gerät bekannt ist und sich von 1911 bis 1927 im Automobilbau betätigte. »The Spark«, wie das Gefährt hieß, hatte einen großen stehenden Kessel hinter dem Buggyähnlichen Sitz und machte viel Krach. Der Doktor erklärte später einmal, kein Rennwagen von 1914 sei lauter gewesen als »The Spark« und »... wir hatten die Straßen meistens ganz für uns, denn wenn die Leute den Wagen erst einmal erlebt hatten, befürchteten sie alle, er werde in die Luft fliegen.«

1878 setzte der Staat Wisconsin einen Preis von 10.000 Dollar aus für »einen billigen und praktischen Ersatz für Pferde und andere Tiere auf der Straße und in der Landwirtschaft«. Die Bewerber mußten eine Strecke von 200 Meilen zurücklegen. Von den gemeldeten sieben Fahrzeugen erschienen an der Startlinie in Green Bay nur zwei. Das eine hieß passenderweise Green Bay, obwohl es in der Nachbargemeinde Wequiock gebaut worden war, das andere Oshkosh nach der gleichnamigen Stadt. Der Green Bay war mit 6470 kg um etwa ein Drittel schwerer als der Oshkosh. Beide Fahrzeuge führten Anhänger mit Brennstoff und Wasser mit. Der Green Bay war schneller, aber sein Fahrer und Konstrukteur E.P. Cowles fuhr in einen Graben und mußte Reparaturen vornehmen, so daß der Oshkosh mit einer Durchschnittsgeschwindigkeit von knapp 10 km/h das Rennen machte. Die Behörden versuchten seinen Erbauern zunächst das Preisgeld mit der Begründung vorzuenthalten, mit einer Geschwindigkeit von 10 km/h sei die Maschine in der Praxis nicht zu gebrauchen, zahlten dann aber doch die Hälfte des Geldes.

Auch Elijah Ware aus Bayonne in New Jersey baute zwischen 1861 und 1867 mehrere Dampfwagen. Einen davon verkaufte er für 300 Dollar an einen katholischen Priester auf Prince Ellis Island in Kanada. Das dürfte wohl das erste amerikanische Fahrzeug gewesen sein, das exportiert wurde. George Alexander Long aus Northfield in Massachusetts und Lucius Copeland aus Phoenix in Arizona bauten zwischen 1880 und 1890 auf der Basis von Columbia-Fahrrädern dampfgetriebene Dreiräder, Ransom Eli Olds, der Pionier der Serienfertigung, stellte 1887 und 1890 zwei Dampffahrzeuge mit drei bzw. vier Rädern her. Einen interessanten Hintergrund hatte der Philion aus Akron in Ohio. Achille Philion, ein in Frankreich geborener Zirkusartist, baute seinen kleinen vierrädrigen Dampfwagen, um bei den Paraden, die das Kommen des Zirkus' ankündigten, Werbung zu betreiben. Er benötigte bis zur Fertigstellung 1892 fünf Jahre für den Bau. Ab 1904 betrieb Philion ein Kino, viele Jahre später war sein Wagen in einigen Filmen zu bewundern.

◀ **Der erste Duryea-Wagen nach Umbauten im Januar 1894. Kurz danach begann Frank Duryea mit der Arbeit an seinem zweiten Wagen, der erste wurde eingemottet. 1920 wurde er dann von Inglis M. Uppercu gerettet und dem US-Nationalmuseum vermacht.**

Motor Vehicle Manufacturers' Association

Man streitet sich zwar darüber, wer nun das erste amerikanische Benzinauto gebaut hat, aber sicher ist, daß der erste für den Verkauf gebaute Benziner von den Gebrüdern Frank und Charles Duryea stammt.

Die Gebrüder Duryea wurden in Illinois geboren, Charles im Jahre 1861 und Frank 1869, lebten aber in Massachusetts, als sie mit der Arbeit an ihrem ersten Auto begannen. In späteren Jahren gab es zwischen den Brüdern und ihren jeweiligen Familien eine Menge unwürdige Streitereien darüber, wer denn wirklich für die Konstruktion verantwortlich gezeichnet hatte. Es sieht wohl so aus, daß die Idee ursprünglich von Charles kam, daß sich die beiden die anfänglichen Konstruktionsarbeiten teilten und daß die Entwicklung ausschließlich Frank vorbehalten blieb, nachdem Charles im September 1892 nach Peoria in Illinois abgereist war. Charles war vielleicht desillusioniert angesichts des langsamen Fortschritts mit dem Wagen, der auch nach einem Jahr noch nicht laufen wollte. Er mußte sich außerdem um sein Fahrradgeschäft in Peoria kümmern. Frank machte mit finanzieller Unterstützung von Seiten Erwin F. Markhams allein weiter; im Februar 1893 lief der Wagen, und im September war er bereit für die Straßenerprobung.

Karosserie und Rahmen des ersten Duryea stammten von einem für 70 Dollar gebraucht gekauften Buggy; der Motor war ein liegender Einzylinder mit 1302 cm^3 Hubraum und einer theoretischen Leistung von vier PS. Er hatte eine Niederspannungszündung und einen Spritzvergaser. Die Kraftübertragung erfolgte durch Reibung. Die erste Fahrt auf öffentlichen Straßen fand am 21. September 1893 statt. Frank schrieb an Charles: »...habe ihn endlich gründlich erprobt und weitere Versuche zurückgestellt, bis noch ein paar Änderungen vorgenommen sind.«

Vermutlich war der Wagen nicht sehr gut gelaufen, denn die nächste bekannte Erprobung fand erst am 10. November statt. Der *Springfield Morning Union* meldete dazu, daß das Auto zwei Straßen hinauf- und hinunterfuhr und dann »...plötzlich stehenblieb und sich nicht mehr bewegen wollte. Eine Untersuchung ergab, daß das Lager durch die Reibung glatt geworden war. Mit Hilfe von ein paar Wassertröpfchen funktionierte es dann wieder.« In dem Artikel war übrigens von einem »mit Benzin betriebenen Fahrzeug« die Rede, während es in der Überschrift hieß: »Elektrische Kutsche in Springfield erprobt.« Das war keineswegs untypisch für die Konfusion, die die Journalisten jener Tage verbreiteten, denn kaum einer von ihnen hatte eine Vorstellung davon, worauf das Prinzip des

▲ Elwood P. Haynes mit seinem ersten Wagen aus dem Jahr 1894 (er selbst behauptete allerdings später, ihn schon ein Jahr vorher gebaut zu haben).

Motor Vehicle Manufacturers' Association

▼ Noch einmal der erste Haynes, mit seinem Erbauer am Steuerhebel, neben einem großen Touring-Modell von 1908

Motor Vehicle Manufacturers' Association

Automobils beruhte. Viele Jahre später sagte Charles Duryea über einen dieser Versuche: »Er fuhr nicht schneller, als ein alter Mann gehen konnte ... aber er fuhr.«

Weitere Änderungen folgten im Winter 1893/94, doch schon im Jahr darauf arbeitete Frank an einer neuen Konstruktion mit Stirnradantrieb auf die Hinterachse. Seine Zeichnungen schickte er an Charles, der ein Patent beantragte, das schließlich am 11. Juni 1895 erteilt wurde. Leider vergaß er in dem Patentantrag, seinen Bruder zu erwähnen. Dieses schäbige Verhalten setzte er fort, indem er Frank lediglich als »Bediener« des Wagens bezeichnete, der im November 1895 das von der Zeitung *Chicago Times-Herald* veranstaltete Rennen gewann. Dazu ließ er ein Photo aus dem Sommer des vergangenen Jahres in Umlauf bringen. das ihn selbst am Steuer des Wagens zeigte. Zu dem Zeitpunkt konnte er aber noch gar nicht fahren. Seine Rolle bei dem großen Rennen hatte sich auf eine Fahrt im Pferdeschlitten beschränkt.

Wer sich selbst gut verkaufen kann, kommt oft besser weg als ein Ingenieur, der sich nur seinem Beruf widmet, doch langfristig verdiente Frank mehr mit dem Auto als Charles. Zusammen gründeten sie in Springfield die Duryea Motor Wagon Company, bauten zwischen 1895 und 1898 aber nur dreizehn Wagen, um schließlich getrennte Wege zu gehen. Charles ließ bei mehreren Firmen seine eigenen, äußerst exzentrischen Konstruktionen bauen; diese besaßen von 1902 bis 1906 Dreizylindermotoren hinter dem Sitz und Lenkstöcke, obwohl die meisten anderen Autohersteller schon zu Lenkrädern übergegangen waren. Er hielt den Lenkstock unter anderem deshalb für vorteilhaft, weil er mit einer Hand zu betätigen war, so daß die andere frei war für die Hüfte einer schönen Mitreisenden, eine gute Fünf-Cent-Zigarre oder, bei schlechtem Wetter, einen Schirm. Später baute er einen Hochrad-Buggy namens Buggyaut mit massiven Rädern und drei- bzw. vierrädrige Kleinstwagen mit der Bezeichnung Gem. Ab 1917 schrieb er dann bis zu seinem Tod im September 1938 technische Bücher und Artikel. Er starb zwar nicht gerade arm, war aber sicherlich kein reicher Mann. Frank hingegen konstruierte einen Wagen, der von der Steven Arms & Tools Company als Stevens-Duryea herausgebracht wurde. Der Wagen wurde zusehends größer und teurer, 1915 wurde die Firma an Westinghouse verkauft. Frank verdiente dabei eine halbe Million Dollar, so daß er den Rest seines langen Lebens gut und bequem leben konnte. Er starb im Februar 1967, sieben Monate vor seinem 98. Geburtstag.

Die Gebrüder Duryea waren nicht die einzigen Ingenieure, die sich mit Straßenfahrzeugen abgaben. In Anderson in Indiana baute John William Lambert 1891 ein dreirädriges Auto, das aber bei einem Brand zerstört wurde. Zwei Jahre später kaufte Elwood P. Haynes (1857–1925), Leiter der Exploration bei der Indiana Natural Gas & Oil Company einen Einzylinder-Zweitakt-Schiffsmotor von Sintz mit der Absicht, ihn in ein Straßenfahrzeug einzubauen. Er nahm Kontakt mit den Riverside Machine Works in Kokomo auf, bat die Besitzer Elmer und Edgar Apperson, den Wagen für ihn zu bauen. Das taten sie dann auch, am 4. Juli 1894 war er bereit zur Erprobung. Die Erbauer hatten eine derartige Angst, sich lächerlich zu machen, daß sie den Wagen von Pferden aus der Stadt ziehen ließen. Er hatte ein Stirnradgetriebe mit drei Vorwärtsgängen, einen Fußgashebel und einen Lenkstock. Ein Rückwärtsgang fehlte. Im Laufe der nächsten vier Jahre entstanden noch ein paar ähnliche Autos, wobei Haynes allerdings zunächst seinen Job bei der Öl- und Gasfirma behielt und die Appersons sich weiter mit dem allgemeinen Maschinenbau beschäftigten. 1898 gründeten sie die Haynes-Apperson Automobile Company, die alle zwei oder drei Wochen einen Wagen produzierte. Zu diesem Zeitpunkt hatte Haynes für sich beschlossen, daß er ein Pionier des Autobaus sein wollte. Er verschwieg nicht nur die Rolle, die die Appersons bei seinem ersten Wagen gespielt hatten, sondern datierte ihn auch noch ein Jahr zurück. Dabei hatte er 1893 allenfalls aus einer vagen Idee bestanden. Ein weiteres Problem war für ihn der Wagen von Lambert, der im gleichen Bundesstaat gebaut worden war. Also suchte er Lambert auf und bat ihn, keine Einwände dagegen zu erheben, daß er seinen Wagen als »Amerikas erstes Auto« bezeichnete. Lambert stimmte zu. Er baute zwar in der Folge weitere Autos, erwähnte seinen Dreiräder von 1891 aber nie. Wegen der Gebrüder Duryea scheint Haynes sich keine Sorgen gemacht zu haben. Wahrscheinlich rechnete er damit, daß sie zu sehr mit ihren eigenen Streitereien beschäftigt waren, um von seinem Anspruch Notiz zu nehmen.

◀ Haynes-Apperson Touring von 1900. Der Wagen hatte einen liegenden Zweizylindermotor mit 1900 cm³ Hubraum unter dem Rücksitz und kostete als Viersitzer 1.500 Dollar. Ab 1905 hieß er nur noch Haynes.

Motor Vehicle Manufacturers' Association

Es gab noch andere Pioniere, teilweise schon vor den Duryeas. So bauten beispielsweise Gottfried Schloemer und Frank Töpfer 1892 in Milwaukee ein Auto, für das sie wie Haynes einen Sintz-Motor verwendeten. Der Wagen wurde erprobt, doch gab es keinen Nachfolger. Noch früher, nämlich im Jahre 1890, baute William Morrison aus Des Moines in Iowa ein Elektro-Auto für sieben Passagiere. Die Elektrokutsche, wie er den Wagen nannte, nahm im September 1890 an einer Parade teil und wurde durch Zeitschriften wie Scientific American im ganzen Land bekannt. Es kamen über 16.000 Anfragen, Morrison und sein Partner Louis Schmidt benötigten all ihre Zeit, um nur die Post zu öffnen. Schon bald lasen sie die Briefe nicht mehr und öffneten sie nur noch wegen der beigelegten Briefmarken für das Rückporto, die zwei 35-l-Körbe füllten.

Morrison hatte nicht die Absicht, Autohersteller zu werden, obwohl er möglicherweise noch ein paar weitere Fahrzeuge baute, um seine Batterien zu erproben. Er verkaufte seine Elektrokutsche an Harold Sturges, der damit 1895 am Rennen der *Chicago Times-Herald* teilnahm. Noch 1907 erklärte Morrison: »Für ein eigenes Automobil würde ich keine zehn Cent ausgeben.«

In Philadelphia stellten Henry Morris und Pedro Salom ebenfalls Elektro-Autos her, die sie Electrobat nannten. Zuerst hatte jeder Wagen wie Lokomotiven oder Schiffe einen eigenen Namen wie Crawford Wagon, Fish Wagon, Skeleton Wagon usw. bekommen, doch den beiden gingen bald die Namen aus, so daß die Fahrzeuge ab 1896 nur noch Electrobat hießen. Sie hatten Vorderachsantrieb und waren vielfach in Philadelphia und New York als Taxis anzutreffen.

▲ Frühes Autorennen – in Amerika vermutlich das erste auf einem eigenen Rennkurs abseits öffentlicher Straßen – im September 1896 im Narragansett Park auf Rhode Island; die vier Autos links sind sämtlich Duryeas, rechts ein Electrobat von Morris & Salom.

Motor Vehicle Manufacturers' Association

DAS *TIMES-HERALD*-RENNEN

Anfang der neunziger Jahre wußten die amerikanischen Automobilpioniere zum größten Teils nichts voneinander und arbeiteten außerhalb des Blickwinkels der Öffentlichkeit, doch 1895 brachte Amerikas erstes Automobilrennen alle genannten Erfinder und viele andere zusammen. Dieses Rennen war eine Idee von H.H. Kohlsaat, Verleger der *Chicago Times-Herald,* der sich von den Rennen Paris – Rouen und Paris – Bordeaux in den Jahren 1894 bzw. 1895 hatte anregen lassen. Er meinte, eine ähnliche Veranstaltung könne in Amerika das Interesse an der pferdelosen Kutsche erregen und sei eine nützliche Werbung für seine Zeitung.

Die Veranstaltung wurde am 9. Juli 1895 angekündigt, die Meldeliste schloß am 13. September. Das Rennen sollte am 2. November stattfinden. In den insgesamt 89 Meldungen hieß es bei 30, daß der Wagen nicht rechtzeitig fertig sein könne, so daß die Veranstaltung auf den 28. November verschoben wurde. Aber auch zu diesem Datum gab es nur elf feste Startzusagen, und von diesen Wagen schafften es fünf aus verschiedenen Gründen nicht, an der Startlinie zu erscheinen. Die sechs tatsächlichen Starter waren ein Duryea, ein Electrobat, die von Harold Sturges gemeldete fünf Jahre alte Morrison-Elektrokutsche und drei Wagen, die mehr oder weniger auf dem deutschen Benz basierten. Ende November war bei weitem keine ideale Zeit, um in Chicago ein Rennen zu veranstalten. Die Wagen hatten dann auch alle Mühe, im Schneematsch die 87 km lange Strecke von Jackson Park nach Evanstown und zurück zurückzulegen. Nur zwei schafften die gesamte Strecke, der Duryea an erster Stelle, gefolgt von einem Mueller-Benz. Am Start fand sich eine riesige Menschenmenge ein, deren Begeisterung die elf Stunden an einem frostigen Novembertag aber nicht überdauerte. In einer Chronik der frühen Autorennen heißt es: »Der Duryea...fuhr nahezu unbeobachtet durch die dunklen und verschneiten Straßen.«

Das Preisgeld betrug 5.000 Dollar. Davon gingen 2.000 Dollar an die Gebrüder Duryea, 1.500 Dollar an die Firma H. Mueller und je 500 Dollar an das Kaufhaus Macy's für seinen Benz und an Sturges, obwohl beide Wagen die Ziellinie nicht erreicht hatten. Das verbleibende Geld wurde unter den anderen aufgeteilt, auch unter denen, die aus verschiedenen technischen Gründen nicht am Start erschienen waren. Morris und Salom erhielten eine Goldmedaille für »Sicherheit, einfache Bedienung, Fehlen von Lärm, Vibrationen, Hitze und Gestank, Sauberkeit und exzellente Konstruktion und handwerkliche Ausführung« ihres Electrobats.

Das *Times-Herald*-Rennen mag zwar kein außergewöhnlicher Erfolg gewesen sein, zog aber das Interesse der Öffentlichkeit auf die neuen Fahrzeuge. Mit Sicherheit war es der Sache dienlicher als die nächste Veranstaltung, das von der Zeitschrift *Cosmopolitan* organisierte Rennen zwischen New York und Irvington. Von den sechs gestarteten Fahrzeugen kam nur ein Duryea ins Ziel. Seine Zeit von sieben Stunden und dreizehn Minuten für 97 km stellte eine starke Verbesserung gegenüber den zehn Stunden und 23 Minuten für die 87 km beim vorhergehenden Rennen dar. Der Ausfall seiner Konkurrenten, darunter drei weitere Duryeas, ein Carlos Booth und ein Armstrong-Elektrowagen, gab Anlaß zu folgendem Reimversuch:

Sechs Kutschen ohne Pferde fuhr'n abseits der Sümpf';
bei einer fiel das Rad wohl ab, da waren's nur noch fünf.

Fünf Kutschen ohne Pferde rasten wie die Stier';
die eine hatte Kettenschlupf, da waren's nur noch vier.

Vier kutschen ohne Pferde fuhr'n völlig sorgenfrei;
ein Fahrrad stieß an eine an, da waren's nur noch drei.

Drei Kutschen ohne Pferde kamen an einen Berg...

...und dieser Berg wollte nicht weichen, so daß die Fahrer aussteigen und schieben mußten, und deshalb war die Zeit zwischen dem Rathaus und Irvington für den von einer Zeitschrift ausgelobten Preis von 3.000 Dollar nicht das, was sie hätte sein können, wenn dort kein Berg gewesen wäre.

Das Gedicht erschien in *The Wheel,* der führenden Radfahrzeitschrift, was vielleicht die abschätzigen Bemerkungen über Automobile erklärt, zumal die Radfahrer, die den Automobilen folgen wollten, weit vor ihnen in Irvington ankamen.

Der Duryea zeichnete sich später im Jahr aus, als er das berühmte Rennen von London nach Brighton als erster beendete. In Amerika fanden in den nächsten Jahren keine größeren Rennen mehr statt.

EINE INDUSTRIESTADT ENTSTEHT

Das Jahr 1896 war für die Geschichte des amerikanischen Autos von großer Bedeutung, nicht zuletzt aus dem Grunde, daß in der Presse jetzt allgemein das französische Wort »automobile« Verwendung fand. Vorher war immer von der »pferdelosen Kutsche« die Rede gewesen.

1896 war auch das erste Jahr, in dem mehr als ein Wagen nach derselben Konstruktion entstand. Die Gebrüder Duryea bauten 13 Exemplare des – man muß es so nennen – ersten amerikanischen Serienautos, dessen erster Käufer George H. Morill jr. aus Norwood in Massachusetts war. Ob andere Autobauer 1896 tatsächlich einen Wagen verkauften, ist nicht bekannt, dafür stellten aber mehrere erwähnenswerte Pioniere ihre ersten Fahrzeuge fertig. Das erste Automobil, das in Detroit, der späteren Hauptstadt des Automobilbaus, entstand, war das Werk von Charles Brady King (1868-1957), der seinen Motor schon 1894 gebaut und gehofft hatte, den Wagen zum *Times-Herald*-Rennen fertig zu haben. Der Motor war insofern ungewöhnlich, als er schon vier Zylinder besaß, als die meisten seiner Konkurrenten noch nicht über einen, bestenfalls zwei, hinausgekommen waren. Da er an der Veranstaltung in Chicago nicht mit einem eigenen Wagen teilnehmen konnte, begnügte King sich damit, als offizieller Schiedsrichter im Mueller-Benz mitzufahren (und ihn während der letzten Stunde auch selbst zu steuern). Doch im März 1896 war sein Wagen fertig und machte die ersten Probefahrten auf den Straßen der Stadt, verfolgt von einem Fahrrad, auf dem ein junger Elektroingenieur namens Henry Ford saß.

Charles King spielte später eine wichtige Rolle beim Bau des ersten Ford, denn er kaufte einige seiner Teile wie etwa die Kette zur Übertragung der Antriebskraft auf die Hinterräder. Ford hatte wie alle anderen Autobauer seiner Zeit keine fertigen Bauteile, mit denen er hätte arbeiten können. Die Zylinder für seinen Motor stammten aus einem Stück Rohr von einer Dampfmaschine, das er halbierte und auf den erforderlichen Durchmesser aufbohrte. Das Schwungrad kam aus einer alten Drehbank, Räder und Sitz stammten von Fahrrädern. Als »Hupe« diente eine Türglocke. Wegen seiner Abstammung vom Fahrrad war Fords erstes Auto leichter als die meisten seiner Zeitgenossen; er wog knapp über 225 kg, während der King auf 590 und die Duryeas auf 320 kg kamen. Mit einer Höchstgeschwindigkeit von 32 km/h war er dem King mit 8 km/h weit überlegen. Ford hatte seinen Wagen am 4. Juni 1896 fertig, in seiner Begeisterung aber keinen Gedanken daran verschwendet, wie er ihn aus seiner winzigen Werkstatt bekommen sollte. Da die Tür zu schmal war, schlug er mit einem Beil den Rahmen ab und konnte seine kleine Maschine schließlich auf die Bagley Avenue schieben,

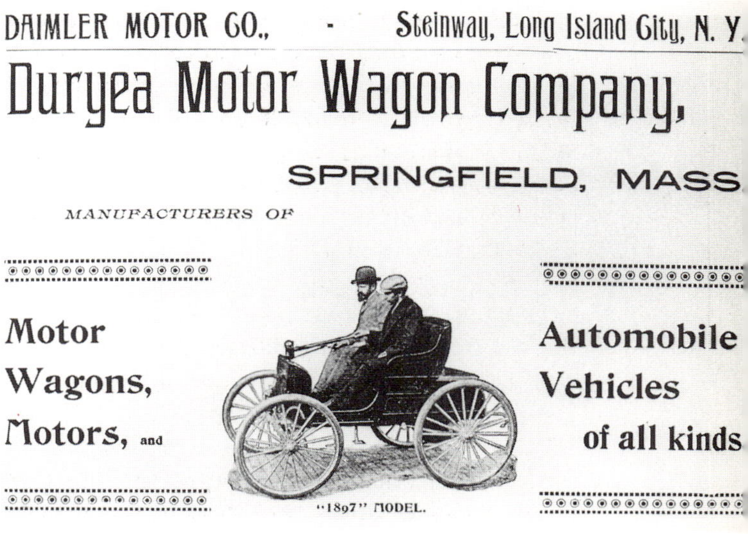

▲ Eine der ersten Zeitungsanzeigen für Automobile in Amerika warb für den 1897er Duryea. Der Druck der Jahreszahl deutet darauf hin, daß die Anzeige ursprünglich schon im Jahr zuvor erschienen war und daß nur die 6 gegen eine 7 ausgetauscht wurde. Die Daimler Motor Company, US-Tochter der deutschen Firma, die später den Mercedes baute, war vermutlich die Duryea-Vertretung für den Raum New York.

Motor Vehicle Manufacturers' Association

▶ Die Duryea-Fabrik in Springfield, in der 1896 dreizehn Wagen gebaut wurden. Damit war sie das erste Automobilwerk in den Vereinigten Staaten.

Motor Vehicle Manufacturers' Association

nachdem er auch noch ein paar Steine aus der Türöffnung geschlagen hatte. Er fuhr mit dem Auto eine Zeitlang in Detroit herum (um 2 Uhr morgens) und hatte dabei nur eine einzige Panne, und zwar vor dem Cadillac Hotel am Washington Boulevard.

Schon bald wagte sich Ford über die Stadtgrenzen hinaus bis zur Farm der Familie in Dearborn. Auf diesem Weg sah er sich mit der größten Bedrohung für alle Autopioniere konfrontiert, dem fürchterlichen Zustand der Landstraßen. Sein besonderes Problem waren die tiefen Furchen. Da sein Wagen eine kleinere Spurbreite hatte als normale Frachtwagen, mußte er immer mit der einen Seite in der Furche fahren, so daß der Wagen eine gefährliche Seitenneigung hatte. Der primitiven Mechanik tat das sicherlich nicht gut, ganz zu schweigen vom Wohlbefinden des Fahrers, seiner Frau und ihres dreijährigen Sohnes Edsel. Es ist schon etwas unfair, daß ausgerechnet die ersten Autos, die weitaus mehr als ihre Nachfolger auf gute Straßen angewiesen waren, mit den schlimmsten Bedingungen zu kämpfen hatten.

Ende 1896 hatte Ford seinen ersten Wagen – er nannte ihn Quadricycle, vierrädriges Fahrrad – für 200 Dollar verkauft und machte sich mit dem Erlös daran, den zweiten zu bauen. Finanzielle Unterstützung erhielt er dabei von William C. Maybury, dem Bürgermeister Detroits. Das Fahrzeug, das Ende 1897 fertig wurde, war technisch weitaus ausgereifter als sein Vorgänger. Der Kettenantrieb wirkte jetzt auf die Mitte der Hinterachse, es war ein richtiger Kutschsitz vorhanden (den allerdings das Quadricycle später auch noch bekommen hatte). Über den Rädern befanden sich elegante Schmutzfänger, vorn waren zwei Lampen angebracht. Im Juli 1899 entstand mit finanzieller Hilfe Mayburys und anderer wohlhabender Detroiter die Detroit Automobile Company, die es aber nur zu einigen weiteren Prototypen brachte. Es gab einfach zu viele Probleme mit unerfahrenen Arbeitern und schlechter Qualität der Teile. Einer der Geschäftspartner erklärte gegenüber einem Reporter mit reizender Offenheit: »Sie wären überrascht, wenn Sie wüßten, wie viele Einzelteile es an einem Automobil gibt.« Hinzu kam Fords unruhiger Geist, der immer nach neuen Lösungen suchte und sich schon dem nächsten Modell zuwandte, bevor das augenblickliche vervollkommnet worden war. Im Januar 1901 wurde die Firma aufgelöst. Es sollten noch weitere zwei Jahre vergehen, bis Ford-Autos auf dem Markt angeboten wurden.

In der Zwischenzeit hatte sich in Cleveland in Ohio der in Schottland geborene Fahrradbauer Alexander Winton (1860–1932) durch Berichte über das *Times-Herald*-Rennen für das Automobil begeistert. Er beschloß, den nachlassenden Verkauf von Zweirädern durch den Bau von Autos aufzufangen. Im Oktober 1896 erschien in der Zeitschrift *The Horseless Age* die Anzeige für seinen ersten Wagen, der mit seiner kurzen gedrungenen Form und einem Einzylindermotor zwischen Vorder- und Rücksitzen etwas merkwürdig aussah. Die Rücksitze waren entgegen der Fahrtrichtung eingebaut, eine Anordnung, die aus Frankreich als »dos-à-dos« bekannt war. Der Gashebel war in den Lenkstock integriert, der Benzintank saß unter dem Spritzbrett. Als Warneinrichtung diente eine Glocke, die über ein Pedal betätigt wurde. Das Gewicht von über 450 kg muß sich offensichtlich nachteilig auf die Leistung ausgewirkt haben, denn Winton beschloß, sein nächstes Auto solle leichter werden und 50 km/h schnell sein.

Die tatsächliche Geschwindigkeit des zweiten Winton ist nicht bekannt, doch vom Aussehen her scheint er nicht viel leichter gewesen zu sein. Er war länger und breiter und bot auf beiden Sitzbänken, die nach wie vor Rücken an Rücken angeordnet waren, Platz für drei Leute. Im März 1897 wurde die Winton Motor Carriage Company gegründet, die noch im gleichen Jahr vier Automobile baute. Wintons leitender Ingenieur Leo Melanowski lud Henry Ford zu einem Vorstellungsgespräch ein, doch Winton war von dem jungen Mann aus Detroit absolut nicht beeindruckt und verzichtete auf eine Einstellung. Anfang 1898 ging eine zweisitzige Motorkutsche mit Einzylindermotor in die Fertigung, deren erstes Exemplar im März verkauft wurde. Der Käufer war kein Clevelander, sondern ein siebzigjähriger Bergbauingenieur, der eine Anzeige mit der Kutsche gesehen hatte. Er stieg daraufhin in den nächsten Zug nach Cleveland, sah sich den Wagen an und legte tausend Dollar in bar auf den Tisch. Noch vor Jahresende waren 22 Motorkutschen zusammen mit acht

▼ Henry Fords erstes Automobil aus dem Jahre 1896 in einem Nachbau seiner Werkstatt im Henry-Ford-Museum. Als der Wagen im Juni 1896 fertig war, mußte Ford den Türrahmen herausschlagen, um ihn hinauszubringen.

Ford Motor Company

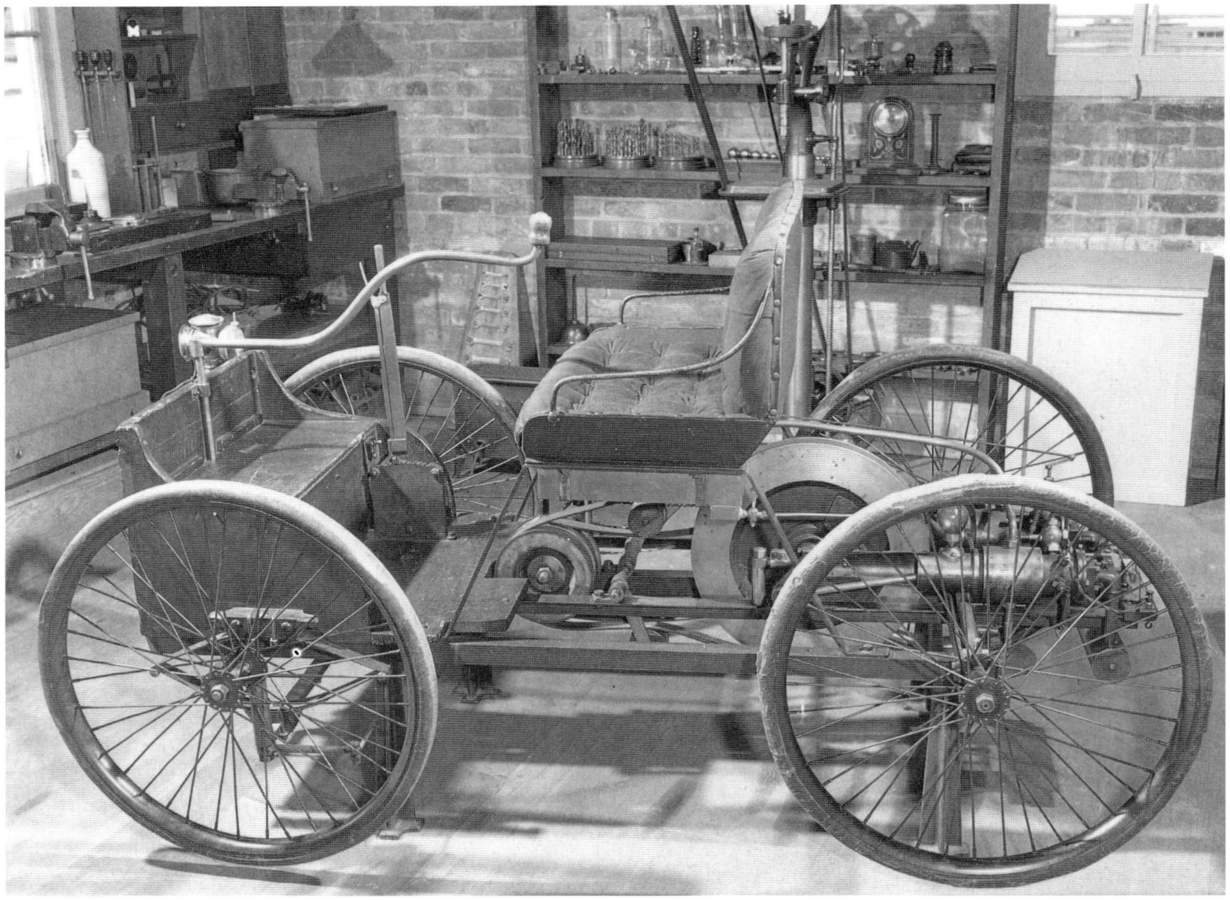

◀ **Das erste Automobil aus Detroit und weltweit eines der ersten mit Vierzylindermotor wurde von Charles Brady King konstruiert und in den Werkstätten von John Lauer gebaut. Letzterer war zwar kaum bekannt, doch King hielt ihn für einen ebenso guten Maschinenbauer wie Henry Leland. Der Wagen lief zum erstenmal am 6. März 1896 in der Öffentlichkeit. Hier sitzt King am Lenkstock; neben ihm Oliver Barthel, der später Assistent Henry Fords und von diesem hoch geschätzt wurde.**

Motor Vehicle Manufacturers' Association

Transportwagen für die Überführung verkauft. Einer der Käufer war James Ward Packard, für den der Kauf weitreichende Konsequenzen haben sollte.

1899 wurden mehr als 100 Wagen ausgeliefert, die Alexander Winton zum weitaus größten Hersteller von Benzinfahrzeugen in den Vereinigten Staaten machten. Schon 1898 hatte H.W. Koller in Reading den ersten bekannten Vertrieb für Winton-Fahrzeuge eröffnet. Faktisch wurden ansonsten allerdings bis zur Jahrhundertwende nur noch sehr wenige Benzinautos gebaut, nachdem die Gebrüder Duryea 1898 ihre Produktion in Springfield eingestellt hatten und getrennte Wege gegangen waren. Anders sah es hingegen mit Dampf- und Elektrofahrzeugen aus.

DAMPFFAHRZEUGE AUS NEUENGLAND

Der Dampfwagen spielte in den Vereinigten Staaten eine viel bedeutendere Rolle als in Europa, fast alle erfolgreichen Modelle kamen aus den Neuengland-Staaten. Sie waren völlig anders als der Oshkosh und der Green Bay, die noch bis zu 6.400 kg gewogen hatten und mit Kohle befeuert worden waren (um die Jahrhundertwende wogen die Dampffahrzeuge zwischen 270 und 450 kg und verwendeten Kerosin als Brennstoff). Einer der ersten wurde von George Eli Whitney (1862-1963 – kein Druckfehler, er wurde tatsächlich so alt) gebaut, dem Großneffen des Erfinders der Baumwollentkörnungsmaschine. Er stellte ihn im Oktober 1896 fertig und gründete im Frühjahr 1897 in Boston die Whitney Motor Wagon Company.

▼ **Schlammbespritzter Winton auf der ersten nationalen Autoausstellung im November 1900 im New Yorker Madison Square Garden. Die 1300 km lange Anfahrt dauerte 38 Stunden reine Fahrtzeit, das entspricht einem Schnitt von 34,2 km/h**

Motor Vehicle Manufacturers' Association

▲ Zwei Stanley-Dampfwagen mit vorderen Klappsitzen (an zweiter und vierter Stelle) auf dem Aquidneck-Kurs von Newport auf Rhode Island; im Vordergrund ein Zweizylinder-Autocar

Motor Vehicle Manufacturers' Association

1899er Winton Phaeton ◀

Die Winton Motor Carriage Company in Cleveland baute als erster Hersteller in den Vereinigten Staaten Benzinautos in größeren Stückzahlen. 1899 wurden mehr als hundert zweisitzige Phaetons wie dieser ausgeliefert. Sie hatten liegende Einzylindermotoren, Zweiganggetriebe und laminierte Holzrahmen und kosteten zunächst 1.000 Dollar, im Jahre 1901 dann 1.200 Dollar.

Besitzer: National Automobile Museum, Reno, Nevada

Wie so viele andere Pioniere des Automobilbaus war auch Whitney mehr Bastler als Fabrikant; die sieben Fahrzeuge, die er bis zum Sommer 1898 baute, waren alle unterschiedlich. Den Bau übernahm für ihn in der Folgezeit Frank F. Stanley aus Newton in Massachusetts (nicht verwandt mit den besser bekannten Stanley-Zwillingen, die um diese Zeit gerade im nahegelegenen Watertown mit der Herstellung von Dampfwagen begannen).

Francis E. und Freelan O. Stanley waren 1849 als eineiige Zwillinge geboren worden. Sie betrieben zuerst in Lewiston in Maine und dann in Watertown ein Geschäft für Photo-Ausrüstung, lebten aber in Newton, wo Frank F. Stanley seine Dampfwagen baute. Um diese Namensgleichheit hat es viel Konfusion gegeben, obwohl Frank F. Stanley seine Wagen unter dem Namen McKay verkaufte. In ihrer Zeit in Lewiston sahen die Zwillinge einen Dampfwagen von Edwin Field, der für ihren Entschluß verantwortlich war, selbst einen zu bauen. Dieses Unternehmen aus dem Jahr 1888 war aber anscheinend ein völliger Fehlschlag. Acht Jahre später sahen sie dann den Dampfwagen George Whitneys in Boston und beschlossen, es noch einmal zu versuchen.

Ihr leichtes Dampffahrzeug mit vertikaler Zweizylindermaschine und Einzelkettenantrieb war typisch für seine Art. Es wurde 1897 fertig. Im Frühjahr 1898 waren zwei weitere Fahrzeuge gebaut, von denen eins für 600 Dollar verkauft wurde. Im gleichen Jahr gewann ein anderes den Bergwettbewerb im Bostoner Charles River Park. Dabei mußte eine Erhebung von 25 m erklommen werden. Einem Whitney ging bei 23,5 m die Puste aus, doch der Stanley schaffte es anscheinend mühelos bis zur Spitze. Dieses Glanzstück erstaunte die Zuschauer und führte dazu, daß binnen zwei Wochen 200 dieser kleinen Wagen bestellt wurden. Für die Zwillinge, deren Fachgebiet die Herstellung von Platten für die Photographie war, war es nicht einfach, die Herstellung von Automobilen in diesen Stückzahlen in die Wege zu leiten. Sie machten sich aber daran, zunächst einmal die Teile für 100 Fahrzeuge zu beschaffen. Anfang 1899, noch bevor die Fahrzeuge ausgeliefert waren, bekamen sie Besuch von John Brisben Walker (1847–1931), dem Verleger des Cosmopolitan, der drei Jahre zuvor das katastrophale Rennen von New York nach Irvington veranstaltet hatte. Er bot den Zwillingen

▲ 1899 Stanley-Dampfwagen. Mit einem ähnlichen Modell schafften Mr. und Mrs. F.O. Stanley am 31. August 1899 als erste die Fahrt auf den Mount Washington.

Motor Vehicle Manufacturers' Association

▲ **1900er Mobile Steamer**

Der Mobile wurde wie der Locomobile aus der ursprünglichen Stanley-Konstruktion entwickelt. Eine vertikale Zweizylindermaschine trieb über eine Kette die Hinterachse an. Der Siederohrkessel erzeugte einen Druck von 12,6 kg/cm², der Wassertank faßte 85 Liter, mußte aber etwa alle 30 km nachgefüllt werden. Der erste Mobile, konstruiert von dem gefeierten Baumeister Stanford White, entstand 1900 in einem Werk in Tarrytown, New York. Dieser Dos-à-dos kostete 1.100 Dollar. Das Fransenverdeck war darin aber nicht enthalten.

Besitzer: Mark und Tootsie Accomazzo

an, sie auszukaufen. Die beiden wollten aber nicht so recht, weil sie das Gefühl hatten, die Schwierigkeiten der Massenfertigung gerade in den Griff zu bekommen, und verlangten deshalb einen lachhaft hohen Preis von 250.000 Dollar. Doch zu ihrem Erstaunen sagte Walker zu. Da sie bislang etwa 20.000 Dollar in das Geschäft investiert hatten, waren die Zwillinge natürlicherweise entzückt, der Verkauf war perfekt.

Um den Kaufpreis (heute über fünf Millionen Dollar) aufzutreiben, versicherte Walker sich der Hilfe des Asphaltmillionärs Amzi Lorenzo Barber (1843–1909). Gemeinsam gründeten sie im Juni 1899 die Locomobile Company of America und begannen im Werk Watertown mit der Produktion. Schon nach kurzer Zeit zerstritten sich die beiden Geschäftspartner, Walker verließ die Firma, um in Tarrytown im Bundesstaat New York ein ähnliches Modell mit der Bezeichnung Mobile zu bauen. Barber blieb zunächst in Watertown, kaufte dann aber ein größeres Werk in Bridgeport, Connecticut. Dadurch konnte er die Produktion von 400 im Jahr 1899 über 1.500 im Jahr 1901 auf 2.750 im Jahr 1902 steigern. Locomobile war damit der größte Automobilhersteller des Landes. Mobile war viel kleiner und kam bis zur Einstellung der Produktion gegen Ende 1903 auf nur 600 Stück. Locomobile stellte nach über 5.000 Stück die Produktion von Dampfwagen ebenfalls im Jahre 1903 ein und baute von da an Benzinfahrzeuge.

Wie zu erwarten, waren sich Stanley, Locomobile und Mobile von der Konstruktion her sehr ähnlich. Ein Siederohrkessel erzeugte Dampf mit einem Druck von 12,6 kg/cm^2, der eine vertikale Zweizylindermaschine im Zentrum des Rohrrahmens antrieb. Hinter dem Kessel befand sich ein 85-l-Wassertank, der die ganze Breite des Wagens einnahm, aber trotzdem nach etwa 30 km wieder aufgefüllt werden mußte. Der Antrieb erfolgte über eine Kette zwischen der Kurbelwelle und der Mitte der Hinterachse. Einer der Vorteile der Dampfmaschine bestand darin, daß sie bei jeder Geschwindigkeit volle Leistung abgab, so daß kein Getriebe erforderlich war. Die Karosserie war meistens ein einfacher offener Kutschenaufbau mit zwei Sitzplätzen. Es gab aber auch Viersitzer, Mobile baute eine breite Palette teurerer Aufbauten bis hin zu einer geschlossenen neunsitzigen Limousine für 3.000 Dollar. Ein zweisitziger Locomobile-Roadster war für nur 750 Dollar zu haben.

Der Erfolg des Locomobile führte zu vielen Nachahmungen, die sich meistens am gleichen Konstruktionsprinzip orientierten. Die meisten Hersteller montierten ihre Fahrzeuge aus fertig gekauften Komponenten, daher die allgemeine Uniformität. Zu den abweichenden Modellen, die sich insgesamt nicht sehr gut verkauften, gehörten der wellengetriebene Century aus Syracuse in New York und der Cotta aus Lanark in Illinois, der einen Kettenantrieb für alle vier Räder und eine Vierradlenkung hatte. Andere Maschinenkonstruktionen fanden sich beim Crouch aus New Brighton mit einer V2-Maschine, beim wellengetriebenen Eclipse aus Boston mit einer Dreizylindermaschine sowie beim Henrietta aus New York und beim Hood Electronic Safety Steam Vehicle aus Danvers in Massachusetts mit Vierzylindermaschinen. Letzteres

◀ Der Locomobile wurde nach einer Stanley-Konstruktion gebaut und war dem Mobile daher von der Technik – und vom Durst – her sehr ähnlich. Die letzten Dampfwagen von Doble liefen im Gegensatz dazu mit einer Tankfüllung von 90 Litern 2400 km. Der kleine Locomobile war zwar nicht sehr stabil, bot für 600 Dollar 1898 aber einen guten Gegenwert. Bis Mai 1902 wurden 4.000 Stück verkauft. Zu den Kunden in Übersee zählte auch der britische Schriftsteller Rudyard Kipling.

Besitzer: National Automobile Museum, Reno, Nevada

▲ Verschneite Straße im Manhattan des Jahres 1908 mit Columbia-Elektrotaxi und Benziner Corbin Touring. Die Konstruktion des Taxis geht auf den Electrobat von Morris & Salom aus dem Jahr 1896 zurück; diese Version mit Hinterradantrieb wurde von 1899 bis 1902 gebaut.

Motor Vehicle Manufacturers' Association

besaß magnetische Einlaßventile, die über drei Batterien mit einer Garantiezeit von sechs Monaten betrieben wurden. Die Firma selbst hielt sich gerade mal 12 Monate.

Von den etwa 100 verschiedenen amerikanischen Dampffahrzeugen, die überwiegend zwischen 1898 und 1905 ihre Blütezeit erlebten, stammten 40 aus den Bundesstaaten Massachusetts, New Hampshire, New York und Maine. Da das aber genau die erfolgreichen Modelle waren, muß der Anteil der Dampffahrzeuge aus den Neuenglandstaaten bei 80 Prozent gelegen haben. Das eine hervorstechende Modell, das nicht aus diesem Raum kam, war der White aus Cleveland in Ohio. Dieser Wagen wurde von einem Nähmaschinenhersteller gebaut. Das erste Modell von 1900 sah einem Stanley oder Locomobile zwar nicht unähnlich, stand aber technisch auf höherem Stand. Es hatte einen Flammrohrkessel, der sehr viel schneller Dampf erzeugte. 1902 kam ein Kondensator für den Abdampf hinzu, und im Jahr darauf erhielt der White mit vorn montiertem Kondensator das Aussehen eines Benzinautos mit Kühler.

GERÄUSCH UND EMISSIONSLOSE ELEKTROFAHRZEUGE

Elektrischer Strom aus Batterien war um die Jahrhundertwende in vielerlei Hinsicht die beste Antriebsart für ein Automobil. Elektroautos produzierten weder Lärm und Vibrationen oder den Gestank der Benziner und brauchten auch kein Getriebe, dessen Betätigung hohe Anforderungen an den Fahrer stellte. Der Dampfwagen hatte zugegebenermaßen auch kein Getriebe, aber an einem kalten Morgen konnte es bis zu 45 Minuten dauern, ehe genügend Dampf zur Verfügung stand. Von daher kann es nicht verwundern, daß in den Jahren 1899 und 1900 mehr Elektroautos als alle anderen Kraftfahrzeuge verkauft wurden. Die höchsten Produktionszahlen erreichte dabei der Columbia.

Der Columbia hatte eine verwickelte Geschichte, die unauflösbar verknüpft war mit den Ambitionen von Colonel Albert Augustus Pope (1843–1909), der es sich wie zu einem späteren Zeitpunkt Billy Durant zum Ziel gesetzt hatte, der beherrschende Mann in der Fahrzeugindustrie zu werden. Er begann 1877 mit der Herstellung von Fahrrädern und hatte bis 1899 die American Bicycle Company gebildet, einen Konzern, der 45 Fahrradhersteller kontrollierte. 1894 hatte er mit einem gasgetriebenen Dreirad experimentiert, dieses aber für unzulänglich befunden und sich daraufhin dem Elektrofahrzeug zugewandt, von dem er sich für die Zukunft mehr versprach. Anders als Olds und Ford war Pope in erster Linie nicht Ingenieur, sondern Geschäftsmann und ließ seine Fahrzeuge von Arbeitern und Angestellten bauen. Im Oktober 1896 begann er mit der Fertigung einer Serie von leichten zweisitzigen Roadstern, die wie seine Fahrräder unter dem Namen Columbia verkauft wurden. Als leitenden Ingenieur stellte er Hiram Percy Maxim an, den Sohn des Erfinders des Maschinengewehrs, der 1898 eine ganze Palette an Konstruktionen vom Roadster bis zur schweren Limousine mit offenem Führersitz vorstellte. Der Elektroantrieb wurde gewählt, weil »das Laden problemlos an den normalen Lichtstromkreisen erfolgen kann, wie es sie in allen kleineren und größeren Städten gibt«. Die Reichweite eines mittelgroßen Viersitzers betrug 56 km bei einer Geschwindigkeit von 19 km/h.

In der Zwischenzeit waren zwei weitere Hersteller von Elektromobilen auf der Bühne aufgetaucht. Die Electric Vehicle Company aus Elizabethport in New Jersey erwarb von Morris & Salom die Rechte am Electrobat und erweitete die Herstellung der frontgetriebenen Taxis, während der New Yorker Elektroingenieur A.L. Riker eine Palette

◀ **Ransom Olds baute um die Jahrhundertwende eine kleine Anzahl von Elektromobilen, über die aber kaum etwas bekannt ist. Hier ist eins dieser Fahrzeuge im Belle Island Park in Michigan zu sehen.**

Oldsmobile History Center

von Fahrzeugen vom zweisitzigen Roadster bis zum schweren Lastwagen baute. 1899 kaufte der Finanzier William Collins Whitney die Electric Vehicle Company mit dem Ziel, 2.000 Taxis für die amerikanischen Städte zu bauen. Er fusionierte mit Pope in der Absicht, daß die Electric Vehicle Company die Taxis und Popes Columbia Automobile Company die Personenwagen mit Benzin- und Elektromotoren bauen sollte. 1901 wurde der Firmenname Columbia aufgegeben, wobei die Personenwagen und Taxis aber weiterhin so genannt wurden. Riker hatte an einem Benzinauto gearbeitet, an dem Pope aber nicht interessiert war. Deshalb bot Riker es Locomobile an, wo es zum Ausgangspunkt des ersten Benziners wurde, der die Dampfwagen bald in den Hintergrund drängte. 1900 wurden etwa 1.500 Elektropersonenwagen hergestellt, doppelt so viel wie Locomobile-Dampfwagen. Hinzu kam noch eine ganze Reihe von Taxis und Lastwagen. Es gab noch ein paar weitere Elektromobilhersteller wie etwa Baker in Cleveland (dessen Gründer Walter Baker bei Morris & Salom gearbeitet hatte) und Woods in Chicago, doch die waren zur Jahrhundertwende im Vergleich zu Columbia völlig unbedeutend.

Aus offensichtlichen Gründen beschränkte sich die Popularität der Elektromobile auf die Städte. In den Anfangstagen wurden viele nicht direkt gekauft, sondern von Taxi-Unternehmen gemietet. Für reiche New Yorker wie Frank Gould und Cornelius Vanderbilt stand für 180 Dollar im Monat immer ein Wagen auf Abruf bereit. Auch Ärzte gehörten zu den eifrigsten Benutzern von Elektrotaxis. Einer von ihnen fand eine einfallsreiche Verwendungsmöglichkeit für sein Taxi. Als er einmal bei einem Hausbesuch den gebrochenen Arm eines Patienten röntgen wollte, mußte er feststellen, daß es im Haus keinen Stromanschluß gab. Also schloß er seinen Apparat einfach an die Batterie seines Wagen an und konnte den Bruch schnell lokalisieren.

1913er Rambler Touring ▼

Besitzer: Dan Oberle

KAPITEL ZWEI

DER WEG ZUR MASSENFERTIGUNG

1900 – 1920

"The way to make automobiles is to make one automobile like another, to make them all alike, to make them come through the factory all alike, just as one pin is like another pin when it comes from the pin factory."

Henry Ford, 1903

1903er Autocar Tonneau ▲▼

Die Autocar Company entstand aus einer Firma in Pittsburgh, die drei- und vierrädrige Fahrräder baute. Im Jahre 1901 errichtete der Gründer Lewis Clark in Ardmore eine Automobilfabrik, in der 1903 der hier gezeigte Wagen mit Zweizylindermotor und 10 PS gebaut wurde. Zunächst gab es nur diese Karosserieform mit Hecktür, die aber bald von einem Touringmodell mit Seitentür abgelöst wurde, als der Radstand lang genug dafür war. Der gerippte Röhrenkühler ist typisch für die damalige Zeit.

Besitzer: Auburn-Cord-Duesenberg-Museum

Im Juli 1899 erschien im *McCLURE'S Magazine* ein Artikel mit einer Würdigung der Fortschritte, die das Automobil in den vergangenen zwölf Monaten in Amerika gemacht hatte. 100 Elektrotaxis fuhren in New York, 200 weitere waren bestellt, in Chicago gab es einen Motorkrankenwagen, mindestens zwei Städte verfügten über selbstfahrende Feuerwehrautos, die Eisenbahn Santa Fé hatte für eine Gebirgsstrecke in Arizona eine Reihe pferdeloser Kutschen bestellt.

Diese und andere Beispiele stimmen zweifellos, doch hatte das Auto auch zur Jahrhundertwende noch einen sehr geringen Einfluß. 1900 wurden 4.192 Personenwagen gebaut; insgesamt waren etwa 8.000 Wagen gemeldet. Abgesehen von Ausnahmen wie White und Winton in Cleveland, Ohio, befanden sich die Produktionsstätten größtenteils an der Ostküste. Außerhalb der Großstädte hatten viele Amerikaner noch nie ein selbstfahrendes Fahrzeug gesehen; dort beherrschten immer noch Pferd und Maultier das Bild. Schätzungen zufolge gab es um 1900 in Amerika etwa 30 Millionen Pferde, eine Zahl, die das Auto erst 1937 erreichte. Dem Amerikaner auf dem Lande die Treue zum Pferd auszutreiben, war nicht einfach, denn das Pferd war sein Gefährte und gehörte fast zur Familie. Nur die Allerärmsten besaßen kein Pferd. Die Städte und Gemeinden auf dem Land ergriffen in der Regel Partei für das Pferd und verlangten von den Automobilisten, daß sie von der Straße fuhren oder zumindest anhielten und den Motor abstellten, wenn ihnen ein Reiter entgegenkam.

Um die Pferde zu beruhigen, schnitzte ein Autofahrer namens Uriah Smith aus Battle Creek in Michigan gar einen lebensgroßen Pferdekopf und montierte ihn am Spritzbrett seines Wagens. »Das ganze sieht aus wie eine Pferdekutsche,« schrieb er der Zeitschrift *The Horseless Age* 1899, »und macht deshalb die Pferde nicht scheu, denn das lebende Tier glaubt, ein anderes Pferd vor sich zu haben, und bevor es seinen Irrtum bemerkt und feststellt, daß es getäuscht worden ist, ist die merkwürdige Kutsche schon vorüber. Dann ist es zu spät, um noch wild und störrisch zu werden.« Smith empfahl, den Pferdekopf hohl zu gestalten, um ihn als Benzintank verwenden zu können.

Weniger rücksichtsvolle Autofahrer zogen sich den Zorn der Farmer zu, die gelegentlich Reißzwecken und Glassplitter auf den Straßen verteilten und Seile oder Stacheldraht spannten, was speziell bei Dämmerung verheerende Wirkung zeigte. Häufig wurden Automobile mit Steinen beworfen, nicht nur von Kindern. Gelegentlich kam auch eine Peitsche zum Einsatz. Um ehrlich zu sein, wurden diese Zwischenfälle sehr oft von den Fahrern provoziert, die Hühner und Hunde überfuhren, ohne an deren Besitzer einen Gedanken zu verschwenden. Ein Untersuchungsbeamter in Iowa zählte auf einer einzigen Fahrt (von der leider nicht bekannt ist, wie weit sie ihn führte) einmal 225 tote Tiere aus 29 Arten.

Vor diesem Hintergrund war es durchaus bemerkenswert, daß das Automobil in den ersten zwanzig Jahren unseres Jahrhunderts in ganz Amerika Verbreitung fand. Es begann in den Städten, nicht nur, weil befestigte Straßen den einfachen und schwachbrüstigen Fahrzeugen besser bekamen, sondern auch, weil das Pferd dort nicht so beliebt war. In den neunziger Jahren des vorigen Jahrhunderts gab es in New York und Brooklyn etwa 175.000 Pferde, deren Ausscheidungen ein schwerwiegendes Problem für die Gesundheit der Bevölkerung darstellten. Oft starben überanstrengte und unterernährte Tiere in den Sielen und blieben mehrere Tage am Straßenrand liegen, was die Verschmutzung und die damit einhergehende Krankheitsgefahr auch nicht gerade verringerte.

ERSTE SCHRITTE ZUR MASSENPRODUKTION

Eine Industrie entsteht nicht aus dem Nichts. Die Autoindustrie hätte nicht in der Art und Weise wachsen können, wie sie es tat, wenn es nicht bereits zwei große Industriezweige gegeben hätte, nämlich den Fahrrad- und den Wagenbau. Sie lieferten nicht nur die Technik für viele der frühen Automobile, sondern dienten auch als Ausbildungsstätten der Männer, die sich später im Automobilbau einen Namen machten. Colonel Popes Imperium beruhte auf Geld, das er mit Fahrrädern verdient hatte, auch Alexander Winton, die Gebrüder Duryea, Thomas B. Jeffery, George N. Pierce und Erwin R. Thomas kamen vom Fahrradbau. William S. Knudsen, von 1937 bis 1940 Präsident von General Motors war Fahrradmechaniker, John N. Willys Fahrradverkäufer.

Bestens bekannt in der Welt des Wagenbaus waren die Gebrüder Studebaker, deren Unternehmen auf das Jahr 1852 zurückging. In den neunziger Jahren waren sie mit einem jährlichen Umsatz von über zwei Millionen Dollar die größten Fahrzeugbauer der Welt. Die Firma Overland, die später von Willys übernommen wurde, begann als Zweigbetrieb eines Kutschenmachers aus Indianapolis, Billy Durant und J. Dallas Dort, bekannte Autobauer in den zwanziger Jahren unseres Jahrhunderts, waren von 1885 bis zur Jahrhundertwende Partner in einer erfolgreichen Wagenbaufirma. Weitere Unternehmen, die aus dem Wagenbau kamen, waren Gardner und Moon.

Natürlich gab es auch andere Ausbildungen, die schließlich zum Automobilbau führten. Henry Ford und James Packard waren Elektroingenieure, David Buick kam aus der Sanitärbranche. International Harvester war bekannt für seine Landmaschinen, Ransom Olds, der als erster Autos in ernstzunehmenden Mengen baute, war Partner seines Vaters, der in Lansing in Michigan eine Maschinenwerkstatt betrieb. Außerdem besaß er einen Abschluß der Lansing Business University und damit die wertvolle Kombination aus kaufmännischem Wissen und handwerklichen Fertigkeiten.

Ransom Eli Olds (1864–1950) wurde in Geneva in Ohio als Sohn des Schmieds Pliny F. Olds geboren. Nach einem Versuch mit der Farmerei in der Nähe von Cleveland zog die Familie 1880 nach Lansing, wo Pliny einen »Fachbetrieb für angewandte Maschinenbautechnik, Bau von Dampfyachten, Dampfmaschinen, Bronze- und Eisenguß« gründete. Ransom trat 1883 in die Firma ein, zahlte schon bald seinen Bruder aus und wurde 1885 im Alter von 21 Jahren gleichberechtigter Partner seines Vaters. Zwei Jahre später baute er sein erstes Fahrzeug, einen Dampfwagen, was angesichts der Branche, aus der er kam, niemanden verwundern dürfte. Dem dreirädrigen Fahrzeug mit zwei Sitzen und mittels Lenkstock gelenktem Vorderrad scheint aber kein großer Erfolg beschieden gewesen zu sein. Sein Nachfolger, ein vierrädriger Wagen, wurde nach Indien verkauft, nach unterschiedlichen Aussagen entweder an einen Zirkus oder an einen Maharadschah. Der Empfänger ist aber auch eigentlich unwichtig, denn das Fahrzeug ging durch Schiffbruch verloren. Olds kann nicht viel Vertrauen darin gesetzt haben, denn er meinte, durch den Schiffbruch sei »der Ruf des Unternehmens gerettet« worden.

In den neunziger Jahren des 19. Jahrhunderts experimentierte Olds mit Elektrofahrzeugen, bevor er zu der Ansicht kam, daß die Zukunft dem Verbrennungsmotor als Antriebsquelle gehörte. Pliny hatte sich 1894 aus dem Geschäft zurückgezogen, sein Sohn firmierte das Unternehmen jetzt zu den Olds Gas Engine Works um. Während stationäre Benzinmotoren das Geld hereinbrachten, bastelte Ransom mit Automobilen herum. Sein erstes lief etwa Ende 1896, im August 1897 gründete er mit Unterstützung ortsansässiger Geschäftsleute eine selbständige Firma, die Olds Motor Vehicle Company, mit einer Kapitalausstattung von 50.000 Dollar. Doch schon zwei Jahre später, in denen er nur fünf oder sechs Autos gebaut hatte, gründete er ein neues Unternehmen in Detroit, weil er der Meinung war, Lansing mit seinen 2000 Einwohnern sei für einen neuen Industriezweig, wie er ihm vorschwebte, zu klein. Im Mai 1899 entstanden also die Olds Motor Works mit 350.000 Dollar Nennkapital, das fast ausschließlich von Samuel L. Smith stammte, einem Millionär aus der Kupfer- und Holzindustrie, der auch schon kräftig in die Olds Gas Engine Works investiert hatte, die für den Fall, daß es mit dem Automobilbau nichts wurde, völlig selbständig blieben. Olds' Einsatz in dem neuen Unternehmen war auf 400 Dollar begrenzt.

Anfang 1901 hatte das neue Unternehmen erst ein Dutzend Automobile gebaut und noch weniger verkauft. Über diese Fahrzeuge liegen kaum Informationen vor; sie ähnelten aber wahrscheinlich den Modellen von 1896/97 mit 5-PS-Einzylindermotoren unter dem hohen viersitzigen, kutschenähnlichen Aufbau und Doppelriemenantrieb. Ein völlig neues Modell befand sich im Planungs-

▲ Ransom Eli Olds etwa zu der Zeit, in der er seine ersten Autos baute. Man beachte, daß er den Stift in der linken Hand hält.

Oldsmobile History Center, Sammlung Mirco de Cet

▲ Teil des ausgedehnten Oldsmobile-Werks im Jahr 1904 mit bereits in den Rahmen montierten Motoren, die zu dieser Zeit von Leland & Faulconer kamen

Oldsmobile History Center, Sammlung Mirco de Cet

▲ Eines der vielen Kunststücke, mit denen die Vielseitigkeit des abgerundeten Spritzbretts unter Beweis gestellt werden sollte, bestand darin, die Stufen zum Michigan State Capitol hinaufzufahren.

Oldsmobile History Center, Sammlung Mirco de Cet

◀ Anderer Teil des Olds-Werkes in Lansing mit fast fertiggestellten Modellen mit abgerundetem Spritzbrett. Diese Aufnahme entstand im Jahre 1905, in dem Olds 6.500 Fahrzeuge herstellte, mehr als jeder andere Automobilbauer auf der Welt.

Oldsmobile History Center, Sammlung Mirco de Cet

stadium, als das Werk in Detroit am 9. März 1901 von einem katastrophalen Brand heimgesucht wurde. Von den verschiedenen Prototypen konnte nur einer, ein leichter zweisitziger Roadster, gerettet werden. Es heißt, daß Olds deshalb gar keine andere Wahl blieb, als sich auf dieses Fahrzeug zu konzentrieren, somit sei der Curved Dash Olds, das erste in Massen gefertigte amerikanische Auto, durch reinen Zufall entstanden. Die Geschichte mag ja gut klingen, doch ernsthafte Untersuchungen lassen vermuten, daß das Unternehmen sich sowieso für dieses Fahrzeug entschieden hatte und daß Pläne und Modelle den Brand überstanden.

Wie dem auch sei, der Curved Dash Olds war ein attraktives kleines Auto mit 2,5 m Länge und einem Gewicht von knapp 320 kg. Angetrieben wurde er von einem 4,5 PS starken Einzylindermotor mit 1564 cm^3 Hubraum, der unter dem Sitz lag und über ein zweistufiges Planetengetriebe und eine Kette auf die Hinterachse wirkte. Der Vorderteil des Aufbaus war nach oben gebogen und bildete das abgerundete Spritzbrett (curved dash), das dem Fahrzeug den Namen gab, während die von vorn nach hinten verlaufenden Federn als Rahmenholme fungierten. Der von Olds festgesetzte Preis von 650 Dollar blieb über die siebenjährige Laufzeit des Modells konstant. Dieser Preis war sehr moderat im Vergleich zu konkurrierenden Modellen, von denen es nicht viele gab. Der Winton kostete 1.500 Dollar und war zwar größer, hatte aber auch nur einen Einzylindermotor und zwei Sitze. Selbst ein Locomobile-Roadster kostete 750 Dollar, der war längst nicht so einfach zu bedienen wie der Olds. Vom ersten Produktionsjahr konnte man für den Olds eine »Dos-dos«-Rückbank für 25 Dollar, einen Satz Schmutzfänger für 10 Dollar und ein Faltdach in Leder für 50 und in Gummi für 25 Dollar als Zubehör kaufen.

Wegen des Brandes mußte Olds viele seiner Teile zukaufen, was mehreren Detroiter Firmen, die später in der Autoindustrie bekannt werden sollten, zu einem ungeahnten Aufschwung verhalf. Die Motoren kamen von Leland & Faulconer (Henry Leland baute den ersten Cadillac), die Getriebe von Dodge und die Kühler von den Gebrüdern Briscoe. Ende 1901 hatte Olds bereits 425 von diesen kleinen Roadstern verkauft; die Produktion schnellte auf 2.500 1902, 4.000 1903 und 6.500 1905 empor. In den Zahlen für die beiden letztgenannten Jahre waren ein paar größere Wagen enthalten, aber den Großteil der Fertigung machte nach wie vor der Curved Dash aus. Das Werk in Detroit wurde zwar wieder aufgebaut, doch Olds ging zurück nach Lansing und betrieb dort noch eine größere Fabrik.

Mit dieser Produktion war Olds den anderen amerikanischen Automobilherstellern weit voraus. Locomobile war nach Aufgabe der leichten Dampfwagen aus dem Rennen und auch schon vorher, nämlich 1903, von Olds überholt worden. Oldsmobile lag auch in den Jahren 1904 und 1905 unangefochten an der Spitze. Zu einem drastischen Einbruch kam es aber 1906, als der Curved Dash zugunsten teurerer Wagen aus der Fertigung genommen wurde. Das geschah gegen den Willen von Ransom Olds, der das Unternehmen aber schon Ende 1904 verlassen hatte, nachdem er von der Familie Smith, die natürlich fast alle Anteile an der Firma besaß, überstimmt worden war. Was wäre wohl geschehen, wenn Olds geblieben wäre? Ob Ford dann je-

1902er Oldsmobile Curved Cash Runabout ▼

Der Curved Dash war Amerikas erstes in größeren Mengen gebautes Automobil. In den sieben Jahren von 1901 bis 1907 entstanden über 18.000 Stück. Dieses Modell von 1902 hat Drahtspeichenräder, obwohl zu dieser Zeit noch Holzspeichen an der Tagesordnung waren. 1905 verschaffte der beliebte Song »In my merry Oldsmobile« von Gus Edwards dem Unternehmen viel kostenlose Werbung. Der Curved Dash wurde in mehreren anderen Ländern in Lizenz gebaut, darunter Kanada (als Leroy) und Deutschland (als Polymobil).

Besitzer: Crawford Collection of the Western Historical Society

▲ Oldsmobile-Fahrzeuge vor dem Ausstellungsraum der Vertriebsfirma für Minneapolis, A.F. Chase & Co. Von links nach rechts: Tonneau mit 10 PS, Curved Dash als Lieferwagen, Tonneau mit 10 PS, Curved Dash als Roadster, Tonneau unbekannten Ursprungs. Der Olds Tonneau wurde 1904 vorgestellt. Die große stationäre Maschine im Ausstellungsraum stammt wahrscheinlich auch von Olds.

Oldsmobile History Center, Sammlung Mirco de Cet

mals zum führenden US-Automobilhersteller aufgestiegen wäre? Olds fand andere Geldgeber für sein neues Unternehmen, die Reo Motor Car Company, die den Reo baute. Dieser Wagen war ähnlich wie der Curved Dash konzipiert, hatte aber vorn eine kleine Haube. Er kostete 680 Dollar und verkaufte sich jahrelang besser als Oldsmobile (das Unternehmen hieß zwar bis 1943 immer noch Olds Motor Works, doch seine Fahrzeuge hießen seit den Tagen des Curved Dash Oldsmobile). Gebaut wurde der Reo in Lansing, nicht weit vom Ursprungsort der Oldsmobile entfernt.

Ransom Olds führte sein neues Unternehmen bis 1936, wobei er sich allerdings schon in den zwanziger Jahren in eine Art Halbruhestand zurückzog und auf die Subsistenzlandwirtschaft konzentrierte. Er gründete in Florida eine Art Bauern-/Handwerker-Kombinat namens Oldsmar, das heute noch existiert. Außerdem betätigte er sich als Pionier auf dem Gebiet motorisierter Rasenmäher, ein Interesse oder Hobby, das er bis zu seinem Tod im Jahre 1950 beibehielt.

DER EINFLUSS HENRY FORDS

Die Marke, die Oldsmobile im Jahre 1906 von der Spitze verdrängte und sich dort bis 1927 hielt, war Ford. Im allgemeinen wird immer das T-Modell als erstes Serienauto bezeichnet, und das stimmt sicherlich insofern, als die Produktion vor dessen Zeit nicht wirklich große Stückzahlen erreichte. Aber Ford baute auch schon mehrere Jahre vor dem Debüt des T-Modells Autos in beträchtlichen Stückzahlen.

Als wir Henry Ford zuletzt sahen, mühte er sich mit der Detroit Motor Company herum, die im Januar 1901 aufgelöst wurde, nachdem kaum ein Auto gebaut worden war. Er wandte sich anschließend dem Rennen zu, und zwar mit dem ausdrücklichen Ziel, den Franzosen Henri Fournier zu schlagen, der mit seinem 60 PS starken Mors hohe Geschwindigkeiten erzielte und im November 1901 mit 69,5 mph (112 km/h) einen Rekord über die Meile mit fliegendem Start aufstellen sollte. Ford baute einen Wagen mit einem Zweizylindermotor mit 8845 cm^3 Hubraum (sicherlich der größte Zweizylinder, der je auf der Welt gebaut wurde), mit dem er im Oktober 1901 über 25 Meilen auf der Pferderennbahn Grosse Point gegen Alexander Winton siegte. Trotz seiner Pläne, gemeinsam mit Fournier Autos zu bauen, trat er nie direkt gegen Fournier an, holte sich aber 1904 mit 91,37 mph (147 km/h) auf einem riesigen

1910er Reo ▶
Die Reo Motor Company entstand, nachdem sich Ransom Olds von seinen Partnern aus den Olds Motor Works getrennt hatte. Als dieses fünfsitzige Touring-Modell 1910 gebaut wurde, war Reo mit 6.588 ausgelieferten Fahrzeugen der achtgrößte US-Hersteller.

Besitzer: Bob Bennett

▲ Der massige Motor des Ford 999, bei dem jeder Zylinder 4.730 cm³ Hubraum hatte – genau so viel wie ein Ford V8 der sechziger Jahre. Die vier Zylinder waren – ungewöhnlich für die damalige Zeit – in einem Block gegossen, aber die Ventile lagen frei, und die riesige Kurbelwelle war dem Schmutz und Dreck der Straße ebenfalls ungeschützt ausgesetzt.
Ford Motor Company

Vierzylinder mit 18.920 cm³ Hubraum den Rekord über die fliegende Meile. Dieser Wagen mit der Bezeichnung 999 nach dem berühmten New Yorker Expresszug war zusammen mit einem ähnlichen Fahrzeug namens Arrow 1902 mit finanzieller Hilfe des Radrennfahrers Tom Cooper entstanden. Zunächst fuhren weder Ford noch Cooper diese Monster selbst; das überließen sie dem Radrennfahrer Barney Oldfield, der noch nie ein solches Fahrzeug gelenkt hatte, als er in den Sitz des 999 stieg. Er legte die Meile in 1:1,2 min zurück, verbesserte sich im Juni 1903 auf 59,6 sec und machte anschließend Karriere als einer der bekanntesten Rennfahrer Amerikas. Ford und Cooper trennten sich im Oktober 1902, zumindest Clara Ford war nicht traurig darüber. »Er zieht für meinen Geschmack zu viel mit heruntergekommenen Frauen umher,« sagte sie.

Wenn Clara mit dem Partner ihres Mannes unzufrieden war, so waren es dessen Geldgeber mit Henry, denn sie sahen keine Möglichkeiten, mit seiner Rennfahrerei Geld zu verdienen. Im November 1901 war mit finanzieller Unterstützung von William Murphy, der sich schon im Jahre 1899 an der Detroit Automobile Company beteiligt hatte, die Henry Ford Company gegründet worden; doch Murphy wollte nicht zulassen, daß während der Arbeitszeit Rennwagen gebaut wurden. Ford behauptete, für die Produktion sei es noch zu früh, so daß Murphy Henry Leland als Produktionsberater einstellte. Ford wurde wütend und verließ das Unternehmen im März 1902 mit 900 Dollar Abfindung und dem Versprechen Murphys, niemals den Namen Ford in Verbindung mit einem Auto zu verwenden. Murphy hielt Wort. Der von Leland konstruierte Wagen, der 1903 in die Fertigung ging, hieß Cadillac.

Ford hatte binnen sechs Monaten mit zwei Partnern Streit bekommen und immer noch kein Geld mit der Herstellung oder dem Verkauf von Autos verdient. Unvoreingenommene Beobachter hätten daraus schließen können, daß Fords Stern wie der zahlloser zeitgenössischer Bastler verblassen und allenfalls ein paar Zeilen in einem Fachlexikon an ihn erinnern würden. Doch er fand 1902 einen neuen Geldgeber. In seiner Zeit bei der Edison Illuminating Company war es eine seiner Aufgaben gewesen, Kohle einzukaufen, die beste Adresse dafür war Alexander Young Malcomson gewesen, dessen Produkte als »Heißer als die Sonne« vermarktet wurden. Die beiden Männer waren Freunde geblieben, Als Malcomson vom Autofieber ergriffen wurde, kaufte er einen Winton. Als er hörte, daß der junge Ford Winton geschlagen hatte, dachte er wohl, ein Auto von Ford könnte genau das Richtige für ihn sein. Er erklärte sich im August 1902 bereit, Geld für den Bau von Automobilen bereitzustellen. Da er Fords zweifelhaften Ruf kannte, hielt er seine Beteiligung zunächst geheim, stimmte dann aber im November der Gründung der Ford & Malcomson Company zu. Dieses Unternehmen wurde dann am 16. Juni 1903 in Ford Motor Company umbenannt und erhielt damit den Namen, den es heute noch trägt.

Der Wagen, der bei Ford als Modell A in die Fertigung ging, ähnelte dem, an dem er für William Murphy gearbeitet hatte. Vom Aussehen her kam er dem ersten Cadillac nahe; der Unterschied lag hauptsächlich im Motor, denn Ford verwendete einen Zweizylinder-Boxermotor, während Leland für den Cadillac einen Einzylinder konstruiert hatte. Die Kraftübertragung erfolgte über ein

▼ Henry Ford (links) auf seinem 999 bei einem Schaurennen im Jahre 1903 auf der Pferderennbahn Grosse Point, neben ihm Harry Harkness auf einem Simplex. Ford hatte zu diesem Zeitpunkt das Rennfahren bereits aufgegeben, nachdem er nach dem Sieg über Alexander Winton im Jahre 1901 erklärt hatte: »Einmal reicht!«
Ford Archives, Sammlung Mirco de Cet

1903er Cadillac Model A ◄ ▼

Das erste Cadillac-Modell war dem Modell A von Ford sehr ähnlich, was aber nicht verwundern kann, da Henry Ford daran gearbeitet hatte, bevor er mit seinem Geldgeber William Murphy Streit bekam. Der Cadillac hatte einen Einzylindermotor, der Ford hingegen einen Zweizylinder. Der erste Cadillac Model A wurde am 27. Oktober 1902 fertiggestellt; im Jahre 1903 wurden 2.497 Exemplare gebaut. Die zweisitzige Ausführung kostete 750 Dollar, die hier gezeigte Ausführung mit zwei zusätzlichen Rücksitzen 850 Dollar

Besitzer: Crawford Collection of the Western Historical Society

zweistufiges Planetengetriebe und Kette, wie es beim Curved Dash, Cadillac und den meisten anderen amerikanischen Automobilen dieser Zeit üblich war. Die Karosserie hatte eine Sitzbank für zwei Passagiere, zwei zusätzliche Sitze mit Einstieg von hinten waren jedoch für 100 Dollar erhältlich. Mit dem Grundpreis von 750 Dollar war der Ford damit teurer als der Olds, dafür blickten aber alle vier Passagiere in die gleiche Richtung. Die Höchstgeschwindigkeit lag bei 40 km/h.

Das erste Ford-Werk an der Mack Avenue in Detroit war nur wenig mehr als eine Montagehalle für die verschiedenen zugekauften Komponenten – Fahrgestell und Motoren von den Gebrüdern Dodge, Aufbauten von der C.R. Wilson Carriage Company und Räder von der Prudden Company in Lansing. Die Gewinnspanne dürfte 200 Dollar bei den Zweisitzern, aber nur 150 Dollar bei den Viersitzern betragen haben.

Am 15. Juli 1903 wurde das erste A-Modell an Dr. E. Pfennig, Zahnarzt aus Chicago, verkauft. Im Oktober 1904 waren insgesamt 1.708 Exemplare ausgeliefert. Gegen Ende 1904 wurde ein neues Werk an der Piquette Avenue in Betrieb genommen, im April 1905 baute Ford mit 300 Arbeitern und Angestellten im Schnitt jeden Tag 25 Autos. Auf dem riesigen Werksschild hieß es: »Heimat der berühmten Ford-Automobile.« Mittlerweile war das A-Modell von den Modellen B und C abgelöst worden. Das C-Modell ähnelte dem A-Modell, sah aber anders aus, weil an die Stelle des abfallenden Spritzbretts eine kurze Haube getreten war, die aussah, als wenn sich darunter ein Motor verbarg, in Wirklichkeit aber den Benzintank enthielt. Der Motor saß immer noch unter den Vordersitzen. Das B-Modell war ein ganz anderes Auto, größer und teurer mit Vierzylinder-Frontmotor mit 5209 cm³ und 24 PS, Touring-Aufbau mit Seiteneinstieg und Wellenantrieb. Es kostete 2.000 Dollar gegenüber 800 Dollar für das C-Modell und markierte den Weg in eine Richtung, die Malcomson einschlagen wollte, Ford hingegen nicht.

Malcomson argumentierte damit, daß bei einem teuren Wagen ein höherer Gewinn zu erzielen sei, während Ford glaubte, die ärmeren Bevölkerungskreise böten einen riesigen Absatzmarkt, wenn man die Autos nur billig genug machen könne. Die einzige Lösung dafür sei es, sie in größeren Stückzahlen zu bauen. Das B-Modell wurde nur 1904 und 1905 gebaut; die Fertigungszahlen sind nicht bekannt, dürften aber recht klein gewesen sein. Die Malcom-

1907er Ford Model K ►

Mit 6634 cm³ hatte das große und teure K-Modell den größten Hubraum aller Ford-Motoren bis zu den Muskelautos der sechziger Jahre. Der Wagen war das geistige Kind von Fords Partner Alexander Malcomson, Ford selbst mochte ihn nie. Es wurden nur 584 Exemplare gebaut; gegen Ende 1907 senkte man den Preis um 1.000 auf 1.800 Dollar und zwang die Händler, jeweils ein K-Modell für zehn N-Modelle abzunehmen.

Besitzer: Crawford Collection of the Western Historical Society

Ford

sonsche Theorie wurde noch einmal mit dem K-Modell verwirklicht, einem noch größeren Wagen mit 40-PS-Sechszylindermotor mit 6634 cm^3 Hubraum, einem Radstand von 2895 mm bzw. 3048 mm und einem Preis von 2.800 Dollar. Er verkaufte sich zu keinem Zeitpunkt besonders gut, so daß Ford ihn im Jahre 1907 den Händlern aufzwingen mußte, indem er ihnen eine Quote von einem K-Modell auf zehn von den beliebteren N-Modellen setzte und neue Händler erst aufnahm, wenn sie mindestens ein K-Modell abgenommen hatten. Als auch das nichts half, wurde der Preis Ende 1907 auf 1.800 Dollar gesenkt. Trotzdem kam das K-Modell nur auf 584 Exemplare.

Das N-Modell war insofern ein direkter Vorläufer des Ford T, als es einen Vierzylindermotor hatte, mit 500 Dollar für einen Zweisitzer preislich aber im Rahmen blieb. Sein Erfolg brachte Ford, der 1905 noch mit 1.599 ausgelieferten Wagen an vierter Stelle gelegen hatte, im Jahre 1906 mit 8.729 Fahrzeugen an die Spitze der amerikanischen Autohersteller. Henry Ford änderte zudem sein Herstellungsverfahren. Bis dahin hatte die »Herstellung« in Wahrheit nur aus der Montage zugekaufter Teile bestanden. Was Ford besonders ärgerte, war die Tatsache, daß er bei den Gebrüdern Dodge kaufen mußte, die auf diese Weise doppelt profitierten, nämlich zum einen aus dem Verkauf der Teile und zum anderen aus den Anteilen, die sie an den Ford-Werken hielten. Im November 1905 gründete Ford deshalb die Ford Manufacturing Company für die Herstellung von Motoren und Getrieben. Diese Arbeit hätte zwar auch unter dem Dach der Ford Motor Company erfolgen können, aber Henry Ford wollte Alexander Malcomson nicht beteiligen. Er war der Meinung, dessen Vorliebe für große Autos werde das Unternehmen in den Ruin führen.

Malcomson erhielt keine Anteile an der Ford Manufacturing Company und gründete verärgert eine neue Firma, die Aerocar Company, um einen großen Wagen mit luftgekühltem Motor zu einem Preis von 2.800 Dollar zu verkaufen. Er behielt seine Anteile an der Ford Motor Company, doch Henry Ford beschwerte sich, das sei unlauter, da Malcomson seine Gewinne aus dem Ford-Geschäft dazu verwenden wolle, ein Konkurrenzunternehmen aufzubauen. Im November 1906 mußte Malcomson nach einem Gerichtsbeschluß die Ford Motor Company verlassen, während sein Teilhaber James Couzens bei Ford blieb. Ein weiterer wichtiger Mann für Ford war Childe Harold Wills, ein hochbegabter junger Designer, der leitender Ingenieur wurde und bei der Entwicklung des T-Modells eine große Rolle spielte.

Sobald Malcomson aus dem Wege war, gliederte Ford die Ford Manufacturing Company in die Ford Motor Company ein, hielt dabei aber an seinem Ziel fest. Um all die Teile, die er vorher zugekauft hatte, jetzt selbst herzustellen, brauchte er viel mehr Platz; im April 1907 begann deshalb die Arbeit an einem neuen Werk in Highland Park, das sechsmal so groß wie das an der Piquette Avenue werden sollte. Es wurde im Januar 1910 eingeweiht und ist heute noch in Ford-Besitz, wird aber nicht mehr für die Fertigung, sondern zur Lagerung von Maschinen und Geräten genutzt. Das Werk an der Piquette Avenue wurde 1911 an Studebaker verkauft.

1911er Ford Model T Touring ▲

Das T-Modell für 1911 erhielt neue Stoßfänger, Räder, Achsen und einen geänderten Motor. Was vorher als Zubehör zu kaufen gewesen war, z.B. Scheinwerfer und Hupe, gehörte jetzt zur Grundausstattung; Ford erklärte sogar, der Garantieanspruch werde durch das Anbringen anderer Zubehörteile verwirkt. Es ist allerdings nicht bekannt, ob diese Bestimmung jemals durchgesetzt wurde. Sicher ist nur, daß in späteren Jahren eine ganze Zubehörindustrie für das T-Modell entstand.

Besitzer: George Sanders

Zu dem niedrigpreisigen Vierzylinder-Modell N kam 1907 das Modell R, bei dem es sich im wesentlichen um das gleiche Fahrzeug mit zusätzlichen Verzierungen wie durchgehende Trittbretter und mehr Messingbeschläge handelte. Dadurch stieg der Preis auf 750 Dollar, um die Lücke zwischen N und R zu schließen brachte Ford für 1908 das Modell S für 700 Dollar heraus, das mit einer viersitzigen Karosserie dann aber auch 750 Dollar kostete. Mit diesen drei Modellen und Produktionszahlen von 14.887 Stück 1907 und 10.2.02 Exemplaren 1908 konnte Ford sich an der Spitze behaupten. Sein schärfster Konkurrent Buick kam auf 4.641 bzw. 8.820 Fahrzeuge.

Im Winter 1906/07 ließ Henry Ford einen bislang ungenutzten Teil des Obergeschosses an der Piquette Avenue durch eine Wand mit einer Tür abteilen, die groß genug für ein Auto war (er hatte nicht vergessen, daß er 1896 das Beil hatte schwingen müssen). In dem abgetrennten Teil arbeiteten er und ein kleines Team aus Wills, dem in Dänemark geborenen Tischler Charles Sorensen und dem aus Ungarn stammenden Ingenieur Joseph Galamb an der Konstruktion des neuen Wagens, der im Herbst 1908 als T-Modell erscheinen sollte. Dieses Modell war teilweise evolutionär, indem es Elemente verwendete, die sich bereits in den Modellen N, R und S bewährt hatten, teilweise aber auch revolutionär, besonders in Hinsicht auf die Wartung und Instandhaltung des Motors. Der Motor des N-Modells hatte vier getrennt gegossene Zylinder und einen festen Zylinderkopf; beim T-Modell waren die Zylinder in einem Block gegossen und die Zylinderköpfe abnehmbar. Die Kurbelwelle bestand aus Vanadiumstahl, einem Werkstoff, auf den Henry Ford bei der Untersuchung eines französischen Rennwagens 1905 gestoßen war. Sie wurde von einer kleinen Firma in Canton, Ohio, hergestellt und hielt trotz ihres zerbrechlichen Aussehens das Doppelte der Kraft aus, die der Motor aufbringen konnte. Das Getriebe war eine verbesserte Ausgabe des schon bei früheren Fahrzeugen verwendeten Planetengetriebes mit zwei Vorwärtsgängen. Die Zündung erfolgte über einen Niederspannungszündmagneten im Schwungrad. Eine weitere Neuerung war die Linkslenkung. Die Amerikaner fuhren zwar schon immer rechts, aber die Mehrzahl aller Autos einschließlich früherer Fords hatte Rechtslenkung. Die enorme Zahl von T-Modellen beeinflußte die anderen Hersteller dahingehend, daß sie dem Beispiel Fords folgten. Innerhalb von zehn Jahren führte das dazu, daß nur noch bei wenigen hochpreisigen Wagen das Lenkrad auf der rechten Seite zu finden war.

Bei der Vorstellung im Oktober 1908 gab es das T-Modell in fünf Karosserievarianten, nämlich als Coupé und Roadster, jeweils zweisitzig, als fünfsitzigen Tourenwagen und als siebensitziges Landaulet mit getrenntem Fahrersitz. Der Preis lag zwischen 825 Dollar für den Roadster und 1.000 Dollar für das Landaulet. Wie zu erwarten war, verkauften sich die offenen Modelle am besten. Der Touring kam im ersten Modelljahr auf 7.728 und der Roadster auf 2.351 Stück. Am seltensten anzutreffen war das Coupé, von dem nur 47 Exemplare ausgeliefert wurden. Abgesehen von den Reifen, die Ford bei seinem Freund Harvey Firestone kaufte, und den Aufbauten, die er bei verschiedenen Lieferanten, darunter insbesondere Kelsey und O.J. Beaudette, bezog, stammten die meisten Teile aus der eigenen Fertigung.

Die Produktion begann langsam, erreichte aber im Sommer 1909 bereits 100 Fahrzeuge am Tag. Insgesamt wurden 1909 17.771 Fahrzeuge ausgeliefert, eine Zahl, die binnen vier Jahren dann um das Zehnfache anstieg. Das Fließband, der Schlüssel zur Massenfertigung wurde 1913 in Highland Park installiert, und ermöglichte die Ausweitung

▲ **Mit diesem Ford Model T, bei dem alles abgebaut worden war, was nicht unbedingt erforderlich war, gewannen Bert Scott und Jimmy Smith 1909 in 22 Tagen und 55 Minuten das Rennen New York – Seattle. Sie schlugen dabei einen Acme für 4.500 Dollar, einen 5.000 Dollar teuren Shawmut und einen importierten Itala, der wahrscheinlich noch mehr gekostet hatte.**

Ford Motor Company

1909er Ford Model T ◄
1909, im ersten vollen Produktionsjahr, wurden 17.771 Model T ausgeliefert. Drei Farben standen zur Wahl: Rot für den Touring, grau für den Roadster und grün für das Landaulet. Bis 1914 gab es noch verschiedene andere Farben, dann bis 1926 nur schwarz. Die beiden Acetylen-Lampen an diesem Fahrzeug waren Sonderausstattung, da die Beleuchtung im Jahre 1909 nur zwei Seitenleuchten und eine Heckleuchte umfaßte. Auch das Dach war Sonderausstattung.

Besitzer: Crawford Collection of the Western Historical Society

▶ **Ein Blick in den Trubel von Highland Park, um 1914. Die Fahrgestelle stammen ausnahmslos vom Modell T.**

Ford-Archiv, Sammlung Micro de Cet

▼ **Das erste Ford-Modell mit geschlossenem Aufbau wurde 1915 eingeführt und kostete 975 Dollar. Die frühen Innenlenker verwendeten Aluminium-Bleche, die dann durch Stahl ersetzt wurden. Bei dieser Gelegenheit wurde auch der Kraftstofftank von den Rücksitzen unter den Fahrersitz verlegt, um eine bessere Versorgung des Motors mit Benzin zu erreichen. Bemerkenswert: die einzelne Tür in der Wagenmitte; Ford brachte erst 1922 einen Viertürer auf den Markt.**

Ford Motor Company

der Produktion auf 202.667 Fahrzeuge. Das folgende Jahr verzeichnete einen weiteren Sprung auf 308.162 Exemplare, 1915 und 1916 stiegen die Zahlen erneut auf 501.462 bzw. 734.811 Fahrzeuge.

Henry Ford wird gelegentlich als Erfinder des Fließbandes bezeichnet, doch das stimmt nicht. Austauschbare Teile wurden schon bei der Montage von Gewehren vor dem amerikanischen Bürgerkrieg und wenig später auch in der Uhrenindustrie verwendet. Henry Ford, der einmal mit dem Gedanken gespielt hatte, eine Massenfertigung von Armbanduhren aufzubauen, soll seinen Einfall mit dem Fließband aus den Fleischverarbeitungsbetrieben in Chicago bezogen haben, in denen die Schweine an Laufkatzen an den Schlachtern vorbeigeführt wurden. Fords Leistung bestand darin, diesen Vorgang auf die weitaus komplizierten Abläufe beim Automobilbau zu übertragen.

Mit steigender Produktion wurde das einzelne Auto immer billiger. So kostete das Touringmodell 1915 mit 440 Dollar nur wenig mehr als halb so viel wie 1908 und war gleichzeitig viel besser ausgestattet. Dazu muß allerdings gesagt werden, daß das erste T-Modell sehr einfach war. Die Grundausstattung umfaßte nur drei Öllampen, zwei vorn und eine hinten. Scheinwerfer, Windschutzscheibe, Dach, Horn, Stoßfänger und Tachometer mußten zusätzlich bezahlt werden. 1915 hingegen war all das mit Ausnahme der Stoßfänger, die am T-Modell ohnehin nur selten zu finden waren, im Preis enthalten. Ein Nachteil ab 1914 bestand darin, daß der Wagen nur in schwarz geliefert wurde. Das lag daran, daß schwarzer Japanlack die einzige Farbe war, die schnell genug trocknete, um mit dem Fließband mitzuhalten. Als es ab 1926 schnelltrocknende Lacke gab, bestand auch wieder die Möglichkeit, zwischen verschiedenen Farben zu wählen.

Das T-Modell war nicht das einzige seriengefertigte Fahrzeug seiner Zeit, ist aber in die Geschichte eingegangen, weil es Amerika motorisierte. Ganz gewiß gab es keinen anderen Wagen, der bei seinen Besitzern eine derartige Zuneigung, aber auch Ärger auslöste. Die meisten Amerikaner kauften in den ersten zwanzig Jahren unseres Jahrhunderts als ersten Wagen einen Ford T, auch als die Produktion 1927 eingestellt wurde, diente er noch vielen als »Einstiegsauto«, weil er gebraucht überall zu bekommen und billig war. Henry Ford stammte aus einer bäuerlichen Familie und freute sich deshalb ganz besonders darüber, daß der T bei den Farmern so gut ankam. Er war das erste Auto, das sie von Pferd und Wagen weglocken konnte. »Sie sollten wissen, daß Ihr Automobil uns aus dem Dreck geholt hat,« schrieb ihm die Frau eines Farmers im Jahre 1918. »Es hat Freude in unser Leben gebracht. Wir lieben jedes Klappern seiner blechernen Gebeine … »

Nach einem leichten Produktionsrückgang im 1. Weltkrieg ging es in den zwanziger Jahren wieder aufwärts. Von 1922 bis 1926 wurde jedes Jahr die Millionengrenze überschritten. Das Jahr des Produktionsrekords war 1923 mit 1.817.891 gefertigten Exemplaren. Das war mehr als viermal so viel, wie Fords nächster Konkurrent Chevrolet erreichte. Gleichzeitig fielen die Preise. Der zweisitzige Roadster kostete 1924 in der billigsten Ausführung gerade mal 260 Dollar. Weil man dafür aber nach wie vor nur eine relativ einfache Ausstattung bekam, entwickelte sich ein riesiger Zubehörhandel. Anfang der zwanziger Jahre waren im Katalog des Versandhauses Sears Roebuck über fünftausend verschiedene Teile für das T-Modell zu finden: Ausgefallene Lampen, Hörner und Hupen, Scheibenräder und fast alles, was sich irgendwie anschrauben ließ. Einige Firmen boten komplette Aufbauten an, mit denen man die etwas hausbackene Erscheinung des Wagens aufbessern konnte, bei anderen gab es nachrüstbare hängende Ventile zur Leistungssteigerung, andere bauten konventionelle Dreigang-Schubgetriebe für das überholte Planetengetriebe, das in den Zwanzigern nur noch beim Ford T zu finden war. Die Mayfair Manufacturing Company aus Boston kaufte gebrauchte T-Limousinen auf, tauschte defekte Teile aus, montierte ein Schubgetriebe und einen eigenen Kühler und verkaufte das Resultat dieser Arbeit für 485 Dollar, 175 Dollar unter dem Preis einer neuen T-Limousine des Baujahrs 1925. Allerdings machte sie damit kaum Eindruck, denn es fanden sich nicht einmal zehn Käufer.

DAS SELDEN-PATENT

Im September 1909, als das T-Modell gerade seinem ersten Geburtstag entgegenging, entschied ein Gericht in New York eine Patentklage der Association of Licensed Automobile Manufacturers (ALAM) gegen Ford. Mit dieser Entscheidung wurden der ALAM für nicht gezahlte Lizenzgebühren auf alle seit ihrer Gründung im Jahre 1903 gebauten Ford insgesamt Millionen von Dollar zugesprochen.

Die ALAM entstand aus den Aktivitäten des Patentanwalts George Baldwin Selden (1846–1932). Er hatte 1879 ein Patent für ein Fahrzeug mit Verbrennungsmotor angemeldet und nach und nach immer wieder auf den neuesten Stand der Konstruktion gebracht. Im November 1895 erhielt er das endgültige Patent, um es vier Jahre später für 10.000 Dollar einer Gruppe von Finanzleuten unter der Führung von William C. Whitney zu überschreiben, der die Electric Vehicle Company gekauft und sich mit Colonel Pope verbündet hatte. Die Frage, warum ein Hersteller von Elektrofahrzeugen ein Patent für Benzinautos erwerben sollte, ist schnell beantwortet: Solange Whitney und Pope das Patent besaßen, konnten sie es gegen jeden mißliebigen Konkurrenten einsetzen. Da zu diesem Zeitpunkt noch niemand sagen konnte, welche Antriebskonzeption sich durchsetzen würde, sicherten sie sich einfach ab. Alexander Winton mußte 1900 als erster daran glauben, 1903 gründeten fünf andere Unternehmen, nämlich Knox, Locomobile, Oldsmobile, Packard und Pierce-Arrow die ALAM, die Seldens Patent anerkannte und zusagte, für jeden verkauften Wagen eine Lizenzgebühr von 1¼ Prozent des Verkaufspreises zu zahlen. Von dieser Lizenzgebühr gingen 20 Prozent an Selden, 40 Prozent an die Electric Vehicle Company und 40 Prozent als Rücklage für eventuelle Gerichtskosten an die ALAM.

Bis zu diesem Zeitpunkt hatte Selden noch kein einziges Auto gebaut. 1903 ließ er jedoch zwei Fahrzeuge nach der Konstruktion von 1877 fertigen, plumpe Maschinen mit Zweitaktmotor über der Vorderachse, Vorderachsantrieb und Mittelzapfenlenkung. Henry Cave aus Hartford in Connecticut, der das eine Fahrzeug baute, erklärte später, es sei nicht besonders gut gelaufen. Den anderen Wagen baute Selden mit seinen Söhnen selbst und malte die Jahreszahl 1877 auf die Seite.

Die Mitgliedschaft in der ALAM stand nur demjenigen offen, der als echter Hersteller galt. Als sich Henry Ford im Jahre 1903 nach der Aufnahme erkundigte, erklärte ihm F.L. Smith, der Finanzvorstand von Oldsmobile, er könne nicht Mitglied werden, da sein Unternehmen »nur ein Montagewerk« sei. Smith hätte es besser wissen sollen, als sich mit einem leicht reizbaren Menschen wie Ford anzulegen. James Couzens soll dazu gesagt haben: »Selden kann mit seinem Patent zur Hölle fahren.« Ford weigerte sich entschlossen, irgendwelche Lizenzgebühren abzuführen, bot seinen Händlern und Käufern Schutz vor strafrechtlicher Verfolgung an. Der Kampf war eröffnet.

1907 versuchte Selden, dem Gericht eines seiner Fahrzeuge vorzuführen; es benötigte zum Starten einen Luftkompressor und kam schon nach fünf Metern stotternd wieder zum Stehen, aber das Gericht betrachtete das als für den Fall irrelevant. 1909 erging der entsprechende Gerichtsbeschluß, von dem die Automobilhersteller so eingeschüchtert wurden, daß die ALAM binnen weniger Wochen dreißig neue Mitglieder bekam. Durant, dessen Unternehmen Buick, Cadillac und Oldsmobile seit langem Mitglied waren, entschloß sich, seine Schulden zu tilgen.

Ford stand nicht allein; er und seine Mitstreiter Marmon, Reo, Maxwell-Briscoe, Mitchell und der Lastwagenhersteller Mack hatten die American Motor Car Manufacturers' Association gebildet, die sich jedoch nach der Entscheidung von 1909 der ALAM beugten. Ford hingegen ging in die Berufung, am 9. Januar 1911 kassierte die Berufungsinstanz das Ersturteil mit der Begründung, das Selden-Patent gelte nur für Zweitaktmotoren des Typs Brayton, während Ford und fast alle anderen Hersteller ihre Fahrzeuge mit Viertakt-Ottomotoren ausrüsteten.

Dieser Kampf gegen die ALAM ließ Ford zum Volkshelden werden, zum einsamen Kämpfer gegen die mächtige Organisation – eine Ironie angesichts der Tatsache, daß sein Unternehmen sich anschickte, einer der größten Konzerne der Welt zu werden. Aber er galt lange Zeit als Freund des kleinen Mannes und war ein Symbol für das Mißtrauen, das die Landbevölkerung des Mittelwestens gegen die Großindustriellen von der Ostküste hegte. Ford schloß sich auch zeitlebens nicht der National Automobile Chamber of Commerce (NACC) an, so daß in deren Handbuch, in dem eine Vielzahl kleiner und großer Autohersteller mit ihren Produkten vorgestellt wurden, bis Ende der zwanziger Jahre der Name Fords keinerlei Erwähnung fand.

▲ George B. Selden am Steuer des plumpen frontgetriebenen Fahrzeugs, das er 1903 als Beleg für sein Patent baute. Weder dieses noch das andere Fahrzeug funktionierten richtig, doch er kassierte damit Millionen Dollar an Lizenzgebühren, bis Henry Ford 1911 in der Berufungsinstanz Erfolg hatte.

Motor Vehicle Manufacturers' Association

▲ **Eine der vielen Firmen, die Billy Durant in General Motors eingliederte, war die Reliance Motor Truck Company in Detroit. Ab 1912 trugen Reliance-Modelle wie dieses den Namen General Motors und begründeten eine Linie von GMC-Lastkraftwagen, die sich bis zur Fusion mit White in den achtziger Jahren fortsetzte. Dieser Lastwagen transportiert Reifen für fest montierte Felgen. Damals wechselte man das Rad und nicht den Reifen.**

Motor Vehicle Manufacturers' Association

▶ **Die beiden Männer, ohne die es General Motors nie gegeben hätte: Links der hingebungsvolle, aber etwas weltfremde Ingenieur David Dunbar Buick (1855–1929), rechts der dynamische, aber manchmal unkluge Unternehmer William Capro Durant (1860–1947). Beide endeten in ärmlichen Verhältnissen, Buick am Empfang einer Schule und Durant als Betreiber eines Hamburger-Stands.**

Motor Vehicle Manufacturers' Association

BILLY DURANT UND DIE ENTSTEHUNG VON GENERAL MOTORS

Ford war zwar bis Ende der zwanziger Jahre die dominierende Figur in der amerikanischen Automobilfertigung, aber ihm folgten bald andere ehrgeizige Männer nach. Der bekannteste unter ihnen war William Capro Durant (1860-1947), geboren in Boston und aufgewachsen in Flint, Michigan. Der oft als Selfmademan bezeichnete Billy Durant stammte keineswegs aus ärmlichen Verhältnissen, denn sein Großvater William H. Crapo hatte mit dem Walfang an der Ostküste ein Vermögen verdient und war dann nach Michigan gezogen, wo er mit Erfolg eine Sägemühle betrieb. Billy arbeitete dort mit, bis er sich im Alter von 21 Jahren im Wagenbau selbständig machte. Er ließ einen zweirädrigen Wagen patentieren, den er für 12,50 Dollar verkaufte, ging 1885 eine Partnerschaft mit Josiah Dallas Dort ein, mit dem er bis zur Jahrhundertwende ein blühendes Wagenbauunternehmen aufbaute, das auf dem Höhepunkt des Erfolgs 50.000 Wagen im Jahr herstellte. Zu ihren Angestellten zählte auch der künftige Autobauer Charles Nash.

Durant fiel eines Tages ein Automobil auf, das einen technisch fortgeschrittenen Motor mit Ventilen im Zylinderkopf besaß, der von dem in Schottland geborenen David Dunbar Buick (1855–1929) stammte. Buick war ursprünglich im Sanitärgeschäft tätig gewesen und hatte in den neunziger Jahren eine Technik zum Aufbringen von Emaille auf gußeiserne Badewannen vervollkommnet. Heute wird sein Name nur noch in Verbindung mit Autos genannt, sein nicht unwesentlicher Beitrag zum modernen Wohnkomfort ist praktisch vergessen. Sein Sanitärgeschäft, Buick & Sherwood, brachte gutes Geld ein, doch er richtete seine Energie lieber auf eine neue Leidenschaft, das Automobil. Die Buick Manufacturing Company hatte nach der Gründung 1902 im folgenden Jahr gerade einmal sechs und 1904 auch nicht mehr als 37 Autos gebaut, als Billy Durant auf der Bildfläche erschien und mit 1,5 Millionen Dollar die Mehrheit erwarb.

Durant reorganisierte die Produktion, indem er die Montage in eine aufgegebene Durant-Dort-Wagenbaufabrik in Jackson in Michigan, die Motorfertigung in das Buick-Werk in Flint und den Karosseriebau zu den Flint Wagon Works verlegte. Die Fertigung schnellte auf 750 Autos 1905 und 1.400 Fahrzeuge 1906 empor. Nach und nach konzentrierte er anschließend die Fertigung in Flint, das Werk in Jackson wurde schließlich 1912 geschlossen. 1907 produzierte Buick 4.641 Fahrzeuge und lag damit an zweiter Stelle hinter Ford.

Je mehr das Unternehmen unter Durants Führung gedieh, desto weniger Platz schien für seinen Gründer Buick zu sein. David Buick war eher Bastler als ein Mann für die Serienfertigung und machte den Ingenieuren, die überwiegend Durant-Leute waren, dauernd neue Vorschläge, die aber auf wenig Gegenliebe stießen, weil sie dem Streben nach Großserienfertigung im Wege gestanden hätten. Außerdem wollte Buick seine Motoren auch an andere Automobilbauer verkaufen, was Durant gar nicht paßte. Buick verließ die Firma schließlich 1908 mit einer persönlichen Abfindung Durants in Höhe von 100.000 Dollar.

1911er Overland Model 55 Touring ▲

Die Willys-Overland Company war 1911 Amerikas drittgrößter Autohersteller hinter Ford und Buick. Dieser Model 55 war Teil der 40-PS-Modellpalette, die fünf Versionen mit einem Radstand von 2997 mm umfaßte, vom 55 Touring für 1.300 Dollar bis zum 52 Limousine zu 2.750 Dollar.

Besitzer: George Sanders

▲ 1913er Rambler Touring ▼

Für den Namen Rambler war 1913 das letzte Jahr, ab 1914 hießen die Modelle nach dem Familienunternehmen, das sie baute, Jeffery. Dieser Vierzylinder-Touring mit 42 PS trug die Bezeichnung Cross Country, obwohl er wohl kaum in die Klasse Jeep/Bronco gehörte. Vielleicht lag das an der Tatsache, daß Ned Jordan Generaldirektor war, denn auch die anderen Modelle trugen ziemlich exotische Namen wie Valkyrie, Knickerbocker und Country Club. Der Rambler war 1913 insofern ungewöhnlich, als er noch Rechtslenkung hatte. Mit der Namensänderung änderte sich aber auch das. 1918 wurde aus Jeffery Nash.

Besitzer: Dan Oberle

Die verbleibende Geschichte David Buicks ist ziemlich traurig. Von Öl und Landspekulation bis zur Herstellung von Vergasern und Autos, was er auch anfaßte, ging schief. Andere machten mit Öl in den Jahren vor dem 1. Weltkrieg ein Vermögen, Buick verlor den größten Teil dessen, was er aus dem Verkauf seiner Anteile an der Buick Motor Company bekommen hatte. Zurück in Michigan versuchte er es gemeinsam mit seinem Sohn Tom zunächst mit dem Bau von Vergasern und anschließend in Walden im Bundesstaat New York wieder mit dem Automobilbau. Dazu gründete er die David Dunbar Buick Corporation mit einer vorgesehenen Kapitalausstattung von 5 Millionen Dollar, die aber nie erreicht wurde. Als einziger Wagen entstand ein Roadster mit einem Sechszylindermotor von Continental. Buick investierte das wenige Geld, das ihm noch verblieben war, in Land in Florida und verlor auch das. 1927 nahm er einen Job als Lehrer an der Detroit School of Trades an, war aber mit seinen 72 Jahren schon so gebrechlich, daß man ihn bald an dem Empfang setzte. Draußen rollten zahllose Buicks vorbei, doch ihr Schöpfer mußte sich immer noch plagen. David Buick konnte es sich nie leisten, in Rente zu gehen, Er starb 1929.

Zu diesem Zeitpunkt hatte Billy Durant schon zweimal ein Vermögen verdient und wieder verloren. Er hatte ein Auto unter seinem Namen auf dem Markt und, weitaus wichtiger, das Unternehmen General Motors ins Leben gerufen. Ursprünglich hatte er gehofft, auch Maxwell-Briscoe, Ford und Reo unter das Dach seines Imperiums zu bringen, doch diese Hoffnung erfüllte sich nicht, unter anderem auch deshalb, weil Henry Ford davon nicht gerade begeistert war. Deshalb gründete er auf der Basis der Buick Motor Company im September 1908 das Unternehmen General Motors, das allerdings mit Buick nur über eine einzige Marke verfügte. Am 28. Dezember kam Olds-

1908er Brush Model B Runabout ▶

Die Brush Motor Company in Detroit gehörte zu den Firmen, die Benjamin Briscoe zu seiner United States Motor Corporation verschmolz, die er als Konkurrentin zu General Motors sah. Der Brush-Roadster mit 6-PS-Einzylinder war mit 500 Dollar der billigste Wagen der Unternehmensgruppe. Ungewöhnlich war die Aufhängung mit Schraubenfedern an allen vier Rädern. Sein Konstrukteur Alanson P. Brush war auch am ersten Einzylinder-Cadillac beteiligt.

Besitzer: National Automobile Museum, Reno, Nevada

mobile hinzu, gefolgt von Oakland im Mai 1909 und Cadillac im Juli desselben Jahres. An die Stelle von Oakland trat schließlich Pontiac, so daß die Gruppe schon ein Jahr nach der Gründung vier von den fünf Marken umfaßte, aus denen die heutige General Motors Corporation besteht. In den folgenden Jahren kamen zahlreiche weitere kurzlebige Firmen zu General Motors, darunter Carter, Elmore, Ewing, Marquette, Rainier, Rapid, Reliance und Welch. Rapid und Reliance bauten Lastkraftwagen und wurden 1912 zur GMC-Sparte Lkw zusammengefaßt. Die meisten dieser Firmen wurden durch Ausgabe von General-Motors-Aktien erworben; bei Cadillac waren allerdings 4,4 Millionen Dollar in bar fällig.

Die Anfangszeit war für General Motors bei weitem nicht einfach. Durant verschwendete viel Geld für den Kauf von Firmen, deren Patente »sich eines Tages als nützlich erweisen könnten«, wenn sich die Bauweise änderte. So zahlte er beispielsweise 140.000 Dollar für Cartercar wegen deren Friktionsgetriebe und 600.000 Dollar für Elmore, um sich deren Zweitaktmotor zu sichern. Keiner der beiden Firmen ging es gut, Cartercar wurde 1915 für nur 50.000 Dollar wieder abgestoßen. Elmore mußte völlig abgeschrieben werden. Noch schmerzlicher waren die 7 Millionen Dollar, die Durant für die Heany Lamp Company bezahlte, die ein Patent auf eine Glühlampe besaß, das sich als gefälscht herausstellte, so daß das gesamte Geld verloren war.

Von den Autoherstellern warf 1910 nur Cadillac Gewinne ab; Buick war mit Krediten belastet worden, um den Kaufpreis für Cadillac aufzutreiben, bei Oldsmobile waren die Verkäufe nach der Aufgabe des Curved Dash stark zurückgegangen, und war noch zu neu auf dem Markt. General Motors mußte Hilfe bei den Banken suchen, die unter anderem die Bedingung stellten, daß Durant als Präsident von Buick und Vizepräsident von General Motors zurücktrat. Er behielt aber seinen Sitz im Aufsichtsrat und stand wenige Jahre später nach dem Erfolg von Chevrolet wieder an der Spitze des Unternehmens.

▼ Firmen wie Hudson, Hupmobile und Rambler gehörten zwar nicht zu den fünf größten Automobilbauern, trugen aber in den Jahren vor dem 1. Weltkrieg beträchtlich zur amerikanischen Autoproduktion bei. Hudson begann im Jahre 1909 und baute 1911 diesen Vierzylinder-Roadster, der dem ersten Modell noch sehr ähnlich sieht.

Motor Vehicle Manufacturers' Association

ANDERE FIRMEN EXPANDIEREN

Während Durant mit Buick expandierte und Henry Ford sich zur Massenfertigung anschickte, bedienten auch andere Hersteller den wachsenden Markt. Führend unter ihnen waren John North Willys, die Gebrüder Studebaker, Thomas Jeffery und Jonathan D. Maxwell mit seinem Partner Benjamin Briscoe.

John North Willys (1873-1935) unterschied sich von seinen Autos bauenden Zeitgenossen insofern, als er zunächst Händler gewesen war, bevor er zum Hersteller wurde. Er begann wie viele andere mit dem Verkauf und der Reparatur von Fahrrädern in seiner Heimatstadt Canandaigua im Bundesstaat New York. Später kaufte er in Elmira ein größeres Geschäft und begann um die Jahrhundertwende mit dem Verkauf von Automobilen der Marken Pierce, Rambler und Overland. Der Overland war ein Kleinwagen, der von der Standard Wheel Company in Indianapolis, einem der größten Radproduzenten des Landes, hergestellt wurde. Willys hatte den Wagen 1905 bei einem Besuch in Indianapolis gesehen und von den 1906er Modellen, einem Zweizylinder-Roadster mit 9 PS und einem Vierzylinder-Touring mit 16 PS, so viele bestellt, wie gebaut werden konnten. Overland stellte 47 Fahrzeuge her; Willys nahm alle ab und bestellte gleich 500 Stück von den 1907er Modellen.

Als die Fahrzeuge nicht eintrafen und seine Briefe unbeantwortet blieben, machte sich Willys auf den Weg nach Indianapolis, wo er bei Overland chaotische Verhältnisse vorfand. Es wurden keine Autos gebaut, es waren nur Teile für insgesamt drei Fahrzeuge vorhanden, die Arbeiter waren in Scharen davongelaufen; die wenigen, die noch ausgeharrt hatten, waren nur noch da, weil sie seit mehreren Wochen auf ihr Geld warteten. Willys hatte für den Auftrag bereits 10.000 Dollar angezahlt und wollte Resultate in Form von Autos sehen. Deshalb lieh er sich das Geld, um die Schulden der Firma zu bezahlen, bat sein Hotel, keine Zahlungen vorzunehmen, bis genug Bargeld im Hause war, damit er einen Scheck einlösen und die Arbeiter bezahlen konnte. Da die Fabrik für die Produktion von 500 Autos nicht ausreichte, kaufte Willys ein großes Zirkuszelt und begann mit der Arbeit.

Auf diese Weise wurde er, wie er selbst einmal sagte, »Arbeiter, Präsident, Finanzvorstand, Generaldirektor – alles vom obersten Vollstrecker abwärts« bei der Overland Company. Der Ausstoß aus dem Zirkuszelt belief sich 1908 auf 465 Fahrzeuge, alles Touring-Modelle bzw. Roadster mit 20/22 PS und zweigängigem Planetengetriebe. 1909 verlegte er die Produktion nach Toledo im Bundesstaat Ohio und änderte den Firmennamen in Willys-Overland. 4.860 Fahrzeuge entstanden in diesem Jahr, darunter Modelle mit konventionellem Dreiganggetriebe als Alternative zum Planetengetriebe (100 Dollar extra) und ein Sechszylinder mit 45 PS für 2.250 Dollar, der unter der Bezeichnung Willys lief. Dieser Schritt in Richtung oberes Marktsegment wurde aber nicht fortgesetzt; 1910 hießen alle Wagen wieder Overland und kosteten höchstens 1.850 Dollar. Die meisten lagen zwischen 1.000 und 1.450 Dollar. Mit einer Produktion von 15.598 Stück war Willys jetzt hinter Ford und Buick der drittgrößte Hersteller. 1912 stieß er mit 28.572 Fahrzeugen auf den zweiten Platz vor. Der günstigste Wagen war dabei ein zweisitziger Roadster für 850 Dollar. Willys blieb bis 1918 an zweiter Stelle.

1913 unternahm Willys gezwungenermaßen eine Reise nach Europa, weil sein Arzt ihm gedroht hatte, wenn er weiter so hart arbeite, werde er ihm Sanatorium landen. Auf dieser Reise lernte er einen anderen Amerikaner kennen, den Ingenieur Charles Yale Knight, der das Patent auf den Schiebermotor besaß und dieses Patent bereits an europäische Autohersteller wie Daimler in Großbritannien, Panhard in Frankreich, Minerva in Belgien und Mercedes in Deutschland verkauft hatte. Willys kaufte eine Firma, die Edwards Motor Car Company in New York, die bereits einen Wagen mit Schiebermotor baute, verlagerte die Produktion nach Elyria in Ohio und benannte das Unternehmen in Willys-Knight um. In den zwanziger Jahren baute Willys mehr Schiebermotoren als alle anderen Autohersteller zusammen. Erst 1933 gab er die Produktion auf.

Der Name Studebaker war im amerikanischen Automobilbau 60 Jahre lang ein fester Begriff, wobei die Fahrzeuge allerdings zeitweilig von anderen Firmen hergestellt wurden. Mit einer Firmengeschichte, die bis in die Mitte des 19. Jahrhunderts zurückreicht, war Studebaker der älteste Fahrzeugbauer in Amerika: Die ersten Wagen entstanden bereits 1852 in South Bend in Indiana. Die Firma erlebte im Bürgerkrieg einen großen Aufschwung, einer der beiden Brüder, nämlich John Mohler Studebaker, verdiente noch nebenher ein Vermögen mit der Fertigung von Schubkarren für die Goldgräber in Kalifornien. Die ersten Studebaker-Autos von 1902 waren Elektromobile; 1903 kamen dann Benziner hinzu, die von der General Automobile Company in Cleveland und später von der Garford Company in Elyria gefertigt wurden (deren Werk Willys 1913 für die Produktion des Willys-Knight kaufte).

Mit den bei Garford gebauten Fahrzeugen (fast alle unter der Bezeichnung Studebaker) konnte Studebaker 1908 8.142 Autos verkaufen, die aber mit Preisen zwischen 3.750 und 4.500 Dollar recht teuer waren. Studebaker brauchte ein billigeres Produkt, um sich dem Wettbewerb mit Ford und Buick zu stellen. Die Lösung war der EMF 30, ein konventioneller Touring für 1.250 Dollar, den die Everitt-Metzger-Flanders Company in Detroit 1908 herausbrachte. Die Männer, die hinter dieser Firma standen, brachten genau die richtige Erfahrung mit: Barney Everitt hatte als Wagenbauer ein Vermögen gemacht, William E. Metzger als Verkäufer viel zum anfänglichen Erfolg des Cadillac beigetragen und Walter E. Flanders als Produktionsleiter bei Henry Ford gearbeitet. Studebaker verpflichtete sich vertraglich, die Hälfte der auf 12.000 Fahrzeuge geschätzten Produktion des Jahres 1909 abzunehmen. Tatsächlich waren es dann aber nur 8.132 Fahrzeuge, darunter 172 aus dem vorhergehenden Jahr. Die Fertigungszahlen schnellten jedoch 1910 auf 15.598 Stück empor und erreichten 1912 einen Höhepunkt von 28.032 Einheiten. Trotz guter Verkäufe war der EMF 30 nicht ohne Probleme, insbesondere in Hinsicht auf das Getriebe an der Hinterachse. Die Bezeichnung des Wagens gab denn auch Anlaß zu spöttischen Deutungen wie »Ein Motorisierter Fehlschlag«.

1909 verließen Everitt und Metzger das Unternehmen, Walter Flanders kaufte mit Studebaker-Geld die Fabrik der in Konkurs gegangenen Deluxe Company, um unter eigenem Namen einen kleineren Wagen als den EMF 30 zu bauen. Der Flanders 20, ein Roadster, kostete 1911 mit 700 Dollar nur 20 Dollar mehr als der entsprechende Ford T. Walter Flanders blieb bis März 1912 Partner von Studebaker, befaßte sich während der Arbeitszeit aber immer mehr mit eigenen Projekten, darunter ein Elektromobil und ein Motorrad mit Vierzylindermotor. Das führte schließlich zur Trennung und 1913 zur Umbenennung des Flanders in Studebaker 25 und des EMF in Studebaker 35. Die beiden Werke in Detroit und ein EMF-Werk in Walkerville, Ontario, wurden weiter genutzt; damit begann eine Verbindung mit Kanada, die bis zur Produktionseinstellung in den Vereinigten Staaten bestehen blieb. Die letzten in Kanada gebauten Studebakers stammten allerdings nicht aus Walkerville, sondern aus Hamilton.

▲ Maxwell-Briscoe baute im Jahre 1907, als auch dieser fünfsitzige Touring mit Maxwell am Steuer und Briscoe als Beifahrer entstand, 3.785 Fahrzeuge und erreichte damit Platz 4 unter den amerikanischen Herstellern.

Motor Vehicle Manufacturers' Association

Dieses Buch bietet nicht genügend Platz, um all die anderen Unternehmen aufzuführen, die zum Siegeszug der Serienfertigung beitrugen. Nur Maxwell muß noch erwähnt werden, und sei es nur, weil er der Vorläufer des Chrysler-Imperiums war, des letzten unter den großen Automobilkonzernen, die in dieser Zeit entstanden. Die Maxwell-Briscoe Motor Company basierte auf der bekannten Kombination aus den technischen Fähigkeiten eines Mannes und dem Geld eines anderen. Jonathan D. Maxwell (1864–1928) hatte bei den Gebrüdern Apperson gearbeitet, als diese ihren ersten Wagen für Elwood Haynes bauten, später bei Olds, bevor er für die Northern Manufacturing Company ein Fahrzeug mit Einzylindermotor konstruierte. Sein Partner bei Northern war Charles King, der Henry Ford bei seinem ersten Prototyp geholfen hatte, mit dem er aber nicht zurechtkam. Maxwell suchte und fand einen neuen Partner in Benjamin Briscoe (1869–1945), einem erfolgreichen Hersteller von Blechteilen, der durch den Bau von Kühlern für Olds und andere Hersteller

1909er Hupmobile ▼
Hupmobile war viele Jahre lang ein erfolgreicher mittelgroßer Hersteller. Dies war Robert Hupps erstes Auto, ein zweisitziger Roadster mit Benzintank hinter der Sitzbank. Es hatte einen Vierzylindermotor, der 16,9 PS leistete, und kostete 750 Dollar. Für ein Fahrzeug in dieser Preisklasse ungewöhnlich waren das Schubgetriebe und die elektro-magnetische Zündung. Die meisten seiner Konkurrenten besaßen immer noch Planetengetriebe und Batteriezündung. Besitzer: Crawford Collection of the Western Historical Society

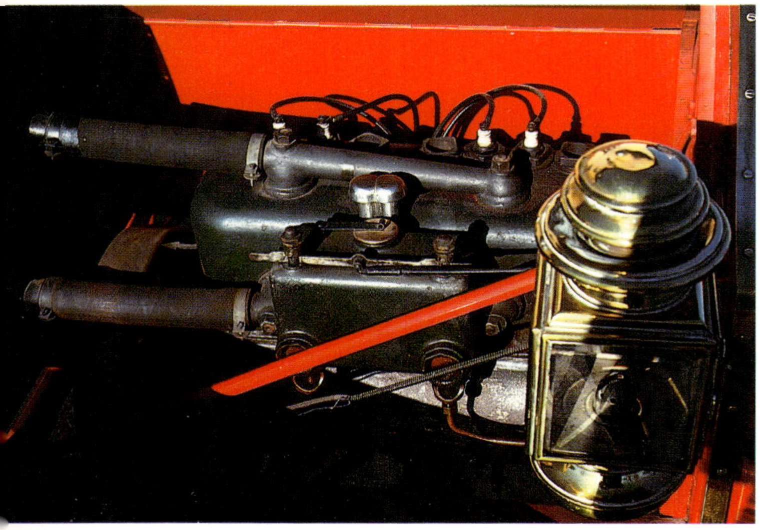

in das Automobilbaugeschäft geraten war. Er hatte für kurze Zeit David Buick unterstützt, dessen Firma aber schon verlassen, bevor Durant die Bühne betrat.

Briscoe war von Maxwells Fähigkeiten beeindruckt und gründete 1904 das Unternehmen Maxwell-Briscoe; als Fabrikationsstätte wurde das Werk in Tarrytown angemietet, in dem John Brisben Walker seine Mobile-Dampfwagen gebaut hatte. Der erste Maxwell-Briscoe war ein zweisitziger Roadster mit Zweizylinder-Boxermotor mit quadratischen Abmessungen (101x101 mm). 1904 wurden ganze zehn Autos gebaut, doch schon zwei Jahre später war diese Zahl auf fast 2.200 Einheiten emporgeschnellt und hatte Maxwell damit den fünften Platz eingebracht. 1909 wurde mit 9.460 ausgelieferten Fahrzeugen Platz drei erreicht. Maxwell-Briscoe konnte sich bis 1920 unter den ersten sechs halten.

1906 begann Briscoe, der sich mit einer nur gemieteten Fabrikationsstätte nicht sicher fühlte, mit dem Bau eines großen Werks in New Castle, Indiana, das 1909 fertiggestellt wurde. Weiterhin kaufte er Fabrikanlagen in Pawtucket auf Rhode Island und in Auburn im Bundesstaat New York. All diese Anlagen trugen dazu bei, daß 1910 ein Ausstoß von etwa 20.000 Maxwells erreicht wurde. Verkaufsleiter Cadwallader Washburn Kelsey (1880–1970) ließ kurze Filme drehen, in denen die Fahrzeuge bei Verfolgungsjagden die Treppen von Kirchen und anderen Gebäuden hinauffuhren, und führte diese Filme in Theatern vor. Er finanzierte außerdem Langstreckenrennen wie die Glidden Tours, das Maxwell 1911 und 1912 vom Start weg gewann. Es war auch ein Maxwell, mit dem Alice Huyler Ramsey und ihre drei Mitstreiterinnen 1909 von Küste zu Küste quer durch den Kontinent fuhren und dem Unternehmen mehr öffentliche Aufmerksamkeit verschafften als Kelsey mit all seinen Unternehmungen zusammen.

Unglücklicherweise baute Briscoe 1910 auf der Basis von Maxwell-Briscoe einen Konkurrenten für General Motors auf, indem er die Autohersteller Brush, Columbia, Courier, Stoddard-Dayton und andere zur United States Motor Corporation vereinigte. Die neue Unternehmensgruppe war mit sieben Markennamen, 52 Modellen und 18 Werken von Anfang an zu schwerfällig und fand sich bald in der gleichen Lage wie die British Leyland Motor Corporation in den siebziger Jahren. Briscoe hatte aber keine Regierung, die ihm helfen konnte, so daß die Gruppe schon 1912 zusammenbrach. Briscoe baute später unter seinem eigenen Namen Autos, während Maxwell, der die gesundesten Firmen der United States Motor Corporation besaß, miterleben mußte, wie die Kontrolle über sein Reich an Walter Flanders von Everitt-Metzger-Flanders überging. Maxwell ging, konnte aber zufrieden darauf zurückblicken, daß Flanders den Namen Maxwell als Verkaufsargument beibehielt. Die Vierzylindermodelle wurden jetzt in New Castle und im ehemaligen Stoddard-Dayton-Werk in Dayton, Ohio, gebaut, während das Sechszylindermodell 50-6 im Flanders-Werk in Detroit entstand. Die Produktion des Sechszylinders wurde bald darauf zugunsten eines 25-PS-Vierzylinders für 750 Dollar aufgegeben. Die Verkaufszahlen schnellten auf 75.000 Einheiten 1917 empor, sanken aber wieder ab, als die Firma nach dem 1. Weltkrieg mit Chalmers vereinigt wurde, dem Hersteller eines teureren Sechszylindermodells. Maxwell-Chalmers kam im November 1921 unter die Kontrolle von Walter P. Chrysler, 1926 wurde der Maxwell-Vierzylinder in Chrysler 58 umbenannt. Der gleiche Wagen, allerdings mit wichtigen Verbesserungen wie Hydraulikbremsen für alle vier Räder, erhielt für 1929 den Namen Plymouth.

Ein weiteres Imperium war das von Colonel Albert Pope. Neben den weiter vorn beschriebenen Columbia-Elektromobilen kaufte er noch einen anderen Elektromobilhersteller, nämlich Waverley in Indianapolis, und baute vier Benzinautos, den Pope Hartford, den Pope-Robinson, den Pope-Toledo und den Pope-Tribune. Letzterer, der in Hagerstown im Bundesstaat Maryland in einem Werk unter Leitung seines Sohnes Harold gebaut wurde, war zunächst ein billiger Einzylinder-Roadster, der sich bis 1908, seinem letzten Jahr, zum Vierzylinder für 2.750 Dollar entwickelte. Die anderen Marken waren teurer, insbesondere der massige Pope-Toledo, der 1907 als 50-PS-Limousine 6.000 Dollar kostete. Die schwerfällige Pope-Gruppe befand sich schon in Schwierigkeiten, als der Colonel im August 1909 starb: Pope-Hartford kam in Konkursverwaltung, Pope-Waverley wurde verkauft und als Waverley weitergeführt, Pope-Toledo schloß die Pforten, Pope-Tribune war bereits dahingeschieden. Pope-Hartford wurde zunächst von George Pope, dem Bruder des Colonels, weitergeführt, bis auch dieses Werk 1914 schließen mußte.

CHEVROLET UND DODGE

1920 waren die großen US-Hersteller schon die gleichen wie heute: Ford besaß den größten Marktanteil, gefolgt von Dodge, Chevrolet und Buick. Zwei neue Namen stellten praktisch die letzte erfolgreiche Blutauffrischung in der etablierten Detroiter Hierarchie dar: In den zwanziger Jahren kam Chrysler, der auf Maxwell-Chalmers aufbaute und später Dodge übernahm, nach dem 2. Weltkrieg Kaiser-Frazer, der »letzte Anschlag auf Detroit«, der aber zehn Jahre später schon wieder aufgeben mußte.

Chevrolet und Dodge bauten in den Anfangsjahren ganz ähnliche Autos, aber vor einem gänzlich anderen Hintergrund. Louis Chevrolet war, als er 1910 sein erstes Auto plante, neu in der Autoindustrie, hatte sich aber schon als Rennfahrer einen Namen gemacht, während die Gebrüder Dodge seit der Jahrhundertwende bekannte Zulieferer waren, zuerst für Olds und dann für Ford. Was die Teile anbetraf, hätte man die ersten Ford-Autos getrost auch als Dodge bezeichnen können.

Die Chevrolet-Brüder Gaston, Arthur und Louis wurden in der Schweiz geboren, lebten aber in Frankreich, bis sie nach Kanada und von dort um 1900 in die Vereinigten Staaten auswanderten. Louis war der Techniker unter ihnen. Er hatte schon in Frankreich eine Pumpe für Weinfässer erfunden und arbeitete später in New York für den Importeur des De Dion Bouton und William Walter, einen ebenfalls in der Schweiz geborenen Fahrzeugbauer. Ab 1908 fuhr er Rennen für Buick und erregte die Aufmerksam von Billy Durant. 1910 war Durant ohne Arbeit, nachdem man ihn bei General Motors kaltgestellt hatte und suchte nach einer neuen Gelegenheit. Ob Chevrolet bereits an einem Auto arbeitete, als Durant an ihn herantrat, oder ob die Idee von vornherein von Durant kam, ist nicht geklärt. Chevrolet plante auf jeden Fall bald ein Auto, da er keine technische Ausbildung hatte, suchte er Hilfe bei Etienne Planche, einem Franzosen, den er bei Walter kennengelernt hatte, wo er einen Wagen konstruierte, aus dem schließlich der Mercer wurde.

Chevrolet und Planche hatten zwar einen »leichten französischen Wagen« versprochen, aber was dabei herauskam, war typisch amerikanisch und keineswegs leicht. Der 1911 vorgestellte Chevrolet Classic Six hatte einen Sechszylindermotor mit T-Kopf, dessen Hubraum von 4898 cm³ alles überstieg, was Chevrolet bis 1958 baute. Der Wagen war mit einem Radstand von 3048 mm nicht gerade klein, Durant konnte den Preis trotz aller Mühen nicht unter 2.250 Dollar halten. Da der Classic Six offensichtlich nicht das Auto war, auf dem er eine neue Karriere aufbauen konnte, brachte er einen kleineren Vierzylinder mit der Bezeichnung Little heraus. Dieser Name bezog sich nicht auf die Größe (engl. little = klein), sondern auf William H. Little, seinen ehemaligen Produktionsleiter bei Buick. Der Wagen kam mit einem Preis von 690 Dollar Durants Vorstellungen schon näher, verkaufte sich aber nicht sehr gut, teils wegen des unattraktiven Namens und teils wegen der unzureichenden Qualität. Durant selbst bemerkte einmal, das Auto sei »nach weniger als 40.000 km am Ende«.

Zwischen Anfang 1912 und der Produktionseinstellung im Mai 1913 wurden vom Little 3.500 Einheiten verkauft, darunter auch ein Sechszylinder für 1.250 Dollar. Das waren eindeutig weniger als vom Chevrolet Classic Six, der vom Sommer 1912 bis zum Ende des Modelljahres 1914 auf fast 9.000 Einheiten kam und dann durch einen kleineren Sechszylinder mit L-Kopf ersetzt wurde. Wichtiger war jedoch der neue Chevrolet-Vierzylinder, die Baureihe H. Dieser Wagen war mit einem Radstand von 2641 mm etwas größer als der Little und besaß einen Motor mit hängenden Ventilen. Louis Chevrolet, der trotz seiner Herkunft einen größeren, amerikanischen Wagen bevorzugt hätte, gefiel er überhaupt nicht.

Dazu kam noch die Sache mit seinen Rauchgewohnheiten. Durant hatte gemeint, für einen Spitzenmann der Automobilindustrie seien Zigarren doch wohl angemessener als billige Zigaretten. Ganz besonders ärgerte ihn die Art und Weise, in der Louis dauernd eine Zigarette an der Unterlippe kleben hatte. Das war für Louis wohl zuviel; angeblich soll er explodiert sein: »Ich habe Ihnen mein Auto und meinen Namen verkauft, aber mich selbst werde ich nicht verkaufen.« Chevrolet verließ das Unternehmen 1914. Später baute er unter der Bezeichnung Frontenac erfolgreiche Rennwagen, die 1920 und 1921 das 500-Meilen-Rennen von Indianapolis gewannen. Er verdiente nie so viel Geld, wie er es bei Durant hätte tun können, und starb

1918er Dodge Touring ◄ ►

Dodge-Fahrzeuge aus dieser Zeit waren zu erkennen an den sechs vertikalen Fenstern hinten im Dachaufbau. Der robuste Vierzylinder-Dodge diente den US-Streitkräften als Stabsfahrzeug. General John Pershing benutzte ihn 1916 bei den Kämpfen gegen Pancho Villa in Mexiko; ein damals noch unbekannter junger Leutnant namens George S. Patton führte den ersten Angriff motorisierter Kräfte in einem Dodge. Den gleichen Wagen benutzte Pershing dann im 1. Weltkrieg; sein Fahrer war Hauptmann Eddie Rickenbacker, der später selbst Autos baute.

Besitzer: Dick Travers

einsam und vergessen 1941. Er sagte immer, er sei stolzer auf seine Indianapolis-Sieger als auf die Millionen von Autos, die seinen Namen trugen – verständlich angesichts der Tatsache, daß er mit ihrer Konstruktion nichts zu tun hatte. Sein Partner Etienne Planche ging zu Durants früherem Partner J. Dallas Dort und konstruierte dort einen Vierzylinder, der dem Chevrolet nicht unähnlich, aber nie so erfolgreich war.

Die Baureihe H wurde 1915 weitergeführt und kostete als Roadster bescheidene 750 Dollar. Daneben gab es eine Luxusausführung namens Amesbury Special mit attraktiverer Linienführung, einteiliger Windschutzscheibe mit Wischer und Chauffeursitz mit eigener Windschutzscheibe. Der Amesbury Special wurde überwiegend in weiß verkauft und kostete 985 Dollar bzw., mit Drahtspeichenrädern, 1.110 Dollar. Weitere Modelle waren der Royal Mail, ein zweisitziger Roadster und der Baby Grand, ein fünfsitziger Tourenwagen. Der Motor der Baureihe H, von Arthur Mason konstruiert und bei der in Durants Besitz befindlichen Mason Motor Company hergestellt, war ein Vierzylinder mit 2799 cm³ Hubraum, der seine Abmessungen behielt, bis die Vierzylinder 1928 aufgegeben wurden. Er diente als Ausgangspunkt für den Wagen, mit dem Durant Henry Ford frontal treffen wollte, den 490. Dieser im Dezember 1914 angekündigte Wagen, dessen Produktion aber erst im Sommer 1915 aufgenommen wurde, hatte seinen Namen nach dem Preis eines Ford T Touring und sollte ebenso viel kosten. Sechs Wochen, nachdem der 490 in den Verkauf gegangen war, senkte Henry Ford den Preis für sein T-Modell auf 440 Dollar, während Durant bald gezwungen war, den Preis seines Wagens auf 550 Dollar zu erhöhen. Darin waren allerdings elektrische Beleuchtung und ein elektrischer Anlasser enthalten. Die Diskrepanz erklärte er damit, daß der Grundpreis nach wie vor 490 Dollar betrage, fügte aber im Prospekt hinzu: »Wir empfehlen den Kauf des 490 mit elektrischer Beleuchtung und Anlaßvorrichtung, denn ohne diese Ausstattung ist ein Auto heute nicht mehr komplett. Wenn Sie ein Auto ohne elektrische Beleuchtung und Anlasser kaufen, machen Sie einen Fehler.« Das ging eindeutig gegen den Ford, der noch mit der Handkurbel angeworfen werden mußte und mit Kerosinlampen ausgestattet war.

Um den 490 in den geplanten Stückzahlen bauen zu können, brauchte Durant mehr Platz. Deshalb kaufte er zunächst das ehemalige Maxwell-Werk in Tarrytown (das auch heute noch General Motors gehört) und besorgte sich anschließend Fabrikraum von Norman de Vaux in Oakland und seinem früheren Freund Russell Gardner in St. Louis. Da er auch in Kanada produzieren wollte, überredete er die McLaughlins, die in ihrer Wagenbaufabrik in Oshawa, Ontario, schon Buicks für ihn gebaut hatten, den Wagenbau zugunsten der Fertigung von Chevrolets aufzugeben.

Mit dem 490 stieß Chevrolet schnell an die Spitze vor. Nach nur 13.292 Fahrzeugen 1915 schnellten die Produktionszahlen im Jahr darauf auf 62.898 Einheiten empor. Damit war Platz sechs erreicht. 1919 stand das Unternehmen mit 123.371 verkauften Fahrzeugen bereits an zweiter Stelle hinter Ford. Diesen Platz hielt es ab 1922 in Folge, bis Ford 1927 überholt wurde. Mit den Chevrolet-Gewinnen konnte Durant sich wieder bei General Motors einkaufen und erlangte mit Hilfe des Sprengstoffherstellers E.I. Dupont am 16. September 1915, dem siebten Jahrestag der Gründung, wieder die Kontrolle über das Unternehmen, das er ins Leben gerufen und dann wieder verloren hatte. Die Chevrolet Motors Company war jetzt Eigentümerin der General Motors Company, die im Jahre 1918 ihren heutigen Namen General Motors Corporation bekam.

Durant sollte seinen Triumph jedoch nicht lange auskosten können, denn wie schon früher strapazierte er 1919

die Finanzkraft der Gesellschaft durch unüberlegte Firmenkäufe zu arg. Diesmal ging es in erster Linie um die Samson Tractor Company in Stockton, Kalifornien. Dieser Kauf zeigte eindeutig, daß Durant Henry Ford auf der gesamten Linie herausfordern wollte. Mit dem Chevrolet 490 hatte er ein erfolgreiches Auto, aber der Samson-Kauf war ein Fehlschlag. Durant erwarb die Rechte an dem Traktor Samson Sieve Grip und nahm in einem großen Werk in Janesville in Wisconsin die Produktion auf. Der Traktor mit einem Preis von 1.750 Dollar konnte jedoch mit dem Fordson für 750 Dollar nicht mithalten. Er wurde hastig durch das Modell M ersetzt, das mit 650 Dollar billiger und zudem besser ausgestattet war als der Fordson. Das hätte der Ausgangspunkt für ein erfolgreiches Geschäft sein können, doch Durant verdarb wieder einmal alles, indem er die Lizenz für den Motorkultivator Dandy erwarb, den er unter der Bezeichnung Iron Horse verkaufte. Hierbei handelte es sich um eine merkwürdige Maschine, die mit Zügeln gelenkt wurde und über einen Riemenantrieb mit getrennten Kupplungen für jeweils ein Räderpaar auf einer Seite verfügte. Selbst für 450 Dollar ließ sie sich nicht verkaufen, die kleinen Gewinne aus dem Modell M wurden durch die Verluste mit dem Iron Horse aufgezehrt. Durants Urteilsvermögen wurde wieder einmal von seinen Partnern in Frage gestellt, insbesondere von Walter Chrysler, der über die Traktoraffäre zurücktrat, und von GM-Vizepräsident Alfred P. Sloan. Hinzu kam, daß Durants Finanzen durch Börsenverluste in der Rezession von 1920 angegriffen waren. So konnten beide Probleme gleichzeitig dadurch gelöst werden, daß Durant seine 2,5 Millionen Anteile an GM verkaufte, um seine Schulden zu begleichen. Seinen Platz als Präsident der General Motors Corporation nahm Pierre S. Dupont ein. Billy war aber noch keineswegs am Ende, sondern mit neuen Geldgebern und der Durant Motor Inc. bald wieder im Spiel. Doch das ist eine Geschichte für das nächste Kapitel.

DIE DODGE-STORY

Sie wurden im Abstand von vier Jahren geboren, ähnelten sich aber wie Zwillinge und waren nur selten getrennt. John und Horace, die Gebrüder Dodge, wuchsen in einem kleinen Holzhaus in einem armen Bezirk von Niles in Michigan auf und verließen schon früh die Schule, um ihrem Vater und ihrem Onkel in einer kleinen Maschinenwerkstatt zu helfen. Diese brachte nur wenig Geld ein, John verdiente sich noch etwas hinzu, indem er zweimal täglich für fünfzig Cents in der Woche eine Kuh auf die Weide trieb.

Beide Brüder waren technisch begabt – Horace wahrscheinlich mehr als John – und gründeten 1901 nach mehreren Anstellungen in Detroit und jenseits der Grenze in Windsor ein eigenes Geschäft. Der Dodge Brother Machine Shop in der Beaubien Street in Detroit nahm jeden Auftrag an, der etwas mit Metallbearbeitung zu tun hatte, machte den größten Teil seiner Geschäfte aber schon bald mit den Olds Motor Works. Zuerst wurden Motoren geliefert, dann Getriebe. Ab 1903 bauten die Brüder 8-PS-Zweizylindermotoren für Henry Ford und bald darauf auch Getriebe und Achsen. Der Vertrag mit Ford brachte ihnen 5.000 Dollar im Monat sowie je 50 Ford-Anteile; allein das reichte aus, um sie zehn Jahre später zu Millionären zu machen. Das Unternehmen belieferte Ford noch eine Zeitlang weiter, unter anderem mit den Motoren für die Modelle B und K. Ford kaufte auch nach dem Bau des Werks in Highland Park noch Teile bei Dodge. Das ging so bis zum Sommer 1914, als die Dodge-Brüder bereit waren, einen eigenen Wagen auf den Markt zu bringen.

Der Dodge Four war in vielerlei Hinsicht eine erwachsene Version des Ford T. Sein Motor war mit 3477 cm^3 Hubraum größer und leistete 35 PS statt der 20 PS des Fords, das Getriebe war ein dreigängiges Schubgetriebe, dessen Schaltung der Normalschaltung genau entgegengesetzt war. Ungewöhnlich für einen niedrigpreisigen Wagen war auch die 12-Volt-Anlage, aber die radikalste Neuerung bestand in dem geschweißten Stahlaufbau, der in Philadelphia von Edward Budd entwickelt worden war. Die Gebrüder Dodge hatten keine Ahnung von Holz, so daß Stahl für sie der logischste Werkstoff für den Aufbau war. Ein wenig ängstlich in Hinsicht auf die durchgehend geschweißte Konstruktion, die Budds ganzer Stolz war, »setzten sie hier und dort vorsichtshalber noch ein paar Niete ein,« erinnerte sich einmal der Angestellte Ralph Vail.

Der im November 1914 angekündigte Dodge Four Touring kostete 785 Dollar und war dank des guten Rufs der Gebrüder eine sofortige Sensation. Einen besseren Start hätte sich keine neue Marke wünschen können. Noch bevor der Wagen geliefert werden konnte, bewarben sich 22.000 Firmen als Händler. In den letzten sechs Wochen des Jahres 1914 wurden noch 249 Stück gebaut. Ende 1915 belief sich die Produktion auf 45.000 Einheiten, die Dodge auf Platz drei hinter Ford und Willys-Overland brachten. 1920 erreichte Dodge mit 141.000 verkauften Wagen mit Platz zwei seine höchste Position. Die Konstruktion des Wagens änderte sich in den ersten sechs Jahren kaum; 1915 kam jedoch ein zweisitziger Roadster hinzu und 1916 eine Limousine mit Mitteleinstieg. Bedeutender war jedoch 1919 die erste ganz aus Stahl gebaute viertürige Limousine.

1920 war für die Familie Dodge ein trauriges Jahr. Bei einem Besuch in New York anläßlich der Auto-Ausstellung im Januar zog sich Horace eine Lungenentzündung zu und entging dem Tod nur knapp. Obwohl die Ärzte nur wenig Hoffnung machen konnten, machte John ihm Mut, und als Horace gerade wieder auf die Beine zu kommen schien, bekam John selbst eine Lungenentzündung, der er am 14. Januar erlag. Die Brüder hatten sich immer sehr nahe gestanden, und Horace kam nicht über Johns Tod hinweg. Er kämpfte sich durch das Jahr bis zu seinem üblichen Winterurlaub in Florida, wo er am 10. Dezember starb, offiziell an Leberzirrhose, nach vielfacher Ansicht aber an gebrochenem Herzen. Horace hatte Musik über alles geliebt und großzügig das Detroiter Symphonieorchester unterstützt, das zu seiner Beerdigung kam und später zu seinen Ehren ein Konzert gab. Beide Brüder hinterließen bei ihrem Tod jeweils über 20 Millionen Dollar. Die Erbschaftssteuer von 900.000 Dollar war die höchste Erbschaftssteuer, die je in Michigan gezahlt wurde. Die beiden Witwen heirateten wieder und erfreuten sich noch eines langen Lebens: Johns Witwe Matilda starb 1967 im Alter von 83 Jahren, Horaces Witwe Anna lebte noch bis 1970 und war 103 Jahre alt, als sie starb. Dank des Erbes, überlegter Investitionen und wohlhabender zweiter Ehemänner gehörten Matilda und Anna zu den reichsten Frauen der Welt.

1913er Cadillac 30 Touring ▼

Besitzer: Aalholm-Museum, Dänemark

KAPITEL DREI

LUXUS UND AUSGEFALLENES

1900 – 1920

“Price is secondary. We build always the highest attainable quality, and the price is fixed by the production cost.”
Packard advertisement, 1915

▲ **Blick auf die New Yorker Ausstellung von 1915; zu sehen sind die Stände von Winton, Buick, Haynes und Franklin. Im Vergleich zu heutigen Ausstellungen wurde den einzelnen Herstellern nur wenig Platz zugestanden. Aber auf diese Weise paßten auch mehr Aussteller in den Raum!**

Während Ford und Durant die große Masse der Amerikaner mobil machten, ging eine andere Gruppe von Technikern und Ingenieuren daran, die Wünsche der Reichen zu erfüllen. Sie erreichten ihr Ziel nicht auf direktem Wege, sondern begannen häufig mit relativ günstigen Kleinwagen und überließen den begrenzten Markt für teure Fahrzeuge überwiegend Importen. In den ersten Jahren des 20. Jahrhunderts kaufte der vermögende Amerikaner, für den das beste Fortbewegungsmittel gerade gut genug war, einen französischen Panhard oder C.G.V. oder einen deutschen Mercedes. Ab etwa 1905 konnte er aber auch zunehmend unter heimischen Luxusgefährten wählen. Packard, Peerless und Pierce-Arrow, die »drei P« der amerikanischen Automobilindustrie, gehörten zu den besten.

DIE DREI P UND IHRE KONKURRENTEN

1898 kaufte der Elektroingenieur James Ward Packard (1863–1928) aus Ohio den zwölften bis dahin gebauten Winton. Wie viele andere auch, war er mit seinem Kauf nicht ganz zufrieden und brachte ihn mit ein paar Verbesserungsvorschlägen zurück. Der leicht erregbare Alexander Winton, der zu diesem Zeitpunkt schon mehr als zwanzig Autos gebaut hatte, war gar nicht erfreut, von einem Mann, der kein einziges Fahrzeug vorweisen konnte, zu hören, wie er seine Arbeit zu machen habe. Was genau die beiden einander zu sagen hatten, ist nicht bekannt. In die Geschichte eingegangen ist jedoch der Bericht des Journalisten Hugh Dolnar von 1901. Er schrieb: »Mr. Winton... antwortete, der Winton sei, wie er dort stehe, das ausgereifte und perfekte Produkt jahrelanger Geistestätigkeit und höchster handwerklicher Fähigkeiten und

1910er Haynes Touring ◄▲

Elwood Haynes trennte sich im Jahre 1902 von den Gebrüdern Apperson und errichtete in der gleichen Stadt, Kokomo in Indiana, ein Konkurrenzunternehmen. Als dieser Vierzylinder-Tourenwagen 1910 entstand, baute Haynes ganz konventionelle Touring- und Roadstermodelle. Später konstruierte er als einer der ersten einen V12-Motor. Die Produktion endete im Jahre 1925.

Besitzer: Tom Barrett

▶ »Old Pacific«, der Packard F von 1903 mit 12-PS-Einzylindermotor, mit dem Tom Fetch (am Steuer) und Marius Krarup in 61 Tagen von San Francisco nach New York fuhren. Das war erst die zweite Autofahrt von Küste zu Küste. Der Wagen steht heute im Henry-Ford-Museum.

Motor Vehicle Manufacturers' Association

könne keinesfalls im Detail verbessert werden. Wenn Mr. Packard einen Wagen nach seinen eigenen Vorstellungen wünsche, solle er gefälligst selbst einen bauen, denn er, Winton, werde sich nicht dadurch zum Narren machen, daß er seine unbestritten überlegenen Produkte abändere.«

Es heißt, daß Packard nach diesem Ausbruch prompt an die Arbeit ging und selbst ein Auto baute. Er hatte schon seit 1893 über Automobile nachgedacht und vor dem Winton ein Dreirad von De Dion Bouton gehabt. Der erste Packard, konstruiert mit Unterstützung von Packards Bruder William Doud Packard und der beiden ehemaligen Winton-Leute George L. Weiss und William A. Hatcher verließ die Werkstätten der New York & Ohio Company im November 1899. Vier weitere folgten ihm noch bis zum Jahresende. Es waren für die Zeit typische zweisitzige Buggies mit Einzylindermotor, zweigängigem Planetengetriebe, Kettenantrieb und Lenkstock. In einem unterschieden sie sich jedoch von ihren Zeitgenossen: Sie hatten eine moderne H-Schaltung.

Von den Wagen des Jahres 1899, dem Modell A, wurde nur einer verkauft, die anderen blieben Versuchen vorbehalten. Das Modell B von 1900 war ganz ähnlich, hatte aber eine automatische Vorzündung und ein Gaspedal. Weiterhin war die Warneinrichtung doppelt vorhanden, nämlich in Form eines normalen Horns mit Ballon und einer mit dem Fuß zu betätigenden Glocke. Die Produktion belief sich auf 49 Einheiten, von denen zwei auf der New Yorker Auto-Ausstellung im November 1900 von William D. Rockefeller gekauft wurden – die ersten von vielen Packards, die die Familie Rockefeller erwarb. 1901 baute Packard 81 Fahrzeuge des Modells C, dessen hauptsächliche Verbesserung gegenüber dem Vorläufer darin bestand, daß ein Lenkrad an die Stelle des Lenkstocks getreten war. Während beim Modell B die beiden Sitzbänke für je zwei Passagiere Rücken an Rücken angeordnet waren, gab es das Modell C zusätzlich auch mit allen vier Sitzen in Fahrtrichtung. Beide Versionen kosteten 1.500 Dollar.

Das Modell C wurde 1901 in New York vorgestellt, wo es dem Eisenbahn- und Bankmagnaten Henry Bourne Joy (1864-1936) auffiel. Er bewunderte gerade mit einem Freund einen Packard außerhalb der Ausstellung, als ein Feuerwehrauto vorbeifuhr. Der Besitzer des Packard drehte einmal an der Kurbel, woraufhin der Motor sofort ansprang, und raste hinter der Feuerwehr her. Joy war so beeindruckt, daß er mit Packard Verbindung aufnahm und beschloß, in dessen Unternehmen zu investieren. Dadurch konnte Packard expandieren und 1903 von Ohio nach Detroit ziehen. Ohne Henry Joy wäre Packard wahrscheinlich nie die weltberühmte Marke geworden, denn William Packard stand Motoren mit mehreren Zylindern ablehnend gegenüber: »Ein Packard mit mehr als einem Zylinder wäre wie eine Katze mit zwei Schwänzen – so etwas braucht man einfach nicht.« Joy dachte darüber jedoch anders und stellte den französischen Ingenieur Charles Schmidt ein, der für 1903 einen Vierzylinder konstruieren sollte.

Schmidts erste Konstruktion war das Modell K, ein großer 24-PS-Wagen mit Viergang-Schubgetriebe und Wellenantrieb. Da er teuer in der Herstellung war, mußte er mit dem enormen Preis von 7.300 Dollar ausgezeichnet werden, kostete die Firma aber immer noch mehr, als er einbrachte. Nach nur 34 Stück trat eine seine Stelle das kleinere Modell L, das ebenfalls vier Zylinder und Wellenantrieb, aber nur ein Dreiganggetriebe hatte und angemessenere 3.000 Dollar kostete. 1905 kam dann das Modell N mit längerem Radstand, der erste Packard mit geschlossenem Aufbau als Limousine mit offenem Führersitz oder normale Limousine zu 4.100 bzw. 4.600 Dollar. Packard war auf dem Weg, qualitativ eine der führenden Marken in Amerika zu werden.

Peerless und Pierce-Arrow hatten einen ganz ähnlichen Hintergrund. Beide Firmen hatten in den neunziger Jahren des vorigen Jahrhunderts Fahrräder gebaut und dazu so verschiedene Dinge wie Wringmaschinen (Peerless) und Vogelkäfige (Pierce) produziert. Beide kamen mit kleinen Buggies mit Einzylindermotoren von De Dion Bouton auf den Markt, und beide nannten ihre kleinen Fahrzeuge Motorette.

Schon bald kamen Wagen mit Zweizylindermotoren, und 1904 bauten Peerless und Pierce wie Packard Vierzylinder. Der von Pierce hieß Great Arrow (den Markennamen Pierce-Arrow legte sich die Firma erst 1909 zu); er sah aus wie ein Mercedes, besaß einen 24/28-PS-Motor mit T-Kopf und Wellenantrieb und kostete als Touring 4.000 Dollar. Für 1905 gab es drei geschlossene Modelle mit längerem Radstand für 5.000 Dollar. Peerless baute 1904 drei Vierzylindermodelle zwischen 4.000 und 6.000 Dollar und war Packard und Pierce insofern voraus, als schon in diesem Jahr geschlossene Modelle angeboten wurden.

Die Ähnlichkeiten bei den jährlichen Änderungen können kaum überraschen, wenn man bedenkt, daß alle Hersteller ihren jeweiligen Konkurrenten auf dem Fuße folgten, daß die Arbeiter von einer Fabrik zur anderen wechselten und daß es zweifellos so etwas wie Industriespionage gab. Jedes Jahr wurden die Radstände länger und die Aufbauten kunstvoller; es gab elektrische Innenbe-

leuchtung, Blumenvasen und sogar Handwaschbecken. Packard besaß wie die meisten anderen amerikanischen Unternehmen eine eigene Karosseriebauabteilung – im Gegensatz zu den Luxusfahrzeugbauern in Europa, beispielsweise Rolls Royce, die ihre Aufbauten bei spezialisierten Wagen- und Karosseriebauern fertigen ließen. Aber auch den Karosseriebauern in Amerika ging es nicht schlecht, weil sie als Spezialisten den Autobauern oft eine Nasenlänge voraus waren, was die richtigen Ideen betraf. Die meisten Karosseriebauer in der Zeit vor 1920 kamen vom Kutschen- und Wagenbau, darunter auch Brewster in Long Island City, deren Firmengeschichte bis 1810 zurückreichte, Cunningham in Rochester, New York, der ab 1908 auch selbst ganze Autos baute, Judkins in Merrimac, Massachusetts, und Quinby in Newark, New Jersey.

Die nächste größere Entwicklung im Automobilbau war der Sechszylindermotor. In Europa hatte es ihn schon 1902 beim holländischen Spyker (der auch Vierradantrieb hatte) und 1904 beim besser bekannten britischen Napier gegeben, in den Vereinigten Staaten tauchte er zum ersten Mal 1906 im Franklin Type H mit 30 PS auf. Geworben wurde für den Sechszylinder – wie später auch für Acht-, Zwölf- und Sechzehnzylindermotoren – mit dem Argument des ruhigeren Laufs aufgrund der größeren Anzahl von Verbrennungsvorgängen pro Umdrehung und des besseren Drehmoments im unteren Drehzahlbereich, durch das man nicht mehr so oft schalten mußte. Dieses Argument war zweifellos richtig, aber dafür stand auf der Negativseite, daß die Kurbelwelle im allgemeinen schwerer und aufgrund ihrer größeren Länge anfälliger für Torsionsspannungen war, die zum Bruch und zur völligen Zerstörung des Motors führten. Die Lösung dieses Problem lag darin, am vorderen Ende der Kurbelwelle ein zweites Schwungrad zu montieren; diese Idee stammte von dem englischen Ingenieur Frederick Lanchester. Der Franklin wurde Ende 1905 mit diesem sogenannten Warner-Kurbelwellendämpfer, wie er in den USA hieß, ausgerüstet.

Nach Franklin brachten auch zahlreiche andere Unternehmen Sechszylindermotoren auf den Markt: Ford mit dem Modell K und Stevens-Duryea 1906. Chadwick, Pierce-Arrow und Stearns 1907 sowie Lozier, Oldsmobile, Peerless Thomas und Winton 1908. Packard ignorierte den Trend zunächst und baute erst für 1912 ein Modell mit Sechszylindermotor.

Diese frühen Sechszylinder waren teilweise monströse Autos. So hatte beispielsweise der 90-PS-Motor des Stearns 45 einen Hubraum von 13022 cm^3 und war so lang, daß die beiden hinteren Zylinder in den Fahrgastraum hineinragten. Die Preise lagen zwischen 6.250 Dollar für den zweisitzigen Tourenwagen und 7.500 Dollar für die Limousine. Der von 1910 bis 1912 gebaute Oldsmobile

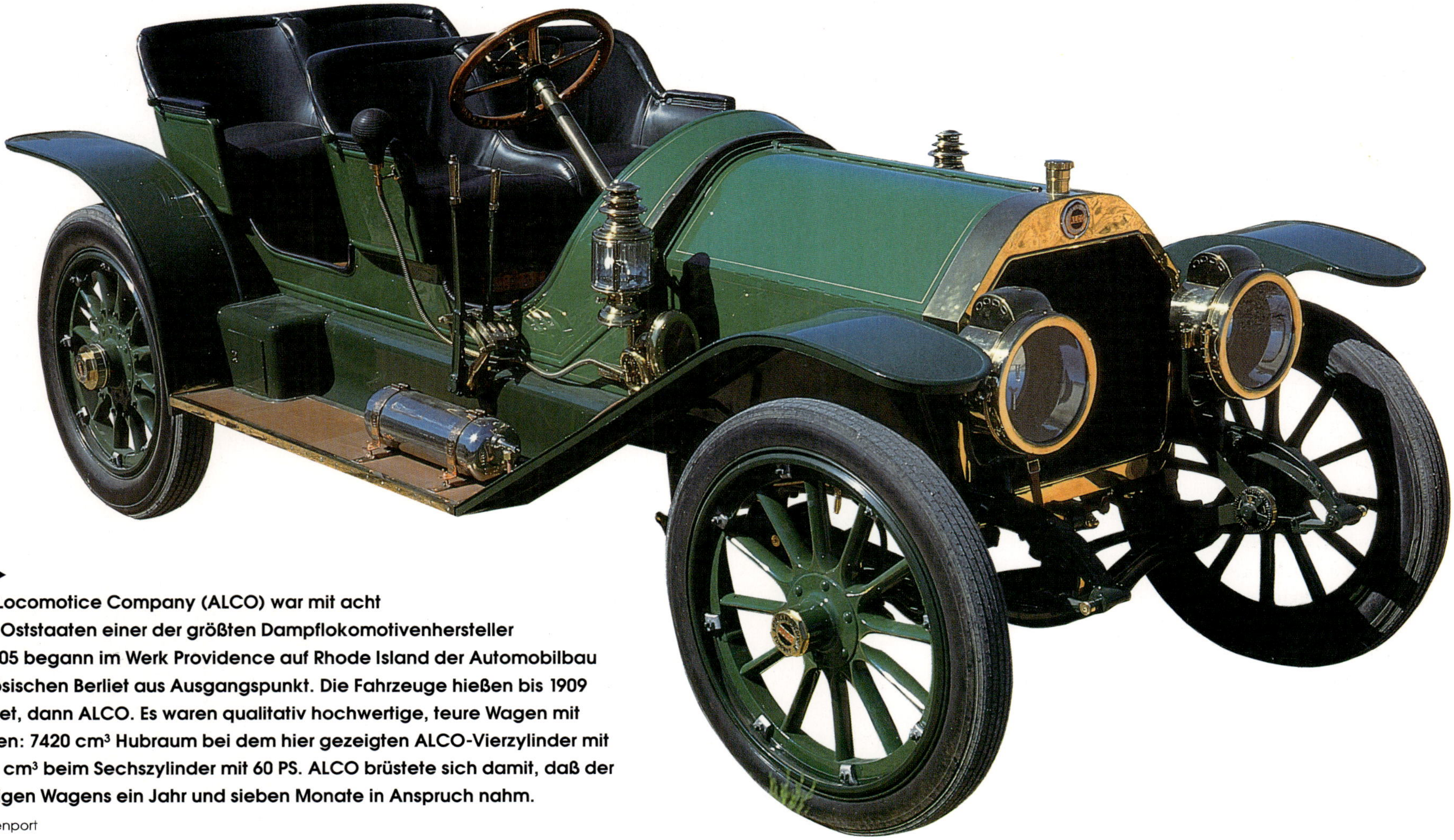

1911er ALCO Speedster ◄ ►

Die American Locomotice Company (ALCO) war mit acht Werken in den Oststaaten einer der größten Dampflokomotivenhersteller des Landes. 1905 begann im Werk Providence auf Rhode Island der Automobilbau mit dem französischen Berliet aus Ausgangspunkt. Die Fahrzeuge hießen bis 1909 American Berliet, dann ALCO. Es waren qualitativ hochwertige, teure Wagen mit riesigen Motoren: 7420 cm^3 Hubraum bei dem hier gezeigten ALCO-Vierzylinder mit 40 PS und 9484 cm^3 beim Sechszylinder mit 60 PS. ALCO brüstete sich damit, daß der Bau eines einzigen Wagens ein Jahr und sieben Monate in Anspruch nahm.

Besitzer: Duke Davenport

Limited war mit 42"-Rädern und einem Hubraum von 11564 cm³ eines der eindrucksvollsten Autos, die es je in Amerika gab. Die Passagiere mußten zum Einsteigen zwei Stufen erklimmen, wobei der Limited wegen der großen Räder eigentlich täuschend niedrig aussah. Sein Preis lag zwischen 4.600 Dollar für den Roadster aus dem Jahr 1910 und 6.300 Dollar für die Limousine von 1912. Die Produktion erreichte nur 825 Einheiten, aber Oldsmobile befand sich in den drei Jahren mit einer Gesamtproduktion von nur 4.175 Fahrzeugen sowieso auf einem Tiefstand.

Zur gleichen Zeit, als Oldsmobile den Limited baute, entstand in Buffalo der mächtige Pierce-Arrow 66, der mit dem Peerless um den größten Motor aller je gebauten amerikanischen Serienfahrzeuge wetteiferte. Mit einem Hubraum von 13497 cm³ übertraf er sogar den berühmten Bugatti Royale (12744 cm³). Der 66 war der größte von drei Pierce-Arrow-Sechszylindern, die sämtlich paarweise gegossene Zylinderköpfe in T-Anordnung hatten. Pierce-Arrow baute mit die qualitativ besten amerikanischen Fahrzeuge und war besonders bei konservativen Käufern der Ostküste beliebt, die das Beste wollten, ohne zu protzen. Der 66 wurde 1910 vorgestellt, erreichte aber erst 1912 seinen größten Hubraum und 1913 seinen längsten

▲ Werbeplakat aus dem Jahr 1911 für den Oldsmobile Limited. Die Behauptung, der Wagen nehme mit sieben Passagieren Steigungen im höchsten Gang, war keine Übertreibung.

Sammlung Mirco de Cet

1903er Pierce Motorette ▶

Pierce und sein Konkurrent Peerless begannen mit Kleinwagen mit Motoren des französischen Herstellers De Dion Bouton. Die Motorleistung stieg von 2³/4 über 3¹/2 PS im Jahre 1902 auf 5 und 6 PS 1903, als dieser Motorette entstand, jetzt schon mit eigenen Motoren von George Pierce, die gegenüber der französischen Konstruktion verbessert worden waren. Dieses Modell mit einklappbarem Vordersitz ähnelt dem Fahrzeug, mit dem Pierces Sohn Percy im Oktober 1903 Klassensieger bei der Langstreckenfahrt New York – Pittsburgh wurde.

Besitzer: George Sanders

Radstand von 3745 mm. Bis zur Produktionseinstellung 1918 wurden respektable 1.071 Einheiten gebaut.

Die großen Pierce-Arrows verfügten über Druckluftstarter und eine vom Getriebe angetriebene Pumpe zum Aufpumpen der Reifen. Der Preis bewegte sich zwischen etwa 4.000 Dollar für den »kleinen« UU und über 7.000 Dollar für den 66 Vestibule Suburban, eine Limousine mit hochgezogenen hinteren Türen, durch die eine Dame mit modischem Hut einsteigen konnte, ohne sich allzusehr bücken zu müssen. Nach Kundenwünschen gebaute Modelle waren noch teurer. Pierce-Arrow-Präsident George Birge hatte auf dem Fahrgestell eines 66-QQ einen speziellen Landaulet-Aufbau mit vergrößerten Trittbrettern für Staukästen, Schubkästen unter dem Rücksitz und einem ausklappbaren Waschbecken, das aus einem Drucktank unter dem Aufbau mit fließendem Wasser versorgt wurde. Von diesem Modell, das 8.250 Dollar kostete, wurden später noch zwei weitere hergestellt, eins davon für den Getreidemagnaten Charles W. Post.

Auch Locomobile baute große und teure Sechszylinder, angefangen mit dem Modell 48 des Jahres 1911 mit 8554 cm^3 Hubraum. Der Motor hatte wie beim Pierce-Arrow einen T-Kopf, eine Konstruktion, die bis zur Produktionseinstellung 1929 beibehalten wurde. Zu diesem Zeitpunkt waren alle anderen Hersteller bereits zum L-Kopf übergegangen. Der 48 wurde eigentlich auch 1929 noch gebaut, allerdings mit 103 anstelle von 48 PS und mit moderner Ausstattung wie Ballonreifen und Vierradbremsen. Ende 1914 richtete Locomobile eine Abteilung für Karosseriedesign unter der Leitung von Frank de Causse ein, der später zu Franklin wechselte. Aus dieser Abteilung kamen derart gelungene Aufbauten, daß Autos von Locomobile in die Garagen vieler bekannter Persönlichkeiten wie William Carnegie, Lawrence Copley Thaw und William K. Vanderbilt Einzug hielten. Beschläge und Metallarbeiten für die Locomobile-Aufbauten kamen von Tiffany, die Inneneinrichtung wurde von der bekannten Schauspielerin und Innenarchitektin Elsie de Wolf geplant. 1918 ließ sich General John »Black Jack« Pershing zwei 48 für den Einsatz in Frankreich bauen; sie hatten eine geneigte Windschutzscheibe, einen schmalen Aufbau zur Verringerung des Luftwiderstands und hinten Zwillingsbereifung. Die US-Streitkräfte setzten in Frankreich auch den normalen 48 ein, dessen senkrechte Windschutzscheibe allerdings bei Höchstgeschwindigkeit (128 km/h) oft zerbrach.

ACHT- UND ZWÖLFZYLINDER IN V-ANORDNUNG

1914 war der Sechszylindermotor bei Mittelklassefahrzeugen wie Buick, Chalmers und Studebaker der Normalfall. Im Interesse einer noch größeren Laufruhe mußten aber acht Zylinder her, und damit die Kurbelwelle nicht zu lang wurde, war die V-Anordnung besser als die Anordnung in Reihe (Reihenachtzylinder kamen in den zwanziger Jahren in Mode, als die Kurbelwellen aus festerem Material gefertigt werden konnten).

Der erste V8-Motor war 1903 von dem Franzosen Clément Ader gebaut worden; das waren aber eigentlich nur um vier miteinander verbundene V2-Motoren gewesen. In Amerika hatten Buffum 1906 und Hewitt im Jahr darauf je einen Tourenwagen mit V8 angeboten, die sich aber nicht verkauften. Als erster brachte die französische Firma De Dion Bouton ab 1910 erfolgreich einen V8-Motor in den Handel, doch die Ehre für den ersten Großserien-V8 gebührt Cadillac.

1914 genoß Cadillac unter den amerikanischen Automobilen noch nicht das Prestige späterer Jahre. Cadillacs waren respektierte Vierzylinderautos, die mit Preisen von 1.975 bis 3.250 Dollar, also etwa der Hälfte dessen, was man für einen Pierce-Arrow oder Locomobile bezahlen mußte, am oberen Ende der mittleren Preisklasse lagen. 1912 war Cadillac mit der Einführung einer Kombination von elektrischer Beleuchtung und elektrischem Anlasser neue Wege gegangen. Das war größtenteils das Werk von Charles F. Kettering von der Dayton Engineering Labora-

1913er Cadillac Roadster ◄ ▲
Die Cadillac von 1913 hatten weiterhin das 1912 eingeführte elektrische Beleuchtungs- und Anlaßsystem von DELCO und dazu größere Motoren mit 50 PS. Der Radstand war um 100 mm auf 3048 mm verlängert worden. Die gerundete Motorhaube verbesserte das äußere Bild.
Besitzer: National Automobile Museum, Reno, Nevada

1920er Packard Twin Six 3-35 Limousine ▶
Das weltweit erste in Mengen produzierte Auto mit V12-Motor wurde 1920 schon im sechsten Jahr gebaut. Die wichtigste Verbesserung in diesem Jahr war eine Zündkerze im Saugrohr, die das Benzin verdampfte. Der Twin Six wurde in acht Versionen angeboten – diese Limousine war mit 7.900 Dollar die zweitteuerste. 1921 fuhr Warren G. Harding mit einem Packard Twin Six zu seiner Amtseinführung als Präsident der Vereinigten Staaten. Das war das erste Mal, daß bei diesem Ereignis ein Automobil anstelle einer Pferdekutsche benutzt wurde.
Besitzer: National Automobile Museum, Reno, Nevada

1915er Cadillac V8 Touring ▲
Cadillac brachte seinen Typ 51, den weltweit ersten Serienwagen mit V8-Motor, im September 1914 in neun Versionen heraus, von denen die fünf- und siebensitzigen Tourenwagen mit 1.975 Dollar am günstigsten waren. Die wenigen V8-Modelle, die es vor dem Cadillac gegeben hatte, waren sehr teuer und von zweifelhafter Qualität gewesen. Cadillac-Ingenieur D. McCall White konstruierte einen verläßlichen, ruhigen und kräftigen Motor, der von vielen anderen Herstellern kopiert und zum Standard für amerikanische Motoren nach dem 2. Weltkrieg wurde.
Besitzer: Crawford Collection of the Western Historical Society

tories Company (später DELCO) gewesen. Der V8-Motor hingegen wurde im eigenen Hause von D. McCall White konstruiert, einem in Schottland geborenen Ingenieur, der vorher bei Daimler und Napier in England gearbeitet hatte.

Die beiden Zylinderreihen mit insgesamt 5143 cm³ Hubraum standen im Winkel von 90 zueinander. Die gußeisernen Blöcke zu je vier Zylindern saßen auf einem Kurbelgehäuse aus Aluminium. Die Höchstleistung von zunächst 70 PS bei 2.400/min stieg im Jahre 1916 auf 77 PS bei 2.600/min und in den zwanziger Jahren dann auf über 80 PS. Das war eine großartige Verbesserung gegenüber den 40 PS des größeren Vierzylinders mit 5992 cm³. Der Antrieb erfolgte wie beim Vierzylinder über ein Dreiganggetriebe, doch der Fahrer saß jetzt links und hatte den Schalthebel rechts neben sich. Wahlweise konnte man den Wagen aber auch noch mit Rechtslenkung bestellen. Der V8 hatte einen 50 mm längeren Radstand als sein Vorgänger, sah ansonsten aber gleich aus und kostete fast dasselbe. Die Produktion von Vierzylindern wurde 1915 eingestellt und erst 67 Jahre später wieder aufgenommen.

Cadillac stellte den V8 im September 1914 vor und scheint die Automobilindustrie damit ziemlich überrascht zu haben. Die Konkurrenz war jedenfalls schnell mit Kritik zur Stelle. Trotzdem verkaufte Cadillac 13.002 Einheiten im Modelljahr 1915 und 18.004 Einheiten im Modelljahr 1916. Nachahmungen kamen anfänglich nicht von den großen Autoherstellern, sondern von eigenständigen Motorenbauern wie Ferro, Herschell-Spillman, Massnick-Phipps, Northway und Perkins, die V8-Motoren anboten, mit denen viele kleinere Autohersteller ihre Fahrzeuge ausrüsten konnten. 1918 hatten mindestens zwanzig Hersteller ein V8-Modell im Programm, vom Homer-Laughlin für 1.050 Dollar bis zum neunsitzigen RiChard mit 9271 cm³ Hubraum zum Preis von 8.000 Dollar. Die Cadillac-Motoren wurden bei der in GM-Besitz befindlichen Firma Northway gebaut, die ab 1915 auch Oldsmobile und, erstaunlicherweise, Fremdfirmen wie Cole in Indianapolis und Jackson in Jackson mit dem V8 belieferte. Cunningham in Rochester, Hersteller diskreter Luxusautos, verwendete ab 1917 einen eigenen V8-Motor mit 7240 cm³ Hubraum, während der gleichermaßen diskrete Daniels, der nur an einem D auf der Nabenabdeckung zu erkennen war, von 1915 bis 1919 mit einem V8 von Herschell-Spillman und anschließend mit einem eigenen Achtzylinder ausgerüstet war.

Dem V8 folgende bemerkenswert schnell der V12. Im Mai 1915 stellte Packard den Twin Six vor, den Jesse Vincent im Verlauf von fast zwei Jahren konstruiert hatte. Die beiden Reihen mit je sechs Zylindern standen im Winkel von 60 zueinander. Der Hubraum betrug 6946 cm^3, die Leistung 88 PS bei 2.600/min. Der Motor wog 180 kg weniger als der frühere Packard-Sechszylinder, aber das Drehmoment war doppelt so hoch und fünfzig Prozent besser als bei einem V8.

Der Packard mit Sechszylinder wurde noch bis September 1915 gebaut, damit die Produktion des Twin Six langsam anlaufen konnte. Danach gab es bei Packard dann bis 1921 nur den Twin Six, der erstaunlich günstig war. 1916 bekam man das billigste Modell, den Touring mit dem kürzeren Radstand, für 2.750 Dollar, während das teuerste Modell, eine herrschaftliche Limousine, 4.650 Dollar kostete. Im ersten Modelljahr wurden 3.606 Twin Six verkauft, 1917 schon fast 9.000 und 1918/19 dann 9.586 Stück. Bei Produktionseinstellung 1923 waren 30.900 Einheiten erreicht. Sehr beliebt war der Twin Six in Lateinamerika, wo Packard seine ersten Vertretungen in Buenos Aires und Rio de Janeiro einrichtete.

Wie der V8 von Cadillac rief auch der Packard Twin Six Nachbauten hervor. National in Indianapolis brachte unmittelbar nach Packard seinen Highway Twelve heraus. 1916 brachte der Motorenbauer Weidely einen V12 mit 6388 cm^3 auf den Markt, der auch kleinere Firmen in die Lage versetzte, ein Auto mit Zwölfzylinder anzubieten, darunter HAL aus Cleveland, Pathfinder aus Indianapolis und Singer aus Mount Vernon. Keinem dieser Fahrzeuge war jedoch viel Erfolg beschieden, 1921 war Packard fast der einzige Hersteller, der Zwölfzylinder anzubieten hatte.

▲ National war ein respektierter Hersteller in Indianapolis, dessen Blütezeit in den Jahren 1900–1924 lag. Dieser Vierzylinder-Tourenwagen von 1913 kostete 3.000 Dollar. 1915 ging National zu Sechszylindern über und stellte dann im folgenden Jahr den Highway Twelve mit V12-Motor vor.

Motor Vehicle Manufacturers' Association

Eine der größten Wohltaten, die das Automobil der Bevölkerung angedeihen ließ, war, daß es ihr das Land erschloß, was man natürlich noch mehr genießen konnte, als es noch nicht so viele Touristen gab. Picknicks waren beliebt, wie diese Aufnahmen zeigen.

▲ Abbott-Detroit von 1911

▶ Daß auf dieser Aufnahme aus der Zeit um 1914 der Ford T am stärksten vertreten ist, dürfte niemanden überraschen.

Motor Vehicle Manufacturers' Association

◀ Der Reifenwechsel war wohl das größte Problem für die ersten Autofahrer. Zu Reifenplatzern kam es wegen der schlechten Gummiqualität und wegen der Vielzahl von Steinen, Hufnägeln und anderen Gegenständen, die auf den Straßen herumlagen. Der Reifen mußte von der Felge gehebelt werden, weil es abnehmbare Felgen erst ab 1910 und abnehmbare Räder erst zu einem noch späteren Zeitpunkt gab.

Motor Vehicle Manufacturers' Association

◀ ▼ Getankt wurde zu Anfang am Randstein mittels einer Art von Zapfgalgen (links). Diese Methode kommt unseren Tankstellen schon etwas näher (unten).

Motor Vehicle Manufacturers' Association

▲ »Reifen von G & J platzen nicht«, hieß es 1910 in der Werbung. Dieser Schlauch hat sich aber schon zu alarmierender Größe aufgebläht.

Motor Vehicle Manufacturers' Association

SEARS

1909er Sears High-Wheel Buggy ◄ ▲
Der Katalog von Sears Roebuck kam in vielen amerikanischen Haushalten an zweiter Stelle hinter der Bibel und enthielt von 1908 bis 1912 auch Automobile. Das Hochrad-Automobil von Sears (Bestellnummer 21R333) war mit 10-PS-Boxermotor, Friktionsgetriebe und Zweikettenantrieb typisch für seine Art. Es wurde bis Ende 1909 von Colonel William H. McCurdy in Evansville und anschließend in einem neuen Sears-Werk in Chicago gebaut. Von 1908 bis 1912 entstanden etwa 3.500 dieser Fahrzeuge.

Besitzer: Crawford Collection of the Western Historical Society

HIGHWHEELER, CYCLECARS UND ANDERE MERKWÜRDIGKEITEN

Etwa um 1905 hatte sich in der Automobilkonstruktion allgemein das Schema mit vorn stehend eingebautem wassergekühltem Motor, Planeten- oder Schubgetriebe und Hinterachse mit Kegelrad durchgesetzt. Es gab natürlich Ausnahmen wie den luftgekühlten Franklin, die sogenannten Highwheeler (Hochrad-Automobile) und Cyclecars (Kleinstfahrzeuge) und dazu ein paar Maschinen, die schlicht und einfach seltsam waren.

Der Highwheeler mag, wie die Historikerin Beverly Rae Kimes beobachtet haben will, die praktische Antwort auf eine dringende Notwendigkeit gewesen sein oder auch nicht – er war auf jeden Fall so amerikanisch wie der vierte Juli. Geboren wurde er unmittelbar nach der Jahrhundertwende als Reaktion auf den entsetzlichen Zustand der Straßen auf dem Lande. Ein Korrespondent der Zeitschrift *The Horseless Age* aus Montana: »Alle Straßen haben auf beiden Seiten Furchen, die zwischen fünf und fünfzig Zentimeter tief sind. Mit einem Automobil mit 22 cm Bodenfreiheit über diese Straßen zu fahren ist bei Tageslicht schon aufregend genug, bei Dunkelheit aber schlicht unmöglich.«

Pferdekutschen mit 44”-Rädern bereiteten diese Zustände keine größeren Probleme, so war denn der Highwheeler in seiner einfachsten Ausführung auch eine Kutsche mit Motor. Der erste seiner Zunft war der in Chicago gebaute Holsman aus dem Jahre 1903. Es handelte sich dabei um eine zweisitzige Kutsche (Buggy) mit Zweizylinder-Boxermotor, der über ein 22 mm dickes Hanfseil die Hinterräder antrieb. Bei Nässe funktionierte das nicht besonders gut, so daß anstelle des Seil bald eine mit Hanf und Stahldraht überflochtene Kette und schließlich eine normale Kette trat. Die 42”-Räder waren massiv bereift, die Bremsen wirkten zu Anfang direkt auf die Reifen. Sie wurden von Hand betätigt, da Henry Holsman der Meinung war, man könne sich nicht darauf verlassen, im Notfall mit dem Fuß schnell genug zu sein.

Der Holsman und seine Konkurrenten sahen mit ihren spinnwebartigen Rädern, den fehlenden Stoßfängern und den klavierähnlichen Aufbauten auf Elliptikfedern aus, als seien sie mindestens zehn Jahre hinter der Zeit zurück. Die Firmen, die sie bauten, kamen vielfach aus dem Wagen- und Kutschenbau, das zeigte sich eben in ihrer äußeren Erscheinung. Holsman hatte sein Fabrikgelände 1906 um das Sechsfache vergrößert und arbeitete in Nachtschichten, um die Nachfrage befriedigen zu können. Das war für andere Unternehmen Anreiz genug, sich ebenfalls auf diesem lukrativen Markt zu betätigen, so daß in den nächsten Jahren fast 100 Firmen Highwheeler anboten. Chicago war das Zentrum der Produktion; von dort kamen neben dem Holsman der I.H.C. von der International Harvester Company und der Sears, den man von 1908 bis 1912 nach Katalog bestellen konnte. Der Besitzer eines Sears sprach wahrscheinlich vielen aus der Seele, als er der Firma in Hinsicht auf sein Fahrzeug schrieb: »Es schlägt ein Pferd um Längen, denn es frißt nicht, wenn ich es nicht benutze, es steht ruhig, ohne daß ich es anbinden muß, und, was am allerbesten ist, es scheut nicht vor Automobilen.«

Aus St. Louis kam eine Reihe bekannter Marken wie der A.B.C. und der Success, Auburn in Indiana steuerte den Kiblinger, den McIntyre und den Zimmerman bei, in Cincinnati wurde der Schacht gebaut. Die meisten Highwheeler entstanden im Mittelwesten; zu den Ausnahmen gehörten der Kearns aus Beavertown in Pennsylvania und der White Star aus Atlanta in Georgia. Nördlich der Grenze in Orillia, Ontario, baute die Tudhope Carriage Company einen Highwheeler mit dem Motor des

1913er Imp Cyclecar ◄

Der in Auburn, Indiana, gebaute Imp sah wie ein typischer Cyclecar aus, hatte aber eine Reihe von Besonderheiten. So saßen beispielsweise die Räder an Querfedern, was Achsen überflüssig machte. Gestartet wurde vom Fahrersitz aus, indem man in die Lenksäule eine Kurbel einführte, die über eine Zahnstange mit der Kurbelwelle verbunden war. Der luftgekühlte V-Zweizylinder leistete 15 PS und wirkte über ein Friktionsgetriebe und lange Keilriemen auf die Hinterräder.

Besitzer: Auburn-Cord-Duesenberg-Museum

1908er Zimmerman High-Wheel Buggy ◄▼

Die Zimmerman Manufacturing Company aus Auburn in Indiana war eine der vielen Kutschbaufirmen, die in den Automobilbau einstiegen. Dieses Muster aus dem ersten Produktionsjahr hatte einen luftgekühlten Zweizylindermotor mit 14 PS und Kettenantrieb. Zu beachten ist die doppelte Querfeder vorn. Zimmerman bot später bis 1914 auch normale Vierzylinderautos an, die bei der Auburn Automobile Company gebaut wurden. Der letzte Zimmerman war ein Sechszylinder; er wurde von 1913 bis 1915 gebaut.

Besitzer: Auburn-Cord-Duesenberg-Museum

McIntyre. Highwheeler fanden ihre Käufer hauptsächlich unter den Farmern, waren aber nicht auf das Land beschränkt. In Chicago gab es 1907 fast hundert Holsman, von denen 75 Prozent im Besitz von Ärzten waren.

Nach etwa sechs Jahren fielen die Highwheeler dann dem Fortschritt zum Opfer. Sie waren sehr langsam – 40 km/h waren als Höchstgeschwindigkeit sehr gut – und boten kaum Schutz vor dem Wetter, wobei Holsman allerdings auch ein geschlossenes Modell mit der Bezeichnung Coupelette im Programm hatte. Preislich waren sie zu Anfang zwar günstiger als die meisten anderen Fahrzeuge, wurden dann aber bald vom Ford T unterboten, der zudem mit den schlechten Straßen auch sehr gut zurechtkam, manchmal sogar besser, denn die schmalen Massivreifen der Highwheeler brachen im Winter durch die gefrorene Oberfläche und versanken im Schlamm, die breiteren Luftreifen hingegen nicht. Ab 1913 gab es praktisch keine Highwheeler mehr. I.H.C. und Schacht hatten sich auf den Lastwagenbau verlegt, McIntyre auf Cyclecars, und die meisten anderen hatten ganz aufgegeben.

Der Highwheeler war eine rein amerikanische Angelegenheit, doch die nächste Verrücktheit kam aus Europa: der Cyclecar. Das war ein leichtes zweisitziges Fahrzeug mit vielen Motorradbestandteilen, das 1910 in Frankreich entstand und dort und in Großbritannien im Laufe der nächsten zehn Jahre von vielen Firmen gebaut wurde. In Amerika kam diese »Mode« erst 1913 auf, doch dann umso heftiger.

Zwischen Sommer 1913 und Ende 1915 versuchten sich mindestens 215 ehrgeizige Einzelunternehmer und Firmen am Bau von Cyclecars, wobei allerdings höchstens dreißig bis zu einer ernsthaften Produktion kamen. Geographisch verteilten sie sich von Laconia in New Hampshire (Laconia) über Seattle im Bundesstaat Washington (Tilikum) bis nach Detroit, wo es im November 1913 mindestens neun Cyclecar-Hersteller gab.

Wie in Europa griff keiner der großen Hersteller die Konzeption des Cyclecars auf. Henry Ford ließ einen einsamen Ford-Cyclecar, der einem abgespeckten Ford T ähnelte, vor dem Pontchartrain-Hotel in Detroit auffahren, aber nur zur Abwehr einer möglichen Bedrohung für den Ford T. Er argumentierte dahingehend, daß die kleineren Hersteller aufgeben würden, wenn sie glaubten, daß Ford in den Cyclecar-Markt einstiege.

Im Januar 1914 wurde die American Cyclecar Manufacturers' Association gegründet, die dann den Cyclecar als vierrädriges Fahrzeug mit einem Motor von höchstens 1163 cm³ Hubraum definierte. Das hatte zur Folge, daß nahezu alle Cyclecars zweisitzig waren, wobei die Konstrukteure durchaus unterschiedliche Ansichten darüber hatten, ob die Passagiere nebeneinander, versetzt hintereinander oder in einer Reihe hintereinander sitzen sollten – und wenn letzteres, wo sollte der Fahrer sitzen, vorn oder hinten? Den Fahrersitz hinten hatten die Fahrzeuge von Davis, die Automobilette, von Greyhound und einem oder zwei anderen Herstellern. In der Praxis ging das so lange gut, wie der Mitfahrer nicht größer oder dicker als der Fahrer war.

Bei den Motoren der Cyclecars handelte es sich meist um V-Zweizylinder mit querliegender Kurbelwelle, von der ein Treibriemen zu einer Riemenscheibe am Hinterrad führte. Sie saßen in der Regel unter einer Haube. Eine Ausnahme bildete der in Detroit gebaute Cricket, bei dem der Motor neben dem Fahrer auf dem Trittbrett montiert war. Das bot zwar den Vorteil, daß der Treibriemen kürzer sein konnte, brachte aber eine etwas prekäre Gewichtsverteilung mit sich. Außerdem mußte der Fahrer sich immer vor dem heißen Motor in acht nehmen oder auf der Beifahrerseite ein- und aussteigen. Die Gasbedienung erfolgte in der Regel per Handgriff wie beim Motorrad.

Einer der Vorteile des Cyclecars war seine geringe Größe, und zwar besonders die Spurweite, die nur selten über 914 mm hinausging. Damit konnte man durch das Gartentor direkt bis unter die Veranda fahren und den Wagen dort abstellen. Wer keine Veranda besaß, konnte sich ohne weiteres aus rohem Holz eine simple Garage bauen, die nicht größer zu sein brauchte als 1,40 m in der Höhe, 1,05 m in der Breite 2,75 m in der Länge. Ein weiterer

1904er Orient Buckboard ▲
Der Orient Buckboard, »das billigste Automobil der Welt – jeder muß es haben«, wurde von der Waltham Manufacturing Company in Waltham, Massachusetts, gebaut und kostete 1903 nur 375 Dollar. Er hatte bei 2032 mm Radstand einen Einzylindermotor mit 4 PS und keine Federn, da die Holzlatten, aus denen das Fahrgestell bestand, als elastisch genug angesehen wurden. Die Kunden dachten darüber offensichtlich anders, denn dieses Modell von 1904 hat vorn Elliptikfedern. Der Buckboard wurde bis 1907 gebaut.
Besitzer: Crawford Collection of the Western Historical Society

1912er International Harvester ▲

International Harvester baute von 1907 bis 1911 Highwheeler und bis 1916 Lastkraftwagen. Dieser Lieferwagen von 1912 hatte einen Zweizylinder-Boxermotor mit 18-20 PS. Auf der Ladefläche konnte man für den sonntäglichen Ausflug Sitze anbringen.

Besitzer: Crawford Collection of the Western Historical Society

1915er Metz Roadster ▶

Charles Metz war in den neunziger Jahren des vorigen Jahrhunderts ein bedeutender Fahrradhersteller gewesen und hatte 1898 das erste amerikanische Motorrad gebaut. Ab 1909 bot er Automobile nach dem sogenannten Metz-Plan an, bei dem das Fahrzeug stufenweise in vierzehn Teile-Paketen verkauft wurde, je nachdem, wie viel Geld der Käufer hatte und wieviel Zeit er für die Montage benötigte. Metz war zwar nicht der erste, der Bausätze anbot, aber seine Finanzierungsmethode war sicherlich ungewöhnlich. 1911 begann er, ganze Autos zu bauen, und 1915, als dieser Roadster entstand, gab es gar keine Bausätze mehr. Dieses Fahrzeug hatte einen Vierzylindermotor mit 22 PS, Friktionsgetriebe und Endantrieb mittels Kette. Sein bestes Jahr erlebte Metz 1915 mit 7.200 verkauften Fahrzeugen.

Besitzer: George Sanders

Vorteil war zumindest anfänglich der Preis, der bei knapp 300 Dollar für die einfachste Ausführung lag und kaum einmal über 400 Dollar hinausging. Ein Ford T kostete im Jahre 1913 immerhin 525 Dollar.

Unter den Cyclecar-Herstellern und -Händlern herrschte grenzenloser Optimismus. Charles Coey aus Chicago, der neben seinem normalgroßen Flyers den kleinen Coey Bear baute, sagte einmal: »Wir glauben, daß die im Jahr 1913 verkauften 1.125.000 leichten Pferdekutschen sämtlich von zweisitzigen leichten Automobilen abgelöst werden.« Und die erste Cyclecar-Händlerin des Landes, die 21jährige Anna Sheeley aus Passaic rechnete damit, 1914 allein im südlichen New Jersey 500 Fahrzeuge zu verkaufen, und fügte hinzu: »... es gibt augenscheinlich keine Höchstgrenze für die Zahl der Fahrzeuge, die ich verkaufen kann.«

Mindestens drei Zeitschriften nahmen sich 1913 der neuen Mode an, nämlich, *Cyclecar Age* (New York), *The American Cyclecar* (Chicago) und *Cyclecar and Motorette.* Doch schon 1914 änderte *Cyclecar Age* seinen Namen in *Light Car Age,* und aus *The American Cyclecar* wurde *Carette,* was die wachsende Desillusionierung im Hinblick auf die Cyclecar-Konzeption zeigte. Die kleinen Fahrzeuge waren von der Konstruktion her einfach nicht stabil genug und konnten in Verbindung mit gelegentlich schlechter handwerklicher Arbeit und grober Behandlung die Erwartungen der amerikanischen Automobilisten nicht erfüllen. Ein besonderer Schwachpunkt war die Kraftübertragung, denn die langen Riemen rutschten, dehnten sich und rissen, und bei Nässe brachte die kleinste Erhebung das Fahrzeug durch den Friktionsantrieb zum Stillstand. Ein Dach gab es entweder nicht oder es konnte die Insassen bei starkem Regen nicht schützen. 1915 war auch der niedrige Preis kein Vorteil mehr, denn Henry Ford senkte den Preis für den Ford T als zweisitzigen Roadster auf 440 Dollar. Die Cyclecar-Hersteller konnten sich eine Preissenkung nicht erlauben, somit kostete ein ausgewachsenes Automobil mit Vierzylindermotor, Wellenantrieb, ordentlichem Wetterschutz und allen Vorteilen eines guten Rufs und einer landesweiten Betreuung nur noch 40 Dollar mehr als ein Cyclecar.

Der Niedergang des Cyclecars vollzog sich genau so schnell wie sein Aufstieg; Ende 1915 war die Gattung mitsamt den entsprechenden Zeitschriften praktisch ausgelöscht. Zuerst waren die riemengetriebenen Modelle mit Tandemsitz an der Reihe, während Fahrzeuge wie der Trumbull mit Vierzylindermotor und Schubgetriebe sich noch bis 1915 hielten. Den Trumbull hätte es möglicherweise auch noch länger gegeben, wenn sein Schöpfer Isaac Trumbull nicht zusammen mit zwanzig Fahrzeugen im Atlantik versunken wäre, nachdem ein deutscher Torpedo im Mai 1915 die *Lusitania* getroffen hatte.

Angesichts der schwächlichen Konstruktion ist es nicht verwunderlich, daß die Überlebensquote der Cyclecars viel niedriger liegt als bei den größeren Fahrzeugen aus der gleichen Zeit. Außer ein paar Photos ist von den ungefähr zweihundert Marken kaum etwas erhalten.

Außer Highwheelern und Cyclecars wichen auch noch andere Automobile von der Norm ab. So merkwürdig einem diese Fahrzeuge heute auch vorkommen mögen, man

muß immer daran denken, daß der Automobilbau damals etwas ganz neues war und daß die Konstrukteure allenfalls auf ein gewisses Maß an gesundem Menschenverstand zurückgreifen konnten.

Nehmen wir beispielsweise die Antriebskraft. Die meisten Hersteller begnügten sich mit Benzin, Dampf und Strom. Einige wenige arbeiteten jedoch mit Druckluft, die in großen Behältern mit einem Druck von bis zu 210 kg/cm² gespeichert und über einen Druckregler mit konstant 7 kg/cm² an die Arbeitszylinder abgegeben wurde. Die sich ausdehnende Luft wirkte dann wie der Dampf einer Dampfmaschine auf Kolben. Die Idee wurde zum ersten Mal 1895 von MacKenzie und MacArthur aus New Haven in Connecticut vorgestellt, von denen aber nicht mit Gewißheit gesagt werden kann, ob sie je ein funktionstüchtiges Fahrzeug bauten. 1896 baute die American Wheelock Engine Company in Worcester, Massachusetts, dann den Pneumatic, einen Sechssitzer, der bei 350 U/min eine Geschwindigkeit von 24 km/h erreichte. Die Ausdehnung der Luft wurde dabei von heißem Wasser in einem getrennten Tank unterstützt, der vermutlich sehr gut isoliert war, damit das Wasser auch längere Zeit heiß blieb. Die begrenzte Reichweite war der wesentliche Nachteil des Druckluftmotors, dessen Vertreter doch etwas visionär veranlagt waren und sich ein riesiges Netz von Speichereinrichtungen mit den zugehörigen Drucklufterzeugern vorstellten. Zwischen 1895 und 1900 wurden druckluftgetriebene Fahrzeuge bei sechs Firmen geplant oder gebaut, sämtlich in den Bundesstaaten New York, Connecticut und Massachusetts. In die Fertigung ging keines von ihnen.

Eine Abwandlung des Themas Druckluft war flüssige Luft, deren Verdampfung die Kompression für den Motor lieferte. Diese Methode war in der Praxis noch untauglicher als Druckluft, und die groß angekündigte Liquid Air Power & Automobile Company of New York and Boston erwies sich als ausgemachtes Schwindelunternehmen, dem es nur um das Geld der Anleger ging. Bescheidener war die Tripler Liquid Air Company, ebenfalls aus New York, die zumindest ein Fahrzeug baute, das heute noch existiert. Die Firma behauptete, die Luft könne in flüssigem Zustand bis zu zehn Tage gespeichert werden, aber die Aussichten für ihr Fahrzeug standen aufgrund des Skandals um das andere Unternehmen von vornherein schlecht.

Kerosinbetriebene Fahrzeuge waren in den Anfangszeiten nicht ungewöhnlich. Das seltsamste dieser Automobile war der in Brooklyn gebaute Tuck von 1904, bei dem der Kraftstoff in den Zylinder gelangte, ohne vorher verdampft zu werden. Auch eine Explosion fand nicht statt. Man fragt sich natürlich, woher da die Antriebskraft kommen sollte, doch der Hersteller behauptete, bei niedriger Umdrehungszahl sei das Drehmoment so hoch, daß kein Getriebe erforderlich sei. Einen Rückwärtsgang gab es ebenfalls nicht; wenn der Fahrer zurücksetzen wollte, änderte er einfach die Drehrichtung des Motors. Dazu mußte er den Motor allerdings ausstellen und einen Hebel betätigen, der »die Nocken dergestalt verstellte, daß die Drehrichtung umgekehrt wurde.« Ein offensichtlich leicht zu beeindruckender Reporter schrieb, der Tuck stecke »voller neuer Ideen« und sei »ein vielversprechendes Fahrzeug«. Es dürfte aber niemanden überraschen, daß man anschließend nichts mehr von ihm hörte.

Ebenfalls mit Kerosin betrieben wurde der Ingram Hatch, der 1917 in einer ehemaligen Dampfwäscherei auf Staten Island gebaut wurde. Außergewöhnlich war er nicht wegen seiner Ausstattung, sondern wegen dessen, was ihm alles fehlte. In der Werbung hieß es, er habe »keine Kupplung, keinen Kühler, keinen Zündapparat, keine zentrale Antriebswelle, keinen Vergaser, keinen Kühlwassermantel, keinen Verteiler, kein Wählgetriebe« und brauche kein Benzin. Da fragt man sich natürlich, was er hatte. Er hatte einen luftgekühlten Vierzylindermotor mit Friktionsgetriebe, von dem je eine Welle zu den beiden hinteren Halbachsen führte, also eine kompliziertere Konstruktion als die zentrale Antriebswelle. Am ungewöhnlichsten waren jedoch die Räder, bei denen herzförmige Federn mit Druckluftdämpfern die Aufgabe von Speichen wahrnahmen. Dadurch waren keine Luftreifen erforderlich: Die Räder bestanden aus lederbezogenen Stahlprofilen, die jeweils einzeln ausgetauscht werden konnten, wenn sie verschlissen waren. Niemand schien Joseph Ingram und William Hatch jedoch sehr ernst zu nehmen, denn über das eine Fahrzeug kamen sie nicht hinaus.

Die meisten Konstrukteure gaben sich mit drei oder vier Rädern zufrieden, aber es wurden auch Fahrzeuge mit fünf, sechs und acht Rädern gebaut. Der bekannteste Wagen mit fünf Rädern war der Smith Flyer von 1917, der auch als Briggs & Stratton und Auto Red Bug verkauft wurde. Er hatte vier fahrradähnliche Räder und sechs Holzlatten als Rahmen. Federn waren nicht vorhanden, weil man die Holzlatten für elastisch genug hielt, um einigermaßen komfortabel zu fahren. Als Antrieb diente ein Einzylindermotor mit 2,5 PS auf einem Rad, das hinter dem Wagen auf die Straße herabgelassen wurde. Der Motor mußte vorher angelassen werden; dabei galt es, das Gas genau zu dosieren – zu wenig und der Motor wurde abgewürgt, wenn das Rad die Fahrbahn berührte, zu viel und das Reifenprofil war dahin. Trotzdem fand der Wagen zum Preis von etwa 200 Dollar mehrere Hundert Käufer. Von 1924 bis 1930 wurde er von einer Firma in New Jersey gebaut, die auch Modelle mit Elektroantrieb anbot; diese hatten eine 12-V-Batterie und einen auch in Dodge-Fahrzeugen verwendeten Motor, der direkt auf die Hinterachse wirkte, so daß das fünfte Rad entfallen konnte.

▲ **Dieser Serpentina mit seiner außergewöhnlichen Radanordnung wurde 1915 von Claudius Mezzacasa in New York gebaut. Neben U.S. Autocycle stellte auch Sunbeam Mabley in England derartige Fahrzeuge her – zwischen 1901 und 1903 etwa 150 Exemplare. In Amerika gab es im Jahre 1947 dann noch einmal den Gordon Diamond mit dieser Konstruktion.**
Scientific American

Fünf Räder hatte auch der in Chicago gebaute Glover von 1902, bei dem in der Mitte des Rahmens eine Treibwalze mit Stirnplatte aus Weichstahl zwischen zwei Scheiben saß. Die mittels Kette von einem Vierzylindermotor angetriebene Walze stand unter Federspannung, damit sie stets Bodenberührung hatte, und versetzte das Fahrzeug angeblich in die Lage, zwei schwere Kohlenwagen, einer davon mit angezogener Bremse, zu ziehen. Glover baute daneben auch eine dampfgetriebene Version, bei der die Walze mit heißem Wasser aus dem Kessel gefüllt werden konnte, um im Winter den Schnee wegzuschmelzen.

Die sechs- und achträdrigen Fahrzeuge wurden in Columbus, Indiana, von Milton O. Reeves gebaut, der in Anlehnung an den Pullman-Eisenbahnwaggon davon ausging, daß mehr Räder gleichzusetzen seien mit größerem Komfort. Sein Octo-Auto aus dem Jahr 1911 war ein umgebauter Overland Touring mit je zwei Vorder- und Hinterachsen. Der Radstand betrug 4572 mm, die Gesamtlänge 6299 mm. Die erste Hinterachse wurde angetrieben; die Lenkung erfolgte mit allen acht Rädern, wobei die beiden Vorderachsen in die normale Richtung und die beiden Hinterachsen wie beim heutigen Honda Prelude und Mazda 626 entgegengesetzt drehten. Reeves verlangte 3.200 Dollar für seinen Octo-Auto; da er aber kleine Aufträge erhielt, beschloß er 1912, die Sache etwas kleiner anzugehen, und baute zwei Sexto-Autos. Der erste war ein Octo-Auto mit nur einer Vorderachse, der zweite basierte auf einem Stutz. Dafür verlangte er 5.000 Dollar, zweifellos wegen des höheren Preises für das Basisfahrzeug (ein normaler Overland 40 Touring kostete damals 1.300 Dollar, ein Stutz 2.250 Dollar).

Man sollte eigentlich meinen, daß es hinsichtlich der Anordnung der Räder an einem vierrädrigen Fahrzeug keine Fragen geben dürfte. Aber mindestens zwei Konstrukteure entschieden sich für eine rautenförmige Anordnung mit je einem Vorder- und Hinterrad und zwei Rädern in der Mitte. 1907 erschien in Philadelphia der Autocycle von Thomas Vandergrift, dessen luftgekühlter V-Zweizylinder mit 6 PS über einen Riemen das Hinterrad antrieb. Er hatte vorn und hinten je ein normalgroßes und in der Mitte zwei kleinere Räder, fast wie die Stützrader an einem Kinderfahrrad. Mit seinem sehr kleinen Wendekreis (drei der vier Räder wurden gelenkt), einer Höchstgeschwindigkeit von 72 km/h und einem Preis von 400 Dollar schien der Autocycle ein vielversprechendes Fahrzeug zu sein, hielt sich aber nur ein Jahr.

Ähnlich war der Serpentina, der 1915 von Claudius Mezzacasa in New York gebaut wurde. Er war stromlinienförmiger als der Autocycle, fast torpedoförmig, und hatte vier gleichgroße Räder. Vorder- und Hinterrad lenk-

1905er Stanley Roadster ▲▶
1905 bekam der Stanley die charakteristische runde Haube, unter der sich der Kessel verbarg. Die liegende Zweizylindermaschine saß vor der Hinterachse und wirkte direkt ohne Schaltgetriebe.

Besitzer: Crawford Collection of the Western Historical Society

ten in entgegengesetzte Richtung. Der *Scientific American* berichtete: »Ein Verkehrspolizist am Columbus Circle traute seinen Augen nicht, als er das Fahrzeug zum ersten Mal erblickte. Der Fahrer schwang unmittelbar vor ihm das Lenkrad herum, und der Wagen vollführte eine erstaunliche Pirouette. Noch bevor der überraschte Polizist etwas sagen konnte, war er schon wieder davongeschossen – nachdem er einen Bogen von 450 Grad beschrieben hatte.« Leider war auch dem Serpentina kein anderes Schicksal beschieden als dem Autocycle.

DAMPF UND STROM

Dampf- und stromgetriebene Fahrzeuge waren in den ersten zwanzig Jahren unseres Jahrhunderts ein bedeutender Bestandteil der automobilen Szene. Besonders im nordöstlichen Teil der Vereinigten Staaten spielte der Dampf um die Jahrhundertwende die beherrschende Rolle: Im Bundesstaat New York wurden 1902 über 50 Prozent aller gemeldeten Fahrzeuge von Dampfmaschinen angetrieben. Ein tiefer Einschnitt ergab sich jedoch im Jahre 1903, als Locomobile die Produktion auf Benzinautos umstellte. Viele kleinere Hersteller vollzogen diesen Schritt in den beiden folgenden Jahren nach oder schieden ganz aus dem Geschäft aus. Mit Stanley und White boten nur noch zwei bedeutsame Hersteller Dampffahrzeuge an.

Der Stanley war 1902 umkonstruiert worden, um nicht mit den Patenten in Konflikt zu kommen, die die Gebrüder Stanley an A.L. Barber von Locomobile und J.B. Walker von Mobile verkauft hatten. Die jetzt liegend eingebaute Maschine wirkte direkt auf die Hinterachse, eine Konstruktion, die beibehalten wurde, bis der letzte Stanley 1927 das Werk verließ. 1905 bekam der vorn stehende

Kessel eine gerundete Haube, die das Erkennungszeichen des Fahrzeugs blieb, bis sie 1915 von einem V-förmigen »Kühler«, der natürlich keiner war, abgelöst wurde. In Wirklichkeit handelte es sich dabei um einen Kondensator, der den Abdampf wieder in Wasser zurückverwandelte, ein Ausstattungsmerkmal, das andere Dampfmobile schon zehn Jahre früher gehabt hatten. Aber die vorsichtigen Stanley-Zwillinge hatten es noch nie eilig gehabt, die Ideen anderer zu übernehmen. Noch bis 1915, als die meisten anderen Autohersteller schon längst zu Stahl übergegangen waren, bauten sie ihre Fahrzeuge mit Holzrahmen.

Für ihren Preis boten die Stanleys eine ausgezeichnete Leistung. Das wußte auch die Bostoner Polizei zu schätzen, die 1903 mehrere Fahrzeuge mit abklappbarem Vordersitz kaufte. Auch die Feuerwehr von Newton erstand Automobile von Stanley. 1906 brachte das Unternehmen eine Roadster-Serie mit 10, 20 und 30 PS heraus, die in der stärksten Version auf 110 km/h Spitzengeschwindigkeit kam und trotzdem nur 1.800 Dollar kostete. In der Version

1902er White Stanhope ▲

Der White sah zu dieser Zeit dem Stanley zwar ähnlich, war ihm mit seinem Semi-Flammrohrkessel technisch aber voraus. Dieses muß ein Modell 1902 sein, denn dieses Jahr brachte den vorn montierten Kondensator, der wie ein Kühler aussah und den Abdampf wieder zu Wasser verwandelte. 1903 bekam der White eine Fronthaube wie die Benzinautos und verlor damit sein kutschenähnliches Aussehen.

Besitzer: Crawford Collection of the Western Historical Society

1913er Baker Electric Victoria ▲ ▶

1913 war das typische Elektromobil ein geschlossenes Coupé, während Baker noch diesen offenen zweisitzigen Victoria im Programm hatte. Während andere Baker-Fahrzeuge mit ihrer langen Haube wie Benzinautos aussahen, ist es hier nicht zu übersehen, daß es sich um ein Elektromobil handelt. Die Höchstgeschwindigkeit lag in der Regel nicht über 40 km/h, wobei Walter Baker allerdings 1902 mit seinem stromlinienförmigen Electric Torpedo über eine Meile auf 123 km/h kam. Leider raste er dabei am Ende der Strecke in die Zuschauermenge und tötete zwei Menschen.

Besitzer: Crawford Collection of the Western Historical Society

mit 10 PS lag der Preis bei nur 850 Dollar. Die Ausführung mit 20 PS für 1.350 Dollar trug den bezaubernden Namen Gentleman's Speedy Roadster. 110 km/h waren aber nicht das letzte Wort in Sachen Geschwindigkeit. Als F.E. Stanley einmal auf einer geraden Straße bei Boston mit einem Versuchsmodell unterwegs war, wurde er von einem Polizisten angehalten, der zwar ein guter Bekannter war, aber trotzdem meinte, er müsse ihm einen Strafzettel ausstellen, weil er so schnell gefahren sei. Bei der Gerichtsverhandlung sagte der Polizeibeamte dann aus, Stanley sei fast 100 km/h schnell gewesen, woraufhin dieser auf »nicht schuldig« plädierte. Als der Richter wissen wollte, wie er angesichts der Zeugenaussage dazu komme, antwortete Stanley: »Ich bin keine 100 km/h gefahren. Als ich den Beamten passierte, zeigte mein Tachometer 140 km/h.« Er erhielt eine Geldstrafe von fünf Dollar, und alle Zeitungen Bostons berichteten darüber.

1906 stellte ein Stanley-Rennwagen mit der Bezeichnung Beetle (Käfer) in Daytona Beach in Florida mit 205,4 km/h den inoffiziellen Geschwindigkeitsrekord für Landfahrzeuge auf. In diese Zeit fiel auch der Höhepunkt des Unternehmens, obwohl nicht mehr als 700 Fahrzeuge pro Jahr produziert wurden. Im Laufe der Zeit wurde der Stanley Steamer in dem Versuch, mit den Benzinautos mitzuhalten, schwerer, technisch komplizierter und teurer. Als besonderer Schlag erwies sich dann 1914 der Cadillac mit automatischem Anlasser. Der Stanley brauchte an einem kalten Morgen bis zu 45 Minuten, ehe er fahrbereit war, konnte bis 1914 aber zumindest von sich behaupten, daß damit keine körperliche Anstrengung verbunden war. Stanley ging nie zum Flammrohrkessel über, der einen schnelleren Start ermöglichte, führte aber 1913 die elektrische Beleuchtung ein. Gegen Ende des 1. Weltkriegs lagen die Preise für einen Stanley zwischen 3.425 und 5.100 Dollar, also über denen von Cadillac, die Verkaufszahlen sanken Jahr für Jahr weiter ab.

Der White ist heute nicht mehr so bekannt wie der Stanley, obwohl er in den Jahren 1900 bis 1910 in größeren Stückzahlen gebaut wurde. White-Dampfmobile waren technisch weiter als Stanleys und besaßen schon 1902 Kondensatoren und ab 1903 Flammrohrkessel oder Dampfgeneratoren, wie die Firma sie nannte. 1905 bekamen die Fahrzeuge eine vom Fahrer zu regelnde Wasserzufuhr und eine Kupplung, durch die die Maschine laufen und die Pumpen treiben konnte, während der Wagen stand. Bis dahin mußten die Pumpen im Stand von Hand betätigt werden. Der White war zwar teurer als der Stanley, verkaufte sich aber besser und kam nach 1.534 Fahrzeugen im Jahr 1906 im Laufe seiner zehnjährigen Herstellungszeit auf insgesamt 9.122 Exemplare. Stanley verkaufte im gleichen Zeitraum nur 5.122 Fahrzeuge. White lieferte 1909 die ersten Dienstfahrzeuge für das Weiße Haus und Präsident William Howard Taft, dessen Vorgänger Theodore Roosevelt als erster US-Präsident 1906 in Puerto Rico ein Automobil gefahren hatte, und zwar ebenfalls ein White-Dampfmobil. 1910 baute White 1.208 Dampffahrzeuge und 1.200 Benzinautos. Damit war das Ende der Dampfmobile eingeleitet. White stellte noch bis 1918 benzingetriebene Personenwagen her und konzentrierte sich anschließend auf Lastwagen, die das jetzt im Besitz von Volvo befindliche Unternehmen auch heute noch baut. Der Dampf erlebte eine letzte Blüte in dem in Kalifornien gebauten Doble, doch das ist eine Geschichte für das nächste Kapitel.

Das Elektromobil hatte eine verhältnismäßig größere Bedeutung als das Dampfmobil und war zwischen etwa 1906 und 1916 ein vertrauter Anblick in den Städten. Marktführer war zunächst Columbia, zu dem später Baker und Rauch & Lang aus Cleveland (1915 vereinigt) und Detroit stießen, die sich mit 1.500 verkauften Fahrzeugen 1910 und einer Spitzenproduktion von 4.669 Fahrzeugen 1914 zum bekanntesten Hersteller von Elektromobilen entwickelten. Daneben gab es noch etwa zwanzig weitere Elektromobilhersteller von einiger Bedeutung, darunter Argo, Borland, Chicago (der 1915 ein Elektromobil an den Papst verkaufte), Fritchle, Milburn, Ohio und Woods. Besondere Anziehungskraft übte das Elektromobil auf die Damen aus, die seine Geräuschlosigkeit und leichte Bedienung schätzten und für die das Anlassen mit der Handkurbel bestenfalls unter ihrer Würde und oft physisch unmöglich war. Die meisten Elektromobile waren geschlossene Fahrzeuge und wurden wegen ihrer hohen, eckigen Linie und großzügigen Verglasung gelegentlich auch als »fahrbare Porzellanschränke« verspottet. Mit ihrem Elektromobil konnte die amerikanische Dame unabhängig von Ehemann oder Chauffeur einkaufen fahren und ihren sozialen Verpflichtungen nachkommen und war dabei vollständig vor den Unbilden des Wetters geschützt. Was sie allerdings nicht konnte, war, mehr als etwa 80 km am Tag zu fahren oder sich über die befestigten Straßen der Stadt hinauszuwagen. Aber das wollte sie insgesamt gesehen ja auch nicht.

▲ 1904er Pope-Waverley Electric Runabout mit zwei modisch gekleideten Damen, typischen Nutzern dieser Fahrzeuge. Binnen weniger Jahre waren die meisten Elektromobile geschlossene Coupés mit dem Spitznamen »fahrbare Porzellanschränke«.

Motor Vehicle Manufacturers' Association

Welche Bedeutung das Elektromobil hatte, zeigt sich an einem Photo, das etwa 1914 anläßlich eines Tags der offenen Tür für die Ehefrauen der Mitglieder vor dem Vereinsheim des Sportvereins Detroit entstand. Auf der Aufnahme sind ungefähr 35 Fahrzeuge zu sehen, von denen nur drei keine Elektromobile sind. Diese Vorherrschaft hielt aber nicht lange an. Schon 1920 befand sich das Elek-

1911er Rauch & Lang Electric Coupé ▲

Rauch & Lang gehörten zu den besser bekannten Elektromobilherstellern. Die Firma war 1884 als Wagenbauunternehmen gegründet worden. 1905 kam das erste Elektromobil, und 1911 waren bereits sechs verschiedene Modelle mit 1956 bzw. 2159 mm Radstand im Angebot. Dieses Coupé, fast genauso hoch wie lang, war typisch für die Elektromobile der damaligen Zeit. 1915 fusionierte Rauch & Lang mit Baker, einem anderen Elektromobilhersteller aus Cleveland.

Besitzer: Mark und Tootsie Accomazzo

tromobil definitiv auf dem absteigenden Ast. Das hatte einerseits mit der Erfindung des automatischen Anlassers, andererseits aber auch mit den gestiegenen Erwartungen der Öffentlichkeit zu tun. 1914 waren eine Höchstgeschwindigkeit von etwa 30 km/h und eine begrenzte Reichweite wohl noch akzeptabel, nicht aber sechs Jahre später, als bessere Straßen dafür sorgten, daß man auch über die Stadtgrenzen hinaus fahren konnte. Das Elektromobil hatte immer das Image eines »Automobils für Frauen«, doch 1920 war daraus das Image eines »Automobils für alte Frauen« geworden. Jüngere Frauen kauften ein Coupé von Dodge oder Chevrolet oder, wenn sie sich betont sportlich geben wollten, einen Jordan Playboy. 1921 befanden sich in den Vereinigten Staaten unter neun Millionen gemeldeten Personenwagen nur noch 18.184 Elektromobile. Es gab mehr Fahrzeuge der relativ unbekannten Marken Auburn und Peerless als alle Elektromobile zusammengenommen. Zehn Jahre später war die Zahl der Elektromobile so unbedeutend, daß sie nicht einmal mehr in den Statistiken auftauchten.

AUF ZU NEUEN UFERN

Seit dem Rennen der *Chicago Times-Herald* 1895 hatten Automobilbegeisterte die ihren Fahrzeugen auferlegten Grenzen immer weiter gesteckt. Um die Jahrhundertwende waren Ausdauerfahrten zwischen zwei Städten über mehrere Hundert Meilen schon fast nichts Ungewöhnliches mehr. 1901 nahmen etwa 50 Fahrzeuge an der Fahrt von New York nach Buffalo über 612 km teil, schon bald tauchten an beliebten Strecken wie New York – Boston und New York – Philadelphia auch die ersten Straßenschilder auf. Ebenfalls 1901 machte sich der damals 21jährige Roy Chapin einen Namen, indem er einen Oldsmobile Curved Dash in siebeneinhalb Tagen von Detroit zur New Yorker Auto-Ausstellung fuhr. Bei seiner Ankunft war er so verdreckt, daß der Türsteher des Waldorf Astoria, wo Ransom Olds logierte, ihn abwies. Chapin wurde später Präsident von Hudson. Aber die eigentliche Herausforderung war die Fahrt quer durch den Kontinent, von Küste zu Küste, die trotz mehrfacher Versuche erst im Sommer 1903 glückte.

Horatio Nelson Jackson, ein 31jähriger Arzt aus Ver-

▼ Ein Detroit-Elektromobil wird »aufgetankt«. Die Batterien mit ihren 40 Zellen saßen vorn unter der Haube und im Heck. Bei einem von der Firma veranstalteten Test lief ein Elektromobil dieses Typs mit einer einzigen Ladung 340 km. In der Werbung war allerdings immer nur von etwa 130 km die Rede.

U.S. Library of Congress

▲ Elektromobile waren im allgemeinen auf die Städte beschränkt. Dieser Detroit ging jedoch um 1915 auf Werbefahrt von Seattle zum Mount Rainier.

U.S. Library of Congress

▲ Der kleine Oldsmobile Curved Dash, mit dem L.L. Whitman (links) und Eugene Hammond den Kontinent durchquerten, beim Zwischenaufenthalt in Detroit, das sie sechzig Tage nach der Abfahrt von San Francisco erreichten. Sie brauchten bis nach New York zwar länger als Jackson/Crocker und Fetch/Krarup, aber dafür war ihr Fahrzeug ja auch billiger und kleiner und hatte nur einen Einzylindermotor.

Oldsmobile History Center

► Bei der Fahrt von New York nach St. Louis im Juli 1904 muß ein Rad nachgestellt werden. Das Fahrzeug ist ein Oldsmobile Light Tonneau, der erste Olds mit Lenkrad anstelle des Lenkstocks.

Motor Vehicle Manufacturers' Association

mont, ging in diesem Jahr eine Wette um 50 Dollar ein, daß er nicht quer durch den Kontinent fahren könne. Er kaufte einen Winton und machte sich am 23. Mai von San Francisco aus mit seinem Fahrer Sewell Crocker, Camping-Ausrüstung, Hacken und Schaufeln auf den Weg. Weiterhin hatte er für den Notfall ein Gewehr und Pistolen dabei sowie eine Angel, um den Speisezettel abwechslungsreicher gestalten zu können. In Wyoming retteten die beiden eine Bulldogge, die sie Bud nannten und für den Rest der Fahrt mitnahmen.

Jacksons schlimmste Feinde waren nicht wilde Tiere und böse Menschen, sondern Reifenpannen und Schlamm. In Idaho versank das Fahrzeug dauernd in Sumpf und Morast, in Wyoming mußten Jackson und Crocker häufig zum Flaschenzug greifen, um aus Sanddünen und Flußbetten herauszukommen. Die Reaktionen in der Bevölkerung schwankte zwischen tiefer Neugier und blankem Schrecken. Ein junger Mann, der von ihrer Ankunft gehört hatte, ritt siebzig Meilen durch die Prärie, um einmal einen Blick auf ein Automobil zu werfen. »Ich habe Dutzende von Bildern gesehen,« sagte er. »Aber das ist das erste, das ich in Natur erlebe.«

Jackson und Crocker erreichten New York in 64 Tagen und fanden prompt Nachahmer. Schon vor ihrer Ankunft waren Tom Fetch und Marius Krarup mit einem Einzylinder-Packard in San Francisco aufgebrochen. Sie schafften die Fahrt in 61 Tagen. Krarup war Verleger der Zeitschrift *The Automobile*, so daß dem Unternehmen die gebührende Berichterstattung sicher war. Als nächste machten sich L.L. Whitman und Eugene Hammond auf den Weg, die die Strecke San Francisco – New York mit einem kleinen Curved Dash in 73 Tagen zurücklegten. Zwei Jahre später schafften zwei Curved Dash namens Old Scout (der Wagen von Whitman und Hammond) und Old Steady die 6.260 km lange Strecke von New York nach Portland in Oregon in nur 44 Tagen.

Nachdem diese Fahrten eine reine Männerdomäne gewesen waren, meinte 1909 die 22jährige Alice Huyler Ramsey, daß Frauen dazu genau so gut in der Lage sein müßten. Sie besaß weniger als ein Jahr Fahrpraxis, als sie sich am 9. Juni mit drei Gefährtinnen, die nicht fahren konnten, mit einem Maxwell DA Touring mit Vierzylindermotor, den ihr Mann ihr gekauft hatte, nachdem eines Tages ihr Pferd (erschreckt von einem Automobil) sie abgeworfen hatte, von New York aus auf den Weg machte. Die Fahrt nach San Francisco nahm 53 Tage in Anspruch, davon allein 13 für die Durchquerung von Iowa, in dessen berüchtigtem schweren schwarzen Schlammboden schon Pferde ertrunken waren. In Wyoming und Utah mußten sie feststellen, daß schwere Regenfälle die Straßen teilweise

◀ Ohio und Reo am Start zur Glidden Tour 1910
Motor Vehicle Manufacturers' Association

dreieinhalb Meter tief ausgewaschen hatten. Oft handelte es sich bei den Straßen um kaum mehr als Wagen- und Pferdespuren, und manche führten über privates Ranchgebiet, wo jedesmal die Tore geöffnet und wieder geschlossen werden mußten.

Fahrten wie die von Alice Huyler Ramsey machten auf den fürchterlichen Zustand der Straßen auf dem Lande aufmerksam, so daß allmählich eine Besserung eintrat. Im Juli 1909 wurde in Wayne County in Michigan die erste Meile Betonstraße auf dem Lande gebaut, im Juli 1916 erging ein Bundesstraßengesetz, das die Errichtung eines landesweiten Fernstraßennetzes zum Inhalt hatte. Aber auch vorher hatten sich die Zustände schon gebessert. 1916 ging Amanda Preuss daran, den Frauenrekord, den der Filmstar Anita King mit 43 Tagen hielt, zu verbessern. Mit einem Oldsmobile-V8-Roadster fuhr sie in 11 Tagen, 5 Stunden und 45 Minuten von San Francisco nach New York, also in nur wenig mehr als einem Fünftel der Zeit, die Alice Ramsey benötigt hatte. Zweifelsohne hatte sie ein schnelleres Fahrzeug, aber den größten Teil dürften die besseren Straßen zu diesem Rekord beigetragen haben. Der absolute Rekord von siebeneinhalb Tagen wurde im gleichen Jahr von Erwin »Cannonball« Baker mit einem Cadillac V8 aufgestellt.

Der erste amerikanische Langstreckenfahrer, nach dem eine Reihe von Fahrten benannt wurde, die auch heute noch bekannt sind, war Charles Jasper Glidden (1857–1927), Besitzer einer Telephongesellschaft in Boston, dem zeitweise sogar ein Sechstel der Telephongesellschaft Bell gehörte. Nachdem er sich im Alter von 43 Jahren als reicher Mann aus dem Geschäftsleben zurückgezogen hatte, suchte er nach einer Beschäftigung für den Rest seines Lebens und entschloß sich, die Welt mit dem Automobil zu bereisen. Er begann 1901 mit einem britischen Napier und legte in den nächsten acht Jahren 75.000 Kilometer in 39 Ländern zurück. Wo die Straßen nicht ausreichten, ließ er Eisenbahnräder an seinem Napier aufziehen und fuhr als regulärer Zug mit Flagge und Pfeife auf den Schienen.

1904 veranstaltete Glidden eine Zuverlässigkeitsfahrt von New York nach St. Louis, im Jahr darauf organisierte er die erste Glidden Tour über 1.400 Kilometer von New York nach Bretton Woods in New Hampshire und zurück. Das Teilnehmerfeld umfaßte so bekannte Persönlichkeiten wie Ransom Olds mit einem Reo, Percy Pierce mit einem Pierce Great Arrow und Walter White mit einem seiner Dampfmobile. Insgesamt fanden die Teilnehmer überall eine gute Aufnahme. In Manchester, New Hampshire, stießen sie jedoch wegen ihrer Geschwindigkeit auf Kritik. Dort hieß es in einer Zeitung: »Von Concord nach hier, 29 km, in vierzig Minuten. Haben die überhaupt das Recht, so etwas zu tun?«

Einer, der eindeutig meinte, ein solches Recht bestehe nicht, war ein Richter aus Worcester in Massachusetts, der sagte: »Wenn diese Leute Rennen fahren wollen, sollen sie das woanders tun. Wer nach Massachusetts kommt, hat sich zu benehmen und die Gesetze zu achten.« Ungeachtet der Tatsache, daß es sich gar nicht um ein Rennen handelte, belegte er sechs Fahrer mit einer Geldstrafe von je 15 Dollar.

Bis 1913 fand jedes Jahr eine Glidden Tour statt; die längste führte 1909 über eine Strecke von 4.240 Kilometer. Nach dem 2. Weltkrieg wurde die Tradition wieder aufgenommen, um etwas für die wachsende Zahl der Fans alter Automobile zu tun, die ihre Fahrzeuge mal etwas bewegen wollen.

Es gab zahllose weitere Fahrten und Rekordversuche, von denen hier nur noch das Rennen New York – Paris erwähnt werden soll, das 1908 gemeinsam von den Zeitungen *The New York Times* und *Le Matin* veranstaltet wurde. Sechs Fahrzeuge machten sich am 12. Februar vom Times Square in New York aus auf den Weg. Sie durchquerten den amerikanischen Kontinent bis nach Francisco, von wo aus es mit dem Schiff nach Alaska und dann wieder nach Japan und zum russischen Hafen Wladiwostok ging. Von dort aus führte der Weg dann über Land nach Paris, eine Gesamtstrecke von 21.470 Kilometern. Sieger in 169 Tagen wurde George Schuster mit einem in Buffalo gebauten Thomas Flyer. Der Zweitplazierte mit einem deutschen Protos traf erst 16 Tage später in Paris ein. Alle Teilnehmer waren sich einig, daß die winterlichen Straßen im Norden des Bundesstaates New York schlimmer gewesen seien als alles, was sie in Sibirien und Osteuropa angetroffen hatten. In manchen Bundesstaaten im Westen der USA waren sie sogar auf Eisenbahnschienen gefahren, aber nicht mit Eisenbahnrädern wie Glidden, sondern über die Schwellen, weil das immer noch besser gewesen war als die fast nicht vorhandenen Straßen. Infolge des Sieges schnellten die Verkaufszahlen von Thomas-Fahrzeugen um 27 Prozent empor, Schuster (der 1972 im Alter von 99 Jahren starb) wurde eine nationale Berühmtheit. Sein Fahrzeug ist heute eines der wertvollsten Ausstellungsstücke in der Sammlung Harrah in Reno.

▲ Der in Italien gebaute Züst beim Rennen New York – Paris trifft in Chicago ein. Fahrer ist der Dichter/Journalist Antonio Scarfoglio. Die Fahrzeuge verließen New York am 12. Februar 1908, der Sieger traf am 30. Juli in Paris ein.

Motor Vehicle Manufacturers' Association

◄ ► Diese drei Aufnahmen zeigen den fürchterlichen Straßenzustand, der in den Anfangsjahren des 20. Jahrhunderts überall in den Vereinigten Staaten anzutreffen war. Straßen wie diese bedeuteten eine zusätzliche Belastung für die Fahrer, deren Fahrzeuge häufig ins Kochen gerieten oder Getriebebruch erlitten. Aber mit diesen Zuständen kämen die heutigen Autos auch nicht besser zurecht, es sei denn, sie haben Allradantrieb.

Motor Vehicle Manufacturers' Association

◀ **Dieser Premier Touring fungierte vor der Glidden Tour 1908 als Pfadfinder. Hier ist er in Johnstown in Pennsylvania zu sehen, wo die Einwohner versuchen, ihre Straßen für die Tour herzurichten.**

Motor Vehicle Manufacturers' Association

1930er Ford Modell A Coupé de Luxe ▼

Besitzer: Jim Ransom

KAPITEL VIER

DER GROSSE BOOM

1920 – 1929

“You can’t ride to town in a bathtub.”
Indiana farmer’s wife, 1925

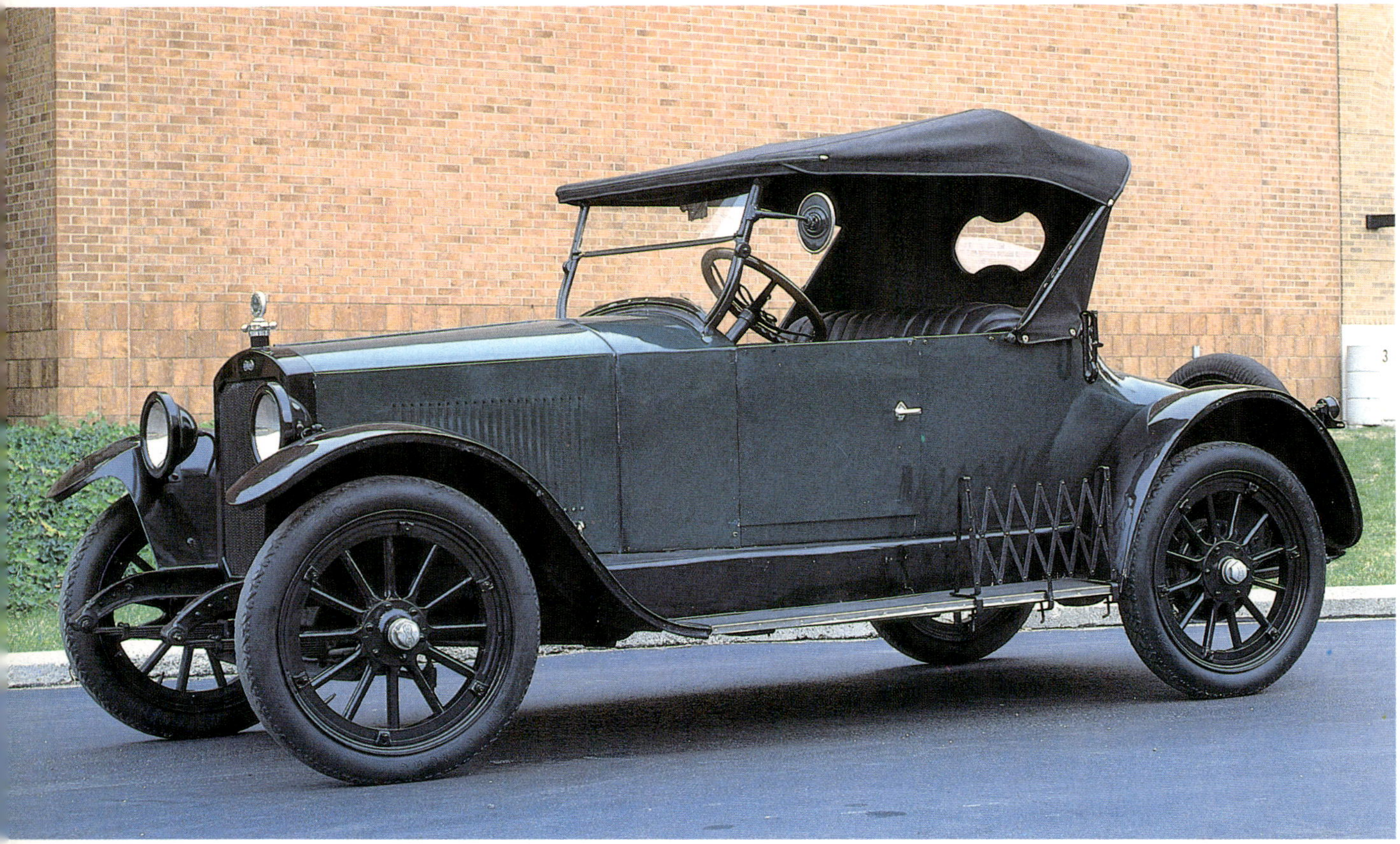

1920er Cleveland Roadster ◀ ▲

Der von 1919 bis 1926 produzierte Cleveland war der kleinere Markengefährte des Chandler. Er wurde in einem eigenen Werk gebaut und kostete 500 Dollar weniger. Dieser Roadster war 1920 eine von vier Karosserieversionen und hatte einen Sechszylindermotor mit konventionellem L-Kopf. Die Preise lagen zwischen 1.385 Dollar für den Roadster und den Tourenwagen und 2.195 Dollar für das viersitzige Coupé und die fünfsitzige Limousine.

Besitzer: Crawford Collection of the Western Historical Society

1916 wurde in der amerikanischen Pkw-Produktion zum ersten Mal die Millionengrenze überschritten. 1917 stieg die Zahl noch etwas weiter an und erreichte nach einem Rückgang durch den Krieg 1920 schließlich fast zwei Millionen (1.905.560). Der Markt schien keine Grenzen zu kennen, denn bereits 1929 wurde die Rekordmarke von 4.455.178 verkauften Autos erreicht. Im Laufe dieser neun Jahre stieg die Zahl der Anmeldungen von 8.132.000 auf 23.121.000 Fahrzeuge. Kein anderes Jahrzehnt hat einen derartigen Anstieg zu verzeichnen gehabt und wird es wohl auch in Zukunft nicht haben. In den zwanziger und dreißiger Jahren wurde das Auto vom Vergnügen einer – wenn auch beträchtlichen – Minderheit zum Besitz der Mehrheit aller Amerikaner. 1930 kam ein Auto auf 1,3 Haushalte, während es 20 Jahre zuvor noch ein Auto auf 44 Haushalte gewesen war.

Das phänomenale Wachstum ging teilweise auf den höheren Lebensstandard, teilweise aber auch auf den hohen Wert zurück, den die Amerikaner dem Besitz eines Autos zumaßen. Dazu waren sie durchaus bereit, bei anderen Anschaffungen wie etwa Kleidung zurückzustecken. 1923 berichtete die *Chicago Evening Post,* der Einzelhandel mache das Automobil für die nachlassende Konjunktur in der Bekleidungsindustrie verantwortlich. »Wir würden eher auf Kleidung verzichten, als den Wagen aufgeben,« sagte eine Mutter von neun Kindern, und eine andere Frau meinte: »Solange wir für das Auto bezahlen müssen, leisten wir uns eben keine modische Kleidung.« 1925 ergab eine Studie in Muncie, Indiana, daß in 21 von 26 Haushalten, die über ein Auto verfügten, keine Badewanne mit fließendem Wasser vorhanden war. Auf die Frage, warum sie das Auto einer zeitgemäßen Sanitärinstallation vorziehe, antwortete die Frau eines Farmers: »Mit einer Badewanne kann man nicht in die Stadt fahren.«

KAMPF UM DIE PLÄTZE

Die Hersteller, die sich dieser überschäumenden Nachfrage annahmen, waren im wesentlichen noch die gleichen wie in den vorhergehenden zehn Jahren: Ford an der Spitze, gefolgt von Chevrolet, Willys-Overland, Dodge und Buick. Dazu kamen für einen gewissen Zeitraum der Durant und der Star von Billy Durant und der niedrigpreisige Essex von Hudson aus dem Jahre 1919. Außerdem gab es zahlreiche kleinere Hersteller, die sich aber nicht in der unteren Preisklasse betätigten.

Ford spielte in der ersten Hälfte der zwanziger Jahre die dominierende Rolle und verkaufte zwischen 1922 und 1926 viermal so viele Fahrzeuge wie sein nächster Konkurrent Chevrolet. Der Verkauf lief so problemlos, daß Ford zwischen 1917 und 1923 sich nicht einmal die Mühe machte, landesweit zu werben. Die Preise erreichten ihren tiefsten Stand 1923, als ein zweisitziger Roadster 260 Dollar und ein fünfsitziger Tourenwagen 290 Dollar kosteten. Das nächste, was Chevrolet in dieser Hinsicht bieten konnte, waren 490 bzw. 495 Dollar.

1930er Ford Model A Coupé de Luxe ▼
Mit dem Modell A machte Ford den Schritt vom Freund der Farmer zum Mitglied der feinen Gesellschaft. Filmstars und Politiker favorisierten den Ford A, der technisch eigentlich nicht besonders bemerkenswert war, in einer Art und Weise, die dem Ford T nie zuteil geworden war. Die Modelle von 1930 besaßen größere Reifen auf kleineren Rädern, so daß sie deutlich niedriger wirkten. Dieses Coupé in Luxusausführung kostete mit 550 Dollar 50 Dollar mehr als die Standardausführung.
Besitzer: Jim Ransom

1926 verkaufte Ford zwar immer noch mehr Autos als Chevrolet, doch der Abstand wurde kleiner, der Ford T verkaufte sich größtenteils nur noch wegen seines niedrigen Preises. Bei wachsendem Wohlstand und steigenden Erwartungen reichte das aber nicht aus. 1925 kamen Speichenräder und Ballonreifen ins Angebot und 1926 eine Palette von Farblackierungen, doch das änderte nichts daran, daß der T einen Nachfolger brauchte. Das war allen Beteiligten klar – außer Henry Ford, der in seiner schlichten Art meinte, ein Auto sei einzig und allein ein Mittel, um von einem Ort zum anderen zu gelangen. Für die sinkenden Verkaufszahlen machte er die Trägheit der Händler verantwortlich, die er teilweise so verärgerte, daß sie zu General Motors wechselten. Ernest Kanzler, Schwager seines Sohnes und Vizepräsident des Unternehmens, plädierte für einen Sechszylinder als T-Nachfolger, aber Ford hatte nach dem Fehlschlag mit dem K-Modell kein Vertrauen in Sechszylinder. Er dachte an einen Wagen mit V8-Motor, der aber eine zu radikale Abkehr von der bisherigen Politik bedeutet hätte und zu schwer geworden wäre. Daher wurde nach dem Ausscheiden Kanzlers im August 1926 die Arbeit an einem Wagen mit konventionellem Vierzylindermotor fortgesetzt.

Der letzte Ford T verließ das Werk Highland Park offiziell am 27. Mai 1927; die Produktion ging aber noch den ganzen Juni hindurch weiter. Motoren für das T-Modell wurden noch viel länger gebaut. Noch im August 1941 konnte man einen neuen T-Motor kaufen. Heute wird die Produktion eines Modells in der Regel erst eingestellt, wenn der Nachfolger schon längst gebaut wird, aber das war nicht Henry Fords Art: Der T-Nachfolger Ford A kam erst im Dezember 1927. In der Zwischenzeit verloren allein in Detroit 60.000 Menschen ihre Arbeit; landesweit wurden 23 Montagewerke geschlossen, die Händler mußten versuchen, mit dem Verkauf von Ersatzteilen zu überleben.

Es zeugt vom Vertrauen der Öffentlichkeit in den Namen Ford, daß so viele Leute auf den Kauf eines neuen Autos verzichteten, bis sie wußten, wie das neue Modell beschaffen war, und daß so viele Händler Ford sechs Monate lang treu blieben, obwohl sie keine Neuwagen verkaufen konnten. Der Ford A wurde am 2. Dezember 1927 in Detroit, New York und anderen Städten unter einer Anteilnahme vorgestellt, wie sie noch kein anderes neues Modell erlebt hatte. In New York versammelten sich die Menschen bereits um drei Uhr morgens vor dem Ausstellungsraum am Broadway, in Cleveland mußte berittene Polizei aufgeboten werden, um der Menschenmassen Herr zu werden. Zeitungen in Dallas schrieben vom größten Ereignis seit der Unterzeichnung des Waffenstillstands. In weniger als einer Woche hatten sich 25 Millionen Menschen den Ford A angesehen, zu Weihnachten war bereits eine halbe Million fester Bestellungen eingegangen, obwohl es praktisch keine Fahrzeuge für Probefahrten gab. Die neuen Wagen waren so knapp, daß sie im Lande herumgefahren werden mußten, um in den einzelnen Städten wenigstens ein paar Stunden lang ausgestellt zu werden.

Das Auto, das aller Aufmerksamkeit erregte, war eigentlich nicht besonders bemerkenswert. Es hatte einen Vierzylindermotor mit L-Kopf, dessen Hubraum mit 3284 cm³ etwas größer war als beim Ford T mit 2894 cm³; dafür

1931er Ford Model A Convertible Sedan ▶
Mit diesem Aufbau, der in nur 4.864 Einheiten gefertigt wurde, war der Ford A erstmals 1931 erhältlich. Geringere Stückzahlen wiesen nur das Taxi (4.850) und der Stadtwagen (1.065) auf. Mit einem Preis von 640 Dollar war dieses Modell das teuerste des Modelljahres 1931
Besitzer: Gilmore Car Museum, Kalamazoo, Michigan

▲ Schon zu Anfang der zwanziger Jahre beherrschte das Automobil die Straßen der Großstädte. Diese Aufnahme wurde in der 42. Straße in New York gemacht, rechts der Bryant Park. Geschlossene Fahrzeuge sind hier in der Überzahl, bildeten landesweit aber die Minderheit. Die wenigen Pferdewagen dienen sämtlich als Lastwagen; im Transportwesen spielte das Pferd noch eine Rolle, als es als privates Transportmittel ausgedient hatte.
Motor Vehicle Manufacturers' Association

Das erste Verkehrsregelungslicht in Amerika – und wahrscheinlich auf der ganzen Welt – tauchte am 5. August 1914 in Cleveland auf. Die erste Verkehrsampel mit rot, gelb und grün war 1918 in New York zu sehen.

▲ Eine recht komplexe Anlage aus den frühen zwanziger Jahren: Der Polizist gibt von erhöhter Stelle aus Anweisungen an die Fußgänger.

▶ Detroits erstes elektrisches Stopplicht aus dem Jahre 1914

Motor Vehicle Manufacturers' Association

▼ 1923 nahm Ford die landesweite Werbung wieder auf. Diese Anzeige für den Ford T Tudor erschien 1926. Zu diesem Zeitpunkt gab es wieder verschiedene Farblackierungen, nämlich Highland, Moleskin und Dunkelgrün, Kastanienbraun und Rehbraun sowie Grau für die geschlossenen Modelle. Schwarz, lange die einzige Farbe für den Ford T, stand ab 1927 nur noch als Sonderfarbe für den Pickup zur Verfügung.

Sammlung Mirco de Cet

THE SATURDAY EVENING POST

Ford

TUDOR
$520
F.O.B. DETROIT

"The Torque Tube Drive"—An Original Ford Idea

One of the notable features of Ford car design since 1903 is the torque tube drive, a method of applying and controlling the driving and braking forces which has definitely and conclusively established its superiority.

This is accomplished simply and effectively by means of a single torque tube surrounding the driving shaft. Not only are the torque reactions taken up, but the driving thrust is carried to a point well forward on the chassis—giving the most effieient application of the car's motive power. Moreover, this driving thrust is carried on a line almost parallel with the ground, relieving the car from vertical thrusts.

With this construction, two diagonally attached radius rods are used, assuring alignment of the rear axle and leaving the springs free to act solely as flexible supports for the load.

FORD MOTOR COMPANY, *Detroit, Michigan*

TOURING ... COUPE ... TUDOR SEDAN ... FORDOR SEDAN ...

war die Leistung aber von 20 auf 40 PS gestiegen. Das Gewicht lag um 20-25 Prozent höher als bei den entsprechenden T-Modellen, doch die zusätzliche Leistung sorgte für eine Höchstgeschwindigkeit von 105 km/h, mehr als bei vielen teureren Fahrzeugen. Henry Ford war eigentlich gegen ein konventionelles Schubgetriebe gewesen, größtenteils, weil er nicht als Nachahmer gelten wollte. Doch er konnte sich den Wünschen seines Sohnes Edsel und anderer nicht entziehen, so daß der Ford A ein Dreiganggetriebe nach dem Muster des luxuriösen Lincoln bekam, der bei Ford gebaut wurde. Ebenfalls vom Lincoln stammten die hydraulischen Stoßdämpfer. Das Sicherheitsglas der Windschutzscheibe war eine Neuheit bei niedrigpreisigen Autos. Die Aufhängung mit querliegenden Blattfedern war unverändert vom T übernommen worden;

1924er Chevrolet ▲▼

Die Chevrolets des Jahres 1924 liefen unter der Bezeichnung Superior F in sechs Ausführungen mit jeweils dem gleichen Radstand von 2.616 mm vom Band. Besser ausgestattet als das Konkurrenzmodell Ford T, besaß der Chevrolet in der Standardausführung einen elektrischen Anlasser, ein Amperemeter und ein elektrisches Horn. Die geschlossenen Modelle waren mit Scheibenwischer ausgestattet.

Besitzer: Dick Travers

konventionelle Längsfedern gab es bei Ford übrigens erstmals 1948.

Vom Design her hatte der Ford A eine gewisse Ähnlichkeit mit dem Lincoln; durch seinen kurzen Radstand konnte er aber nicht wirklich elegant wirken. An Aufbauten gab es die vom Ford T bekannten und zusätzlich ein Taxi und einen Lieferwagen. Die Preise reichten von 460 Dollar für das viersitzige Touringmodell, jetzt Phaeton genannt, bis zu 600 Dollar für das Taxi. Für 1929 wurde die Modellpalette von neun auf 18 erweitert, darunter neue Aufbauten von Briggs, Murphy und Ford selbst sowie als neue Varianten ein Kombi für 650 Dollar und ein »Town Car«* für 1.200 Dollar. Letzterer war ein ziemlicher Fehlschlag, obwohl nach der Depression teure Town Cars auf Ford-Chassis kurzfristig in Mode kamen. Der Kombi jedoch war etwas anderes; diesen Aufbau hatte es auch beim Ford T gegeben, oft als Ersatz für den Originalaufbau auf dem ursprünglichen Fahrwerk. Beim Ford A von 1929 wurde er aber zum ersten Mal direkt ab Werk so angeboten. Der Kombi brauchte einige Zeit, um eine Marktnische zu finden; 1929 waren von 1.310.147 Ford A 4.954 Kombis, eine Zahl, die in späteren Jahren aufgrund der Depression noch weiter absank (insgesamt 11.317 in vier Jahren). Aber der Kombi machte sich besser als der Town Car, der im gleichen Zeitraum nur auf 1.065 Einheiten kam, und wurde zum Vorfahren zahlloser anderer Kombis nicht nur von Ford, sondern von fast allen anderen US-Herstellern.

Ford-Biograph Robert Lacey hätte es nicht besser ausdrücken können, als er schrieb, Ford habe mit der Vorstellung des A-Modells den Schritt vom Freund der Farmer zum Mitglied der feinen Gesellschaft vollzogen. Verschwunden waren die zahllosen Spötteleien über die Thin Lizzie. Allein die Tatsache, daß der Ford A in den ersten Jahren so knapp war, machte ihn begehrt. Mit einem Ford T hatten sich nur wenige Berühmtheiten photographieren lassen, mit dem Ford A war das anders. Douglas Fairbanks schenkte Mary Pickford zu Weihnachten ein Ford A Coupé, beide zeigten sich gern damit in der Öffentlichkeit. Weitere Hollywood-Persönlichkeiten, die den Ford A kauften, waren Cecil B. de Mille, Lon Chaney, Wallace Beery und Louis B. Mayer. In Washington wollte Senator James Couzens der erste sein, der einen Ford A in der Hauptstadt besaß. Der spätere Präsident Franklin D. Roosevelt bekannte öffentlich seinen Stolz darauf, einen Ford A zu fahren, jenseits des Atlantiks übernahm Prinz Nikolaus von Rumänien den ersten Ford A in seinem Land.

Die Produktion des Ford A lief im Winter 1931/32 aus. Nachdem Henry Ford die unbegrenzte Einstellung der Produktion im August 1931 angekündigt hatte, wurde der letzte Ford A im April 1932 ausgeliefert. Die Gesamtproduktion belief sich auf 3.837.503 Einheiten, von denen es heute

* Auto mit Klappverdeck nur über den hinteren Sitzen

noch etwa 900.000 gibt. Nach außenhin könnte man meinen, der Ford A sein ein Erfolgsmodell gewesen, doch die Bilanzen sagten etwas anderes. Das lag nicht an dem Wagen, sondern an der katastrophalen und unnötigen Einstellung der Produktion 1927, die im Jahresverlauf einen Verlust von 30 Millionen Dollar auflaufen ließ. Unnötig war diese Einstellung vor allem deshalb, weil der Ford A im riesigen neuen Werk River Rouge gebaut wurde, während der Ford T in Highland Park entstand. Eine gleichzeitige Produktion wäre also ohne weiteres möglich gewesen. 1928 beliefen sich die Verluste auf 250 Millionen Dollar. Die Fertigungsbänder liefen so langsam, daß Ford an jedem Fahrzeug 300 Dollar verlor. Im gleichen Zeitraum machten General Motors und Chrysler Rekordgewinne, überwiegend aufgrund der Tatsache, daß Führungsaufgaben dort delegiert wurden und nicht allein in den Händen eines willensstarken 65jährigen lagen. Durch die Produktionsumstellung verlor Ford 1927 die Führung an Chevrolet und lag auch 1928 noch 254.000 Einheiten zurück. Das Unternehmen konnte zwar 1929 und 1930 noch einmal die Spitzenposition erobern, belegte dann aber bis heute fast in jedem Jahr die zweite Stelle hinter Chevrolet.

Für Chevrolet begannen die zwanziger Jahre nach Billy Durant plötzlichem Abschied von General Motors schlecht. Während Ford seine Verkäufe 1921 auf nahezu eine Million verdoppelte, sanken sie bei Chevrolet um die Hälfte auf knapp unter 62.000 ab. Alfred P. Sloan (1875–1966), bei Ende des Durant-Regimes geschäftsführender Vizepräsident und ab 1923 Präsident von General Motors, erkannte schnell, daß Chevrolet niemals direkt mit Ford konkurrieren konnte. Seine Strategie bestand darin, sich im oberen Bereich des Ford-Marktes ein Stück vom Kuchen abzuschneiden und all diejenigen zu versorgen, die in ein etwas eleganteres und besser ausgestattetes Auto als den Ford T umsteigen wollten. Hätte Ford nicht so gut verkauft, könnte man sagen, es sei ein Schwachpunkt Henry Fords gewesen, daß er seinen Kunden kein Aufsteigermodell anbot. Dieser Fehler wurde erst 1939 mit dem auf Edsel Ford zurückgehenden Mercury behoben. Sloan hingegen hielt natürlich eine ganze Palette von Autos bereit, deren Preise sorgfältig auf bestimmte Marktsegmente zugeschnitten waren: Oberhalb von Chevrolet kam Oakland, dann Oldsmobile und Buick und schließlich Cadillac.

Der billige Chevrolet des Jahres 1922 war immer noch der 490 mit Preisen zwischen 510 Dollar für den zweisitzigen Roadster und 875 Dollar für die viertürige Limousine. Vergleichbare Wagen von Ford kosteten zwischen 269 und 725 Dollar. Für 1923 wurde der 490 in Superior umbenannt und technisch verbessert. Daneben gab es ein kurzlebiges Modell mit der Bezeichnung Copper-Cooled Chevrolet.

Chevrolet-Anzeige von 1928 ◄
Die Chevrolets des Jahres 1928 hatten einen um 10 cm längeren Radstand. Die wichtigste Neuerung an den unter der Bezeichnung National AB verkauften Fahrzeugen, die hier in der Anzeige auch deutlich herausgestellt wird, ist die Allradbremse. Chevrolet besaß 1928 neun Werke in den USA und eins in Kanada, die zusammen 1.193.212 Fahrzeuge produzierten.
Sammlung Mirco de Cet

Dieses hatte einen 2,2-Liter-Motor mit quadratischen Abmessungen (89x89 mm), der über Kupferrippen gekühlt wurde (daher der Name). Der Copper-Cooled hatte den gleichen Radstand wie der Superior und größtenteils die gleichen Aufbauten, war außerdem aber auch als zweitürige Limousine erhältlich. Der Motor sollte einfacher und billiger herzustellen sein als der des Superior, was sich im Preis des Wagens aber nicht niederschlug, denn der kostete 200 Dollar mehr. Das Hauptproblem lag in der Frühzündung, die mit steigender Temperatur immer schlimmer wurde, und dem Kühlerventilator, der es nicht schaffte, den Motor gleichmäßig zu kühlen. Man kann den Motor getrost als Fehlschlag bezeichnen; von den 739 gebauten Fahrzeugen wurden 239 noch vor Verlassen des Werks verschrottet, 300 gingen an Händler, und nur 100 wurden letztendlich verkauft. Im Sommer 1923 rief Chevrolet sie sämtlich zurück. Ein Käufer aus Boston verweigerte allerdings die Rückgabe, und genau dieses Fahrzeug ist heute noch erhalten, zusammen mit einem weiteren, das Henry Ford gekauft hatte, um zu sehen, ob es etwas gab, was er kopieren konnte. Das war aber nicht der Fall.

Der Superior K des Jahres 1925 zeigte viele Verbesserungen, darunter eine stärkere Kurbelwelle, innenliegende, automatisch geschmierte Kipphebel, Trockenscheibenkupplung, einen steiferen Rahmen und, was am wichtigsten war, eine neue Banjo-Hinterachse, die das Chevrolet-typische Summgeräusch verschwinden ließ. Der Chevrolet war das erste Auto im unteren Preisbereich, das den schnelltrocknenden Duco-Lack bekam. Anders als bei Ford, wo man nach wie vor jede Farbe bekommen konnte, solange es sich um schwarz handelte, kam schwarz in der Chevrolet-Farbpalette gar nicht vor.

Abgesehen davon, daß sie 1927 die Bezeichnung Capitol und 1928 den Namen National bekamen, wurden die Chevrolet-Vierzylinder fast ohne Änderungen bis einschließlich 1928 gebaut; in diesem Jahr erhielten sie dann eine Allradbremsanlage und 10 cm mehr Radstand. Chef bei Chevrolet war in diesen Jahren des Wiederaufschwungs William S. Knudsen, der vormals eine leitende Position bei Ford bekleidet hatte. Abgesehen von den Verbesserungen und der Tatsache, daß der Ford T veraltet war, bestand die wertvollste Waffe von General Motors in einem flexiblen Ratenzahlungsprogramm mit niedrigen Zinsen. Henry Ford verkaufte nicht auf Kredit, weil er meinte, das schade der überkommenen Sparsamkeit, auf der Amerika erbaut worden sei. Aber so klug Fords Grundsätze im Rückblick auch gewesen sein mögen, sie gerieten zunehmend in Widerspruch zu den Geschäftspraktiken der zwanziger Jahre. Alfred Sloan hatte zwar möglicherweise nie etwas von »eingebautem Veralten« gehört, war aber der Meinung, jedes neue Modell müsse für ein gewisses Maß an Unzufriedenheit mit dem vorhergehenden sorgen. Für Ford hingegen erschien es lächerlich, daß jemand ein Modell von 1923 abstoßen sollte, weil es nicht wie eines von 1924 aussah: »Wir wollen, daß der Mann, der eines unserer Produkte kauft, nie wieder ein anderes kaufen muß.« Angesichts der Tatsache, daß seine Werke 1,8 Millionen Fahrzeuge im Jahr produzierten, von denen viele als Ersatz für einen älteren Ford gekauft worden sein müssen, war die Einstellung doch wohl ziemlich naiv.

Chevrolet übertrumpfte Ford 1927 mit 1.749.998 zu 356.188 Fahrzeugen recht deutlich und hatte auch 1928 die Nase vorn, als die Produktion des Ford A lief. Als Maßnahme gegen den Ford A brachte Chevrolet für das 28er

1926er Chevrolet Superior V Landau Coupé ▲

Der Chevrolet des Jahres 1926 hatte sich gegenüber dem Vorjahr nur wenig verändert; zu erkennen war er an der Stange zwischen den Scheinwerfern. Stoßstange und Ersatzreifen waren als Sonderzubehör erhältlich. Die Scheibenräder der Standardausführung konnten gegen Aufpreis gegen Räder mit Holzspeichen ausgetauscht werden.

Besitzer: Dan und Carol Hansen

Modell mit 2717 mm Radstand einen nagelneuen Sechszylindermotor heraus. Er hatte hängende Ventile wie die Vierzylinder und holte aus 3194 cm³ Hubraum bei 2.400/min 46 PS. Die Kolben bestanden aus Gußeisen, daher kam der Spitzname »gußeisernes Wunder«; eine andere Bezeichnung lautete »Herdschrauben-Sechser« nach den Schlitzschrauben des Zylinderkopfes, die den Rohrbefestigungsschrauben an Küchenherden ähnelten.

Chevrolet warb für den Wagen mit dem etwas übertriebenen Slogan »Ein Sechszylinder für den Preis eines Vierzylinders«. Das hing natürlich davon ab, welchen Vierzylinder man zum Vergleich heranzog. Das vorhergehende Chevrolet-Modell und der Ford A waren etwas billiger, während der neue Plymouth-Vierzylinder zwischen 20 und 100 Dollar mehr kostete. Der Chevrolet-Vierzylinder von 1928 war unter der Bezeichnung National gelaufen, also bekam der Sechszylinder von 1929 den Namen International, möglicherweise auch in Hinsicht auf sein Design, das dem LaSalle von Harley Earl nachempfunden war, der sich wiederum an den französischen Hispano-Suiza ausrichtete. Die 30er Modelle hießen dann Universal, die 31er Independence und die 32er Confederate. Anschließend kam bis 1942 die Bezeichnung Master.

Die Independence-Reihe von 1931 hatte ein leicht verbessertes Styling und 5 cm mehr Radstand; damit sah sie besser aus als jedes bisherige Chevrolet-Modell und definitiv teurer als der Ford A, was sie aber gar nicht war. Der Roadster kostete 475 Dollar und lag damit unter sämtlichen Vierzylindern, selbst der luxuriös aussehende fünfsitzige Landau Phaeton kam nur auf 650 Dollar. 1932 nahm Chevrolet die Preise noch weiter zurück und kam damit Ford schon sehr nahe, doch dieser brachte in diesem Jahr seinen V8-Motor heraus, der ihm einen beträchtlichen Leistungsvorsprung vor Chevrolet verschaffte. Das reichte jedoch nicht, um Ford wieder an die Spitze zu bringen. Dort hielt sich auf dem Höhepunkt der Depression mit weniger als einem Viertel der Verkaufszahlen des Jahres 1929 immer noch Chevrolet mit 306.716 im Vergleich zu Fords 232.125 verkauften Fahrzeugen.

1928 kam als dritter Wettbewerber im unteren Preisbereich der Plymouth von Walter Chrysler hinzu, dessen Ursprünge sich auf den Vierzylinder von Maxwell zurückverfolgen ließen, der 1926 mit neuem Styling als Chrysler 58 herausgekommen war. Zwei Jahre später wurde er mit einem Design, das dem der Chrysler-Sechszylinder angeglichen war, unter der Bezeichnung Plymouth herausgebracht. Plymouth hieß auch ein bei Farmern beliebter Bindfaden, und da diese Farmer für jeden Wagen im unteren Preisbereich eine wichtige Käuferschicht darstellten, war Walter Chrysler auf diese Bezeichnung verfallen. Seine Werbeabteilung stellte allerdings auch die Verbindung zu Plymouth Rock und den Pilgervätern her. Der Name, so hieß es dort, stehe für »die Ausdauer und Kraft, die robuste Ehrenhaftigkeit und Unternehmungslust, den Willen zur Leistung und das Überwinden alter Einschränkungen, durch die sich die ersten amerikanischen Siedler auszeichneten.« Die Händler mußten sich als Pilgerväter verkleiden, und der Wagen wurde als Amerikas billigstes normalgroßes Auto angepriesen, womit wohl unterschwellig gesagt werden sollte, daß Ford und Chevrolet in die Kompaktklasse gehörten.

Der Plymouth hatte seinen Konkurrenten einiges voraus, darunter eine hydraulische Allradbremsanlage, Motordruckschmierung und Leichtmetallkolben. Die Preise lagen mit 655–745 Dollar gar nicht viel höher als bei Ford und Chevrolet. Zum Ende des ersten Modelljahres (4. Februar 1929) wurde die ermutigende Zahl von 66.097 Einheiten verkauft.

Um die Nachfrage decken zu können, baute Chrysler im Winter 1928/29 an der Lynch Road in Detroit ein neues Werk. Dabei wurden schon Fahrzeuge montiert, während das Gebäude noch in die Höhe wuchs. Eine Dampflokomotive auf einem nahegelegenen Abstellgleis sorgte für Heizung, während zwei Bautrupps von der Mitte aus nach außen und je ein Bautrupp von den beiden Enden aus zur Mitte hin arbeiteten. Der Bau dauerte nur drei Monate. 1931 produzierte Plymouth 106.259 Fahrzeuge und verdrängte damit Buick vom dritten Platz, den das Unternehmen bis Mitte der fünfziger Jahre hielt. Ein wichtiger Faktor für den Aufstieg der Marke war das Händlernetz, das Walter Chrysler sofort nach dem Kauf von Dodge 1928 schnell ausgebaut hatte. Das Netz der Händler, die seine teureren Chrysler-Modelle verkauften, hätte für den billigeren Plymouth nicht ausgereicht. Und außerdem gehörte seit Mitte 1928 ja noch eine weitere Marke zu seinem Imperium, nämlich der Sechszylinder-De Soto in der unteren bis mittleren Preisklasse.

Plymouth ging im Modelljahr 1933 zum Sechszylinder über, der in seiner ursprünglichen Version PC aber nicht ankam, zumal er nicht größer aussah als der Vierzylinder, dessen Nachfolger er war. Bei Ford hingegen verkaufte sich der V8, der äußerlich mit dem Vierzylindermodell Ford B identisch war, besser als dieser. Nachdem der Plymouth aber einen um 125 mm längeren Radstand bekommen hatte und äußerlich aufgewertet worden war, stiegen die Verkaufszahlen. Der Motor mit 3112 cm³ Hubraum und L-Kopf wurde im Laufe der Jahre größer, war in seiner Grundform aber noch 1959 im Plymouth und bis in die sechziger Jahre in Lastwagen von Dodge zu finden.

Ein weiteres neues Fahrzeug von Anfang der zwanziger Jahre, das einen beträchtlichen Beitrag zum Anstieg der Produktionszahlen leistete, war der Essex, mit dem Hudson versuchte, die Vorherrschaft der großen Hersteller (Ford, General Motors und Dodge) im unteren Preisbereich zu brechen. Dazu gründete Hudson die Firma Essex Motors und mietete das ehemalige Studebaker-Werk in Detroit, wo im Februar 1918 die Produktion aufgenommen wurde. Durch den wachsenden Bedarf an Kriegsmaterial konnten in diesem Jahr jedoch nur 92 Fahrzeuge gebaut werden; doch schon 1919 kam Essex auf 21.879 Einheiten, über 3.500 mehr als das Mutterunternehmen Hudson.

Die Bezeichnung Essex wurde angeblich nach der englischen Grafschaft und des Anklangs an sechs Zylinder gewählt; in Wirklichkeit hatte er aber einen Vierzylindermotor mit F-Kopf (Einlaßventile im Zylinderkopf, Auslaßventile an der Seite), der mit 2948 cm³ Hubraum und 55 PS dem Wagen glänzende Leistungseigenschaften verlieh. Die Firma meldete ihn dann auch sofort für verschiedene Rekordversuche, bei denen er unter anderem einen Lang-

1925er Hudson Super Six Brougham ▲ ►
Hudson spielte in den zwanziger Jahren eine führende Rolle unter den Herstellern geschlossener Autos. Der beliebte Zweitürer mit vier Fenstern trat zum ersten Mal 1922 in Erscheinung. Zur Mitte des Modelljahres 1925 wurden die Säulen dünner, die A-Säule bekam unten eine Rundung wie bei dieser viertürigen Limousine, deren Karosserie Hudson bei Biddle & Smart fertigen ließ. Der Preis von 1.595 Dollar wurde im Oktober 1925 auf 1.450 Dollar gesenkt.

Besitzer: Christopher G. Foster

1928er Essex Super Six Coupé ▼ ▶
Die Hudson Motor Company erlebte 1929 ihr bestes Jahr mit über 300.00 ausgelieferten Fahrzeugen, davon 227.653 Essex. Dieses Coupé kostete 775 Dollar mit und 745 Dollar ohne Bedienstetensitz, an dessen Stelle sich dann ein kleiner Kofferraum befand.
Besitzer: Auburn-Cord-Duesenberg-Museum

streckenrekord von 3.037 Meilen in 50 Stunden aufstellte und auf verschneiten Landstraßen in Iowa in 24 Stunden auf 1.061 Meilen kam. 1920 durchquerten vier Essex-Touring den Kontinent, zwei von Ost nach West und zwei in entgegengesetzter Richtung. Der erste legte die Strecke nach New York in nur 4 Tagen, 14 Stunden und 43 Minuten zurück.

Den Essex gab es 1919 als zweisitzigen Roadster für 1.595 Dollar, fünfsitzigen Tourenwagen für 1.395 Dollar und fünfsitzige Limousine für 2.250 Dollar. Eine Sensation war 1922 eine zweitürige Limousine, die »Keksdose auf dem Floß«, zum Preis von 1.495 Dollar, der gleich zu Jahresbeginn auf 1.345 und ein paar Monate später erneut auf 1.245 Dollar gesenkt wurde. Der Wagen war beileibe keine Schönheit; er hatte den zweitürigen Limousinenaufbau mit fünf Sitzplätzen, der für den um 431 mm längeren Hudson konstruiert worden war. Trotzdem verfehlte er seinen Eindruck auf die Konkurrenz nicht. Alfred Sloan schrieb später einmal, die Vorstellung des Essex sei ein Ereignis gewesen, das »tiefgehenden Einfluß auf das Schicksal von Pontiac, Chevrolet und Ford T haben sollte.«

Zum Ende des Modelljahres 1924 machten geschlossene Modelle 90 Prozent der Hudson-Essex-Produktion aus. Ein Jahr später war die zweitürige Limousine mit verbesserten Proportionen zum Preis von 765 Dollar nicht teurer als das offene Touring-Modell und 1926 dann sogar 100 Dollar billiger. Zum Preis des Touring bekam man jetzt eine neue viertürige Limousine. Die Konkurrenz wie Chevrolet und Ford verlangte für ihre geschlossenen Fahrzeuge bis zu 200 Dollar mehr. Essex stand damit an vorderster Stelle in der Bewegung, die schließlich dazu führte, daß 1929 fast 90 Prozent aller in Amerika verkauften Autos geschlossen waren. Noch zehn Jahre zuvor waren es nur wenig mehr als zehn Prozent gewesen.

1925 ersetzte Essex den Vierzylinder mit F-Kopf durch einen kleineren Sechszylinder mit L-Kopf, der ruhiger lief, aber weniger Leistung brachte. Damit waren zwar keine Rekordfahrten mehr möglich, aber die Öffentlichkeit mochte den Sechszylinder und kaufte 1928 229.887 Einheiten, ein Rekordverkauf für Essex.

So bedeutend die geschlossenen Aufbauten von Essex und Hudson für die Produktion gewesen sein mögen, so konventionell waren sie in ihrer Bauweise mit Stahlblech auf einem Holzrahmen. Dodge hatte schon 1919 die weltweit erste viertürige Limousine mit Ganzstahlkarosserie von der Budd Manufacturing Company aus Philadelphia herausgebracht. In luxuriöser Ausstattung mit Sitzbezügen aus Samtmohair und Speichenrädern kostete sie zunächst 1.900 Dollar, 1927 aber nur noch 895 Dollar, ein Preis, den Dodge auch dann noch hielt, als der Wagen 1928 einen Sechszylindermotor bekam.

Ford baute 1923 die erste Limousine mit Ganzstahlkarosserie, während General Motors noch bis 1937 an der traditionellen Verbundbauweise festhielt; daran änderte auch das vielgepriesene »Turret Top« auf dem LaSalle des Jahres 1935 nicht, denn dabei handelte es sich nur um ein Stahldach auf einem Verbundrahmen.

Weitere Firmen, die sich in den zwanziger Jahren in der unteren Preisklasse betätigten, waren Willys-Overland und Durant. John North Willys lag 1918 an zweiter Stelle hinter Ford. 1919 kam es jedoch zu einem katastrophalen Streik, der möglicherweise hätte vermieden werden können, wenn Willys vor Ort in Toledo und nicht in New York gewesen wäre, um sein Haus für seine anderen Interessen herzurichten. Es sieht so aus, als ob die Gewerkschaften das Willys-Werk als Testfall für ihre Forderungen nach Zwangsmitgliedschaft der Arbeiter und Angestellten in einer Gewerkschaft, Lohnerhöhungen und Arbeitszeitverkürzung gewählt hatten. Das Werk war groß, aber nicht so groß wie die der Giganten in Detroit, wo es wohl nur ein tollkühner Gewerkschaftsführer gewagt hätte, Henry Ford herauszufordern. Willys' Vertreter Clarence Earl weigerte sich, mit den Gewerkschaften auch nur zu verhandeln, und als die Arbeiter im Frühjahr 1919 in den Streik gingen, holte er nicht organisierte Arbeitskräfte. Bei den darauf folgenden Unruhen wurden Hilfspolizisten aufgeboten mit dem Resultat, daß zwei Arbeiter erschossen und 70 weitere verletzt wurden. Der Bürgermeister von Toledo erklärte, die Stadt könne das Werk nicht schützen, worauf der Gouverneur das Gebiet unter Kriegsrecht stellte. Earl schloß das Werk; erst kurz vor Weihnachten konnte die Produktion wieder in vollem Umfang aufgenommen werden. Unter diesen Umständen ist es erstaunlich, daß die Firma in diesem Jahr noch 80.853 Fahrzeuge produzierte. Aber um die Finanzen war es schlecht bestellt. Willys stand mit 18 Millionen Dollar bei den Banken und mit 14 Millionen Dollar bei seinen Zulieferern in der Kreide.

Die Chase National Bank verlängerte ihren Kredit nur unter der Bedingung, daß Willys einen Manager einstellte. Dessen Wahl fiel auf Walter Chrysler, der völlig freie Hand und ein Jahresgehalt von einer Million Dollar forderte, ein Rekord für die damalige Zeit. Als eine seiner ersten Maßnahmen halbierte er anschließend Willys' Gehalt auf 75.000 Dollar, was diesen vermutlich dazu brachte, im April 1921 sein 200.000 Dollar teures Haus in Pasadena an Chrysler zu verkaufen. Als Chrysler das Unternehmen nach zwei Jahren verließ, hatte sich dessen Zustand um einiges gebessert. Neben seinem Rekordgehalt nahm er dabei die Zeichnungen für einen neuen Wagen mit Sechszylinder mit, der im Willys-Werk New Jersey gebaut werden sollte. Chrysler war so zuversichtlich, daß er im Januar 1921 in der Zeitschrift MoTor eine ganzseitige Anzeige schaltete, in der er die ersten Lieferungen seines neuen Chrysler-Sechszylinders für Juli desselben Jahres ankündigte. Aber das Werk schloß, bevor die Produktion beginnen konnte, und wurde an Durant verkauft. Da der Verkauf sich auch auf den Prototyp des Chrysler erstreckte, kam der angekündigte Chrysler-Sechszylinder schließlich als Flint auf den Markt. Chrysler begann daraufhin mit der Arbeit an einer modifizierten Version, die drei Jahre später erschien.

Die Hauptstütze der Produktion in Toledo war der Overland-Vierzylinder, der dem Ford T Konkurrenz machen sollte. Durch die Schwierigkeiten 1919 konnte man den Preis zunächst aber nicht unter 945 Dollar drücken, was natürlich für den Ford absolut keine Konkurrenz darstellte. Im Laufe der nächsten fünf Jahre ging er aber stetig herunter, bis der Overland 1924 als Touring und Roadster nur noch 495 Dollar kostete. Die Verkaufszahlen schnellten von 48.016 im Jahre 1921 auf 215.000 im Jahre 1925 empor. Im Herbst 1926 kam als Nachfolger für den Overland-Vierzylinder der Whippet, der oft als eigenständige Marke geführt wird. John Willys reiste oft nach Europa und wollte unbedingt einen kleinen europäischen Wagen bauen. Auf einer seiner Reisen kaufte er mehrere französische und britische Autos, die er von seinem Chefingenieur A.J. Baker testen und auseinandernehmen ließ. Sie waren für die Straßen auf dem amerikanischen Land untermotorisiert und zu schmal, fanden aber trotzdem in einigen Details Eingang in den Whippet, und zwar speziell in Hinsicht auf die Zylinderabmessungen mit kleiner Bohrung und langem Hub, weil dadurch auf einigen ausländischen Märkten wie etwa Großbritannien die Besteuerung geringer wurde. Der Kühler erinnerte an den Fiat 501, die Linienführung war gegenüber dem Overland stark verbessert. Weitere Verbesserungen fanden sich in der Druckschmierung, der Pumpenanstelle der Thermosiphonkühlung und der Allradbremsanlage.

Mit nur 2195 cm³ hatte der Whippet den kleinsten Motor aller amerikanischen Autos, brachte mit seinen 30 PS aber eine gute Leistung. Als Höchstgeschwindigkeit waren 88 km/h angegeben, aber der Wagen war deutlich schneller. Sein behendes Wesen verführte die Besitzer immer wieder zum Mißbrauch, denn der langhubige Motor nahm hohe Dauergeschwindigkeit übel. Der Ford A war langsamer, konnte aber den ganzen Tag lang mit Höchstgeschwindigkeit gefahren werden, was beim Whippet definitiv nicht der Fall war. Der Whippet lag mit 625 Dollar für die zweitürige Limousine im Preis niedriger als alle Konkurrenten außer Ford und kostete als Kabrio 1928 mit 545 Dollar genau fünf Dollar weniger als der entsprechende Ford A.

1925er Stearns-Knight 6-C Touring ◄▼
Die F.B. Stearns Company in Cleveland verwendete als erste Autofirma in Amerika den Schiebermotor von Knight, ausschließlich von 1911 bis 1929. 1925, als dieser Touring 1.875 Dollar kostete, baute sie Vier- und Sechszylindermodelle. Im Dezember des gleichen Jahres ging Stearns in den Besitz von John North Willys über, der es zu seiner teuersten Marke mit Schiebermotor ausbaute.

Besitzer: Wolfgang H. Gawor

Zweisitziges Pontiac-Coupé von 1926 ▲ ▼ ▶

Der Pontiac entstand nach der Devise »Ein Auto für jeden Geldbeutel«, die GM-Präsident Alfred P. Sloan ausgegeben hatte, und sollte die Lücke zwischen dem Chevrolet-Roadster für 525 Dollar und dem Oldsmobile für 890 Dollar füllen. Er besaß neben vielen Baugruppen aus dem Chevrolet einen neuen kurzhubigen Sechszylindermotor von Henry M. Crane, der zehn Jahre zuvor den luxuriösen Crane-Simplex gebaut hatte. Technischer Leiter bei Pontiac war Benjamin Anibal. Der Wagen wurde nach seinem Entstehungsort in Michigan genannt, der seinen Namen wiederum von einem Indianerhäuptling herleitete; daher trugen so viele Pontiac-Fahrzeuge einen Indianerkopf als Kühlerfigur. Dieses Coupé ist der allererste Pontiac, fertiggestellt am 28. Dezember 1925. Er kostete wie die zweitürige Limousine 825 Dollar

Pontiac Division, General Motors

Für 1927 wurde der Whippet-Vierzylinder um einen Sechszylinder mit etwas längerem Radstand ergänzt. 1928 nahm der Whippet mit 197.910 verkauften Fahrzeugen den vierten Platz ein, den er auch 1929 hielt. Mit einer Gesamtproduktion von 545.890 Fahrzeugen wurde die Produktion nach 1931 eingestellt. Der Vierzylindermotor fand weitere Verwendung für den kleinen Willys der dreißiger Jahre und nach einer umfassenden Überarbeitung durch Barney Roos. Damit erhöhte sich die Leistung von 30 auf 61 PS im Jeep des 2. Weltkriegs.

Im Januar 1921, weniger als einen Monat, nachdem er General Motors zum zweiten Mal verlassen mußte, gründete Billy Durant mit einem Startkapital von 7 Millionen Dollar, das von 67 Einzelpersonen stammte, die ihm als Gründer und zweimaligem Präsident von General Motors vertrauten, die Durant Motors Inc. Nachdem er die Herstellung zahlloser anderer Autos geleitet hatte, die die Namen anderer Leute trugen, bekam er jetzt schließlich seinen eigenen Wagen, den Durant A. Dieser hatte einen Vierzylindermotor mit 35 PS, der von Continental gebaut wurde, war in drei Versionen – Tourenwagen, Coupé und Limousine – mit jeweils dem gleichen Radstand von 2768 mm zu Preisen zwischen 890 und 1.365 Dollar erhältlich. Seine Erfahrung bei General Motors hatte Durant gelehrt, gleichzeitig in mehreren Preisklassen auf den Markt zu gehen. Deshalb brachte er 1922 den kleineren Star als Waffe gegen Ford und einen Sechszylinder mit Motor von Ansted heraus, der etwa das Doppelte des Durant A kostete. Außerdem kaufte er das angesehene Unternehmen Locomobile, um auch in der absoluten Spitzenklasse vertreten zu sein.

Der Star fand 1923 etwa 130.000 Käufer und war damit das wichtigste Auto für Durant Motors. Der konventionelle und einfache Wagen besaß einen 2,1-Liter-Motor von Continental, der bescheidene 33 PS leistete, und ein Dreiganggetriebe, das nicht direkt am Motor saß – für Durants Fahrzeuge ganz normal, für die damalige Zeit aber äußerst unüblich. Ein automatischer Anlasser und abnehmbare Felgen waren im Grundpreis von 348 Dollar für das fünfsitzige Touringmodell nicht enthalten; diese Ausstattung gab es erst ab 1923, als auch der Preis auf 443 Dollar stieg. Bedeutsam unter den 23er Modellen war ein Kombi mit offenen Seiten, der erste, der komplett von einem einzigen Hersteller angeboten wurde. Außer im Hauptwerk Elizabeth in New Jersey wurde der Star in Lansing, Oakland und Toronto gebaut.

Nach über einer Million Einheiten wurde der Star zum Ende des Modelljahres 1928 aus der Produktion genommen, nachdem er 1926 und 1927 auch als Sechszylinder gebaut wurde. Mitte der zwanziger Jahre kaufte Durant praktisch alles, was Continental an Motoren bauen konnte.

Dann brachte er zwei neue Modelle heraus, den Flint und den Princeton. Der Flint wurde von dem Triumvirat Carl Breer, Owen Skelton und Fred Zeder konstruiert, die auch für den ersten Chrysler verantwortlich waren, mit dem der Flint große Ähnlichkeit hatte. Er war ursprünglich als Willys geplant gewesen, aber als Prototyp zurückgeblieben, als Willys das Werk Elizabeth räumte, und in Flint umbenannt worden. In der Zwischenzeit hatten die drei Ingenieure Willys zusammen mit Walter Chrysler verlassen, um an einer verbesserten Version zu arbeiten, die 1924 als Chrysler 70 auf den Markt kam. Der Flint war ein mittelgroßer Sechszylinder in der Preisklasse 1.195–2.085 Dollar. Bemerkenswert an ihm war die hydraulische Allradbremsanlage, die auch den ersten Chrysler auszeichnete. Als Konkurrent des Buick-Sechszylinders verkaufte er sich von 1923 bis 1927 etwa 24.000 Mal.

Um die Lücke zwischen dem Flint und dem Locomobile für über 7.600 Dollar zu füllen, schuf Durant als neue Marke den Princeton, den er als seinen Cadillac betrachtete. Dieser wurde 1923 angekündigt mit Sechszylindermotor von Ansted, 3251 mm und 3352 mm Radstand und sechs Karosserieversionen zu Preisen von 2.485 bis 3.675 Dollar. Nachdem im Werk Muncie in Indiana mehrere Prototypen gebaut worden waren, hieß es, die Produktion solle 1924 im Locomobile-Werk Bridgeport aufgenommen werden. Irgendwo auf dem Weg zwischen Muncie und Bridgeport muß diese Absicht jedoch in Vergessenheit geraten sein, denn der Princeton kam nie auf den Markt.

Der Durant hielt sich länger als alle anderen Durant-Fahrzeuge, doch auch er schied im Kielwasser der Depression dahin, nachdem schon das Flint-Werk an General Motors und das Werk Long Island City an Ford verkauft worden waren. Durant hatte zwar schon vor dem Börsenkrach mehr als die Hälfte seiner Werke geschlossen, aber trotzdem erhielt sein Unternehmen jetzt den letzten Schlag versetzt. Die 90 Millionen Dollar eigenes Geld, die Billy in die Durant Motors gesteckt hatte, lösten sich mit dem drastischen Rückgang der Verkäufe bei allen Modellen nach und nach in Luft auf. Nach 20.900 Einheiten 1930 fanden 1931 nur noch 7.270 Durant-Fahrzeuge einen Käufer. Die Modelle von 1932 waren nur aufpolierte 31er Modelle und ließen sich praktisch gar nicht verkaufen. Das Werk in Kanada, das seine Fahrzeuge unter dem Namen Frontenac verkaufte, hielt sich noch ein Jahr länger.

1936 meldete Billy Durant persönlichen Konkurs an; seine Schulden beliefen sich auf 914.000 Dollar, sein einziges Vermögen waren die Kleider, die er am Leibe trug und selbst auf 250 Dollar schätzte. In seinen letzten Jahren betrieb er eine Bowlingbahn mit Restaurant, in dem ein unangenehmer Autohändler mit Kunden und Verkäufern aufzukreuzen pflegte, um sich einen Spaß daraus zu machen, bei dem Mann, der General Motors gegründet hatte, einen Hamburger zu bestellen. 1942 machte ein Schlaganfall Durant zum Invaliden. Seine Frau Catherine mußte Stück um Stück ihre Juwelen verkaufen, als Durant 1947 starb, besaßen die beiden praktisch keinen Pfennig mehr. Im Unterschied zu David Buick und Louis Chevrolet, die ebenfalls in Armut starben, erinnert an Durant nicht einmal mehr eine gutgehende Automarke.

1924er Chrysler B Phaeton ▼

Konstruiert von Carl Breer, Owen Skelton und Fred Zeder, war der erste Chrysler mit hochverdichtendem Sechszylindermotor (4,7:1 in einer Zeit, als die Norm bei 4,0:1 lag), Aluminiumkolben und Schwingungsdämpfer technisch auf neuestem Stand. Seine 68 PS verliehen ihm eine Höchstgeschwindigkeit von 113 km/h, nur 8 km/h weniger als der Packard-Achtzylinder. Im Zaum gehalten wurde er von hydraulischen Bremsen an allen vier Rädern.
Der Chrysler 70 kam im Januar 1924 in neun Versionen vom viertürigen Touring für 1.335 Dollar bis zum Town Car für 3.735 Dollar heraus. Dieser Phaeton war ein besser ausgestattetes Touring-Modell für 1.395 Dollar.

Besitzer: National Automobile Museum, Reno, Nevada

1922 bemühten sich fast 200 Marken um die Aufmerksamkeit der amerikanischen Automobilisten, dazu eine Reihe von Importen. 1929 war die Zahl auf 47 und zehn Jahre danach auf 22 gesunken. Dieser Prozeß setzte sich nach dem 2. Weltkrieg fort, wobei allerdings gelegentlich durch kleine Sportwagen sowie Bausatzautos und Neoklassiker ein Anstieg zu verzeichnen war. Letztere sind statistisch jedoch unbedeutend. An bedeutsamen Marken gab es 1960 noch 16 und 1992 nur noch 13, die allerdings zu ergänzen sind um die in US-Werken gebauten Fahrzeuge der japanischen Unternehmen Honda, Mazda, Nissan und Toyota.

Die bei weitem größte Sterblichkeitsrate erlebten die zwanziger Jahre, und zwar aus mehreren Gründen. Der wichtigste unter ihnen war die Notwendigkeit, mehr Kapital aufzubringen, um mit dem technischen Fortschritt mitzuhalten, und das konnten kleinere Unternehmen schlicht und einfach nicht. Hinzu kamen die durch die Massenfertigung verringerten Stückkosten, die wiederum nur durch vermehrte Investitionen in die maschinentechnischen Anlagen erreicht werden konnten. Eine falsche Konstruktion konnte tödlich sein, wie man am Beispiel des »betrunkenen Mitchell« sehen kann.

Die Mitchell Motors Company war ein geachtetes Unternehmen aus Racine in Michigan, das sich ab 1903 im Automobilbau betätigte, aber schon 1834 mit dem Wagenbau begonnen hatte. Mitchell baute in den ersten zehn Jahren des Jahrhunderts jedes Jahr etwa 6.000 Autos und steigerte die Produktion in den Jahren 1917–1919 auf 10.000 Einheiten. Für 1920 erhielt der Mitchell anstelle des senkrechten einen schräg nach vorn abfallenden Kühler, vermutlich, um eine gewisse Stromlinienform anzudeuten. Unglücklicherweise blieb aber die Windschutzscheibe senkrecht stehen, so daß der Kühler den Eindruck erweckte, wie ein Betrunkener nicht mehr gerade stehen zu können. Mitchell nahm für das Modelljahr 1921 ein paar hastige Änderungen vor, doch der Schaden war angerichtet; der konventionelle, aber nicht besonders gut aussehende Wagen konnte die verlorenen Käufer nicht mehr zurückgewinnen, die Verkaufszahlen sanken auf etwa 3.500 Einheiten.

Mitchell finanzierte nicht nur die Änderungen, sondern verwandte auch eine Menge Geld auf publikumswirksame Ereignisse wie einen 1-Million-Meilen-Test mit 109 Teilnehmern, doch vergeblich. In den ersten Monaten des Jahres 1923 wurden ganze 100 Autos hergestellt, im Mai meldete Mitchell mit 3,7 Millionen Dollar Vermögen und 3,9 Millionen Dollar Schulden Konkurs an. Zum Vermögen gehörten fertige und halbfertige Autos und Rohstoffe im Wert von 1,6 Millionen Dollar sowie das Werk. Dieses wurde an Nash verkauft, der dort den Ajax fertigen ließ. Auf diese Weise schied aus der Branche ein Name, der, wie die Zeitschrift *Automobile Topics* schrieb, »einst allen vertraut war, und ein Unternehmen, das in den Anfangszeiten einen wesentlichen Faktor im Automobilbau darstellte.« Neben Mitchell schlossen 1923 noch weitere 49 Hersteller ihre Pforten, darunter einige, die wie Ace, Detroit, Steamer, Rotary und Strattan gerade erst begonnen hatten, und andere, mehr oder weniger bekannte Namen wie Biddle, Chalmers und Dorris. 1924 verschwanden weitere 36 Marken, darunter die seit langem etablierten Crow-Elkhart, Paterson, Premier und Winton.

Für eine Reihe kleinerer Firmen brachte der technische Fortschritt das Aus. Mit automatischem Anlasser und elektrischer Beleuchtung kamen die meisten noch zurecht, da diese von Zulieferern gekauft wurden und keine Umkonstruktion des Wagens erforderlich machten. Beides war um 1920 praktisch bei allen Fahrzeugen zu finden. Mit den Vorderradbremsen lag die Sache schon etwas anders. Nachdem es sie zum ersten Mal 1920 bei dem teuren Duesenberg mit Reihenachtzylinder gegeben hatte, erfreuten sie sich in den Jahren 1923/24 einer derart steigenden Beliebtheit, daß es sich kein Hersteller, der nicht gerade die billigsten Autos baute, leisten konnte, sie nicht im Programm zu haben. Aber sie waren nicht gerade billig, denn sie erforderten eine Neukonstruktion von Rädern, Lenkung, Vorderachse, Federung und Stoßdämpfern. Zu denen, deren Ende die Einführung der Allradbremse beschleunigte, gehörten der Premier und die beiden schon früher vereinigten Marken aus Kokomo, Apperson und Haynes. Alle drei waren zusammen mit mehreren anderen, die wie Cole, Dort, King und Stephens vorher mehrere Tausend Fahrzeuge im Jahr gebaut hatten, 1926 nicht mehr im Geschäft.

Manche Hersteller, die auch auf anderen Gebieten tätig waren, gaben den Automobilbau auf, als das Umfeld zu hart wurde. Einer davon war die J.I. Case Company, die seit 1842 für ihr landwirtschaftliches Gerät bekannt gewesen war und 1910 einen mittelgroßen Wagen auf den Markt gebracht hatte. Die Verkaufszahlen begannen ab 1924 zu sinken, weil der von einem Continental-Sechszylinder angetriebene Case sich nicht ausreichend von seiner Konkurrenz abhob und teurer war als der Buick. Er wurde schließ-

1920er Roamer Roadster ◄▲

Der Roamer war ein gut aussehendes Auto, das in Kalamazoo in Michigan montiert wurde und sich Anfang der zwanziger Jahre recht gut verkaufte, dann aber bis zur Produktionseinstellung 1929 einen allmählichen Niedergang erlebte. Er hatte meistens einen Sechszylindermotor von Continental, war aber auch mit dem stärkeren 80-PS-Vierzylinder von Rochester-Duesenberg zu haben. Dieser D-4-75 kostete 4.375 Dollar, 1.000 Dollar mehr als mit dem 54-PS-Sechszylinder von Continental. Roamer war Rochesters bester Kunde und nahm von Herbst 1917 bis 1925 zwischen 800 und 1.000 Motoren ab. Ein oder zwei Jahre später war der Kühler des Roamer eine unübersehbare Nachahmung des Rolls-Royce-Kühlers, doch weder die britische Mutterfirma noch deren Tochter in Springfield, Massachusetts, unternahm etwas dagegen.

Besitzer: Gilmore Car Museum, Kalamazoo, Michigan

lich zu einer Belastung in der Bilanz, die die Firma nur hätte auffangen können, wenn sie durch eine Steigerung der Produktion die Kosten reduziert hätte. Da das aber zu Lasten der traditionellen Produkte wie Traktoren gegangen wäre, wurde die Fertigung des Wagens Ende 1927 eingestellt.

Ein weiterer Faktor, der für das Ableben einiger kleinerer Firmen sorgte, war das bessere Händlernetz der großen. Die bekannteste Marke des Südens war der Anderson aus Rock Hill in South Carolina, der von 1916 bis 1925 unter dem Motto »Etwas teurer, aber im Süden gebaut« vermarktet wurde. Der Wagen war recht gut, bestand aber aus einer Reihe zugekaufter Teile, darunter besonders der Motor von Continental. Er wurde nicht nur im Süden verkauft, fand dort aber die meisten Käufer. Sobald Hersteller wie Buick und Oldsmobile in Rock Hill und anderen Städten im Süden Vertretungen eröffneten, wurde jedoch der Konkurrenzdruck zu groß, Anderson mußte schließen. Die wenigen anderen Marken aus dem Süden, beispielsweise der Hanson aus Atlanta und der Climber aus Little Rock in Arkansas, drangen erst gar nicht über die Linie Mason-Dixon nach Norden vor.

Bessere Verbindungen bedeuteten, daß die Fahrzeuge direkt vom Herstellungsort in alle Teile des Landes geliefert werden konnten, und zwar in der Regel per Bahn, bei kürzeren Entfernungen aber auch auf den eigenen vier Rädern. Autotransporter kamen erst Anfang der dreißiger Jahre auf. In Gegenden, die von Detroit wirklich weit abgelegen waren, etwa an der Westküste, errichteten Ford, General Motors und Durant eigene Montagewerke. Das war ein weiterer Schlag für die lokalen und regionalen Hersteller. Im Laufe der Jahre wurden in allen 49 US-Bundesstaaten auf dem Festland Autos gebaut, von denen jedoch schon 1920 viele wieder verschwunden waren. Der Gipfelpunkt war wahrscheinlich 1909 erreicht. Damals wurden in 145 Städten in 24 Bundesstaaten 290 verschiedene Fabrikate gebaut. 1923 waren es immer noch 164 Fabrikate (ohne Montagewerke) aus 23 Bundesstaaten, von denen 1929 noch neun mit 47 Fabrikaten übrig geblieben waren.

ROADSTER UND SPEEDSTER

Ein weiterer Faktor, der zu der Reduzierung der Vielzahl amerikanischer Autos beitrug, war die zunehmende Konformität, das Bestreben, nicht aus der Reihe zu tanzen oder gar exzentrisch zu erscheinen. Nach 1929 kam noch hinzu, daß niemand seinen Reichtum zeigen wollte, wenn er ihn denn noch besaß. Ein Opfer dieser Tendenz wurde der Speedster, ein Fahrzeugtyp, der schon vor dem 1. Weltkrieg entstanden war.

Die ersten Speedster, auch als Roadster, Runabout oder Raceabout bezeichnet, bestanden aus einem leichten zwei- oder dreisitzigen Aufbau auf normalem Fahrwerk und mit normalem Motor. Für einen Händler war es ein leichtes, einen leichten Aufbau auf das Fahrgestell eines Tourenwagens zu setzen und den Wagen beispielsweise für lokale Bergrennen zu melden, um den Verkauf anzukurbeln. Wenn der Wagen dabei erfolgreich abschnitt, wurde das dem Hersteller gemeldet, der dann in sein Angebot für das nächste Jahr prompt einen Roadster aufnahm, wenn sich das rechnete. So galt etwa der Maxwell durchaus nicht als sportliches Auto, doch nachdem Händler 1909 ein paar Roadster mit 22-PS-Motor gebaut und in Rennen geschickt hatten, in denen sie sich gut schlugen, nahm Maxwell für 1910 gleich einen zweisitzigen Roadster mit der Bezeichnung Sportsman in sein Programm auf. Er war perlgrau lackiert und hatte einen außenliegenden Benzintank und Ersatzreifen am Heck. Die nach hinten geneigten Sitzlehnen verliehen ihm ein schnittiges Aussehen. Der Sportsman gewann in seiner Klasse 1910 zwei bedeutende Bergrennen, nämlich das Giant's Despair in Wilkes Barre, Pennsylvania, und das Sunset in Ossining, New York.

Auch zahlreiche andere Hersteller hatten in den Jahren 1910–1914 sportliche Modelle im Programm, darunter Apperson, Kissel, Marion, National, Overland, Peerless und Thomas. Bekannter waren aber der Mercer Raceabout und der Stutz Bearcat. Der Mercer 35 erschien 1910 mit einem Beaver-Vierzylindermotor mit T-Kopf und 4898 cm^3 Hubraum zunächst als Touring, Mini-Tonneau und Speedster, wobei letzterer aber nicht besonders sportlich war. Der unsterbliche Raceabout stand erstmals im Modelljahr 1911 zur Verfügung und ging auf eine Idee von Washington A. Roebling II., Sohn des Mercer-Gründers C.G. Roebling, zurück. Konstruiert wurde er von Finlay Robertson Porter, der später unter den Bezeichnungen F.R.P. und Porter eigene Autos baute. Der Motor war nicht groß, ermöglichte aber in Verbindung mit der hohen Übersetzung und dem geringen Gewicht des Fahrzeugs eine Höchstgeschwindigkeit von 120 km/h. Der Aufbau war klassisch schlicht: zwei

Sitze mit runder Rückenlehne, dahinter der Benzintank, eine kleine Werkzeugkiste und zwei Reservereifen. Türen waren nicht vorhanden, als Windschutzscheibe diente eine Art Monokel, das an der Lenksäule befestigt war. Viel Schutz kann sie nicht geboten haben, aber der Fahrer trug in der Regel sowieso eine Schutzbrille.

Im Vergleich zu seinen Konkurrenten besaß der Mercer Raceabout ein recht elegantes Aussehen, das durch ein ansprechendes Fahrverhalten ergänzt wurde. »Der Mercer ist der Steinway unter den Autos,« hieß es in einer Anzeige aus dem Jahre 1914. »Noch bei 95 km/h kann man einen Faden in ein Nadelöhr einfädeln.« Sein großer Rivale, der Stutz Bearcat, war insgesamt robuster und schwerer, holte aus seinem 6,4-Liter-Motor aber auch nur etwa 60 PS. Henry C. Stutz meldete den ersten Wagen, den er je gebaut hatte, 1911 für die 500 Meilen von Indianapolis und kam als elfter von 40 Teilnehmern ins Ziel.

Ein paar Wochen nach dem Rennen gründete er die Ideal Car Company, um Repliken seines erfolgreichen Rennwagens herzustellen. Ihr charakteristisches Merkmal war das Dreiganggetriebe an der Hinterachse. Es gab sie als Touring, Coupé, Roadster und in der Sportversion namens Bearcat. Der Name war möglicherweise eine Reaktion auf den Bobcat von Marion, einem ähnlichen Roadstertyp. Der Stutz Bearcat kostete 2.000 Dollar, 500 Dollar weniger als der Mercer, und kam selbst mit dem wahlweise erhältlichen Sechszylindermotor nur auf 2.125 Dollar. Der Roadster mit Türen blieb weiter im Programm, doch der »nackte«, türlose Bearcat war es, der alle Aufmerksamkeit auf sich zog und eine heftige Rivalität mit den Mercer-Besitzern auslöste. In Wirklichkeit bestand zwischen den beiden Fahrzeugen kein allzu großer Unterschied; beide gewannen zahllose Amateurrennen. Vielleicht hatte die Rivalität auch soziale Hintergründe, denn der Mercer stammte von der Ostküste mit ihren blaublütigen Familien wie dem Hersteller Roebling, während Harry Stutz der Sohn eines Farmers aus dem Mittelwesten war.

1913er Mercer 35J Raceabout ◄ ▼

Der Mercer Raceabout war der Archetypus des amerikanischen Sportwagens aus der Zeit vor dem 1. Weltkrieg und ein tödlicher Konkurrent für den Stutz Bearcat. Erdacht wurde er von Washington A. Roebling und konstruiert von Finlay Robertson Porter. Der Motor war mit 4914 cm³ Hubraum recht klein, doch eine hohe Übersetzung und geringes Gewicht verschafften dem Wagen eine gute Leistung. Das Modell von 1913 hatte zum ersten Mal ein Viergangetriebe. Lackiert war der Raceabout in der Regel kanariengelb wie hier, kastanienbraun mit schwarzen und goldenen Streifen oder azurblau mit weißen Streifen. Die monokelartige Windschutzscheibe auf der Lenksäule kann nicht viel Schutz vor dem Wind geboten haben.

Besitzer: National Automobile Museum, Reno, Nevada

Der Mercer Raceabout hielt sich nicht lange. 1912 verlor Washington Roebling II. sein Leben beim Untergang der *Titanic,* zwei Jahre später verließ Finlay Robertson Porter das Unternehmen. Seine Stelle übernahm Erik Delling, der eine neue Modellreihe mit der Bezeichnung 22-70 und Vierzylindermotor mit L-Kopf konstruierte. Auch diese Reihe umfaßte einen Roadster, jedoch mit richtiger Windschutzscheibe, Sitzbank und geschlossenem Aufbau mit Türen. Dieser »weichere« Mercer Raceabout war zwar ebenfalls recht beliebt, doch fehlte ihm das Charisma des Originals. Für 1923 bekam er einen Sechszylinder von Rochester mit innenliegenden Ventilen, aber schon 1925 wurde die Produktion eingestellt. Mercer zog sich aus dem Automobilbau zurück. Der Stutz Bearcat wurde ebenfalls bis Anfang der zwanziger Jahre gebaut. Anschließend rief man den Namen 1932 noch einmal ins Leben für eine sehr kleine Serie des DV-32 Dual Valve mit Reihenachtzylinder und kurzem Radstand.

Stutz und Mercer hatten in den zwanziger Jahren eine Reihe von Konkurrenten, denn Speedster waren groß in Mode. Zu diesen Konkurrenten gehörten beispielsweise

1912er Stutz Bearcat ◄▼

Der berühmte Bearcat war vom ersten Produktionsjahr an Teil der Stutz-Palette und mit Vier- und Sechszylindermotor zu haben. Er kam nicht teurer als das Touring-Modell. Stutz meldete 1912 für dreißig Rennen, von denen er 25 gewann. Wenn der Bearcat auch schwer zu handhaben war, dürfte die Behauptung, Harry Stutz habe die Kupplungsfedern absichtlich so steif gemacht, daß keine Frau die Kupplung treten konnte, wohl nicht zu beweisen sein.

Besitzer: Auburn-Cord-Duesenberg-Museum

Biddle, Jordan, Kissel, Marmon und Paige sowie die weniger bekannten Argonne, Noma, Richelieu und ReVere. Der Biddle hinterließ dank seines Mercedes-ähnlichen Kühlers und der hochwertigen Karosseriearbeit einen ausgezeichneten Eindruck. Neben einer Vielzahl von Serienaufbauten gab es auch einen schnittigen Roadster, der von Miriam Warren Hubbard, einer jungen Frau aus Maryland konstruiert worden war. Sie hatte Biddles öffentliche Aufforderung, einen Wagen für alle zu bauen, aufgegriffen und einen Roadster mit V-förmigem Scheinwerferglas – passend zum Kühler –, separater Stoßstange, separaten Trittbrettern und ohne Dach konstruiert.

Dieses Fahrzeug wurden dann mehrfach für andere Kunden nachgebaut. Der Biddle war erhältlich mit Motoren von Buda, die 48 PS leisteten, und von Rochester-Duesenberg, die in der Rennversion auf bis zu 106 PS kamen. Wie auch andere Roadster war der Biddle aber nicht unbedingt ein auf Leistung ausgelegtes Auto; er sollte nur modisch und sportlich aussehen, um seinem Besitzer, der als Sport vielleicht Golf, Polo oder Hochseeangeln betrieb, das passende Ambiente zu verleihen.

Der Biddle war teuer; ein zweisitziger Roadster mit Aufbau von Ormond kostete 1921 bis zu 3.750 Dollar. Günstiger und bekannter waren die Roadster von Jordan und Kissel. Ned Jordan ist für seine unsterblichen Anzei-

1920er Mercer 5 ▼►

Der Mercer 35J Raceabout machte im Jahre 1915 der von Erik Delling konstruierten Baureihe 22-70 Platz. Dieser 5er von 1920 war ein Abkömmling mit Türen und richtiger Windschutzscheibe anstelle des monokelähnlichen Gebildes beim 35er. Er war mit einem Radstand von 2921 mm 43 cm kürzer als das Touring-Modell und kostete 4.200 Dollar.

Besitzer: Crawford Collection of the Western Historical Society

gen wie »Somewhere West of Laramie«, »A Golden Girl from Somewhere«, »A Million Miles from Dull Care« und »I Think She Came from a Land of Fire« berühmter als für seine Autos. Auf all diesen Anzeigen war der Jordan Playboy zu sehen, ein typischer Roadster mit Notsitz, angetrieben von einem Continental-Sechszylinder und drei Jahre nach dem ersten Jordan 1919 auf den Markt gebracht. Er sollte eine Höchstgeschwindigkeit von 105 km/h haben und kostete 2.250 Dollar.

Der Playboy (so benannt nach der Komödie *The Playboy of the Western World* von J.M. Synge) besaß keinerlei besonders herausragende Eigenschaften. Er war nur eines von vielen Jordan-Fahrzeugen, ist gleichzeitig aber das Modell, an das man beim Namen Jordan immer denkt, mehr noch als bei Stutz an den Bearcat. Der große Unterschied muß wohl in der Werbung gelegen haben: »Eines Tages im Juni, wenn es so viele glückliche Stunden gibt, werden ein wunderbares Mädchen und ein wunderbarer junger Mann unter einem Hagel von Reiskörnern ihre Freunde verlassen und sich auf den Weg machen… Gebt ihnen einen Jordan Playboy, den blauen Himmel über ihren Köpfen, die vorbeihuschende grüne Landschaft und tausend Meilen offener Straße.« So konnte nur Ned Jordan schreiben.

Nachdem Jordan es 1924 geschafft hatte, den Preis des Playboy auf 1.750 Dollar zu senken, ging der Name im Jahr darauf auf einen Roadster mit Achtzylinder, ebenfalls von Continental, über, der aber nicht mehr so sportlich aussah und sich in nichts von vielen anderen Zweisitzern mit Notsitz unterschied.

Der Speedster von Kissel hieß Gold Bug und entstammte einer Serie von Aufbauten, die der New Yorker Conover T. Silver (der auch für Apperson und Willys arbeitete) für Kissel-Fahrgestelle entworfen hatte. Er kam 1919 heraus und hatte einen türlosen zweisitzigen Aufbau mit einem Notsitz, der mitsamt der entsprechenden Fußstütze wie eine Schublade seitlich aus der Karosserie herausgezogen werden konnte. Diesen Sitz zu benutzen, erforderte schon einiges an Wagemut, aber er gehörte einfach zum Image des Wagens. Der Historiker Keith Marvin ist der Meinung, daß derartige Sitze dann auch bald darauf verboten wurden. Auch der Paige Daytona 6-66 besaß einen solchen Sitz. Sein 66-PS-Sechszylinder von Continental verlieh ihm eine Höchstgeschwindigkeit von knapp 130 km/h. Für 1923 bekam der Paige zwei seitlich montierte Reserveräder, Stoßstange vorn und hinten, einen elektrischen Scheibenwischer sowie eine Acht-Tage-Uhr, einen Zigarrenanzünder und einen Rückspiegel, alles für nur 2.400 Dollar, 1.000 Dollar weniger als 1922. Wahrscheinlich war der Preis doch zu niedrig, denn der Daytona wurde nach zwei Jahren und einer Produktion von nur 56 Einheiten aus dem Programm genommen.

1920er Jordan Playboy ▼▶

»Leichter als alle anderen…von seltener Schönheit und Ausgewogenheit…der Playboy ist der passende Begleiter für alle Amerikaner, die niemals alt werden«: Ned Jordans Werbesprüche waren aufregender als seine Autos, denn dieser Roadster war ein ganz normales Fahrzeug aus zusammengekauften Baugruppen, dessen Sechszylindermotor von Continental in vielen anderen Autos zu finden war. Der Playboy gehörte bis 1928 zum Programm, zuletzt als Achtzylinder-Auto.

Besitzer: Crawford Collection of the Western Historical Society

1920er Apperson Eight Sportster ▼ ►

Der Apperson besaß von 1916 bis 1925 einen V-Achtzylinder und bekam dann einen Reihenachtzylinder von Lycoming. Dieser Sportster hat die damals beliebten Scheibenräder, wurde aber auch mit Speichenrädern geliefert. Der Aufbau ist eine von neun Karosserieversionen, die es 1920 gab. Der Wagen kostete 2.950 Dollar.

Besitzer: Auburn-Cord-Duesenberg-Museum

Die Speedster waren nach etwa 1925 überwiegend von den Straßen verschwunden oder zahmer geworden, erlebten aber zum Ende des Jahrzehnts noch eine letzte Blütezeit. Am auffallendsten unter ihnen war der Auburn, Produkt einer Firma aus Indiana, die 1924 schon einmal kurz vor dem Aus gestanden hatte, bevor Errett Lobban Cord in das Unternehmen eintrat. Cord hatte nach eigenem Bekunden schon dreimal ein Vermögen gemacht und wieder verloren, bevor er 21 gewesen war, und vor Übernahme der Auburn-Geschäftsführung äußerst erfolgreich als Verkäufer für Moon-Autos in Chicago gearbeitet. Er ließ die zahllosen unverkauften Fahrzeuge bei Auburn neu lackieren, fügte hier und da ein paar Chromleisten an und hatte noch vor Jahresende die meisten verkauft.

1925 heuerte er J.M. Crawford als neuen Konstrukteur an, bestellte eine Ladung Reihenachtzylinder von Lycoming und brachte als neue Baureihe den 8-53 und den 8-88 heraus, die sich mit ihren eleganten Aufbauten und der Zweifarbenlackierung sehr gut verkauften. 1928 stellte Cord einen von Al Leamy konstruierten Speedster mit geneigter Windschutzscheibe, spitz zulaufendem Heck und einem Motor vor, der dank Kolben und Pleueln aus Leichtmetall, größeren Ventilen und Nockenwelle mit großen Nocken 115 PS leistete. Alle Fahrzeuge dieses Baujahrs besaßen hydraulische Bremsen. Für das Modelljahr 1932 wurde die Auburn-Palette um einen V12 erweitert, den es unter anderem auch als Speedster für den niedrigen Preis von 1.145 Dollar gab (der billigste V12 war das Coupé für 975 Dollar, der einzige Zwölfzylinder, der je für unter 1.000 Dollar zu haben war). Leider war die Depression nicht die beste Zeit für exotische Fahrzeuge wie den Auburn-Speedster, die Verkaufszahlen sanken ab 1931 alarmierend schnell. Auburn stellte die Autoherstellung nach 1936 ein, allerdings nicht, ohne 1935 noch einen letzten Speedster herausgebracht zu haben, nämlich den von Gordon Buehrig konstruierten 851 mit Kompressor von Schwitzer-Cumming. Dieser steigerte die Leistung des Lycoming-Reihenachtzylinders von 115 auf 150 PS. Jedes Fahrzeug trug eine Plakette, auf der bestätigt wurde, daß es die 160-km/h-Marke überschritten hatte. Zum Preis von 2.245 Dollar wurden etwa 500 Stück verkauft. Auburn setzte bei jedem einzelnen Geld zu, betrachtete die Fahrzeuge aber als Köder, die Käufer in die Ausstellungsräume locken und zum Kauf der normalen Limousinen mit Sechs- oder Achtzylindermotor verleiten sollten. Die Ver-

1936er Auburn 654 Sedan und 852 Phaeton ▲ ▶ ▼

Die Limousine mit Sechszylinder und der Phaeton mit Achtzylinder waren mit Normalgetriebe und wahlweise mit doppelt übersetzter Hinterachse zu haben. Die Achtzylinder gab es wie bei diesem Phaeton mit Kompressor. Beide Modelle wurden von der Polizei des Bundesstaates Indiana gefahren, die damit eine gute Werbung für die Marke betrieb. Trotzdem mußte Auburn nach Auslieferung von nur 1.848 Fahrzeugen aller Typen im Jahre 1936 den Betrieb einstellen.

Besitzer: Auburn-Cord-Duesenberg-Museum

kaufszahlen stiegen zwischen 1934 und 1935 um zwanzig Prozent, doch das reichte nicht, um den Auburn zu retten, der zusammen mit dem Cord und dem Duesenberg, den anderen Marken des Cordschen Imperiums, unterging.

Es gab zum Ende der zwanziger Jahre hin noch weitere kurzlebige Speedster, darunter der Stutz Black Hawk mit Reihenachtzylinder und zwei Nockenwellen, der Packard 734 mit 6,3-Liter-Reihenachtzylinder und der Dupont G. Letzterer war die Speedster-Version einer breiten Modellpalette, alle mit Reihenachtzylinder von Continental, und mit 5.335 Dollar nicht gerade billig.

HOCH-ZEIT FÜR LUXUSAUTOS

Die Zwanziger waren die Spitzenjahre für Autos am oberen Ende der Preisskala, und die wenigen Glücklichen, die in der Lage waren, mehr als 5.000 Dollar für ein Automobil auszugeben, hatten die Qual der Wahl. Die konservativeren Reichen von der Ostküste bevorzugten dabei traditionsreiche Marken wie Locomobile, Pierce-Arrow, Cunningham und Rolls Royce (ab 1921 in Springfield, Massachusetts, gebaut), während die neureichen Ölbarone und Hollywoodgrößen Exoten wie Daniels, McFarlan, Doble Steamer und, gegen Ende des Jahrzehnts, Duesenberg J kauften. Auch Importe waren immer häufiger anzutreffen, von Minerva über Hispano-Suiza und Isotta-Fraschini bis hin zu Mercedes-Benz und Renault. In diese Zeit fiel auch der Höhepunkt des amerikanischen Karosseriebaus.

Viele Käufer von Luxusgefährten, ob Banker von der Wall Street oder würdevolle ältere Damen aus Boston, waren mehr an Komfort und Exklusivität interessiert als an den jüngsten technischen Neuerungen – möglicherweise eine Erklärung dafür, daß sie teilweise recht konservative Autos fuhren. Insbesondere Locomobile baute seinen 48 abgesehen von der Karosserie bis 1929 mit nur geringen technischen Änderungen. Ab Dezember gab es wahlweise Vorderradbremsen für 350 Dollar bei Neuwagen und 450 Dollar als Nachrüstsatz. Das war bei einem Gesamtpreis von bis zu 13.000 Dollar vielleicht nicht einmal zu teurer, aber für das gleiche Geld konnte sich der Koch des Besitzers einen Ford T kaufen und behielt noch genug übrig für seinen Jahresbedarf an Benzin.

1923 wurden vom 48 nur zwei Fahrgestelle am Tag gefertigt und 1929 wahrscheinlich nicht mehr als eins pro Woche. Die Preise lagen in diesem letzten Baujahr zwischen 9.600 und 12.500 Dollar. Locomobile wurde 1922 von Billy Durant gekauft und brachte vier Jahre später ein weiteres Luxusmodell sowie billigere Sechs- und Achtzylinder heraus. Das neue Luxusauto hieß Locomobile 90 und besaß einen Monoblock-Sechszylinder mit L-Kopf, der nur wenig kleiner war als der 8,6-Liter-Motor des 48. Der Radstand war mit 3505 mm 10 cm kürzer, die Preise lagen mit 5.500-7.500 Dollar beträchtlich niedriger.

Pierce-Arrow begann die zwanziger Jahre im Stil von Locomobile mit dem 38 und dem 48, deren große, langsam drehende Sechszylinder mit T-Kopf 6781 cm³ bzw. 8583 cm³ Hubraum hatten. Sie gehörten zu den letzten amerikanischen Fahrzeugen, die auf Linkslenkung mit Schalthebel in der Mitte und Handbremse umgestellt wurden. David Fergusson, leitender Ingenieur bei Pierce-Arrow, hatte sich dieser Umstellung widersetzt, seit er 1911, als die meisten anderen Herstellung zur Linkslenkung übergingen, einen Versuch damit unternommen hatte. Es heißt aber auch, daß Pierce-Arrow die Rechtslenkung bevorzugte, weil der Chauffeur dann schnell auf den Gehweg springen und den Passagieren die Tür öffnen konnte. Das war aber vermutlich nur eine angenehme Nebenwirkung der konservativen Haltung und nicht ihre Ursache. Fergusson hatte also 1911 einen negativen Eindruck von der Linkslenkung gewonnen, so daß die Umstellung erst 1921 erfolgte, also in dem Jahr, indem Fergusson bei Pierce-Arrow ausschied.

Weitere Hersteller in der Oberklasse, die an Sechszylindern festhielten, waren Stevens-Duryea, Winton und Rolls-Royce. Ersterer baute altmodische Konstruktionen mit paarweise gegossenen Zylindern zu Preisen von bis zu 10.000 Dollar, die die gleiche Kundschaft fanden wie der Locomobile, wenn auch nicht so zahlreich. Winton baute seine Sechszylindermodelle bis 1924. Rolls-Royce war in den Vereinigten Staaten seit 1906 vertreten gewesen. Eine prominente Kundin war Mrs. John Jacob Astor, die die New Yorker Gesellschaft dermaßen dominierte, daß jedesmal, wenn ihr eine Aufführung in der Metropolitan Opera nicht gefiel und sie die Oper in der Pause verließ, alle anderen Besucher ebenfalls gingen, so daß das Ensemble vor leeren Rängen singen mußte. Bei Automobilen folgte man ihr jedoch nicht so sklavisch, so daß der New Yorker Rolls-Royce-Händler sein Versprechen, 1908 fünfzig Fahrzeuge zu verkaufen nicht einhalten konnte. Bis nach dem 1. Weltkrieg war von Rolls-Royce in Amerika dann nicht mehr viel zu hören.

1919 gelangte Rolls-Royce-Direktor Claude Johnson zu der Ansicht, die Vereinigten Staaten könnten der beste Absatzmarkt für ihn werden (er sorgte sich angesichts einer sozialistischen Gesetzgebung in Großbritannien), wobei allerdings die Einfuhrabgaben die Autos zu teuer machen würden. Die Lösung lag in einer Produktionsstätte in den USA. Also kaufte er eine Fabrik in Springfield, Massachusetts, die zunächst den Silver Ghost in der britischen Ausführung herstellte. Zunächst baute Rolls-Royce dort nur die Fahrgestelle und ließ seine Aufbauten bei bekannten Karosseriebauern wie Merrimac, Biddle & Smart und Willoughby fertigen.

1923 richtete Rolls-Royce of America eine eigene Karosseriebauabteilung ein und vergab die Arbeit nicht mehr an Fremdfirmen. Dabei mußten aber immer beson-

1933er Auburn 8-105 Boat-Tail Speedster ▲ ▶
Der Speedster mit Bootsheck war von der Einführung 1928 bis zum letzten 852 von 1936 das auffallendste Modell der Auburn-Modellpalette. 1933 gab es dieses Design sowohl für die Acht- als auch für die Zwölfzylindermodelle, die mit der Columbia-Hinterachse mit doppelter Übersetzung zu haben waren. Dieser 8-105 kostete 1.345 Dollar.

Besitzer: Duke Davenport

dere Kundenwünsche berücksichtigt werden. Schon mit normaler Karosserie war der Silver Ghost teurer als jeder andere in Amerika gebaute Wagen. Im November 1924 reichten die Preise von 12.930 Dollar für einen fünfsitzigen Pall Mall Touring bis zu 15.880 Dollar für ein Mayfair-Kabriolet. Nach Kundenwunsch von Firmen wie Brewster, Brunn, Derham oder Locke gefertigte Fahrzeuge konnten mehrere tausend Dollar mehr kosten. Den Vogel schoß dabei wahrscheinlich der von Waterhouse für einen gewissen Harry Orndorff aus Providence auf Rhode Island gebaute Stadtwagen ab.

Der 1926 an Mr. Orndorff gelieferte Phantom I war erst das fünfte Exemplar dieses Modells, das in Springfield gebaut worden war. Nachdem er fünf Jahre damit gefahren war, brachte der Besitzer den Wagen ins Werk zurück und bat darum, das Fahrgestell von 3.721 auf 4064 mm zu verlängern, damit der Aufbau, den er sich vorstellte, darauf paßte. Dieser Aufbau wurde von Waterhouse, einem weniger bekannten Karosseriebauer, der sonst für Dupont arbeitete, gefertigt. Den Fußboden verzierten Orientteppiche, die Sitze waren Duplikate der liebsten Armlehnensessel des Besitzers, mit Sommer- und Winterbezügen. Wie viele andere Fahrzeuge der damaligen Zeit hatte der Phantom links und rechts auf dem Trittbrett je ein Reserverad; bei Mr. Orndorff befand sich auf der rechten Seite jedoch ein zweioktaviges Glockenspiel, auf dem er mittels einer Tastatur vor dem Beifahrersitz spielen konnte. Der Gesamtpreis für diesen Phantom lag weit über 30.000 Dollar. Unglücklicherweise führte das zusätzliche Gewicht auf der einen Seite auch noch zu Problemen mit der Federung, die erst nach mehreren Werksaufenthalten behoben werden konnten.

Die Preise für das Modelljahr 1925 lagen beträchtlich höher als im Jahr zuvor, hauptsächlich, weil Rolls-Royce in diesem Jahr auf Linkslenkung umstellte, wodurch nicht nur die Achse und die Lenkung, sondern auch noch der Auspuffkrümmer umkonstruiert werden mußten. Eine Reihe von Fahrzeugen mit Rechtslenkung wurde für das neue Modell in Zahlung gegeben, ließ sich aber schlecht wieder verkaufen, weil diejenigen, die sich vielleicht einen gebrauchten Rolls-Royce hätten leisten können, wiederum nicht reich genug waren, um einen Chauffeur zu bezahlen, und daher keinen Wagen mit Rechtslenkung wollten. Rolls-Royce Inc. konnte jedoch einige dieser Fahrzeuge nach Argentinien und Uruguay verkaufen, wo noch Linksverkehr herrschte.

Die Preise stiegen erneut mit der Einführung des Phantom I 1926. Obwohl der Wagen, abgesehen von dem größeren Motor mit hängenden Ventilen, gar nicht so anders war, war eine umfangreiche Neuausrüstung mit Werkzeugen und Maschinen erforderlich, so daß die Phantom-Preise auf 17.840 Dollar für den viersitzigen Derby Touring bis zu 19.965 Dollar für den Trouville Town Car angehoben werden mußten. Die Verkaufszahlen fielen von den 365 Stück, die der Silver Ghost zwischen 1923 und 1926 noch erreicht hatte, auf 275 Einheiten 1928 und 251 Einheiten im Jahre 1929. Für den 1929 vorgestellten Phantom II wäre die Neuausrüstung des Werks noch teurer gekommen, so daß Rolls-Royce of America auf die eigenständige Produktion verzichtete. Statt dessen wurden der Phantom I noch weitere sechs Jahre aus vorhandenen Teilen montiert und 116 Fahrgestelle für den Phantom II aus England eingeführt. Diese wurden auf Linkslenkung umgerüstet und erhielten Aufbauten von Brewster, das 1926 in Rolls-Royce-Besitz übergegangen war.

1929er Rolls-Royce Phantom I Ascot Phaeton ▲
Der Ascot war eine von mehreren Karosserieversionen, die Rolls-Royce of America bei Brewster bauen ließ. Alle besaßen sehr britische Namen wie Ascot, Derby, Piccadilly, Pall Mall und Newmarket. Der Trouville Town Car brachte allerdings einen gewissen französischen Touch. Die Preise lagen sehr hoch: Der Ascot kostete 17.250 Dollar, und für ein Kabriolet von Hibberd & Darrin mußte der Käufer 19.665 Dollar auf den Tisch legen. Vom Ascot wurden insgesamt 25 Exemplare gebaut, sämtlich mit 3676 mm Radstand.
Besitzer: Gilmore Car Museum, Kalamazoo, Michigan

Die Käufer des amerikanischen Rolls-Royce kamen von beiden Enden des gesellschaftlichen Spektrum. Sie reichten von prominenten Ostküstenfamilien wie Carnegie, Guggenheim, Rockefeller und Vanderbilt bis zu Hollywoodgrößen wie Jackie Coogan, Pola Negri, Gloria Swanson, Tom Mix, Al Jolson, Clara Bow, Zeppo Marx und Daryl Zanuck. Die gefeierte New Yorker Gastgeberin E.T. Stotesbury besaß gleich mehrere. In ihrem Landhaus in Pennsylvania geschah es, daß Henry Ford seiner Frau in der Eingangshalle zuflüsterte: »Lehrreich zu sehen, wie die Reichen leben.«

Expräsident Woodrow Wilson besaß 1923 einen siebensitzigen Silver Ghost Oxford Touring. Zu den ausländischen Regierenden, die einen amerikanischen Rolls-Royce besaßen, gehörten General Morales aus Kuba (1926er

Oxford Touring) und Marschall Pilsudski aus Polen, dessen 1931 Phantom II mit 105-Liter-Benzintank und zwei Hupen ausgestattet war, die eine »sehr laut« und die andere »mit maximaler Lautstärke«.

Weniger bekannte Luxusautos, die mit dem Rolls-Royce konkurrierten, waren McFarlan, Phianna und Porter. Der McFarlan aus Connersville in Indiana, besaß den größten Motor aller amerikanischen Serienfahrzeuge der zwanziger Jahre. Dabei handelte es sich um einen Sechszylinder mit T-Kopf und 9369 cm³ Hubraum, der mit einer Lizenz der Firma Teetor-Hartley gebaut wurde, die ihn für die Maxim-Feuerwehrfahrzeuge konstruiert hatte. Die Firma Maxim aus Middleboro in Massachusetts war denn auch für den McFarlan-Vertrieb in Neuengland zuständig. Der Motor trug die Bezeichnung TV für Twin Valve (vier Ventile pro Zylinder), eine Bauweise, die sich in den achtziger Jahren für Hochleistungsmotoren durchsetzte. Er entwickelte 120 PS, ein Rekord für amerikanische Motoren der zwanziger Jahre.

Der McFarlan TV war ein massiges Fahrzeug mit 3556 mm Radstand, das als Limousine über 1,80 m Höhe erreichte. Er hatte bis 1925 in der Regel Disteel-Scheibenräder, war aber auch mit Holz- oder Drahtspeichenrädern erhältlich. 1921 gab es ihn in elf Ausführungen vom zwei-

1932er Auburn 12/160A ◄ ► ▼

Der Auburn V12 war beträchtlich billiger als alle anderen Zwölfzylinder. Ein Modell, das 32er Standard Coupé, lag sogar unter 1.000 Dollar. Das »A« in der Bezeichnung dieser zweitürigen Limousine weist darauf hin, daß es sich um ein nach Kundenwunsch gebautes Fahrzeug handelt, das auch die doppelt übersetzte Hinterachse mit den daraus resultierenden sechs Vorwärtsgängen hat.

Besitzer: Gary und Sharon Vick

sitzigen Roadster für 6.300 Dollar bis zum Knickerbocker-Kabriolet für 9.000 Dollar. Letzteres war ein Stadtwagen mit offenem Fahrersitz und Fahrgastkabine mit Faltdach. 1923 bekam er kleine Kotflügel, die die Vorderräder umfaßten, anstelle des durchgehenden Trittbretts eine kleine Stufe für den Fahrer und eine etwas größere für die Passagiere. Unmittelbar vor den hinteren Türen saßen kutschenähnliche Lampen. Cameron Peck, der bekannte Sammler antiker Autos, bot 1949 eines dieser Fahrzeuge zum Kauf an und beschrieb es dabei als »maurisches Schloß auf Rädern« und »größtmögliches Auto im schlechtestmöglichen Geschmack«. Er verlangte einschließlich Anlieferung zur Bahn nur 500 Dollar, aber das spiegelte wohl nicht so sehr seine Meinung von dem Wagen wider, sondern war vielmehr eine Auswirkung des allgemeinen Preisniveaus bei alten Autos.

McFarlan baute seine eigenen Karosserien, spezielle Karosseriebaufirmen arbeiteten kaum mit dem Chassis des TV. Eine Ausnahme war der Stadtwagen von Brooks-Ostruk, der 1922 zum Preis von 11.650 Dollar auf der New Yorker Ausstellung zu sehen war. Der bemerkenswerteste Aufbau stammte jedoch von McFarlan selbst. Er zeigte 1923 in Chicago ein Knickerbocker-Kabriolet, bei dem Kühlergehäuse, Naben, Felgen, Türgriffe und andere Metallteile, ja sogar Stoßstangen und Federgehäuse vergoldet waren. Der Wagen war offensichtlich eine Art Spekulationsobjekt und nicht speziell bestellt worden. Er kostete 25.000 Dollar und mußte sechs Monate warten, bis er schließlich verkauft wurde. Ob die Käuferin, eine Dame aus einer durch Öl reich gewordenen Familie aus Oklahoma, den vollen Preis bezahlte, ist nicht bekannt. Weitere bekannte McFarlan-Besitzer waren der Schwergewichtsboxer Jack Dempsey und der Bandleader Paul Whiteman, der damit in England auf Tournee ging und feststellen mußte, daß er für viele Straßen einfach zu groß war. Der Filmstar Dorothy Dalton ließ sich in einem McFarlan photographieren. Man weiß allerdings nicht, ob es ihr eigener war oder ob sie nur für die Aufnahme darin posierte. Neben dem TV baute McFarlan ab 1924 auch kleinere Sechszylinder und von 1926 an einen Wagen mit Reihenachtzylinder von Lycoming. 1928 wurde die gesamte Produktion eingestellt.

Der Phianna und der Porter waren unter den teuren Autos insofern ungewöhnlich, als sie Vierzylindermotoren hatten. Ersterer wurde 1917 in Newark, New Jersey, als Abkömmling des S.G.V. ins Leben gerufen und nach den Töchtern Phyllis und Anna eines der Geldgeber benannt. Nachdem unter den ursprünglichen Besitzern nur wenige Fahrzeuge gebaut worden waren, übernahm 1919 Miles Harold Carpenter das Kommando und errichtete ein neues

Werk in Long Island City. Er behielt den Vierzylindermotor bei, allerdings mit einer interessanten Änderung in Form eines Kühlerventilators aus Walnuß- und Eschenholz, der von dem Propellerkonstrukteur Fred Charavey stammte. Der Radstand wurde um 10 cm auf 3175 mm verlängert, und es gab verschiedene Aufbauten zu Preisen zwischen 6.000 und 11.500 Dollar. Damit bewegte man sich bereits in Locomobile-Höhen, wo die Kunden für ihr Geld mindestens sechs Zylinder erwarteten.

Wahrscheinlich wurden nur etwa 300 Phiannas gebaut, die allerdings illustre Käufer fanden, darunter R.B. Horne, Präsident der Canadian Pacific Railways, der brasilianische Staatspräsident und Bainbridge Colby, Außenminister unter Präsident Wilson. Auch die Herren Armour, Benjamin, Curahy und Swift, große Namen in der Fleischindustrie, besaßen jeweils einen Phianna. Carpenter erzählte, er habe einmal einen Phianna zu einem prächtigen Landhaus in Irvington-on-the-Hudson gebracht, wo eine Party im Gange gewesen sei. Überrascht habe er festgestellt, daß seine Kundin und all ihre Gäste Schwarze waren. Unter etwa achtzig Leuten sei er der einzige Weiße gewesen. Aber im Gegensatz zu den Mitgliedern der Imported Car Association, unter denen das stillschweigende Einverständnis herrschte, nicht an Schwarze zu verkaufen, habe er gern Geschäfte mit schwarzen Kunden gemacht.

1932er Willys-Overland 6-90 Roadster ▲

Willys fertigte 1932 vier Baureihen mit zwei unterschiedlichen Radständen. Zwei Baureihen hatten Sechs- und Achtzylindermotoren mit Ventilen, die sich rechtwinklig zur Ebene des Ventilsitzes bewegten, und zwei hatten Sechszylinder-Schiebermotoren von Knight. Für diesen Sechszylinder-Roadster gab es keinen Knight-Motor. Bei den Versionen, für die beide Motortypen Verwendung fanden, d.h. bei der Limousine und beim Coupé, kostete das Modell mit Schiebermotor jedoch über 300 Dollar mehr. Von den 26.710 Fahrzeugen, die Willys 1932 verkaufte, besaßen nur 3.265 einen von Knight-Motor.

Besitzer: George Sanders

Der Porter besaß insofern gewisse Ähnlichkeiten mit dem Phianna, als er ebenfalls ein teures Luxusauto war, das auf ein früheres Modell zurückging, in diesem Fall den F.R.P. Während aber Miles Carpenter ein Unbekannter war, galt das nicht für den Konstrukteur des Porter: Finlay Robertson Porter hatte schon für den berühmten Mercer 35 verantwortlich gezeichnet. Der Porter besaß einen großen Vierzylindermotor der American & Britisch Manufacturing Corporation aus Bridgeport, Connecticut, der 120–125 PS entwickelte und damit möglicherweise stärker war als der TV von McFarlan. Auf einem Chassis mit 3606 mm Radstand waren die schönsten Karosserien von Brewster, Demarest und Fleetwood zu bewundern, und zwar zu Preisen oberhalb von 10.000 Dollar. Zwischen 1919 und 1922 fanden nur 36 Fahrzeuge einen Käufer.

Während die traditionellen Hersteller von Luxusautos am Sechszylinder festhielten, entwickelte sich ein nicht unbedeutender Trend zu Achtzylinder, und zwar nicht nur zu V-Achtzylindern, die seit der Einführung durch Cadillac 1914 beliebt gewesen waren, sondern auch zu Reihenachtzylindern. Cadillac blieb seiner V8-Konzeption die zwanziger Jahre hindurch und sogar bis heute treu und ergänzte sie in den dreißiger Jahren mit V12- und V16-Motoren. Peerless baute von 1916 bis 1928 Fahrzeuge mit V-Achtzylindern und ging während seiner letzten Jahre zu Reihenachtzylindern und billigeren Sechszylindern über. Weitere Unternehmen, die den V8 bevorzugten, waren die Luxusautohersteller Cunningham und Daniels mit eigenen Motoren, Apperson und King in der mittleren Preisklasse, ebenfalls mit eigenen Motoren, und Cole, der seine Motoren bei Northway kaufte. Die meisten dieser Firmen stellten ihren Betrieb Mitte der zwanziger Jahre ein; Cunningham machte allerdings im kleinen Maßstab weiter und konzentrierte sich schließlich auf Leichenwagen, die seit der Firmengründung ein wichtiges Standbein gewesen waren. Cunninghams letztes Fahrzeug war Mitte der dreißiger Jahre ein Stadtwagen mit einem V-8 von Ford.

Ein wichtiger Neuling auf dem Markt der Luxusautos war der Lincoln von Henry M. Leland und seinem Sohn Wilfred, die 1917 nach einem Streit mit Billy Durant bei Cadillac ausgeschieden waren. Angesichts des bevorstehenden Eintritts der Vereinigten Staaten in den 1. Weltkrieg hatten sie mit ihrer Lincoln Motor Company zunächst Flugzeugmotoren gebaut, insgesamt etwa 6.500 Stück. Nach dem Krieg standen sie dann vor der Aufgabe, das große Werk und die 6.000 Beschäftigten zu halten. Da war es angesichts ihrer Vorgeschichte keine Überraschung, daß sie sich wieder dem Automobilbau zuwandten.

Der im September 1920 angekündigte Lincoln V8 ähnelte dem Cadillac mit der Ausnahme, daß der Winkel zwischen den Zylinderreihen 60 anstelle der üblicheren 90 betrug. Dadurch erfolgte die Zündung einmal bei 60 und einmal bei 120 Kurbelwellenumdrehung. Leland zielte damit auf eine Dämpfung der Oberwellenschwingungen ab, die bei früheren V8-Motoren ein Problem dargestellt hatten. Hubraum und Leistung betrugen 5864 cm^3 und 81 PS im Vergleich zu 5143 cm^3 und 60 PS beim Cadillac. Mit Standardaufbauten von der American Body Company aus Buffalo und der Anderson Electric Car Company aus Detroit kam der Wagen auf Preise zwischen 4.300 und 6.600 Dollar. Sonderaufbauten von Brunn oder Judkins waren beträchtlich teurer. Für einen Cadillac mußte man zu dieser Zeit zwischen 3.740 und 5.690 Dollar bezahlen.

Der Name Leland hatte so viel Gewicht, daß die Anteilscheine im Wert von 6,5 Millionen Dollar binnen eines Tages gezeichnet waren und mehr als 1.000 Bestellungen vorlagen, noch bevor der erste Lincoln das Werk verließ. Bedauerlicherweise wurde ein Teil dieser Bestellungen rückgängig gemacht, als die Käufer den Wagen in natura sehen konnten. Technik und Leistung waren ja akzeptabel, aber das Aussehen ließ zu wünschen übrig und wirkte sogar altmodisch. Für heutige Augen sieht der Lincoln im Vergleich zu seinen Zeitgenossen nicht allzu schlecht aus, aber in der Öffentlichkeit war damals wohl der Eindruck erweckt worden, von einer neuen Marke, hinter der der Name Leland stand, etwas Außergewöhnlich erwarten zu dürfen. In Verbindung mit der Rezession Ende 1920 ergab das für Lincoln ein enttäuschendes erstes Jahr, in dem anstelle der erwarteten 6.000 Einheiten nur 3.407 Fahrzeuge einen Käufer fanden.

Eine hohe Steuerforderung brachte Lincoln im November 1921 in Konkursverwaltung, und im Februar 1922 wurde das Unternehmen zum Verkauf ausgeschrieben. Das einzige Angebot kam von Henry Ford, der mit acht Millionen Dollar auch den Zuschlag erhielt. Clara Ford war eine gute Freundin der Frau von Wilfred Leland und sagte bei einer ihrer wenigen öffentlichen Auftritte: »Wenn Detroit zusieht, wie die Lelands und ihre Leute, die ihr Geld in das Unternehmen gesteckt haben, alles verlieren, ohne eine Hand zu rühren, dann ist etwas faul an unserer Gesellschaft.« Edsel Ford fügte hinzu: »Es wäre eine Schande, ein dunkler Fleck auf der Weste der ganzen Gesellschaft, wenn Detroit das Unternehmen Leland zugrunde gehen ließe.«

Bei Henry Ford trat dieser Gemeinschaftssinn nicht so zutage. Leland hatte ihn schon im Juni 1921 wegen eines Darlehens angesprochen, aber damit hätte er nicht die volle Kontrolle über die Firma erlangt. Indem er wartete, bis Leland unter Konkursverwaltung gestellt wurde, bekam er ein potentiell wertvolles Unternehmen praktisch zum Ausverkaufspreis. Schon nach wenigen Monaten, in die auch Henry Lelands neunundsiebzigster Geburtstag fiel, waren die Lelands durch die ständigen Interventionen der Ford-Leute so entmutigt, daß sie Ford anboten, die Firma für den Preis, den er gezahlt hatte, plus Zinsen zurückzukaufen. Doch Ford soll daraufhin geantwortet haben: »Mr. Leland, ich würde das Lincoln-Werk nicht für fünfhundert Millionen Dollar wieder verkaufen.«

Ford versprach, jeden Tag mindestens zwei Stunden mit Henry Leland zu verbringen, um eventuelle Probleme zu besprechen, traf aber nie wieder mit den Lelands zusammen. Im Juni 1922 überbrachte ein Abgesandter Fords die Forderung, daß Wilfred Leland aus dem Unternehmen ausscheiden solle. Verständlicherweise zog sich dessen Vater noch am gleichen Tag zurück. Die Lincoln Motor Company gehörte jetzt ganz Henry Ford, der jedoch seinen Sohn Edsel mit den Aufgabenbereichen Design und Marketing betraute.

Zunächst änderte sich nur wenig; die meisten Lincolns des Jahres 1922 trugen auf dem Kühler nach wie vor die Aufschrift »Lincoln, Leland built«. Die 151 Händler, die Leland unter Vertrag genommen hatte, wurden bald durch Ford-Händler ersetzt, die den Lincoln-Verkauf auch auf

1937er LaSalle Sedan ▲ ◀
Trotz seines im Vergleich zu 1936 nur wenig geänderten Erscheinungsbildes sah der LaSalle des Jahres 1937 mehr denn je zuvor aus wie ein kleiner Cadillac und besaß auch den gleichen V8 mit 5274 cm³ Hubraum wie der Cadillac 60. Beide Wagen waren jetzt auch mit einer Hypoid-Hinterachse ausgestattet. Unter den fünf Karosserieversionen befand sich zum ersten Mal eine Limousine mit aufklappbarem Dach. Die hier gezeigte viertürige Limousine kostete 1.145 Dollar. Für LaSalle war 1937 mit 32.005 ausgelieferten Fahrzeugen das beste Jahr.

Besitzer: Wally Herman

1923er Duesenberg A Touring ◄ ►
Nachdem sie eine Reihe von Rennwagen konstruiert hatten, bauten die Gebrüder Duesenberg Ende 1920 ihren ersten Tourenwagen, der bei zwei bedeutsamen Entwicklungen die Vorreiterrolle spielte, nämlich beim Achtzylinderreihenmotor und bei der hydraulischen Allradbremse. Touring-Aufbauten wie der hier gezeigte entstanden zunächst bei Rubay und ab 1923 bei Millspaugh & Irish oder bei Springfield. 1923 legte ein Duesenberg A Touring in Indianapolis in 24 Stunden 5.077 km zurück und diente als Pace-Car beim 500-Meilen-Rennen desselben Jahres.

Besitzer: Dr. Claude L. Pressler

Länder wie Kuba, China und Japan ausdehnten. Edsel Ford engagierte Herman Brunn von der bekannten Karosseriebaufirma aus Boston, der eine Palette von Aufbauten entwarf, die dann Ende 1922 und 1923 übernommen wurden. Daneben gab es Aufbauten von der American Body Company und von Judkins. Die Preise lagen zwischen 3.800 Dollar für einen siebensitzigen Tourenwagen in Standardausführung und 7.200 Dollar für einen Stadtwagen von Brunn.

Spektakuläre Entwicklungsschritte waren beim Lincoln in den zwanziger Jahren nicht zu verzeichnen. Die unter Ford eingeführten Aluminium-Kolben erhöhten die Leistung auf 90 PS, die 23er Modelle sahen dank der wahlweise erhältlichen Drahtspeichenräder und des längeren Radstands von 3454 mm besser aus. Dieser Radstand wurde 1924 für die Serie übernommen und erst 1931 auf dann 3683 mm verlängert. Neben vermögenden Kunden aus dem In- und Ausland entschied sich auch die Einsatztruppe der Detroiter Polizei für Lincoln, nachdem sie elf andere Marken getestet hatte. Sie brauchte die schnellen Wagen in den zwanziger Jahren im Kampf gegen die Alkoholschmuggler, die die zahllosen »Flüsterkneipen« der Prohibitionszeit versorgten. Während die normale Kundschaft bis 1927 auf Vorderradbremsen warten mußte, waren die Polizeifahrzeuge schon ab 1924 damit ausgestattet. Weitere Ausstattungsmerkmale waren schußsicheres Glas und Gewehrhalterungen im Fond.

Die Lincoln-Produktion nahm einen zufriedenstellenden Verlauf. 1922 wurden 5.767 Fahrzeuge ausgeliefert, davon 255 noch unter Leland, der Rest unter Ford-Ägide gebaut. 1926 stieg die Zahl auf 8.858, die höchste bis zur Einführung des billigeren Zephyr in den dreißiger Jahren. Damit lag Lincoln weit hinter Cadillac mit 27.340 verkauften Fahrzeugen 1926, aber immer noch vor Locomobile und Pierce-Arrow.

Cadillac erlebte ein gutes Jahrzehnt. Zu dem bis dahin einzigen Modell mit V8-Motor trat 1927 der kleinere LaSalle. Benannt nach dem französischen Forscher René Robert Cavalier de la Salle, der 1682 Louisiana für seinen König Ludwig XIV. in Besitz genommen hatte, sollte er die Lücke zwischen dem teuersten Buick (1.995 Dollar) und dem billigsten Cadillac (2.995 Dollar) füllen und gegen die erfolgreichen Konkurrenten Packard Single Six und Chrysler Imperial antreten. Der 4963 cm^3 große Motor des LaSalle war mit einem Hubverhältnis von 1,58:1 effizienter als der des Cadillac mit 1,64:1. Die rechte Zylinderreihe ragte 3,5 cm über die linke hinaus, so daß die Pleuel Seite an Seite auf die Kurbelzapfen paßten. Die Leistung lag mit respektablen 75 PS nur 5 PS unter der des Cadillac-Motors mit 5151 cm^3 Hubraum. Ab 1928 wurde diese Zylinderanordnung dann auch für die Cadillac-Motoren übernommen.

Das Auffallendste am neuen LaSalle war wohl sein Erscheinungsbild, für das Harley Earl verantwortlich zeichnete, der vorher für den Karosseriebauer Don Lee in Los Angeles gearbeitet hatte. Der LaSalle führte dazu, daß General Motors eine Abteilung »Form und Farbe« einrichtete (aus der später die Abteilung »Design« wurde). Earl hielt sich bei seiner Arbeit an den spanischen Hispano-Suiza, der damals als Inbegriff für Chic und Luxus galt, sich wegen seines Preises von 10.750–19.500 Dollar in den USA aber nicht gut verkaufte. Besonders stark war der Einfluß des Spaniers an der Kühlerform, der geflügelten Kühlerfigur und Strebe zwischen den Scheinwerfern zu erkennen. Alle elf Versionen, davon acht mit 3175 mm und drei mit 3403 mm Radstand, waren in Zweifarbenlackierung erhältlich. Die Preise lagen zwischen 2.495 Dollar für den Phaeton mit kurzem Radstand und 2.920 Dollar für den siebensitzigen Imperial mit langem Radstand. Für das Modelljahr 1928 kam eine Reihe von Sonderaufbauten von Fleetwood hinzu, die den Höchstpreis bis auf 4.900 Dollar steigen ließen. Zu dieser Zeit bot Cadillac 50 verschiedene Varianten von Fahrgestell und Aufbau mit 500 Farbkombinationen. Der LaSalle kam in den Jahren 1927 und 1928 mit 26.807 von 47.136 auf mehr als die Hälfte aller Bestellungen, die bei der Cadillac Division von General Motors eingingen.

Der LaSalle mit V8-Motor wurde bis zum Ende des Modelljahres 1933 gebaut und dann durch einen Oldsmobile mit Reichenachtzylinder ersetzt. Ab 1931 besaß er den gleichen Motor wie der Cadillac, war aber mindestens 500 Dollar billiger. Eine bedeutsame technische Weiterentwicklung bei beiden Marken war das 1929 eingeführte Synchrongetriebe. Damit lag General Motors weltweit vorn, obwohl damals kaum jemand ahnte, daß das synchronisierte Getriebe binnen zehn Jahren nahezu universell und das Zwischenkuppeln so überholt sein würde wie das Anlassen mit der Handkurbel. Der erste Gang war allerdings nicht synchronisiert.

Der in den ersten zehn Jahren des Jahrhunderts so beliebte V12-Motor hielt sich nur im Packard Twin Six, das auch nur bis 1923, ehe die Idee um 1930 wieder aufgegriffen wurde. Einzige Ausnahme war der extravagante Heine-Velox des in Deutschland geborenen Klavierbauers Gustav Otto Heine (1868–1959). Heine hatte in San Francisco einige wenige Fahrzeuge gebaut, bis seine Fabrik beim Erdbeben 1906 zerstört wurde. Anschließend hatte er sich wieder dem Klavierbau zugewandt, um dann 1921 ein massiges Auto mit 3759 mm Radstand und V12-Motor von Weidely mit 6380 cm³ Hubraum anzukündigen. Der Wagen besaß jede Menge ungewöhnliche Merkmale, darunter eine hydraulische Allradbremse, vermutlich die erste in den Vereinigten Staaten, mit 20-Liter-Reservetank, aus dem entweder die Hinterrad- oder die Vorderradbremsen oder beide gleichzeitig mit Bremsflüssigkeit nachgefüllt werden konnten. Die Fenster drehten sich um einen Zapfen, der Aufbau war nicht auf, sondern seitlich am Rahmen befestigt, wodurch die Steifigkeit erhöht wurde und der Schwerpunkt niedriger lag. Die Karosserien wurden sämtlich bei der Heine-Velox Engineering Company in San Francisco gefertigt. Die Scheinwerfer saßen ähnlich wie beim Pierce Arrow auf den Stoßstangen.

Heine verlangte Preise zwischen 17.000 und 25.000 Dollar für seine Autos. Er baute insgesamt fünf, einen sportlichen Victoria*, drei normale Limousinen und eine unfertige Limousine mit getrenntem Fahrersitz. Ein potentieller Käufer, ein Schauspieler aus Hollywood, der vorab einen Scheck geschickt hatte, erhielt diesen mit dem Vermerk Heines zurück: »Wir nehmen keine Almosen«. Heine gab ein oder zwei Fahrzeuge weg und behielt die anderen. Als er 1959 starb, waren noch zwei vorhanden, eine normale Limousine und die unfertige Limousine mit getrenntem Fahrersitz. Beide stehen noch in Kalifornien.

* viertüriger Personenwagen mit separatem, durch eine Glasscheibe vom Fahrersitz getrennten Fahrgastraum

In den zwanziger Jahren tauchte erstmals der Reihenachtzylinder auf, der sich schnell zunehmender Beliebtheit erfreute. Die Vorreiterrolle hatte 1919 die italienische Firma Isotta-Fraschini gespielt, deren Fahrzeuge in den Vereinigten Staaten großen Anklang und zwischen 1920 und 1932 450 Käufer fanden. Wer den ersten amerikanischen Reihenachtzylinder baute, ist umstritten. Den Anspruch erhoben sowohl die Gebrüder Duesenberg aus Indianapolis als auch Cloyd Y. Kenworthy aus Mishawaka in Indiana. Doch während der Duesenberg bereits Mitte November 1920 beim New Yorker Autosalon zu besichtigen war, wurde der Kenworthy erst im Dezember angekündigt. Und beim Kriterium Markterfolg hatten die Gebrüder Duesenberg die Nase ebenfalls weit vorn, denn der Kenworthy Line-O-Eight für 5.550 Dollar fand, wenn überhaupt, nur ein paar Käufer, während der Duesenberg A bis 1926 gebaut und dann von einem der schönsten Autos abgelöst wurde, die es in Amerika je gegeben hat.

Fred und Augie Duesenberg hatten sich mit Rennwagen einen Namen gemacht, von 1912 bis 1913 zunächst unter der Bezeichnung Mason und anschließend unter dem eigenen Namen. Der Duesenberg A Touring, an dem sie im Laufe des Jahres 1920 arbeiteten, war ihr erstes straßentaugliches Auto. Es besaß einen Reihenachtzylinder mit 4258 cm³ Hubraum und obenliegender Nockenwelle sowie eine hydraulische Allradbremse, wie sie auch der Kenworthy und der Heine-Velox V12 hatten. Der Wagen war mit 6.500 Dollar für den fünfsitzigen Touring bis hin zu 8.800 Dollar für den Stadtwagen wahrlich nicht billig. Die ersten Fahrzeuge wurde 1922 ausgeliefert; insgesamt kam der Duesenberg A auf etwa 600 Einheiten, bis die Firma 1926 von Errett Lobban Cord übernommen wurde.

Cord, der bereits Auburn wieder auf die Beine gebracht hatte, sah den Duesenberg als Schritt auf dem Weg in die Spitzenränge des amerikanischen Automobilbaus, aber dafür war der Duesenberg A nicht das richtige Modell. Er ließ daher den Gebrüdern Duesenberg freie Hand in der Entwicklung eines Fahrzeugs, das in jeder Hinsicht mit dem Besten, was Amerika und die restliche Welt bieten konnten, mithalten können sollte. Während eine dem A ähnliche Konstruktion mit der Bezeichnung Duesenberg X (insgesamt nur etwa ein Dutzend Einheiten) das Jahr 1927 überbrücken half, arbeitete Fred Duesenberg an dem neuen Wagen, der schließlich am 1. Dezember 1928 auf der New Yorker Automobilausstellung vorgestellt wurde. Der Duesenberg J, wie er bezeichnet wurde, besaß einen Reihenachtzylinder mit 6880 cm³ Hubraum und nicht nur

einer, sondern zwei obenliegenden Nockenwellen, eine Bauweise, die bis dahin nur von Rennwagen und einigen wenigen europäischen Sportwagen bekannt war. Seine Leistung sollte 265 PS bei 4.250 U/min betragen. Das war zwar mit Sicherheit nur die Bruttoleistung ohne Berücksichtigung der Verluste durch das Getriebe, aber immer noch mehr als doppelt so viel, wie irgend ein anderes Fahrzeug zu dieser Zeit aufweisen konnte. Der in Spanien gebaute Hispano-Suiza V12, der zwei Jahre später auf den Markt kam und einen Motor mit 9418 cm³ Hubraum hatte, leistete nur 220 PS, der nächststärkste amerikanische Wagen, der Cadillac V16 kam bei der Einführung 1930 auf 175 PS.

Der Duesenberg J war unweigerlich sehr teuer, aber das war für Cord wahrscheinlich ein Pluspunkt und kein Nachteil. Er zielte nämlich ganz unverfroren auf die Reichen ab, die jedermann zeigen wollten, daß sie reich waren, davon gab es in der Zeit vor der Depression eine ganze Menge. Zum Fahrgestellpreis von 8.500 Dollar kamen für den Käufer noch 2.500 – 8.000 Dollar für den Aufbau hinzu. Dabei bestand die Wahl zwischen den von Duesenberg selbst angebotenen, aber bei anderen Firmen gefertigten Karosserien mit der Bezeichnung La Grande und Sonderaufbauten von Amerikas besten Karosseriebauern. Nackte Fahrgestelle wurden nur wenige ausgeliefert, und wenn, dann meistens nach Europa. Normalerweise traf der Kunde seine Wahl unter dem großen Angebot an Karosserieversionen, die in der Design-Abteilung bei Duesenberg ausgestellt waren. Chef dieser Abteilung war von 1929 bis 1931 Gordon Buehrig, der später den Cord 810 entwarf. Ihm war es lieber, wenn er darauf achten konnte, welchen Aufbau ein Duesenberg-Fahrgestell bekam, als dem Karosseriebauer oder dem Kunden freie Hand zu lassen. Daher sehen viele Duesenberg-Karosserien einander ähnlich, obwohl nur wenige absolut identisch waren.

Die bekannteste Karosseriebaufirma, die die Aufbauten für 150 der 470 Duesenberg J lieferte, war Murphy in Pasadena. Auch Brunn, Derham, Holbrook, Judkins, Locke, Rollston, Weymann und Willoughby arbeiteten regelmäßig für Duesenberg. Ein paar originelle Karosserien kamen von der Firma Bohman & Schwartz, die aber besser bekannt ist für das Aufarbeiten der Karosserien im Stil der Mitte der dreißiger Jahre, was gegenüber dem Original nur selten eine Verbesserung darstellte, aber von den Kunden gewünscht wurde. Einer der ungewöhnlichsten Aufbauten von Bohman & Schwartz erfolgte auf einem extra von 3886 mm auf 4521 mm verlängerten Fahrgestell. Das wegen der erhöhten Rücksitze so genannte »Thron-Auto« wurde für Father Divine, einen bekannten Evangelisten der dreißiger Jahre, gebaut und soll 25.000 Dollar gekostet haben.

Die Besitzer eines Duesenberg wollten nicht alle so auffallen wie Father Divine, unterschieden sich aber doch recht stark von den konservativen Besitzern eines Locomobile oder Pierce-Arrow. An der Ostküste fand der Duesenberg nur relativ wenige Käufer, darunter John Walker, der New Yorker Oberbürgermeister. Ein besonders fruchtbarer Boden für Duesenberg-Händler war Hollywood; zu den dortigen Duesenberg-Besitzern zählten unter anderem Marion Davies, Mae West, Greta Garbo und Clark Gable sowie der Zeitungsmagnat William Randolph Hearst. Cooper und Gable besaßen die beiden einzigen zweisitzigen Duesenberg SSJ mit kurzem Radstand, die je gebaut wurden. Ein weiterer Duesenberg-Besitzer war Cliff Durant, der Sohn Billys. Er hatte einen 1931er »Boat-Tail«-Roadster von Murphy, den er 1932 an den Ölmagnaten J. Paul Getty verkaufte, der ihn acht Jahre lang fuhr und anschließend gegen einen neuen Mercury eintauschte! Später ging der Wagen in den Besitz des Schriftstellers John O'Hara über. Zu den Duesenberg-Besitzern im Ausland zählten die Könige von Italien und Spanien, Königin Marie von Jugoslawien, Prinz Nikolaus von Rumänien und der Holkar von Indore. Die meisten dieser Fahrzeuge hatten in Europa gefertigte Aufbauten, beispielsweise von Franay aus Paris (Königin Marie) und Gurney Nutting aus London (Holkar von Indore).

Im Juli 1932, etwa drei Wochen nach einem Autounfall, von dem er sich gut zu erholen schien, starb Fred Duesenberg an Lungenentzündung. Seine letzte Konstruktion war ein Zentrifugalkompressor gewesen, der die Leistung angeblich auf 320 PS steigerte. Dieser Kompressor war bereits in einige Fahrzeuge eingebaut worden, die die Bezeichnung SJ trugen und erstmals im Mai 1932 und letztmals im Oktober 1935 ausgeliefert wurden. Der Duesenberg SJ besaß meistens den kürzeren von zwei Radständen (3618 mm) und kostete als Chassis 8.000 Dollar 1934 und 10.000 Dollar 1935. Ein SJ-Coupé mit Faltdach erreichte in Indianapolis einmal 208 km/h. Unter insgesamt etwa 470 Duesenberg J wurden nur etwa 36 in der Version SJ gebaut. Das letzte Duesenberg-Fahrgestell entstand 1937, während das letzte fertige Fahrzeug seinen Besitzer, den deutschen Künstler Rudolph Bauer, erst Anfang 1940 erreichte. Bauer hatte die Karosserie für den

1929er Packard Custom 645 Phaeton von Dietrich ▶

Packard baute 1929 nur Fahrzeuge mit Reihenachtzylinder, unter denen die Baureihen 640 und 645 den Spitzenplatz einnahmen. Sie hatten einen Motor mit 6298 cm³ Hubraum und waren mit zwei Radständen verfügbar, nämlich 3556 mm (640) und 3683 mm (645). Für die Baureihe 640 standen drei Karosserieversionen zu Verfügung und für die Baureihe 645 dreizehn, darunter Arbeiten von Dietrich, LeBaron und Rollston. Dieser Dietrich-Phaeton kostete 4.585 Dollar.

Besitzer: Duke Davenport

1932er Duesenberg SJ ▶

Der SJ war die Kompressorversion des berühmten Duesenberg J. Sein charakteristisches Merkmal waren die vier – auf diesem Bild nicht sichtbaren – metallschlauchähnlichen Auspuffrohre auf der rechten Seite des Motors. Für den Kompressor mußten unter anderem die Wasserpumpe und der Ölfilter verlegt und der Ansaugkrümmer über den Zylinderkopf hinweg verlängert werden. Der Duesenberg SJ wurde in etwa 35 Exemplaren gebaut, die außenliegenden Auspuffrohre entwickelten sich aber zum beliebten Zubehör für Fahrzeuge ohne Kompressor und werden auch heute noch von Restauratoren verwendet.

Besitzer: Mr. Goodwin

Wagen ursprünglich bei Erdmann & Rossi in Deutschland fertigen lassen wollen, es sich dann aber anders überlegt und war in die Vereinigten Staaten emigriert. Den Auftrag für die Karosserie hatte er dann an die Firma Rollson, ehemals Rollston, vergeben, die ihm einen Stadtwagen mit Kabrio-Verdeck, seitlich bis über die Räder reichenden Stoßfängern und einem schrägen verchromten Kühlergrill baute, der gar nicht nach Duesenberg aussah.

Der nächste bedeutende Reihenachtzylinder nach Duesenberg kam von Packard, das seinen Twin Six im Juni 1923 durch den Single Eight ersetzte. Dieser besaß einen Motor mit 5862 cm^3 Hubraum und neunfach gelagerter Kurbelwelle, Seitenventilen in einem L-Kopf und Kurbelgehäuse aus Aluminium, der 84 PS entwickelte. 1940 stieg die Leistung des Wagens auf 160 PS aus einem etwas kleineren Motor in Gußbauweise. Er besaß wie der Duesenberg eine Allradbremse, die aber erst ab 1937 hydraulisch betätigt wurde.

Den Packard Eight (der Zusatz »Single« entfiel nach dem ersten Jahr) gab es mit zwei Radständen, und zwar 3454 mm und 3632 mm, d.h., 136 und 143 Zoll; von diesen Maßen leiteten sich die Modellbezeichnungen ab, nämlich 136 und 143 im ersten Jahr, 236 und 243 im zweiten bis 836 und 843 1931. Danach kam der Radstand in der Modellbezeichnung nicht mehr vor. Packard blieb allerdings dabei, seine Achtzylindermodelle mit der Baureihe zu bezeichnen. Das ging bis zur 26. Reihe 1953. Die Preise lagen etwas niedriger als beim Twin Six, die Produktion hingegen mit über 11.000 Einheiten 1924 und 43.000 Fahrzeugen 1928 einiges höher. Das waren bemerkenswerte Zahlen in dieser Preisklasse, mit denen der Packard von Ende der zwanziger bis Anfang der dreißiger Jahre meistens vor dem LaSalle von Cadillac lag. Packard vergrößerte seinen Vorsprung sogar noch, als 1935 ein billiger Achtzylinder auf den Markt gebracht.

Die seltensten und unter Sammlern begehrtesten Packard-Achtzylindermodelle waren die Speedster der Baureihe 734 aus dem Jahr 1930. Diese besaßen modifizierte Motoren mit bis zu 145 PS und kamen mit der Hinterachsübersetzung von 3,3:1 und der leichten Karosserie auf über 160 km/h. Die Baureihe 734 gab es in vier Versionen, nämlich als zweisitzigen Roadster, viersitzigen Phaeton, Victoria und Limousine, von denen insgesamt 113 Einheiten gebaut wurden. Ende der zwanziger Jahre fanden Reihenachtzylinder immer weitere Verbreitung, da sie auch für Fahrzeuge in der mittleren Preisklasse wie den Chandler und den Marmon übernommen wurden und kleinere Hersteller wie Jordan, Kissel und Roamer sich bei Motorenbauern wie Continental und Lycoming bedienen konnten. 1929 hatten 18 US-Autohersteller Achtzylindermodelle im Programm, eine Zahl, die sich im folgenden Jahrzehnt noch erhöhte, da auch bekanntere Unternehmen wie Dodge und Hudson (1930), Buick und Chrysler (1931), Oldsmobile (1932) und Pontiac (1933) in diesen Kreis vorstießen. Der Pontiac war übrigens mit 585–695 Dollar das billigste Achtzylindermodell, das es je gab.

1932er Chrysler Imperial CH ◄

Für das Modelljahr 1932 brachte Chrysler seinen Imperial in zwei Baureihen, und zwar als CH mit 3429 mm und als CL mit 3708 mm Radstand. Beide besaßen den 1931 eingeführten Reihenachtzylinder mit 6303 cm³ Hubraum und 135 PS sowie einen Doppeltiefbettrahmen und ein Vierganggetriebe mit Freilauf. Vom CH wurden größere Stückzahlen gefertigt, nämlich 1.402 im Vergleich zu 220 CL. Am beliebtesten war die hier gezeigte fünfsitzige Limousine mit 1.002 verkauften Einheiten.

Besitzer: Duke Davenport

DIE LETZTEN DAMPFWÖLKCHEN

Eines der schönsten und seltensten Luxusautos Amerikas, der Doble, besaß nur vier Zylinder, die wurden auch noch mit Dampf betrieben. Abner Doble (1895–1961) baute sein erstes Dampfmobil, als er noch zur Oberschule ging. Während des Studiums am Massachusetts Institute of Technology besichtigte er dann natürlich das Stanley-Werk. Unbeeindruckt von der konservativen Technik der Stanley-Zweizylinder baute er schließlich 1914 mit Hilfe seiner Brüder und eines mit Bergbauausrüstung erworbenen Familienvermögens sein erstes Fahrzeug, von dem noch Unterlagen existieren. Es besaß einen Kondensator, der den gesamten Abdampf verwertete, und eine doppeltwirkende Zweizylindermaschine.

Von diesem Modell A baute Doble fünf Stück in Waltham, Massachusetts, bevor er nach Detroit umzog, wo ein paar weitere Fahrzeuge unter dem Namen Doble-Detroit entstanden. 1924 konstruierte er sein Meisterstück, den Doble E, für den in Emeryville in Kalifornien extra ein neues Werk errichtet wurde. Der Doble E verfügte über die neueste Technik und die besten Bauteile, die für Geld zu bekommen waren. Er hatte eine Vierzylindermaschine, die 126 PS leistete, einen äußerst wirkungsvollen Kondensator, der mit einer 100-Liter-Tankfüllung Wasser 2.400 km Fahrt ermöglichte (der Stanley mußte immer noch alle 240-400 km Frischwasser aufnehmen), und einen Flammrohrkessel, der in etwas mehr als einer Minute für den nötigen Dampfdruck sorgte. Bei einem Test bei Temperaturen um den Gefrierpunkt war einmal bereits nach 23 Sekunden nach dem Einschalten der nötige Betriebsdruck aufgebaut, 41 Sekunden später konnte der Wagen mit vier Passagieren losfahren. Der Doble E beschleunigte in acht Sekunden auf knapp 100 km/h; ein allem Unnötigem entkleidetes Fahrzeug kam sogar in zehn Sekunden auf 120 km/h.

Der Doble E hatte 3606 mm Radstand und wurde in acht Karosserieversionen angeboten, sämtlich von Murphy aus Pasadena. Mit Preisen zwischen 8.000 und 11.200 Dollar bewegte er sich im Bereich von Locomobile und Rolls-Royce bzw. teurer Importe wie Hispano-Suiza und Isotta-Fraschini, denen er von der Leistung her aber überlegen war. Das einzige Benzinauto, das Abner Doble fürchtete, war der Lincoln; aber auch dem konnte der Doble E bei Volldampf davonfahren.

Abner Dobles Kundenliste enthielt bekannte Namen wie Joseph Schenk, Norma Talmadge, Howard Hughes und den Maharadschah von Bharatpur, der mit seinem Fahrzeug auf die Tigerjagd ging. Bedauerlicherweise war diese Kundenliste aber gleichzeitig recht klein, da nicht genügend reiche Leute die Feinheit und Leistung des Doble E zu schätzen wußten. Außerdem wurde das Unternehmen schwer von Börsenmanipulationen getroffen, von denen Abner Doble erst erfuhr, als es schon zu spät war. Dadurch konnten nur etwa ein Dutzend Doble E und noch weniger Fahrzeuge des verbesserten Modells F gebaut werden.

Außer dem Doble gab es Ende der zwanziger Jahre praktisch keine Dampfmobile mehr. In Kanada wurden mehr Dampffahrzeuge gebaut als in den Vereinigten Staaten, denn die Firma Brooks aus Stratford in Ontario fertigte etwa 180 Dampf-Limousinen, die zum großen Teil in Stratford und Toronto als Taxis eingesetzt wurden. Stanley machte mehr schlecht als recht mit gelegentlichen Verbesserungen, steigenden Preisen und nachlassenden Verkäufen noch bis 1927 weiter. 1922/23 gab es noch einmal ein kurzes Aufflackern, als mehrere neue Marken wie American, Bryan, Crossland, Delling, Detroit, Gearless und MacDonald auf den Markt drängten. MacDonald beschäftigte sich übrigens überwiegend mit der Umrüstung von Benzinfahrzeugen auf Dampf, fand dafür aber verständlicherweise keinen besonders großen Kundenkreis.

1921er Stanley 735C Coupé ▼ ▶

In den zwanziger Jahren war der Stanley Steamer nicht mehr von einem Benzinauto zu unterscheiden – bis man die Haube öffnete und den großen Kessel erblickte. Dieses Coupé war eine von vier Karosserieversionen für das Modelljahr 1921, die alle um die 4.000 Dollar kosteten. Ein solches Fahrzeug besaß die bekannte Opernsängerin Nellie Melba aus New York City.

Besitzer: Wolfgang H. Gawor

1928er siebensitziger Lincoln Touring von Locke ▶
Lincoln bot 1928 insgesamt 33 Karosserieversionen an, die teilweise auf Bestellung von bekannten Karosseriebauern wie Dietrich, Willoughby, Locke und Holbrook gefertigt wurden, teilweise aber auch nach Entwürfen dieser Firmen im eigenen Karosseriewerk von Lincoln entstanden. Dieser siebensitzige Touring wurde von Locke entworfen und gebaut und kostete in der Grundausführung 4.600 Dollar. Dazu gab es dann viel Zubehör. Locke lieferte 1928 323 Fahrzeuge in dieser Ausführung.
Besitzer: Duke Davenport

DIE GOLDENE ZEIT DES KAROSSERIEBAUS

Die zwanziger Jahre waren die Blütezeit des Karosseriebauhandwerks, das in dieser Zeit viele innovative Ideen hervorbrachte, die später den Weg in die Serienfertigung fanden. Die Karosseriebauer, die qualitativ hochwertige Arbeit leisteten, ließen sich im wesentlichen in drei Gruppen einteilen, nämlich einmal diejenigen, die im 19. Jahrhundert mit dem Wagenbau begonnen hatten, darunter Brewster, Derham, Healey, Judkins und Quinby als bekannteste, dann diejenigen, die in den Anfangsjahren des 20. Jahrhunderts begannen und bei der ersten Gruppe ihr Handwerk gelernt hatten (Brunn, Holbrook, Locke, Willoughby) und schließlich diejenigen Firmen, die später speziell für den Bau von Autokarosserien gegründet wurden (Bohman & Schwartz, Fleetwood, LeBaron, Murphy, Rollston).

Brewster in Long Island City war mit dem Gründungsjahr 1810 die älteste etablierte Wagenbaufirma in Amerika. Quinby ging auf das Jahr 1834, Judkins auf 1857, Biddle & Smart auf 1870 und Derham auf 1884 zurück. Die meisten dieser Firmen begannen zwischen 1900 und 1910 mit dem Bau von Autokarosserien. Nachdem sie zunächst mit jedem Fahrgestell gearbeitet hatten, das man ihnen überließ, bildeten sich in späteren Jahren bestimmte Verbindungen heraus, beispielsweise Brewster mit Rolls-Royce, Biddle & Smart mit Hudson, Fleetwood mit Cadillac, Murphy mit Duesenberg und so fort. Brewster wurde 1926 von Rolls-Royce und Fleetwood 1925 von General Motors gekauft, was die Firmen aber nicht daran hinderte, auch noch für andere Autohersteller zu arbeiten.

Die große Ära des Karosseriebaus gilt oft als Zeit, in der reiche Leute ihre eigenen Ideen von der Karosseriebaufirma in die Praxis umsetzen ließen. Dafür gibt es sicherlich einige Beispiele, aber häufiger war es so, daß der Kunde gar nicht wußte, was er eigentlich wollte. Für diese Fälle gab es bei den Karosseriebauern Musterbücher, aus denen man sich das Passende mit einer nahezu grenzenlosen Palette von Zubehörteilen aussuchen konnte. Gelegentlich ließen sich auch die Autohändler etwas einfallen; so forderte beispielsweise 1916 der New Yorker Packard-Händler die bekanntesten Karosseriebauer des Nordostens auf, ihre Entwürfe vorzulegen, von denen dann 24 in einem speziellen Katalog zusammengefaßt wurden, darunter eine sechssitzige Limousine mit abgetrenntem Fahrgastraum und eine Limousine mit offenem Fahrersitz, letztere mit versilbertem Zubehör und plissierten Wollbezügen zum Preis von 5.800 Dollar. Packard wurde zu einem der besten Derham-Kunden, obwohl es keine offizielle Verbindung zwischen den beiden gab und Derham unter anderem auch für Cadillac, Chrysler, Duesenberg, Franklin, Lincoln, Minerva, Rolls-Royce und Stutz arbeitete.

Die Karosseriebauer arbeiteten nicht nur nach eigenen Entwürfen; Locomobile besaß beispielsweise ab 1914 eine eigene Design-Abteilung, die das Resultat ihrer Arbeit dann bei Demarest und anderen bauen ließ, Duesenberg-Designchef Gordon Buehrig zeichnete unter anderem den von Derham gebauten viersitzigen Tourster und die Sportlimousine Beverly, die bei Murphy gefertigt wurde. Letztere war ein rein viersitziges Fahrzeug, deren schmale Rücksitze durch eine Armlehne getrennt waren die sich abnehmen ließ, wenn »eine etwas intimere Sitzordnung gewünscht wurde«. Weitere Merkmale waren eine beleuchtete Instrumententafel für die Rücksitze, ein eingebautes Radio und eine Bar.

Auch in echten Sonderanfertigungen steckten oft genauso viele Ideen des Karosseriebauer wie des Käufers. Eine

1929er Duesenberg J Dual-Cowl Phaeton ▲▼
Der Phaeton mit zwei Windschutzscheiben war eine der beliebtesten Karosserien beim Duesenberg J. Gebaut wurde sie unter anderem von Derham, LeBaron, Murphy und Union Body (La Grande). Die Murphy-Karosserie stammte von Maurice Schwartz, der später mit seinem Kollegen Christian Bohman die Firma Bohman & Schwartz gründete. In der Grundausführung ähnlich, unterschieden sich die Murphy-Phaetons in vielen Details; manche besaßen beispielsweise außen keine Türgriffe.
Besitzer: Gilmore Car Museum, Kalamazoo, Michigan

der auffallendsten unter diesen Sonderanfertigungen war der riesige Tourenwagen, den die Don-Lee-Studios 1919 in Los Angeles für den Komiker Roscoe »Fatty« Arbuckle bauten. Als Chassis hatte er den bereits veralteten Pierce-Arrow 66 mit dem längsten Radstand von 3745 mm gewählt. Chefdesigner bei Don Lee war Harley Earl, der später Leiter der Abteilung Form und Farbe bei General Motors wurde und jetzt bereits die dritte Karosserie für Fatty Arbuckle entwarf. Daß es sich ursprünglich um einen Pierce-Arrow handelte, war nicht mehr zu erkennen. Die Vorderpartie verlief in einer geraden waagerechten Linie vom Kühler bis zur Windschutzscheibe. Von dort aus fiel die Gürtellinie dann nach hinten ab, so daß der Wagen niedriger wirkte, als er eigentlich war. An die Stelle der Froschaugen-Scheinwerfer des Pierce-Arrow waren riesige trommelförmige Lampen getreten, der umgearbeitete Kühler umfaßte eine große Plakette mit den Initialen des Künstlers. Nur das von einem Pfeil durchbohrte »A« auf dem Kühlerverschluß ließ noch ahnen, um welche Marke es sich handelte. Der Preis dieser Karosserie wurde auf etwa 28.000 Dollar geschätzt, das Fahrgestell kostete weitere 6.000 Dollar. Das war übrigens der letzte Auftrag Arbuckles für die Don-Lee-Studios, denn 1921 wurde er in den Tod eines obskuren Film-Starlets verwickelt und wegen Mordes angeklagt. Gegen Zahlung von 785.000 Dollar aus der Haft entlassen, mied er anschließend die Öffentlichkeit.

Die Don-Lee-Studios, auch Don Lee Coach & Body Works genannt, entstanden, als der Cadillac-Großhändler Don Lee die von Harley Earls Vater gegründeten Earl Automobile Works übernahm. Diese Firma war insofern interessant, als sie ihre Aufträge überwiegend aus der Filmwelt bezog. Bevor Earl um 1917 seine ersten Karosserien auf Cadillac-Fahrgestell baute, hatte er für den Film fahrbare Untersätze vom römischen Streitwagen bis zur napoleonischen Kutsche gefertigt. Eine von Harley Earls ersten Schöpfungen war ein viersitziger Touring-Aufbau auf einem Marmon-34-Chassis für einen New Yorker Banker. Die Los Angeles Times ließ es sich damals nicht entgehen, daß ein New Yorker extra eine Karosserie in Kalifornien bestellte, wo er doch die Crème de la Crème der amerikanischen Karosseriebauer direkt vor der Tür hatte.

Ein andere Harley-Earl-Kreation war ein Phaeton mit zwei Windschutzscheiben auf Pierce-Arrow-Fahrgestell für den Ölmillionär E.L. Doheny, der ihn – natürlich mit Chauffeur – seiner Frau schenkte. Kurze Zeit später fehlten im Doheny-Anwesen sowohl Wagen und Chauffeur als auch Mrs. Doheny. Möglicherweise wäre Mr. Doheny besser beraten gewesen, seiner Frau einen Ford T zu kaufen und selbst zu fahren.

In den Jahren 1919 und 1920 entstanden in den Don-Lee-Studios etwa 300 Aufbauten, überwiegend auf Cadillac-, aber auch auf Packard-, Locomobile- und Crane-Simplex-Chassis und generell von auffallendem Äußeren, weil sie ja zu ihren Besitzern passen mußten. Dazu gehörten unter anderem die Filmstars Mary Miles Minter, Anne May, Tom Mix und Blanche Sweet, Mary Pickfords Bruder Jack und die Filmregisseure Cecil B. de Mille und Henry Lehrman. Die Karosserien besaßen meistens Trittstufen anstelle der durchgehenden Trittbretter und neuartige, dreiteilige Windschutzscheiben.

Im Laufe der Jahre wandten sich die Don-Lee-Studios dann größeren Serien zu. Durch eine Bestellung von 100 Cadillac-Fahrgestellen wurde schließlich 1925 GM-Chef Alfred Sloan auf Harley Earl aufmerksam. Earl erhielt den Auftrag für den Entwurf des LaSalle und ging im Juni 1927 als Leiter der neuen Abteilung Form und Farbe zu General Motors. Kurze Zeit später schlossen die Don-Lee-Studios ihre Pforten.

Ein anderer Karosseriebauer von der Westküste war die Walter M. Murphy Company in Pasadena, die 1921 mit eleganten Phaetons auf Lincoln-Chassis den Betrieb aufnahm, zu einer Zeit, als der normale Lincoln noch hausbacken und altmodisch aussah. Murphy hatte wie Don Lee

viele Kunden aus der Filmwelt, aber auch aus der Industrie und den Kreisen der eingesessenen kalifornischen Großgrundbesitzer. Ein früher Murphy-Roadster besaß sogar eine gekrümmte Glas-Windschutzscheibe, deren Herstellung damals noch sehr schwierig und teuer war (Don Lee hielt sie für zu teuer und begnügte sich daher mit dreiteiligen Windschutzscheiben). Murphy baute nahezu alle Karosserien für den Doble E, arbeitete aber auch mit Fahrgestellen von Packard, Mercedes-Benz, Minerva und später Duesenberg und Cord. Die meisten Karosserien wurden nach den Entwürfen der eigenen Designer George McQuerry jr., Franklin Hershey und Frank Spring gebaut, die Firma war aber, wie gesehen, durchaus auch bereit, nach den Entwürfen von Gordon Buehrig zu arbeiten. Murphy baute mehr Karosserien für Duesenberg-Fahrgestelle als für jede andere Marke, und das keinesfalls nur nach Buehrig-Entwürfen. Hinzu kamen ein paar schöne, von Hershey entworfene Phaetons mit zwei Windschutzscheiben sowie Stadtwagen auf der Basis des Cord L-29, der in der Standardausführung bei der Union City Body Company gebaut wurde.

Wie viele andere Karosseriebauer wurde Murphy schwer von der Depression getroffen und mußte 1932 die Pforten schließen, nachdem er noch den Limousinenaufbau für den Prototypen des Peerless V16 gebaut hatte.

1932er Chrysler Custom Imperial CL Convertible Coupé von LeBaron ▲ ▶
Der Imperial CL kam 1932 heraus und war einer der schönsten Chrysler, die es je gab. Er hatte 3708 mm Radstand und den 6,3-Liter-Reihenachtzylinder mit 135 PS, der auch den kleineren Imperial CH antrieb. Insgesamt wurden in den Jahren 1932 und 1933 375 Einheiten hergestellt. LeBaron baute auf dem CL-Chassis Coupés und Limousinen mit klappbarem Dach sowie Limousinen mit getrenntem Fahrgastraum nach Bestellung, so daß kein Fahrzeug mit dem anderen identisch war. Von diesem Coupé wurden 1932 nur 28 Einheiten ausgeliefert.
Besitzer: Duke Davenport

Zwei seiner Angestellten, Christian Bohman und Maurice Schwartz, konnten sich den Auftrag für zwei Fahrzeuge sichern, die noch unfertig in der Werkstatt standen; eines davon war für Gary Cooper bestimmt. Mit ein paar Maschinen von Murphy gründeten sie ein Karosseriewerk, das bis nach dem 2. Weltkrieg Bestand hatte. Ihre Arbeit bestand überwiegend darin, alte Aufbauten, speziell auf Duesenberg-Chassis, aufzubessern und Fahrzeuge invalidengerecht umzurüsten. Es entstanden aber auch ein paar neue Konstruktionen, darunter das Thron-Auto für Father Divine und ein Stromlinienkarosserie auf dem Chassis eines 36er Duesenberg J für Ethel V. Mars aus der Familie des Schokoriegelherstellers. Weiterhin bauten Bohman & Schwartz auf dem Chassis des Cord 810 die Karosserie für den außergewöhnlichen Phantom Corsair von Rust Heinz, den er möglicherweise bis zur Serienreife gebracht hätte, wenn er nicht 1939 bei einem Autounfall ums Leben gekommen wäre. Bohman und Schwartz trennten sich 1947, arbeiteten aber unabhängig voneinander weiter. Maurice Schwartz lebte noch lange genug (bis 1961), um an der Restaurierung von Fahrzeugen aus der Anfangszeit des Automobils mitzuarbeiten.

Haube und Kühlergrill eines Fahrzeugs waren für die Karosseriebauer im allgemeinen tabu, denn das waren die Merkmale, an denen die hochwertigen Marken wie Rolls-Royce, Packard, Lincoln usw. erkannt werden wollten. Es gab jedoch Ausnahmen wie den Pierce-Arrow für Arbuckle, einen von Don Lee 1924 auf Rolls-Royce getrimmten Packard und eine Serie »verkleideter« Cadillacs, die Mitte der zwanziger Jahre von Inglis M. Uppercu aus New York

vertrieben wurden. In den dreißiger Jahren ersetzen Bohman & Schwartz für Kunden, die modisch auf dem laufenden sein wollten, den althergebrachten senkrechten Duesenberg-Kühler durch einen Kühlergrill, der schräg nach vorn abfiel. Einmal verwendeten sie dafür sogar den Standardkühlergrill eines 36er Buick.

Passendes Umfeld für die Ausstellung der Fahrzeuge mit nach Wunsch gefertigten Aufbauten war der Automobilsalon, der zum ersten Mal 1921 im New Yorker Hotel Commodore stattfand. Dieser Automobilsalon war etwas ganz anderes als die nationale Automobil-Ausstellung im Arsenal der Feldartillerie, die jedem offenstand, der sich das Eintrittsgeld leisten konnte, und für Allerweltsautos wie Chevrolet und Maxwell bestimmt war. Zum Salon hatten nur ausgewählte Hersteller, Importeure und Karosseriebauer Zutritt. Für einen Besuch benötigte man eine Einladung und förmliche Kleidung. Übereifrige Verkaufsbemühungen wurden mit Stirnrunzeln betrachtet, obwohl es natürlich den Sinn des Salons war, Autos zu verkaufen. Von den Karosseriebauern waren regelmäßig Brewster, Brunn, Derham, Judkins, Holbrook, LeBaron, Locke, Rollston und Willoughby vertreten. Murphy stellte bei den entsprechenden Veranstaltungen im Hotel Biltmore in Los Angeles und im Palace in San Francisco aus. Im Drake-Hotel in Chicago wurde ebenfalls ein Automobilsalon abgehalten. Manche Firmen bauten Fahrzeuge speziell für die Ausstellungen, ohne daß Bestellungen vorlagen. Eins der extremeren Beispiele darunter war der English Coaching Brougham auf Lincoln-Chassis, den Judkins 1927 im Commodore zeigte. Er war im Stil der Concord-Kutschen aus dem 18. Jahrhundert gehalten und war mit Wagenlampen, einem Dachgepäckträger und einem Schrankkoffer aus Flechtweide ausgestattet. Gekauft wurde er schließlich von der Filmschauspielerin Ethel Jackson, nachdem er auch auf den anderen Ausstellungen gezeigt worden war.

Die Depression bedeutete das Ende für die exklusiven Salons, deren gewollt elitäres Image sich nicht mit den Schlangen vor den Bäckereien, den Suppenküchen und der Politik des »New Deal« vertrug.

Der letzte New Yorker Automobilsalon fand 1933 im Park Lane Hotel statt, und zwar mit drastisch verringerter Teilnahme der Karosseriebauer. Holbrook, LeBaron, Locke, Murphy, Willoughby und viele andere hatten aufgegeben. Brewster war dabei, sich auf hochwertige Karosserien für den Ford V8 umzustellen, und bei Ausbruch des 2. Weltkriegs hatten auch die meisten anderen das Handtuch geworfen.

1927er Pierce-Arrows 80 ◄ ▲
Der kleinere und billigere Pierce-Arrow 80 für den Selbstfahrer ohne Chauffeur wurde 1924 vorgestellt. Er besaß einen 4,7-Liter-Motor mit L-Kopf, der 70 PS leistete. 1927 standen dreizehn Karosserieversionen zur Verfügung, und zwar zu Preisen von 2.895 Dollar für den hier gezeigten Roadster bis hin zu 4.045 Dollar für eine siebensitzige geschlossene Limousine. Diese Preise lagen ein gutes Stück unter denen für den größeren Pierce-Arrow 36, der bis zu 7.500 Dollar kostete.

Besitzer: George Sanders

1927er Franklin 11-B Sedan ◄ ▼

1925 erhielt der Franklin eine völlig neue Karosserie; er war zwar immer noch luftgekühlt, sah aber jetzt viel mehr wie ein konventionelles Auto aus.
Der Karosserieentwurf stammte von J. Frank de Causse (1879–1928), der vorher bei Locomobile gearbeitet hatte. Dieses Fahrzeug von 1927 hatte hinten ein Klappverdeck. Sein Preis betrug 3.150 Dollar.

Besitzer: David Bodwell

1934er Packard Convertible Coupé ▼

Besitzer: Auburn-Cord-Duesenberg-Museum

KAPITEL FÜNF

DEPRESSION UND ERHOLUNG

1929 – 1942

"Buy an automobile, and help restore prosperity."
President Herbert Hoover, 1932

1934er Pontiac Eight Sedan ▶ ▼
Pontiac ging mit dem Reihenachtzylinder für das Jahr 1933 neue Wege. Mit 77 PS aus 3660 cm³ Hubraum lief dieses Triebwerk rund, ruhig und wirtschaftlich und war zudem in der Herstellung billiger als der V8 von 1932. Das Fahrzeugdesign war neu und lag voll im Trend; Chefdesigner Franklin Quick Hershey hatte Chevrolet-Originalpreßteile für einen verlängerten Rahmen modifiziert und dazu neue Kotflügel entworfen. Für das Modelljahr 1934 gab es außer einer Verlängerung des Radstandes um 57 mm und einer Leistungssteigerung auf 84 PS keine wesentlichen Änderungen. Mit 805 Dollar war diese Limousine der teuerste 34er Pontiac.

Besitzer: Dick Ginther

Geschichte kennt nur selten so klare Übergänge wie das Ende eines Jahrzehnts, wie es auch 1929 erreicht war. In diesem Jahr ging es der amerikanischen Geschäftswelt generell gut, die Autoindustrie konnte einen Rekord von 4.455.178 Personenwagen vermelden, eine Zahl, die in den nächsten zwanzig Jahren nie mehr erreicht werden sollte. Der große Krach, der den Wert von Aktien und Anteilscheinen plötzlich um Milliarden Dollar sinken ließ, erfolgte gegen Ende des Jahres und hatte zunächst kaum unmittelbare Auswirkungen auf die Produktion. 1930 sah es aber schon anders aus: Die Verkaufszahlen sanken auf 2.787.456 Fahrzeuge. 1932 war dann mit nur 1.103.557 verkauften Fahrzeugen, dem schlechtesten Ergebnis seit dem Kriegsjahr 1918, die Talsohle erreicht. Von da an ging es mit 1.560.599 Einheiten 1933 langsam wieder aufwärts. 1937 befand sich der Markt mit 3.929.203 verkauften Fahrzeugen bereits wieder auf einem gesunden Niveau. 1938 kam es zu einer kurzen Rezession, in deren Verlauf die Fahrzeugproduktion um 48,2 Prozent zurückging – wahrscheinlich verursacht durch die Angst vor einem Krieg in Europa. Die Börsen wurden unruhig, und da die Erinnerungen an 1929 noch sehr frisch waren, sparten die Leute ihr Geld lieber, statt es für ein Auto auszugeben. Die Industrie erholte sich jedoch schnell. 1941, das letzte Jahr vor dem Kriegseintritt der USA, erlebte mit 3.779.682 Personenwagen und einer Gesamtzahl von 4.840.502 Fahrzeugen die zweitbeste Jahresproduktion seit 1929. Gleichzeitig waren mehrere Meilensteine zu feiern: vier Millionen Plymouth, fünf Millionen Dodge und 29 Millionen Ford.

Die Autoindustrie war sich nicht sicher, wie sie der Depression begegnen sollte. Da die Einkommen sanken, hatten die Leute nicht das Geld, um sich ein neues Auto zu kaufen. Gleichzeitig mußte man der Bevölkerung aber unbedingt das wenige Geld, das sie noch besaß, aus der Tasche ziehen, um die Fabriken überhaupt noch am Leben erhalten zu können. Es kam zu umfassenden Entlassungen, in deren Folge Ford seine Belegschaft zwischen 1929 und 1932 beispielsweise fast halbierte. Henry Ford versuchte seine Leute eine Zeitlang mit anderen Arbeiten wie dem Abriß und Wiederaufbau der historischen Bauten in Greenfield Village und dem Bau des Dearborn Inn, Amerikas erstem Flughafen-Hotel, in Brot und Arbeit zu halten. Außerdem hob er 1931 den Mindestlohn auf sieben Dollar am Tag an, um die Kaufkraft zu verbessern. Aber selbst Ford konnte das angesichts der sinkenden Einkommen nicht durchhalten; stillschweigend wurde der Tageslohn Ende 1931 wieder auf sechs und ein Jahr darauf auf vier Dollar gesenkt.

Von den Großen Drei hatte Chevrolet mit dem Six bereits 1929 ein neues Modell vorgestellt. Plymouth baute seine vorhandenen Modelle weiter, brachte allerdings 1932 den beträchtlich modifizierten PA mit neuer Motoraufhängung und Freilauf heraus, und Ford besaß mit dem V8 des Jahres 1932 einen nagelneuen Motor.

Henry Ford hatte seinen V8 bereits 1929 geplant, möglicherweise auch schon früher. Sicher ist, daß er in diesem Jahr gegenüber seinem technischen Assistenten Fred Thomas erklärte: »Wir werden vom Vier- zum Achtzylinder übergehen, weil Chevrolet einen Sechszylinder baut.« Viele Ideen Fords entsprangen dem Willen, anders zu sein als die anderen. Das reichte vom Entschluß für den V8 bis hin zur Ablehnung von Hydraulikbremse und Längsfederung aus dem einzigen Grund, daß diese bei anderen Herstellern schon längst die Norm waren. Der Ford V8 kam im März 1932 auf den Markt. Sein Motor mit L-Kopf, 90-Zylinderanordnung und 3620 cm³ Hubraum leistete 65 PS. Er besaß damit unter sechzehn Konkurrenten im unteren und mittleren Preisbereich die beste Literleistung und verschaffte dem Ford V8 schnell einen guten Ruf. Insbesondere der Roadster war unter jungen Leuten sehr beliebt und wurde in späteren Jahren zum Grundstein der weit verbreiteten Bewegung, alte Wagen zu frisieren.

Der V8 wurde gleichzeitig mit dem Ford B mit Vierzylindermotor gebaut, einer Weiterentwicklung des Ford A. Äußerlich bestand zwischen den beiden kein Unterschied, wenn man davon absah, daß die Verbindungsstange zwischen den Scheinwerfern und die Nabendeckel beim einen die Aufschrift V8 trugen. Die Karosserien waren identisch, und der Preisunterschied betrug quer durch die Palette nur 50 Dollar, die die meisten Leute für gut angelegt hielten. Der Ford B kam 1932–1934 auf 261.055 von insgesamt 1.186.175 Ford-Käufern. Nach 1934 gab es den Vierzylinder nicht mehr für Personenwagen; in leichten Lastwagen und einigen ausländischen Ford-Modellen war er aber noch bis zum 2. Weltkrieg eingesetzt.

1936er Ford V8 Coupé ▲▼

Für den Ford V8 war 1936 das fünfte Modelljahr; er lief jetzt unter der Modellbezeichnung 68. Im Vergleich zum Vorjahresmodell 48 hatte er einen neuen Kühlergrill und Räder aus Preßstahl und war in Standard- und DeLuxe-Ausführung erhältlich. Letztere war wie bei dem hier gezeigten Coupé mit fünf Fenstern an einer Chromleiste um den Kühlergrill zu erkennen. Sie kostete mit 555 Dollar 45 Dollar mehr als die Standardausführung.

Besitzer: Curly Phillips

1932er Chevrolet Roadster ▲ ▶

Der Sechszylinder-Chevrolet wurde 1932 im vierten Jahr gebaut, jetzt unter der Bezeichnung Confederate BA. Im Angebot waren vierzehn Varianten, von denen dieser Roadster mit 445 Dollar die billigste war.
1932 war die Talsohle der Depression erreicht. Chevrolet verkaufte nur 306.716 Fahrzeuge, lag damit aber immer noch um über 74.000 Einheiten vor Ford.

Besitzer: Hubert Friend

Die ersten V8-Motoren waren alles andere als perfekt; insbesondere brauchten sie ungeheuer viel Öl, weil die Kolbenringe undicht waren. Nachdem das jedoch in Ordnung gebracht war, erfreute sich der 3,6-Liter-V8 noch eines langen Lebens. Er diente Ford als Antriebsquelle, bis er 1946 auf 3914 cm^3 Hubraum vergrößert wurde, um anschließend weitere acht Jahre Dienst zu tun. Ab 1954 bekam er hängende Ventile. Der V8-Flachmotor wurde außerdem in Lastkraftwagen (im 2. Weltkrieg auf beiden Seiten, da das deutsche Ford-Werk ebenfalls V8-Motoren baute), selbstfahrenden Geschützen, Schiffen und Flugzeugen eingesetzt.

Der V8 von Ford war der erste relativ billige Achtzylinder, dem die Konkurrenz lange Zeit nichts entgegensetzen konnte. Chevrolet und Plymouth brachten erst 1955 einen Achtzylinder heraus, und in den dreißiger Jahren war der preislich nächstgünstige Achter der Pontiac mit Reihenachtzylinder für 585 Dollar. V-Achtzylinder waren in dieser Zeit selten: Es gab sie nur bei Oakland bis 1931, bei Cunningham in sehr geringen Stückzahlen bis 1936, bei Cadillac und LaSalle sowie bei Cord in relativ kleinen Stückzahlen im Modell 810/812 von 1936 bis 1937. Reihenachtzylinder hingegen wurden von 28 Herstellern angeboten, darunter bekannte Firmen wie Buick, Chrysler, Nash, Oldsmobile, Packard, Pontiac und Studebaker.

Obwohl der Konkurrenz von Leistung und Ansehen her überlegen, mußte Ford kämpfen, um von den Verkaufszahlen her mit Chevrolet mitzuhalten. Nur einmal, 1935, gelang es, Chevrolet mit 942.439 zu 793.437 Fahrzeugen zu übertrumpfen. Ab 1936 lag Ford insgesamt an dritter Stelle hinter General Motors und Chrysler, aber zu dieser Zeit hatten GM sechs und Chrysler vier Marken, Ford hingegen nur zwei. Mit Ford am einen und Lincoln am ande-

ren Ende war der Markt nicht vollflächig abzudecken, und um diesem Manko abzuhelfen, wurde 1939 Mercury als dritte Marke eingeführt.

Ford nahm in den dreißiger Jahren einige Verbesserungen vor. Das Design war auf dem Stand der Zeit, möglicherweise sogar das beste unter den drei »Billig«-Marken. 1939 kamen endliche hydraulische Bremsen und für das Modelljahr 1940 eine Lenkradschaltung. Bei der Federung hielt Ford jedoch an den quer eingebauten Blattfedern fest, die schon der Ford T gehabt hatte (»Wir verwenden Querfedern aus dem gleichen Grund, aus dem wir runde Räder verwenden,« sagte Henry einmal. »Es gibt einfach nichts besseres.«). Der Ford V8 war dem Chevrolet und dem Plymouth leistungsmäßig sicherlich überlegen, doch das wurde im Ausland möglicherweise höher bewertet. Britische Motorjournalisten führten in ihren Testberichten Beschleunigungsdaten und Höchstgeschwindigkeiten auf, was in den USA damals nicht üblich war. Ford-Siege bei der Rallye Monte Carlo 1936 und 1938 beeindruckten den durchschnittlichen Europäer, nicht aber den Durchschnittskäufer in Topeka, Kansas. Oberschüler und Studenten schätzten das Leistungsvermögen des Fords, kauften aber nur selten Neufahrzeuge. Begeistert von der Höchstgeschwindigkeit von knapp 140 km/h waren auch Bonnie und Clyde sowie John Dillinger, 1934 Staatsfeind Nummer eins, der Henry Ford einmal schrieb: »Hallo, alter Knabe, Sie haben ein wunderbares Auto. Es ist das reinste Vergnügen, damit zu fahren.« Franklin Roosevelt fuhr Ford V8, Charles Lindbergh und viele Filmstars, aber die große Masse kaufte überwiegend Chevrolet.

1933er Buick 90 Touring Sedan ◄ ▲
Der 90 war der größte Buick der dreißiger Jahre und mit 3505 mm Radstand und einem Gewicht von bis zu 2,16 Tonnen eines der größten amerikanischen Autos überhaupt. Mit Klappsitzen faßte diese Limousine für 1.955 Dollar sieben Passagiere. Daneben gab es noch eine Limousine mit abgetrenntem Fahrgastraum für 2.055 Dollar. Die Produktion belief sich auf 890 Fahrzeuge für das Inland und 12 für den Export.

Besitzer: Bob Debow

Es gab noch andere Gründe dafür, daß Ford in der Verkaufsstatistik abrutschte. Henry Ford nahm sich kaum Zeit für die Werbung. Er dachte immer noch in den Kategorien der Zeit, als sich der Ford T praktisch von allein verkauft hatte und keinerlei landesweite Werbung erforderlich gewesen war. Ford betrieb zwar in den dreißiger Jahren Werbung, aber Henry lehnte ein ausreichend großes Budget dafür ab. »Keine Übertreibung,« sagte er einmal. »Die Wahrheit reicht völlig aus. Gewisse Dinge kommen bei uns nicht in Frage.« Seine politischen Ansichten waren ihm auch nicht gerade behilflich. Seine gewerkschaftsfeindliche Einstellung und die Tatsache, daß er den Gangster Harry Bennet und seine Bande auf Gewerkschaftsorganisatoren ansetzte, muß ihm bei liberal gesinnten Käufern geschadet haben. Schlimmer jedoch war der Antisemitismus, den er während des 1. Weltkriegs in seiner Zeitschrift *The Detroit Independent* durchschimmern ließ. Die Artikel wurden zwar 1921 abgesetzt und die Zeitschrift 1927 vom Markt genommen, doch die Animosität der jüdischen Bevölkerung gegenüber Ford blieb noch lange bestehen.

Chevrolet und Plymouth waren dem Ford in mehrfacher Hinsicht technisch voraus. So besaß der Chevrolet ab 1934 vorn Einzelradaufhängung an Schraubenfedern und war für den Fall, daß jemand dieser neumodischen Technik mißtraute, bis 1940 auch noch mit herkömmlichen Längsfedern zu haben, altmodisch, aber immer noch besser als die Ford-Aufhängung – außer auf frisch gepflügten Feldern. Beim Plymouth gab es 1934 einen kurzen Versuch mit der Einzelradaufhängung, die dann aber erst 1939 endgültig eingeführt wurde. Beide Ford-Konkurrenten besaßen hydraulische Bremsen, Plymouth ab 1931, Chevrolet ab 1936. Das war ein eindeutiges sicherheitstechnisches Argument, und die Käufer fragten sich natürlich auch, was für einen Sinn ein schnelleres Auto mache, wenn es nicht so schnell anhalten könne. Außerdem war der Ford gar nicht so viel schneller: 1937 kam ein Chevrolet Master Six bei einem Vergleichstest auf 125 km/h, während der Ford V8 140 km/h erreichte.

DIE MITTLERE PREISKLASSE UND DER NIEDERGANG DER UNABHÄNGIGEN

Oberhalb von Chevrolet, Plymouth und Ford wurde in den dreißiger Jahren ein Vielzahl von Automobilen angeboten, und zwar sowohl von unabhängigen Herstellern als auch von den Großen aus Detroit, d.h., General Motors und Chrysler. Ford besaß insofern einen Schwachpunkt, als zwischen dem teuersten V8 für 750 Dollar und dem billigsten Lincoln V12 für 4.200 Dollar eine zu große Lükke klaffte, die auch durch den Lincoln Zephyr für 1.275–1.320 Dollar nicht geschlossen werden konnte. Der Mercury des Jahres 1939 war dazu ausersehen, Ford ein breiteres Marktsegment zu erschließen.

Es ist oft die Frage gestellt worden, warum der Mercury nicht früher auf den Markt kam. Die vermutliche Ursache dürfte sein, daß Edsel Ford die Idee zu diesem Wagen hatte und lange brauchte, bis er seinen Vater dazu brachte, ihm so viel unabhängiges Handeln zu gestatten. Edsel hatte besonders beim Lincoln viel zum Design beigetragen, aber der Mercury war ein Wagnis. Am 8. Oktober 1938, einen Monat vor den 39er Ford-Modellen vorgestellt, konnte der Mercury eine gewisse Familienähnlichkeit nicht leugnen, obwohl er einen um 10 cm längeren Radstand aufwies und entsprechend breiter und schwerer war. Als Motor hatte er den auf 3,9 Liter Hubraum mit 95 PS vergrößerten V8, der durch das gute Leistungsgewicht eine Höchstgeschwindigkeit von 150 km/h ermöglichte. Der Mercury schloß zwar die Lücke zwischen Ford und Lincoln Zephyr, lag aber näher am Ford. Als viertürige Limousine kostete er 165 Dollar mehr als der Ford und 430 Dollar weniger als der Zephyr. Der Mercury zielte auf das Marktsegment, das von Dodge De Luxe, Pontiac De Luxe Eight und Studebaker Commander besetzt war, und erwies sich mit 70.835 verkauften Fahrzeugen im ersten Jahr eindeutig als Erfolg. 1941 konnte Ford behaupten: »Der Mercury hat 150.000 Fahrer zu einem Fahrzeugwechsel veranlaßt.« Bis zum Produktionsende im Januar 1942 wurden etwa 275.000 Einheiten verkauft. Der Mercury wurde außerdem in anderen Ländern hergestellt, beispielsweise in Brasilien, wo die Produktion in den Kriegsjahren weiterlief, und in Rumänien, wo sie 1940 eingestellt wurde.

General Motors verfügte über ein sorgfältig abgestuftes Angebot, bei dem Motoren und Karosserien gegen Ende des Jahrzehnts zunehmend untereinander austauschbar waren. Oberhalb von Chevrolet kam Pontiac, das 1935 als Ergänzung zu seinem Reihenachtzylinder einen Sechser herausbrachte. Dieses Sechszylindermodell mit 80 PS kostete in der Standardausführung 615–745 Dollar und in der Deluxe-Ausführung 675–795 Dollar und überschnitt sich so einerseits mit dem Chevrolet für 465–675 Dollar und andererseits mit dem Pontiac mit Reihenachtzylinder für 730–860 Dollar.

Pontiac baute seine Sechs- und Achtzylinder bis 1942. Gleiches galt für Oldsmobile, allerdings in einer höheren Preisklasse (800–970 Dollar 1935). Für das zusätzliche Geld bekamen die Oldsmobile-Besitzer mehr Technik als die anderen GM-Käufer, darunter 1933 Stahlspeichenräder, 1934 Hydraulikbremsen, 1938 ein halbautomatisches Getriebe und 1940 schließlich eine Vollautomatik. Buick baute ab 1931 nur noch Achtzylinder, allerdings in mehreren Größen und Ausstattungsvarianten. 1935 gab es vier verschiedene Motoren von 3816 cm^3 und 93 PS in der Baureihe 40 bis hin zu 5651 cm^3 und 116 PS in der Bau-

1938er Oldsmobile L-38 Convertible ▲
Oldsmobile hatte 1938 Sechs- und Achtzylindermodelle mit zwei Radständen im Programm. Zu unterscheiden waren die F-38-Sechszylinder und die L-38-Achtzylinder am Kühlergrill. Der hier gezeigte L-38 Convertible war mit nur 407 Einheiten, davon 30 für den Export, ein seltenes Modell und mit 1.163 Dollar der teuerste Oldsmobile des Jahres.

1941er Cadillac 60 Special Sedan ◄▲▼

Der 60 Special wurde 1938 als Ergänzung zum 60 als Kompaktlimousine auf den Markt gebracht. Sein Design stammte von Bill Mitchell und war insbesondere durch die fehlenden Trittbretter richtungweisend. Die Karosserie blieb bis 1941 im wesentlichen unverändert, erhielt aber jedes Jahr einen neuen Kühlergrill. Für das Modelljahr 1941 wurden die vorderen Kotflügel dann bis in die Türen hinein verlängert, ein weiteres Detail, das später von vielen anderen Herstellern aufgegriffen wurde.

Besitzer: Tom Barratt

reihe 90. Der Motor der Baureihe 40 war ein Kurzhuber von 1934, der in Verbindung mit Aufbauten in Chevrolet-Größe und Buick-Design für eine ausgezeichnete Leistung sorgte. Mit dieser Baureihe zu Preisen zwischen 855 und 925 Dollar konnte Buick seine Verkaufszahlen 1934 mit 78.757 Einheiten nahezu verdoppeln; 1939 stand das Unternehmen mit 321.219 verkauften Fahrzeugen insgesamt an vierter Stelle. Der Buick 90 oder Limited, wie er ab 1936 hieß, war mit 3556 mm Radstand ein wahrlich großes Auto, das als achtsitzige Limousine in den Jahren 1937/38 2.453 Dollar kostete.

Buick besaß zwar das Image eines typischen Autos für die obere Mittelklasse, kam aber 1936 zu hohen Ehren, als der englische König Edward VIII. zwei in Kanada gebaute Limited-Limousinen bestellte. Mit der einen »flüchtete« seine künftige Braut Wally Simpson später im Jahr nach Frankreich. Nachdem Edward Herzog von Windsor geworden war, bestellte er 1938 und 1939 zwei weitere Buicks. Auch sein Bruder, der Herzog von Kent, fuhr gern Buick.

Ab Mitte der dreißiger Jahre besaß General Motors einen ganz eigenen Karosseriestil, was allerdings kein Wunder war, da alle Aufbauten von Fisher stammten. Man konnte eine GM-Limousine jederzeit von hinten erkennen, wußte dann aber noch nicht mit Sicherheit, ob es sich um einen Buick, einen Oldsmobile oder einen Pontiac handelte. Die A-Karosserie als viertürige Limousine und Coupé wurde 1940 für den Chevrolet und die billigeren Pontiacs und Oldsmobiles verwendet, während die B-Karosserie aus dem Jahre 1939 als Limousine beim Buick Century, Oldsmobile 60 und Pontiac De Luxe zu sehen war. Neuer und moderner war die C-Karosserie des Jahres 1940, die sich am 1938er Cadillac 60 Special ausrichtete und für Buick 50 Super, Buick 70 Roadmaster, Cadillac 62, LaSalle Special, Oldsmobile 90 und Pontiac Torpedo Eight zu haben war. Für alle fünf Marken gab es die C-Karosserie auch als Coupé und Kabrio. 1941 kam zusätzlich zur C-Karosserie eine neue B-Karosserie als Limousine mit Fließheck und als Coupé auf Fahrgestellen von Buick, Cadillac, Oldsmobile und Pontiac.

1939er Cadillac 75 Convertible ◄ ▼

Der Cadillac wurde für das Modelljahr 1939 beträchtlich umgestaltet. Die Baureihe 75 war neben dem in sehr begrenzter Stückzahl gebauten 16 das Topmodell der Angebotspalette. Alle 75er besaßen Aufbauten von Fleetwood und wurden in relativ kleinen Stückzahlen gefertigt. Von diesem zweitürigen Kabrio gab es beispielsweise nur 27 Einheiten. Es bot bequem Platz für zwei Personen und hatte hinten noch zwei Klappsitze. Der Preis betrug 3.380 Dollar.

Besitzer: Ed Oberhaus

Die Chrysler Corporation verfügte zwischen dem niedrigpreisigen Plymouth und dem Chrysler selbst über zwei Marken mit Modellen, die preislich zwischen der oberen Mittelklasse und der Oberklasse angesiedelt waren, nämlich De Soto und Dodge. De Soto war 1928, im gleichen Jahr wie Plymouth, geschaffen worden, um gegen Pontiac anzutreten. Der Dodge war in der billigeren Ausführung kaum teurer, aber Walter Chrysler hatte den De Soto schon in der Planung gehabt, bevor er Dodge kaufte. Es gibt sogar eine Theorie, nach der Chrysler den De Soto nur angekündigt hat, um die Banken von Dillon Read, Eigentümer von Dodge, glauben zu machen, es sei besser, an Chrysler zu verkaufen, als später sowieso nicht mithalten zu können.

Was auch die Begründung für den De Soto gewesen sein mag, Chrysler besaß ihn nun einmal und fuhr zunächst gar nicht so schlecht damit, obgleich seine Verkaufszahlen nach der Depression nie an die von Dodge herankamen. Beide Marken wurden von 1930 bis 1932 mit Reihenachtzylinder angeboten, der Dodge auch noch 1933. De Soto mußte unglücklicherweise von 1934 bis 1936 auch noch mit der Belastung durch den luftgekühlten Airflow leben (Markengefährte des größeren Chrysler mit ähnlichem Design), der sich noch schlechter als der Chrysler verkaufte. Der konventionelle De Soto aus den Jahren nach 1936 verkaufte sich zwar besser, lag aber preislich höher als der Dodge, was dazu führte, daß er weniger als ein Drittel von dessen Verkaufszahlen erzielte. Ab 1939 waren De Soto und Dodge sich äußerlich sehr ähnlich, wobei der De Soto einen etwas größeren und stärkeren Motor mit 3736 cm^3 und 93 PS besaß, einen 50 mm längeren Radstand hatte und etwa 100 Dollar teurer war. Neben den Standardmodellen boten sowohl De Soto als auch Dodge (und Chrysler) 1939 ein in begrenzter Auflage von der Hayes Body Company gefertigtes Custom Club Coupé an, das eine andere Linienführung als das normale Coupé aufwies und mit Radio, Heizung, Spargang und Deluxe-Radkappen ausgestattet war. Es kostete als Dodge 1.055 und als De Soto 1.145 Dollar und kam auf 363 bzw. 264 Verkäufe. Von der Chrysler-Version, die es mit Acht- und mit Sechszylinder gab, wurden 497 Einheiten verkauft.

Die Großen Drei aus Detroit wurden in den dreißiger Jahren immer mächtiger. Sie befanden sich bereits zu Beginn des Jahrzehnts mit einem Marktanteil von 75 Prozent in einer starken Position. Um die verbleibenden 25 Prozent stritten sich 27 Hersteller, die teilweise binnen einem oder zwei Jahren verschwunden waren. 1939 machten die Großen Drei 90 Prozent der Verkäufe unter sich aus; um den Rest kümmerten sich nur noch fünf Hersteller von einiger Bedeutung.

Abgesehen von den Herstellern von Kleinst- und Luxusautos ließen sich die Unabhängigen der dreißiger Jahre in drei Klassen einteilen. Die zahlenmäßig größte Gruppe stellten die Hersteller, die innerhalb von einem oder zwei Jahren wieder von der Bühne verschwanden. Dann kamen diejenigen, die mehr schlecht als recht bis zur Mitte oder zum Ende des Jahrzehnts durchhielten, z.B., Auburn, Reo, Graham und Hupmobile, und schließlich diejenigen, die sich wie etwa Hudson, Nash, Packard, Studebaker und Willys bis in die Nachkriegszeit retteten.

Oft wird die Depression für die Dezimierung der Autohersteller verantwortlich gemacht, aber in Wahrheit waren die meisten Opfer der dreißiger Jahre sowieso dem Untergang geweiht. Dabei handelte es sich überwiegend um mittelgroße Unternehmen wie Chandler, Elcar, Jordan und Kissel, die sich in den zwanziger Jahren mit zehn- bis zwanzigtausend verkauften Einheiten im Jahr über Wasser halten konnten, aber hohe Stückkosten hatten, weil sie so viele Teile zukaufen mußten. Wer kaufte schon einen 31er Jordan Eight für 2.495 Dollar, wenn er für 1.765 Dollar einen Buick in gleicher Größe und Qualität, aber mit besserem Service bekam? Durant war einiges größer als Jordan und Kissel, befand sich aber schon vor der Depression in Schwierigkeiten und konnte sein geplantes neues Imperium mit Chandler, Gardner, Hupmobile, Jordan, Moon und Peerless nicht realisieren.

1936er Hupmobile D 618 ▼ ▶
Hupmobile führte das aerodynamische Design von Raymond Loewy bei den 34er Modelle ein, von denen diese 36er Limousine mit etwas mehr Chrom am Kühlergrill direkt abstammt. Sie besitzt einen Sechszylindermotor mit 101 PS, neben dem es auch einen Achtzylinder mit 120 PS gab. Hupmobile baute 1936 nur 1.556 und 1937 gar keine Fahrzeuge. 1938 wurde die Produktion mit einer neuen Serie von Sechs- und Achtzylindermodellen mit den gleichen Motoren wieder aufgenommen, doch die Stückzahlen waren noch geringer.
Besitzer: Auburn-Cord-Duesenberg-Museum

Zu den Marken, die hätten überleben können, wenn die Depression nicht gekommen wäre, zählten Graham und Hupmobile. Graham wurde 1928 als Graham-Paige von den drei Brüdern Graham gegründet, die Lastwagen für Dodge gebaut hatten und dann die Detroit-Paige Motor Car Company übernahmen. Im ersten Jahr wurden bereits 73.195 Fahrzeuge verkauft, ein absoluter Rekord für eine neue Marke, und 1929 besaß die Firma weltweit schon 2.270 Händler und verkaufte 77.000 Fahrzeuge, eine Zahl, die später nie wieder erreicht wurde. Die Depression ließ die Verkaufszahlen 1932 auf 12.967 Fahrzeuge sinken. Im gleichen Jahr brachte Graham die Modellreihe Blue Streak heraus, die ersten amerikanischen Serienautos mit voll umlaufenden Kotflügeln; die von Amos Northup entworfenen Karosserien besaßen einen schräg abfallenden Kühlergrill und waren den anderen Wagen auf dem amerikanischen Markt damit ein Jahr voraus. Trotzdem konnten nur 10.967 Fahrzeuge verkauft werden. 1935 hatte Graham seinen Vorsprung im Design eingebüßt – es fehlte das Geld für eine größere Umgestaltung – und für das Modelljahr 1936 bekamen die Fahrzeuge die gleiche, bei Hayes gebaute Karosserie wie der Reo, der sich ebenfalls auf dem absteigenden Ast befand.

Graham hatte Sechs- und Achtzylindermodelle im Programm, erstere allerdings erst ab 1936. Die 38er Modelle besaßen ein völlig neues Design mit einer schräg nach vorn ansteigenden Frontpartie, die in dem Spitznamen »Sharknose« (Haifischnase) resultierte. Offiziell hießen die Modelle Spirit of Motion. Weitere Merkmale waren in die Kotflügel eingelassene rechteckige Scheinwerfer, herumgezogene Kotflügel für die Hinterräder und eingelassene Türscharniere. Es hieß, daß der Wagen von der interessierten Öffentlichkeit entweder geliebt oder gehaßt wurde. Bedauerlicherweise waren letztere wohl in der Mehrzahl oder vielleicht waren auch zu wenige bereit, Geld für einen neuen Wagen auszugeben, denn die Fahrzeugverkäufe gingen 1938 landesweit spürbar zurück. Graham verkaufte 1938 nur 4.139 und 1939 nur noch 3.876 Sharknose. In diesem Jahr mußte Joe Graham gar 560.000 Dollar aus seinem persönlichen Vermögen zuschießen, um das Unternehmen am Leben zu erhalten.

Der Sharknose wurde auch 1940 noch angeboten, fand aber nur etwa 1.000 Käufer. Graham versuchte es jetzt mit einer anderen Lösung und gründete mit Hupmobile, das ebenfalls kränkelte, ein Gemeinschaftsunternehmen, das aus der Karosserie des Cord 810 und dem im Sharknose verwendeten Continental-Sechszylinder ein neues Auto bauen sollte, das im Gegensatz zum Cord Hinterradantrieb hatte. Die Graham-Version hieß Hollywood, die Hupmobile-Ausführung Skylark. Beide wurden im Graham-Werk gebaut. Doch bereits im September 1940 war nach nur 859 Hollywoods und 319 Skylarks schon wieder alles vorbei. Ein paar wurden noch als 41er Modelle verkauft und einige wenige noch 1946 montiert, nachdem das Werk offiziell schon Kaiser-Frazer gehörte.

Hupmobile war 1928 mit 65.862 verkauften Fahrzeugen und mehr als 8,75 Millionen Dollar Gewinn noch einer der größeren Unabhängigen gewesen. In den dreißiger Jahren

erlebte das Unternehmen jedoch eine weitaus wechselvollere Geschichte mit schlecht aufgenommenen Limousinen 1934, vergeblichen Plänen für einen Zusammenschluß mit Willys und der Schließung des Werks von Dezember 1935 bis Juli 1937. Ein Großteil der Schwierigkeiten ging auf Archie M. Andrews zurück, einem Unternehmer, der auch schon mit dem frontgetriebenen Ruxton von 1929/30 zu tun gehabt hatte, dessen Herstellung zum Ruin von Kissel und Moon beigetragen hatte. Für 1938 brachte Hupmobile eine konventionelle viertürige Limousine mit Sechs- und Achtzylindermotor heraus, die es aber nur in einer Karosserievariante ab, während die Konkurrenz mindestens vier zu bieten hatte. Nachdem 1938/39 von dieser Limousine 3.483 Einheiten gebaut worden waren, davon nur 397 mit Achtzylindermotor, tat sich Hupmobile mit Graham zum Unternehmen Skylark/Hollywood zusammen.

Von den erfolgreicheren Unabhängigen besaßen Hudson und Studebaker ein viel breiteres Angebot als Graham und Hupmobile und konnten mit ihren Untermarken Essex (Hudson) und Erskine (Studebaker) auch die niedrigere Preisklasse bedienen. Der Erskine wurde von 1927 bis 1930 gebaut, konnte aber keine großen Erfolge erzielen. Er hatte etwa die Größe des Ford A, war aber 500 Dollar teurer. Er war das qualitativ bessere Produkt, doch Studebaker war weder das erste noch das letzte Unternehmen, das die Erfahrung machen mußte, daß der qualitativ gute Kleinwagen bei amerikanischen Autokäufern nicht ankommt. 1932 startete Studebaker einen neuen Versuch mit dem Rockne, benannt nach dem berühmten Football-Trainer Knute Rockne, den das Unternehmen als Marketingchef angeheuert hatte, der aber 1931 bei einem Flugzeugabsturz ums Leben gekommen war. Den Rockne gab es mit zwei Sechszylindermotoren mit 66 bzw. 72 PS und zwei Radständen von 2895 mm und 2794 mm. Der Wagen war mit 585–795 Dollar billiger als der Erskine, sah sich aber hartem Wettbewerbsdruck von seiten des neuen Ford V8 ausgesetzt, der erstens billiger war und zweitens zwei Zylinder mehr hatte. Insgesamt wurden in zwei Jahren vom Rockne 23.201 Einheiten gebaut.

Gegen Ende des Jahrzehnts brachte Studebaker als weiteren Kleinwagen den Champion heraus, der auch vom Preis her günstiger lag und etwa 50 Dollar weniger als ein Chevrolet DeLuxe kostete. Sein Preis und sein sparsamer Verbrauch von 10,7-11,8 l/100 km verschafften dem Champion viele Freunde, so daß er von 1939 bis 1941 mehr als die Hälfte des Studebaker-Umsatzes auf seinem Konto verbuchen konnte.

Der Hudson Terraplane war selbst als Achtzylinder beträchtlich günstiger als sein großer Bruder und gleichzeitig recht leistungsstark. Im ersten Modelljahr 1932 lief der Terraplane mit stärkerem Motor von 70 PS und einem Radstand von 2692 mm noch unter der Bezeichnung Essex. Als Roadster kostete er mit 425 Dollar 35 Dollar weniger als der Ford V8, dem er von der Leistung her aber keinesfalls unterlegen war. Für 1933 fiel die Bezeichnung Essex dann weg, und Hudson steckte seinen 94-PS-Reihenachtzylinder in einen Terraplane-Rahmen mit 2870 mm Radstand. Der Terraplane erwarb sich durch viele Siege bei Bergrennen im ganzen Land schnell den Beinamen »Bergkönig«. Außerdem stellte er in Daytona Beach mehrere Geschwindigkeits- und Dauerrekorde auf.

Als der Achtzylinder 1934 eingestellt wurde, verlor der Terraplane einiges von seinem Leistungsimage. Er war jetzt nur noch ein billigeres Hudson-Modell mit den gleichen Aufbauten und den 2946 mm Radstand des kürzesten Hudson. 1939 verschwand der Name Terraplane ganz aus dem Programm. Das kleinste Hudson-Modell 1938 war der 112, benannt nach dem Radstand von 112 Zoll, den es in 16 Versionen gab, acht in der Standard- und acht in der DeLuxe-Ausführung. Er hatte einen Sechszylindermotor mit 83 PS und 2834 cm³ Hubraum. Das Design ähnelte dem der größeren Modelle, wobei die

1936er Hudson De Luxe Eight ◄

Hudson und Terraplane erhielten für 1936 ein völlig neues Aussehen mit schmalem Kühlergrill und runderen Linien. Die wichtigste technische Neuerung war die Hydraulikbremse, zu der es aber für den Fall eines Versagens noch eine Seilzugbremse für die Hinterräder gab. Der Hudson Eight stand in zwei Baureihen als De Luxe und als Custom jeweils mit 3048 mm und 3225 mm Radstand zur Verfügung. Der Preisunterschied betrug je nach Ausstattung 90–100 Dollar. Dieser De Luxe Eight kostete 855 Dollar.

Besitzer: National Automobile Museum, Reno, Nevada

Haube allerdings vorn angeschlagen war. Der 112 bekam nützliche Publicity, als er zum Pace-Car für die 500 Meilen von Indianapolis erkoren wurde, das einzige Mal, daß diese Ehre einem Hudson zuteil wurde. Er wurde noch für ein weiteres Jahr gebaut, ehe er 1940 dem Hudson 40 Six weichen mußte, der einen um 25 mm längeren Radstand und den gleichen Kühlergrill wie die anderen Hudson-Modelle hatte.

LUXUSAUTOS IN DER ZEIT WIRTSCHAFTLICHER PROBLEME

Es ist fast eine Ironie, daß ausgerechnet während der tiefsten Depression einige der schönsten amerikanischen Autos entstanden, die es je gegeben hat. Sie waren natürlich schon ein paar Jahre vor 1929 geplant worden, und doch ist es ein ernüchternder Gedanke, daß es so prächtige Autos wie den Cadillac V12 und V16, den Lincoln V12, den Packard V12 und den Marmon 16 vielleicht nie gegeben hätte, wenn die Depression beispielsweise schon 1927 eingetreten wäre.

Cadillac kam als erster mit einem V16-Motor heraus, entwickelt von einem Team unter Ernest W. Seaholm, der schon seit 1913 bei Cadillac gewesen und daher auch bereits am V8 mitgearbeitet hatte. Für die Detailarbeit am V16 zeichnete der ehemalige Marmon-Ingenieur Owen Nacker verantwortlich, der vier Jahre in Vollzeit mit diesem Projekt beschäftigt war. Die Zylinderreihen des Motors standen im engen Winkel von 45 zueinander und besaßen hängende Ventile mit hydraulischen Dämpfern. Mit 7404 cm^3 Hubraum und 165 PS machte der Motor den Cadillac V16 zum zweitstärksten Wagen Amerikas nach dem Duesenberg J.

Bei der Vorstellung auf der New Yorker Automobilausstellung im Januar 1930 war erst ein einziger Wagen fertiggestellt, ein Imperial Landaulette von Fleetwood, von dem später nur noch drei weitere gefertigt wurden. Sein Preis ist nicht überliefert, dürfte aber mindestens so hoch gewesen sein wie der des ebenfalls von Fleetwood gebauten viertürigen Imperial Cabriolet, der 7.350 Dollar kostete. Als die Produktion dann richtig lief, war der Cadillac V16 in 54 Karosserievarianten erhältlich, sämtlich von Fleetwood, einem Karosseriebauer, der sich im Besitz von General Motors befand und ab 1933 nur noch Cadillac-Aufbauten fertigte. Die Preise bewegten sich zwischen 5.350 Dollar für einen zweisitzigen Roadster mit zwei Bedientensitzen und 9.700 Dollar für einen viertürigen Town Brougham für fünf bzw. sieben Passagiere. Zur Baureihe 452, wie der Cadillac V16 nach dem Hubraum seines Motors auch bezeichnet wurde, gehörte auch ein Sondermodell namens Madam X mit im Winkel von 18 geneigter Windschutzscheibe und sehr dünnen Säulen. Der 452 wurde außerdem als Chassis für Karosserien von Murphy und Waterhouse in den Vereinigten Staaten, Saoutchik in Frankreich und Pininfarina in Italien geliefert.

In seinem ersten Jahr fand der V16 über 2.800 Käufer, ein gutes Ergebnis, das sich aber 1931 mit nur 364 ver-

1934er Terraplane KU De Luxe Six Coupé ▲ ▶

Der Hudson Terraplane wurde 1934 nur als Sechszylinder gebaut, war also nicht mehr so leistungsstark wie im Jahr zuvor. Sein Design war neu und richtete sich eng an den anderen Hudson-Modellen aus. Er hatte den gleichen Radstand von 2946 mm wie der kleinste Hudson. Dieses zweisitzige Coupé kostete 600 Dollar.

Besitzer: Ira Gamble

1931er Cadillac V16 Fleetwood Imperial Sedan und Allwetter-Phaeton ◄ ▼

Zwei großartige Beispiele für Fleetwood-Aufbauten auf dem Chassis der Baureihe 452-A: Bei der Limousine handelt es sich um das Sondermodell Madam X, das seinen Namen nach einem beliebten Bühnenstück erhalten hatte. Charakteristisch daran war die um 18 geneigte Windschutzscheibe mit den sehr dünnen A-Säulen. Den Allwetter-Phaeton unten soll Charles F. Kettering für seine Freundin P. Prior gekauft haben. Er hatte bei der Aufnahme im Jahr 1990 nur 35553 km auf dem Tachometer.

Besitzer: Elliott und Katherine Klein

kauften Fahrzeugen und 1932 mit nur 300 Einheiten drastisch verschlechterte. Das lag teilweise an der schlimmer werdenden Depression, teilweise aber auch an der Konkurrenz der V-Zwölfzylinder von Lincoln, Packard, Pierce-Arrow und aus dem eigenen Hause. Der 1931 vorgestellte Cadillac V12 war im wesentlichen ein V16 mit vier Zylindern weniger und 6028 cm³ Hubraum, der genauso ruhig lief und mit 135 PS auch leistungsmäßig kaum schlechter war. Angesichts des um 800–2.000 Dollar niedrigeren Preises war es allerdings kein Wunder, daß der V12 seinem größeren Bruder die Käufer abspenstig machte. Das wäre auch ohne die Auswirkungen der Depression der Fall gewesen.

1933 erhielten Cadillac und LaSalle ein neues Design mit V-förmigem Kühlergrill und herumgezogenen Kotflügeln. Die Verkaufszahlen erreichten jedoch in allen vier Modellreihen, d.h., LaSalle, Cadillac V8, Cadillac V12 und Cadillac V16, nur ganze 6.655 Einheiten. Zu Beginn des Jahres hatte Cadillac noch bekanntgegeben, daß nur 400 V16 gefertigt werden würden, in der Praxis waren es dann aber nur 126. Später sanken die Zahlen dann noch weiter ab, und zwar auf 60 (1934), 50 (1935) und 52 (1936). Letztere umfaßten 49 Einheiten aus der stark reduzierten Fleetwood-Palette und drei Fahrgestelle für andere Karosseriebauer. 1937 wurden nur noch 49 Fahrzeuge ausgeliefert. Von 1938 bis 1940 wurde dann ein neuer V16-Kurzhuber gebaut. Dieser Motor war mit 7060 cm³ Hubraum etwas kleiner, brachte aber die gleiche Leistung wie der alte V16. Der neue Motor bot aber einen ganz anderen Anblick. Mit den im Winkel von 135 Grad zueinander stehenden Zylindern sah er fast aus wie ein Boxermotor.

Der neue V16, die Baureihe 90, löste in der Automobilindustrie Erstaunen aus, als er im Herbst 1937 vorgestellt wurde. Angesichts der niedrigen Verkaufszahlen beim Vorgänger fragte man sich, wie General Motors jetzt mehr verkaufen wollte, wo schon Lincoln und Packard mit ihren Zwölfzylindermodellen zu kämpfen hatten und Pierce-Arrow kurz vor der Aufgabe stand. Der Cadillac 90, der wie ein größerer Cadillac V8 aussah und mit zwölf Karosserievarianten von Fleetwood zu haben war, kam im Modelljahr 1938 auf 315, 1939 auf nur 138 und 1940 auf 61 Einheiten. Bei diesen niedrigen Verkaufszahlen lohnte sich natürlich keine Modellpflege, so daß der Cadillac 90 des Jahres 1940 neben dem V8 ausgesprochen altmodisch wirkte. Einige wenige Fahrgestelle gingen an andere Karosseriebauer, darunter Derham, Fleetwood baute zwei riesige Limousinen mit Faltdach auf einem Chassis mit

1937er Cadillac 37-85 V12 Formal Sedan ▲ ▶
Cadillac V12 und V16 liefen 1937 aus; dafür kam 1938 ein neuer Sechzehner mit flacherem Motor. Der V12 war mit sechs Fleetwood-Aufbauten zu haben. Diese Limousine, Karosserie-Variante 7509F, kostete, 4.195 Dollar. Der große Koffer hinten war als Zubehör erhältlich.

Besitzer: Duke Davenport

1936er Cadillac 90 V16 ◀ ▼

1936 war schon fast das letzte Jahr für den Cadillac V16 der ersten Generation, in dem nur noch 52 Einheiten hergestellt wurden, die Hälfte davon Limousinen. Er hatte noch den gleichen Motor wie im Einführungsjahr 1930, dafür aber enorme 3911 mm Radstand. Diese Limousine von Fleetwood kostete 7.750 Dollar.

Besitzer: Tom Barratt

4191 mm Radstand für das Weiße Haus. Diese Fahrzeuge wurden aber überwiegend vom Geheimdienst genutzt, denn Präsident Roosevelt fuhr Lincoln. Sie überlebten bis in die Ära Truman, wo sie neue V8-Motoren erhielten.

Der einzige andere Serien-V16 war das Lieblingsprojekt von Colonel Howard C. Marmon (1876-1943). Nachdem die Entwicklungsarbeit bereits 1928 begonnen hatte, wurde der Marmon 16 erst 1930, elf Monate nach dem Cadillac V16, vorgestellt. Sein Motor besaß ähnlich wie der des Cadillac hängende Ventile und Zylinder im Winkel von 45, war aber mit 8040 cm^3 Hubraum und 200 PS größer und stärker. Motorblock, Kurbelgehäuse, Ansaugkrümmer, Ölwanne, Zylinderköpfe und Schwungradgehäuse bestanden aus Leichtmetall, so daß der Motor außergewöhnlich leicht war und der Wagen ein Leistungsgewicht von 2,1 kg/PS hatte. Mit 6:1 besaß er zudem die höchste Verdichtung unter allen amerikanischen Autos der damaligen Zeit.

Die Karosserien des Marmon 16 wurden von Walter Dorwin Teague entworfen und bei LeBaron gebaut. Alle acht Karosserievarianten sahen attraktiv aus; dazu trug unter anderem auch der schräg abfallende Kühlergrill in V-Form bei, der dem Wagen ein niedrigeres Aussehen als dem Cadillac verschaffte. Qualitativ waren die Aufbauten jedoch nicht mit anderen Arbeiten von LeBaron zu vergleichen. Außerdem war der Marmon 16 nach vielfach geäußerter Meinung preislich zu niedrig angesetzt; die 31er Modelle kosteten zwischen 5.200 und 5.470 Dollar, und 1933 war der Wagen als Limousine und Coupé bereits für 4.825 Dollar zu haben. Diese Preissenkung war eine Verzweiflungstat, mit der der Verkauf angekurbelt werden sollte. Marmon kann dabei nichts verdient haben. Nachdem in drei Jahren nur 390 Marmon 16 verkauft worden waren, wurde die Produktion Ende 1933 eingestellt. Marmon hatte zweifellos damit zu kämpfen, daß er ein Jahr später als Cadillac auf den Markt kam, denn wenn 1930 schon nicht das beste Jahr für die Vorstellung eines neuen Luxusautos gewesen war, so kam es 1931 noch schlimmer. Cadillac verkaufte im gleichen Zeitraum von drei Jahren immerhin 790 V16.

Ein weiterer Sechzehnzylinder war Anfang der dreißiger Jahre geplant, erreichte aber nie die Serienreife. Dabei handelte es sich um den Peerless, von dem nur ein Prototyp mit 7,6-Liter-Motor mit 170 PS und Aluminium-Karosserie von Murphy auf 3683 mm Radstand gebaut wurde. Geistiger Vater und Fürsprecher des Wagens war James Bohannon, der 1929 von Marmon zu Peerless gewechselt hatte; es gibt allerdings keine hieb- und stichfesten Beweise dafür, daß er dabei mehr als nur eine allgemeine Idee mitgebracht hat. Gleiches galt im übrigen für Owen Nacker und den Cadillac V16, denn Nacker war bei Marmon nicht fest angestellt, sondern mehr als Berater tätig gewesen.

Zwölfzylinder wurden in den dreißiger Jahren von fünf Herstellern angeboten, neben Cadillac von Auburn, Franklin, Lincoln, Packard und Pierce-Arrow. Der Auburn war der billigste V12, der je gebaut wurde. 1932 lag er mit 975-1.275 Dollar weit unter den üblichen Preisen für einen

1932er Franklin Sedan ▲▼

Die Franklin Company war 1932 bereits fast am Ende, brachte aber mit dem Airman noch ein neues Modell heraus. Dieser besaß den gleichen luftgekühlten Sechszylindermotor wie seine Vorgänger, war aber in neun neuen Karosserievarianten zu haben. Diese viertürige Limousine kostete 2.345 Dollar. Franklin baute 1932 nur 1.577 Fahrzeuge und machte zwei Jahre später die Pforten dicht.

Besitzer: Mark und Tootsie Accomazzo

Zwölfzylinder. Außerdem war er der einzige Wagen, dessen Motor von außerhalb stammte, wobei »außerhalb« vielleicht nicht ganz richtig ist, weil der Motorenbauer Lycoming wie Auburn auch zu Cord gehörte. Der 6,4-Liter-Motor leistete 160 PS, die den hübschen zweisitzigen Roadster auf über 160 km/h und die sechssitzige Limousine auf gut 145 km/h beschleunigten. Dank der doppelt übersetzten Columbia-Hinterachse, mit der alle Fahrzeuge von Auburn ausgestattet waren, besaß der V12 sechs Vorwärtsgänge. Er war drei Jahre, 1932-1934, auf dem Markt, verkaufte sich aber nicht besonders gut. Unter insgesamt 17.276 verkauften Fahrzeugen kam er auf einen Anteil von 2.000 bis 3.000 Einheiten.

Noch seltener war der Franklin V12, dessen Motor mit 6781 cm³ Hubraum etwas größer als der des Auburn war, aber zehn PS weniger leistete und wie alle Franklin-Motoren luftgekühlt war. Der Wagen wurde für das Modelljahr 1933 vorgestellt, war aber schon seit 1927 in der Entwicklung gewesen. Nach den Vorstellungen Herbert Franklins und seiner Ingenieure Glen Shoemaker, Ed Marks und Carl Doman hatte er den neuen V12-Motor in einem verlängerten Franklin-Rahmen mit Karosserien von Dietrich im klassischen Franklin-Stil haben sollen. 1929 nahm Herbert Franklin bei einer Bank einen Kredit von 5 Millionen Dollar auf, was er nie zuvor getan hatte. Als dann die Depression hereinbrach, entsandte die Bank einen Kontrolleur, Edwin McEwan, in das Unternehmen. Obwohl bereits vier Prototypen nach den Vorstellungen Franklins und seiner Ingenieure gebaut und zwei davon auf der New Yorker Automobilausstellung gezeigt worden waren, ordnete McEwan zur Kostensenkung eine vollständige Überarbeitung an. Dabei blieb der Motor so ziemlich als einzige Komponente unverändert. Der Rahmen wurde viel schwerer (der leichte und elastische Franklin-Rahmen war zweifellos teuer), an die Stelle der elliptischen traten halbelliptische Federn, und der Radstand wurde von 3479 mm auf 3657 mm verlängert. Dadurch wurde der Wagen um etwa 545 kg schwerer. Für die stattlichen Dietrich-Aufbauten kamen ein zweitüriger Club Brougham und eine viertürige Limousine von LeBaron, die nach Ansicht des Franklin-Experten Thomas Hubbard möglicherweise für Lincoln bestimmt gewesen, von Edsel oder Henry Ford aber verworfen worden waren.

Trotz der von McEwan verordneten Kostenreduzierung kam der Franklin V12 noch auf 3.885 bis 4.195 Dollar – zu viel für den darniederliegenden Markt. Für das Modelljahr 1934 wurde der Preis quer durch die Modellpalette noch um 1.000 Dollar gesenkt, aber das half auch nicht mehr. Nach insgesamt nur 200 V12 stellte Franklin Ende 1934 den Betrieb ein. Die vier Prototypen wurden an Privatkunden verkauft, ein ungewöhnlicher Schritt, da Prototypen im allgemeinen verschrottet werden, weil sie nach Meinung der Hersteller den Serienfahrzeugen unterlegen sind. Da Franklin sie aber für besser hielt, war diese Maßnahme vielleicht doch nicht so erstaunlich. Keines dieser Fahrzeuge ist erhalten geblieben, aber dafür hat Thomas Hubbard einen Franklin gebaut, »den es nie gegeben hat, aber hätte geben sollen«, indem er einen V12-Motor in ein Fahrwerk von 1932 mit einem besonders hübschen viersitzigen Phaeton-Aufbau nach einem Entwurf von Merrimac einbaute.

Lincoln, Packard und Pierce-Arrow brachten ihre V12er sämtlich 1932 heraus. Bei den Motoren handelte es sich um massige Triebwerke mit L-Kopf und 7336 cm³ (Lincoln KB), 7297 cm³ (Packard Twin Six) und 6519 bzw.

7027 cm³ (Pierce-Arrow) Hubraum. Als Leistung wurden 150 PS beim Lincoln und Pierce-Arrow sowie 160 PS beim Packard angegeben. Die Fahrzeuge besaßen einen Radstand zwischen 3606 mm und 3733 mm und wogen bis zu 2,7 Tonnen. Es gab sie wie den Cadillac mit Standard- und Sonderaufbauten und auch als nacktes Fahrgestell. Zu den bevorzugten Karosseriebauern für den Lincoln zählten Brunn, Dietrich, Judkins und Murphy, beim Packard waren es Dietrich und LeBaron. Pierce-Arrow baute seine Karosserien überwiegend selbst, lieferte aber auch Fahrgestelle für Sonderaufbauten von Brunn, LeBaron, Rollston und anderen.

Die Preise begannen bei 3.450 Dollar für den kleinen Pierce-Arrow und 3.895 Dollar für den Packard Touring in der Standardausführung. Beim Lincoln war unter 4.300 Dollar nichts zu bekommen. Im oberen Bereich richtete sich der Preis natürlich nach der Karosserie; dort war unter 8.000 Dollar kaum etwas zu machen. Pierce-Arrow kündigte 1933 als Sondermodell den Silver Arrow an, eine Fließhecklimousine mit Stromlinienaufbau, die mit 10.000 Dollar der teuerste amerikanische Wagen des Jahres mit Ausnahme des Duesenberg war. Von den fünf gebauten Exemplaren sind noch vier erhalten. 1934 entstand ein weitaus weniger radikales zweitüriges Coupé mit Fließheck, das ebenfalls den Namen Silver Arrow erhielt und sowohl als Acht- als auch als Zwölfzylinder zu haben war. Es kostete nur 3.295 Dollar, aber das lag wohl unter anderem daran, daß mittlerweile sämtliche Preise drastisch gesenkt worden waren.

In besseren Zeiten hätten sich möglicherweise alle drei Fahrzeuge zur Zufriedenheit ihrer Hersteller verkauft, doch 1932 war die Talsohle der Depression erreicht, so daß nur 1.623 Lincoln, 549 Packard und 447 Pierce-Arrow einen Käufer fanden. Dementsprechend wurden die Preise für 1933 gesenkt, auf 3.200 Dollar für den Lincoln, 3.860 Dollar für den Packard und 2.975 Dollar für den Pierce. Zu allen dreien gab es kleinere und billigere Alternativen, und zwar bei Lincoln den KA mit 6,2-Liter-V12, bei Packard zwei Modelle mit Reihenachtzylinder und bei Pierce-Arrow einen Reihenachtzylinder. Auch das waren noch teure Autos, die in den Jahren vor der Depression entworfen worden waren. Was diese Hersteller von Luxusfahrzeugen benötigten, war ein Modell, das preislich in der oberen Mittelklasse angesiedelt war und bislang unbekannte Verkaufszahlen erreichte. Lincoln und Packard hatten es bis 1936 geschafft; bei Pierce-Arrow fehlten die Mittel und vielleicht auch der Wille dazu, so daß 1938 das Aus kam.

Die Zwölfer von Lincoln und Packard wurden noch bis 1939 weitergebaut, allerdings in immer kleineren Stückzahlen. Packard kam im letzten Modelljahr noch auf 446 Einheiten und Lincoln im Kalenderjahr 1939 auf 139 Exemplare. Die Nachfolgemodelle waren in Konstruktion und Aussehen ganz anders, gleichzeitig aber eine logische Entwicklung für die Hersteller. Es kamen der konservativ aussehende Packard 120 und der fortschrittliche Lincoln Zephyr V12.

Packard stellte seinen 120 im Januar 1935 mit einem Preis von 980 Dollar für das zweisitzige Coupé vor. Die anderen Modelle lagen knapp über der 1.000-Dollar-

1933er Franklin 17-B V12 Club Brougham ◀
Zwei Aufbauten wurden auf dem Fahrgestell des Franklin V12 angeboten, dieser zweitürige Club Brougham und eine viertürige Limousine, die auch mit abgetrenntem Fahrgastraum erhältlich war.
Die Aufbauten stammten von LeBaron und waren möglicherweise ursprünglich für Lincoln vorgesehen.
Mit 3.885–4.185 Dollar waren diese Fahrzeuge ziemlich teuer, so daß die Preise für 1934 quer durch die Modellpalette um 1.000 Dollar gesenkt wurden, um den Verkauf anzukurbeln.
Den Unternehmensgewinnen kann das nicht gut getan haben, denn die Banken kündigten Franklin 1934 die Kredite.

Besitzer: National Automobile Museum, Reno, Nevada

1936er Packard V12 1407 Convertible Victoria von Dietrich ▶

Packard kehrte 1932 in den Kreis der Zwölfzylinder zurück. 1936 leistete der V12 175 PS aus 7756 cm³ Hubraum. Die 36er Modelle waren die 14. Baureihe, und das »07« weist auf den mittleren (3537 mm) der drei verfügbaren Radstände hin. Dietrich war einer der bevorzugten Karosseriebauer für Packard.

Besitzer: Gilmore Car Museum, Kalamazoo, Michigan

1932er Pierce-Arrow 53 V12 ▼

Pierce-Arrow baute 1932 zwei V12; hier abgebildet ist der kleinere Typ 53 mit 140 PS aus 7030 cm³ Hubraum. Pierce besaß eine eigene Karosserieabteilung, so daß ein Großteil der Fahrzeuge komplett ausgeliefert wurde. Bereits 1929 waren Ganzstahl-Karosserien an die Stelle der von Hand gefertigten Aufbauten aus Holz und Aluminium getreten.

Besitzer: Ed Oberhaus

Marke. Damit kostete der Wagen etwas mehr als halb soviel wie alle bis dahin gebauten Packard-Modelle, war aber immer noch ein qualitativ gutes Auto, dessen Reihenachtzylinder von dem früheren Pontiac-Ingenieur G.T. Christopher konstruiert worden war. Dieser Motor hatte 4193 cm³ Hubraum und leistete 110 PS. 1936 stieg die Leistung auf 120 PS. Der 120 verfügte über zwei technische Neuerungen, auf die die größeren Modelle noch ein paar Jahre warten mußten, nämlich Einzelradaufhängung vorn und Hydraulikbremsen.

Im ersten Modelljahr wurden bei einer Gesamtproduktion von 31.889 Fahrzeugen 24.995 Einheiten vom 120 verkauft, in den Folgejahren stieg dessen Anteil am Gesamtausstoß noch weiter an. 1937 erhielt der 120 als Markengefährten den 115 mit Sechszylindermotor. Dessen Innenausstattung war weniger teuer, sah der des 120 aber sehr ähnlich. Sein Preis bewegte sich zwischen 795 Dollar für das Coupé und 1.295 Dollar für den Kombi, den ersten Packard mit einem solchen Aufbau.

Das Unternehmen verkaufte 1937 insgesamt 30.050 Packard 115, 50.100 Packard 120, 5.793 Senior Eight und 1.300 Packard V12. Da die teuren Fahrzeuge fünfzig Prozent der Arbeitszeit in Anspruch nahmen, aber nur 8.8 Prozent der Produktion ausmachten, muß die Gewinnspanne, wenn es denn überhaupt eine gab, viel kleiner gewesen sein als bei den billigeren Fahrzeugen. In Verbindung mit den anhaltend schlechten Absatzbedingungen für

Luxusautos führte das dazu, daß die Packard-Führung den großen Senior Eight mit 6,3-Liter-Motor nach 1936 aus dem Programm nahm. Dafür kamen im Modelljahr 1940 dann der Super Eight 160 und der Super Eight 180 mit 5,8-Liter-Motor, die vom Aussehen und vom Preis her näher am 120 lagen. Der billigste 160 kostete 1.524 Dollar, der teuerste 120 1.573 Dollar. Verkaufsschlager war jetzt der Sechszylinder 110 mit 62.300 Einheiten im Vergleich zu 28.138 Packard 120 und nur 7.562 Stück vom kleinen Senior Eight.

Als letzter Packard vor dem Krieg erschien Mitte 1941 der Clipper aus der Baureihe 120, den es für 1942 allerdings auch mit dem Sechszylinder und dem Achtzylinder aus dem Super Eight 160 gab. Der Clipper bedeutete mit seinem breiten, niedrigen Fließheckaufbau, den bis in die Türen hineingezogenen vorderen Kotflügeln und den Hinterradabdeckungen jetzt für Pakcard den Schritt an die Design-Spitze. Viele Konkurrenten mußten bis zum Modelljahr 1949 warten, ehe sie ein derart modernes Aussehen bekamen.

Lincolns Antwort auf den Packard 120 fiel so anders aus, wie man es sich nur vorstellen konnte. Der Zephyr – benannt nach dem Stromlinienzug Burlington Zephyr, der 1934 die Massen begeisterte – besaß einen windschnittigen Aufbau, entworfen von John Tjaarda von der Briggs Body Corporation. Tjaarda hatte seine Karosserie ursprünglich für einen Heckmotor nach Art des tschechischen Tatra ausgelegt, doch davon wurde nicht einmal ein Prototyp gebaut. Das Design erregte die Aufmerksamkeit von Edsel Ford, und bevor der definitive Beschluß gefaßt wurde, den Wagen als Lincoln herauszubringen, testete man erst einmal zwei Prototypen mit Ford-V8-Motoren. Als technischer Fortschritt in die Serienproduktion übernommen wurde die selbsttragende Karosserie.

Bevor der Zephyr in die Fertigung ging, wurde noch die gesamte Vorderpartie so umgestaltet, daß sie sehr stark an den 37er Ford erinnerte, der zu diesem Zeitpunkt noch ein Jahr in der Zukunft lag. An die Stelle der von Tjaarda vorgesehenen Einzelradaufhängung traten die traditionellen Ford-Blattfedern, der Motor, ein V12, besaß viele Teile aus dem V8 von Ford sowie den gleichen Hub. Er leistete 110 PS aus 4378 cm^3 Hubraum.

Der Zephyr sollte preislich direkt gegen den Cadillac LaSalle antreten und war 200 Dollar teurer als der Packard 120. Er kostete als zweitürige Limousine 1.275 und als Viertürer 1.320 Dollar. Dafür bekam der Käufer eine Menge Auto. Abgesehen von dem Prestige, einen Zwölfzylinder zu fahren, bot er innen mehr Platz als die Konkurrenz, kam auf 145 km/h Höchstgeschwindigkeit und konn-

1935er Lincoln K V12 Touring ▼

Der große Lincoln V12 erhielt für das Modelljahr 1935 hinten spitz zulaufende Scheinwerfer, einen engmaschigen Kühlergrill und eine längere Haube mit thermostatgesteuerten Lüftungsschlitzen. Mit nur 1.400 Einheiten übertraf er die gemeinsamen Stückzahlen seiner Konkurrenten Cadillac, Packard und Pierce-Arrow. Dieser Wagen soll von Präsident Roosevelt benutzt worden sein. Das Weiße Haus griff im übrigen gern auf Lincoln zurück.

Besitzer: Tom Barratt

1940er Packard Convertible Victoria von Darrin ◄

Dieser sportlich aussehende Viersitzer wurde von Howard »Dutch« Darrin entworfen und in begrenzter Stückzahl im Rahmen der Baureihe Super Eight gebaut. Von Darrin stammten auch eine Sportlimousine und eine Limousine mit Klappverdeck. Die Aufbauten entstanden für 1940 in einem eigenen Werk in Connersville, Indiana, und für 1941/42 dann im Packard-Karosseriewerk in Detroit. Der 40er Darrin-Victoria kostete 4.570 Dollar, mehr als doppelt so viel wie eine normale Limousine.

Besitzer: Duke Davenport

1934er Packard Convertible Coupé ▼►

Der 34 Packard war die 11. Baureihe und wurde am 21. August 1933 vorgestellt. Im Vergleich zur 10. Baureihe hatte es nur Detailänderungen gegeben, darunter einen Öltemperaturregler und ein ab Werk eingebautes Radio, das eine größere Lichtmaschine erforderlich machte. Dieses Coupé ist ein Achtzylindermodell mit 3289 mm Radstand für 2.580 Dollar. Die »fliegende Dame« auf der Kühlerhaube kostete 10 Dollar extra;
für den üblichen Packard-Kormoran wurden 20 Dollar verlangt.

Besitzer: Auburn-Cord-Duesenberg-Museum

te in nur 10 Sekunden auf 80 km/h beschleunigen. Auch der Benzinverbrauch war mit 12,4 l/100 km nicht schlecht. Der Zephyr verkaufte sich sehr gut; bereits im ersten Modelljahr 1935/36 kam er auf 14.994 Einheiten, das Zehnfache des größeren Lincoln und weit mehr als alles, was Lincoln vorher je erreicht hatte. Für das Modelljahr 1937 wurde die Palette um ein zweitüriges Coupé erweitert, die Produktion stieg auf 29.997 Fahrzeuge. 1938 kam ein viertüriges Kabrio hinzu, kleine Kühlergrills beidseits des Bugs setzten einen neuen Akzent im Design.

Nach dem Niedergang des großen Lincoln K wurde der kleine V12 zum einzigen Lincoln-Modell; der Hubraum stieg 1940 auf 4783 cm³ (120 PS) und 1942 auf 5012 cm³ (130 PS). Zugleich wurde der Wagen einiges schwerer und teurer. 1942 lagen die Preise zwischen 1.748 Dollar für das zweitürige Coupé und 2.274 Dollar für das Kabrio. Doch das Modell, das die meiste Aufmerksamkeit erregte, allerdings nicht so viele Käufer anlockte, war der 1940 vorgestellte Continental.

Obgleich immer im Schatten seines Vaters, war Edsel Ford die treibende Kraft hinter mehreren Fahrzeugen der dreißiger Jahre: Lincoln Zephyr, Ford Mercury und Lincoln Continental. Doch während es sich bei den beiden ersten um Massenfahrzeuge handelte, war der Continental Edsels Lieblingsprojekt, ursprünglich als Sondermodell nur für ihn selbst geplant. Das Design stammte von seinem Freund und Kollegen Bob Gregorie, der einen 39er Zephyr als Ausgangspunkt nahm und dessen Vorderpartie, Haube und Kotflügel, allerdings um 30 cm verlängert, beibehielt.

1939er Packard 1700 Six und 1703 Super Eight ◄ ▲

Packard hatte für 1939 eine breite Palette vom Sechser mit 100 PS bis zum Zwölfer mit 175 PS im Angebot. Bestseller war der 1700 Six mit 24.350 Einheiten in sechs Karosserievarianten, unter denen die Limousine (oben) für nur 995 Dollar am beliebtesten war.
Auch der 1703, der Super Eight, wurde in sechs Varianten zu Preisen zwischen 1.650 und 2.294 Dollar verkauft. Er kam im Modelljahr 1939 auf 3.962 Einheiten.

Besitzer: John Ball (1700), Ross Armuo (1703)

MICH MANUFACTURER 40
M 19 13

1940er Lincoln Zephyr ◄
Der Zephyr erhielt 1940, in seinem fünften Modelljahr, eine andere Karosserie und einen kräftigeren Motor. Die viertürige Limousine mit Klappverdeck wurde aus dem Programm genommen. Unter den sechs Standardausführungen war diese Limousine am beliebtesten. Sie kam bei einer Gesamtproduktion von 21.642 Zephyr auf 15.764 Einheiten.
Lincoln Mercury Division, Ford Motor Company

Als Heck wählte Gregorie einen eckigeren Kofferraum mit auf Edsels Wunsch außen montiertem Reserverad. Edsel war während der Bauzeit täglich in der Werkstatt anzutreffen, bei der Fertigstellung jedoch gerade im Urlaub in Florida. Als ihm der Wagen im März 1939 übergeben wurde, reagierten seine Freunde und Bekannten derart begeistert, daß zweihundert Bestellungen eingingen, ehe noch feststand, ob der Wagen überhaupt in die Serienproduktion gehen würde.

Für das Modelljahr 1940 wurde die Lincoln-Palette dann um das viersitzige Kabrio Lincoln Continental erweitert. Das Serienmodell unterschied sich nicht sehr von Edsel Fords persönlichem Fahrzeug, wenn man davon absieht, daß das Heck etwas massiger ausfiel. Die Haube war 7 cm niedriger und 18 cm länger als beim Lincoln Zephyr. Das Kabrio wurde im Oktober 1939 zusammen mit den Zephyr-Modellen vorgestellt und bekam im Frühjahr 1940 ein zweitüriges Coupé an die Seite gestellt. Von 404 Continental im Modelljahr 1940 waren 350 Kabrios und 54 Coupés, geradezu winzige Stückzahlen im Vergleich zur Lincoln-Gesamtproduktion von 22.046 Einheiten.

Der Continental verkaufte sich durch sein Design und sein Image, denn seine Fahrleistungen waren nicht besser als die des normalen Lincoln Zephyr. Der V12-Motor war im wesentlichen unverändert geblieben, auch vom Gewicht her unterschied sich der Continental kaum vom Zephyr-Kabrio. Als Aufhängung dienten die guten alten Ford-Blattfedern, die schon im Ford T ihre Dienste getan hatten. Die Continental-Käufer wurden für ihren modischen Wagen aber kräftig zur Kasse gebeten: Für das 40er Modell waren 2.840 Dollar fällig, während das Zephyr-Kabrio gerade einmal 1.170 Dollar kostete.

1941 hatte Lincoln drei Baureihen im Angebot, den Zephyr in fünf, den Continental in zwei und den Custom ebenfalls in zwei Karosserievarianten. Letzterer besaß einen um 330 mm verlängerten Radstand und wurde nur als achtsitzige Limousine gebaut. Am Continental wurden nur geringfügige Änderungen vorgenommen; am auffälligsten darunter war der Wegfall der Türgriffe, die durch Druckknöpfe ersetzt wurden.

1941 verkaufte sich das Coupé mit 850 Einheiten besser als das Kabrio, das nur auf 400 kam. Die 42er Modelle bekamen einen schwereren und weniger gut aussehenden Kühlergrill; in diesem Jahr belief sich die Gesamtproduktion wegen des Krieges auf nur 6.547 Einheiten, darunter 336 Continental und 113 Custom.

1940er Lincoln Continental Convertible ◄ ▲
Der von einem für Edsel Ford gebauten Prototyp abgeleitete Continental war eine Verbindung aus mechanischen Komponenten des Zephyr und einem gelungenen Aufbau, die dem Modell in späteren Jahren Klassikstatus verschaffte. Die Änderungen am Motor beschränkten sich auf einen seitlich montierten Luftfilter sowie Zylinderköpfe und Krümmer aus poliertem Aluminium. Mit 2.840 Dollar kostete das hier abgebildete Kabrio aus dem Jahr 1940 sechzig Prozent mehr als das Zephyr-Kabrio und wurde nur 350mal verkauft.
Besitzer: Gilmore Car Museum, Kalamazoo, Michigan

ABENDDÄMMERUNG IM KAROSSERIEBAU

Nach einem Höhepunkt 1930 erlebte der Karosseriebau in den zehn Jahren vor dem Krieg einen traurigen Niedergang, der sich ähnlich auch in anderen Ländern vollzog. Als der prestigeträchtige New Yorker Autosalon 1933 zum letzten Mal abgehalten wurde, waren schon viele bekannte Firmen wie Holbrook, Locke, Murphy und Waterhouse nicht mehr im Geschäft. Die Überlebenden bauten in der Regel kleine Serien für bestimmte Chassis-Hersteller, z.B, Brunn, Judkins und Wiloughby für Lincoln, LeBaron für Chrysler und Packard sowie Darrin für Packard.

Zwei Karosseriebauer fertigten kleine Serien für das Chassis des Ford V8 und vertrieben die Autos unter ihrem eigenen Namen: Brewster und Cunningham. Der Brewster besaß mit seinem herzförmigen Kühlergrill und den abgerundeten vorderen Kotflügel ein eigenständigeres Aussehen, während Cunningham für seinen Wagen den Kühlergrill und die Kotflügel des Ford V8 verwendete. Der Brewster entstand unter der Regie von John S. Inskip, der die Ansicht vertrat, daß das Chassis von Zeit zu Zeit erneuert werden könne, während der in Handarbeit entstandene Brewster-Aufbau erhalten bleiben müsse. Wie viele Käufer sich dieser Ansicht anschlossen, ist nicht bekannt. Der erste Brewster aus dem Jahre 1934 war ein Stadtwagen für 3.500 Dollar, der schon im folgenden Jahr um ein viersitziges Kabrio, eine Limousine mit getrenntem Fahrgastraum und ein »Coupelet« ergänzt wurde. Letzteres war nicht mehr und nicht weniger als ein zweisitziges Kabrio mit Bedientensitz. Sämtliche Modelle kosteten einheitlich 3.500 Dollar. Brewster baute von 1934 bis 1936 etwa 120 Fahrzeuge, darunter zumindest eins auf dem Chassis eines 40er Buick 90 Limited für den New Yorker Börsenhändler J. Whitney.

Cunningham kam 1935/36 auf 100 bis 150 Fahrzeuge. Sein Stadtwagen, mit 2.600 Dollar billiger als der Brewster, sah elegant aus und paßte hervorragend zu Vorderpartie, Haube und Kotflügeln des Ford V8. Cunningham hatte die Fertigung seiner eigenen großen Wagen mit eigenem V8-Motor 1933 aufgegeben und sich im Karosseriebau auf Fahrzeuge mit Ford-Chassis und -Antrieb sowie Kranken- und Leichenwagen auf Packard-Chassis konzentriert. Die Firma stellte die Autoproduktion 1936 ein, blieb aber in anderen Bereichen im Geschäft.

Die Zahl echter Sonderaufbauten nahm ab, je weiter die dreißiger Jahre fortschritten. Einer dieser Aufbauten war der antik wirkende Stadtwagen mit vertikalen Linien und Lafettenrädern, den Derham 1938 auf dem Chassis eines Packard Super Eight baute. Typischer war aber das Umarbeiten von Serienaufbauten, indem man beispielsweise das Rückfenster durch ein geschlossenes Teil ersetzte, damit der Wagen förmlicher wirkte, die vordere Dachpartie abnahm, um einen Stadtwagen zu bekommen, oder das Dach hinten aufschnitt, so daß ein Halblandauer entstand. Auf diese Weise arbeiteten LeBaron von 1936 bis 1938 mit dem Chrysler Imperial und Derham bis 1942 mit

1940er Chrysler Newport Dual-Cowl Phaeton ◄▲
Der Newport als einer von zwei Ausstellungsfahrzeuge, die LeBaron für Chrysler baute, besaß eine Aluminiumkarosserie mit Doppelcockpit und zwei Windschutzscheiben, Druckknopf-Türöffner und versenkbare Scheinwerfer. Ein Newport fungierte 1941 als offizieller Schrittmacher beim 500-Meilen-Rennen von Indianapolis. Das hier gezeigte Exemplar kaufte der Millionär und Playboy Henry J. Topping, der einen Motor und ein Getriebe von Cadillac einbauen ließ. Als persönliche Akzente ließ er seinen Namen in Naben- und Ventildeckel eingießen und seine Initialen am Kühlergrill anbringen. Topping war mit dem Filmstar Lana Turner verheiratet, daher das Nummernschild.

Besitzer: National Automobile Museum, Reno, Nevada

1940er Chrysler Thunderbolt Convertible ◄ ▼
Der Thunderbolt, benannt nach dem Fahrzeug, mit dem George Eyston 1937 den Weltrekord für Landfahrzeuge aufgestellt hatte, war das stromlinienförmigere der beiden Konzeptfahrzeuge von Chrysler. Seine von Alex Tremulis in zehn Tagen entworfene Karosserie bot Platz für drei Personen nebeneinander. Der Wagen hatte versenkbare Scheinwerfer und ein einklappbares Hardtop, wie es erst beim Ford Skyliner 1957 in Produktion ging. LeBaron baute den Newport und den Thunderbolt zwar, war aber nicht für das Design verantwortlich. Tremulis und der Newport-Designer Ralph Roberts arbeiteten zu dieser Zeit bei Briggs.
Chrysler Corporation, Sammlung Mirco de Cet

Fahrzeugen von Chrysler, Cadillac und Packard. Individuellere Konstruktionen von LeBaron waren beispielsweise der Newport und das Thunderbolt-Kabrio auf Chrysler-Chassis aus dem Jahre 1940, mit denen die Chrysler Corporation schon die Ausstellungsfahrzeuge aus der Zeit nach dem Krieg vorwegnahm. Der Newport mit seinem Doppelcockpit und den zwei Windschutzscheiben fiel auf, doch der Thunderbolt war die technisch fortgeschrittenere Konstruktion, die mit ihr Ganzaluminiumkarosserie mit weit herabgezogenen Kotflügeln auch 1960 noch modern wirkte. Von beiden Fahrzeugen wurden je sechs Exemplare gebaut, von denen vier Newport und zwei Thunderbolt erhalten geblieben sind.

Mit dem Chassis des Lincoln K arbeiteten überwiegend Brunn, Judkins, LeBaron und Willoughby, überwiegend nach Vorgaben von Lincoln. Eine Aufstellung der Zahlen aus dem Jahr 1938 zeigt, daß Lincoln 227 komplette Einheiten fertigte, 199 Fahrgestelle von den vier Karosseriebauern mit Aufbauten gemäß Katalog versehen ließ und sieben Fahrgestelle für reine Sonderaufbauten lieferte, die teilweise von Spezialfirmen gefertigt wurden (Kranken- und Leichenwagen). 1939 wurden nur 97 Standardfahrzeuge, 34 Fahrzeuge mit Katalogaufbauten und sieben reine Sonderaufbauten gefertigt. Hinzu kam ein Fahrgestell mit extra langem Radstand von 4064 mm, auf dem Brunn einen Paradewagen für Präsident Roosevelt baute. Dieser sogenannte Sunshine Special erhielt 1942 einen neuen Kühlergrill und begleitete den Präsidenten zu den Konferenzen von Casablanca, Teheran und Jalta. Präsident Truman benutzte ihn dann 1945 bei der Potsdamer Konferenz.

Als der Lincoln K zum Ende des Modelljahres 1939 auslief, bedeutete das das Aus für Judkins und Willoughby. Brunn versuchte sich mit einer Serie von Halblandauern und Stadtwagen auf dem Chassis des Buick Limited über Wasser zu halten, doch Cadillac sah darin eine Gefahr für seine Fleetwood-Karosserien und sorgte dafür, daß General Motors die weitere Herstellung verbot. Brunn fertigte noch vier Aufbauten auf dem 41er Chassis und schloß Ende 1941 seine Pforten.

Packard stellte die Fahrgestelle für ein paar auffallende Aufbauten von Darrin, LeBaron und Rollston, die zwischen 1939 und 1942 nach den Vorgaben im Modellkatalog gefertigt wurden. Der bekannteste Wagen war der Darrin Convertible Victoria, ein sportlich aussehendes, zweitüriges Kabrio mit vier Sitzplätzen auf dem Chassis des Super Eight 180, das 1940 für 4.570 Dollar zu haben war und 1941/42 4.595 Dollar kostete. Weiterhin bauten Darrin eine fünfsitzige Sportlimousine für 6.300 Dollar und Rollston einen Stadtwagen für 4.574 Dollar, beide im Vergleich zur normalen fünfsitzigen Limousine, die nur 2.243 Dollar kostete, recht teuer.

Der einzige Karosseriebauer, der seine Arbeit auch nach dem Krieg noch fortsetzte, war Derham. Die Firma baute 1948 auf einem Mercury-Chassis den Prototyp des futuristischen Tasco von Gordon Buehrig und fertigte noch bis Mitte der fünfziger Jahre eine Reihe von Sonderaufbauten auf Cadillac- und Chrysler-Basis. Zu den Käufern des modifizierten Cadillac 75 gehörten unter anderem Papst Pius XII. und der Emir von Kuwait. Derham ließ noch bis 1957 Verkaufskataloge drucken, doch die letzte bedeutende Arbeit war ein Kabrio auf dem Chassis des 56er Lincoln Continental Mark II. Wie Bohman & Schwartz verlegte sich Derham anschließend auf das Restaurieren klassischer Fahrzeuge. Bei einer Besichtigung der Firma 1970 konnte der Autor unter anderem einen 41 Lincoln Continental, das Tasco-Coupé und das einzige erhaltene Exemplar des in den zwanziger Jahren in Frankreich gebauten Pedroso mit Reihenachtzylinder mit doppelter Nockenwelle bewundern. Als Enos Derham 1974 starb, schloß die Derham Body Company ihre Pforten und setzte damit den Schlußpunkt unter 164 Jahre amerikanischen Karosseriebau.

KLEINWAGEN

Nachdem der Ford A zu den Akten gelegt worden war und wenn man Eintagsfliegen wie den in nur zwölf Exemplaren gebauten Littlemac aus Muscatine in Iowa außer acht läßt, gab es in den dreißiger Jahren nur drei amerikanische Autos mit weniger als sechs Zylindern, nämlich den American Austin/Bantam, den Crosley und den Willys Four. Letzterer war eigentlich kein echter Kleinwagen, denn er besaß einen Motor mit 2198 cm³ Hubraum und 48 PS, der von der Antriebseinheit des Whippet abgeleitet war. Der Willys 77, wie er von 1933 bis 1936 hieß, erhielt 1937 ein neues Kleid im modernen rundlichen Design und 1939 hydraulische Bremsen. Gleichzeitig wurden die Leistung auf 62 PS erhöht und der Name Overland wiederbelebt, allerdings nur für ein Jahr. Der Wagen war in diesem Jahr 200 Dollar billiger als der günstigste Chevrolet und verkaufte sich überwiegend aufgrund seines sparsamen Verbrauchs und seines Preises. Willys stand von den Stückzahlen her ziemlich am Ende der Reihe, verkaufte aber 1937 immerhin noch 76.803 und 1939–1941 jeweils zwischen 25.000 und 29.000 Einheiten. Bekannt wurde der Motor vor allem durch den von Willys und Ford gebauten Jeep aus dem 2. Weltkrieg.

Der American Austin war ein Versuch, dem amerikanischen Autofahrer dreißig Jahre, bevor der Bedarf dafür bestand, die europäische Art des Autofahrens zu vermitteln. Der Austin Seven war selbst nach britischen Maßstäben klein und wurde im eigenen Lande schon mit amüsierter Aufmerksamkeit betrachtet, wobei er sich mit etwa 300.000 Einheiten zwischen 1923 und 1939 aber recht gut verkaufte. Seine amerikanische Version besaß den gleichen Vierzylindermotor mit 740 cm³ Hubraum und den gleichen Radstand von 1905 mm, aber einen ganz anderen Aufbau. Der Wagen mit der von Alexis de Saknoffsky entworfenen und bei Hayes gebauten Karosserie besaß eine Zweifarbenlackierung, Scheibenräder und als Roadster eine im Bogen verlaufende Farbapplikation, die frech die Lackierung des Duesenberg J nachahmte. Er sah länger aus als die 3,10 m, die er tatsächlich maß. Das erste Modell von 1930 kostete zwischen 445 Dollar als Roadster und 550 Dollar als DeLuxe-Coupé. Leider begannen die Preise für den Ford A in diesem Jahr bereits bei 435 Dollar, und dafür bekam der Käufer auch noch einiges mehr

1933er American Austin 275 Roadster ◄ ►
Der amerikanische Austin besaß den gleichen Vierzylindermotor mit 740 cm³ Hubraum wie sein britischer Namensvetter und ein ähnliches Fahrwerk. Sein von Alexis de Saknoffsky entworfener Aufbau war jedoch eleganter. Der Roadster war gut 70 cm kürzer und 30 cm schmaler als alle anderen amerikanischen Autos und kostete bei der Vorstellung im Jahre 1930 445 Dollar. Als das hier gezeigte Modell aus dem Jahr 1933 entstand, war der Preis allerdings schon auf 305 Dollar gefallen. Die Firma wurde 1933 von Roy Evans übernommen, der die Produktion aber schon 1934 einstellte, um dann 1937 unter dem neuen Namen American Bantam Car Company wieder auf dem Markt zu erscheinen.

Besitzer: National Automobile Museum, Reno, Nevada

als beim American Austin. Dessen Benzinverbrauch lag mit 5,9 l/100 km zwar niedriger, aber der Benzinpreis spielte damals keine wesentliche Rolle. Gebaut wurde der Austin in Butler, Pennsylvania, im Werk der Standard Steel Car Company, die von 1916 bis 1923 den Standard V8 hergestellt hatte.

Der American Austin erregte Aufsehen, kam aber bei Otto Normalverbraucher nicht an. Gekauft wurde er von Angehörigen der Unterhaltungsbranche, beispielsweise Buster Keaton, Marion Davies, Laurel und Hardy und Al Jolson. Auch Ernest Hemingway war Besitzer eines American Austin. In dem Will-Rogers-Film A Connecticut Yankee in King Arthur's Court war eine ganze Austin-Flotte zu sehen, und Austin-Witze gehörten zum Repertoire aller Radiosender und Varietébühnen. »Kommst du so in den Wagen hinein oder brauchst du einen Schuhanzieher?«, mußte sich wohl jeder Austin-Fahrer zumindest einmal fragen lassen. In Kalifornien verkaufte sich der Austin besser als in allen anderen US-Bundesstaaten; trotzdem kam er 1930 auf nur 8.858 Einheiten, eine bittere Enttäuschung für die Firma, die mit 100.000 und mehr gerechnet hatte. 1931 sah die Lage noch schlechter aus: 1.279 Verkäufe und mehr als 1.500 angefangene Fahrzeuge im Werk ohne Aussicht auf Käufer.

Das hätte schon das Aus für den American Austin sein können, wenn da nicht der Superverkäufer Roy Evans gewesen wäre, der 80 Prozent aller Verkäufe abgewickelt hatte. Evans nahm die unfertigen Wagen, ließ sie an anderer Stelle fertigstellen und verkaufte sie in Florida zum Stückpreis von 295 Dollar. Anschließend übernahm er die

Kontrolle über die Firma und baute 1933 weitere 4.726 Einheiten, darunter auch Pickups und Lieferwagen, die sich großer Beliebtheit als fahrbare Plakatwände erwarben. Nach nur 1.057 verkauften Fahrzeugen 1934 machte Evans erst einmal drei Jahre Pause, um dann unter dem neuen Namen American Bantam Car Company wieder auf dem Markt zu erscheinen.

Der neue Wagen hieß American Bantam oder einfach nur Bantam (*nicht* Austin Bantam) und besaß ein neues Design von de Saknoffsky, der für seine Dienste in Anbetracht der prekären Finanzlage der Firma nur 300 Dollar genommen hatte. Er hatte einen V-förmigen Kühlergrill und war als Kabrio (1940), Roadster und Kombi erhältlich. Der Motor war von dem bekannten Autotuner Harry A. Miller überarbeitet worden, der aus Mangel an Geld zwar längst nicht alles hatte tun können, was er wollte, aber mit einem umkonstruierten Einlaßkrümmer zumindest dafür gesorgt hatte, daß die zehn Dollar Lizenzgebühr an die Austin Motor Company Ltd. entfielen. Zu einem späteren Zeitpunkt wurden der Hubraum auf 820 cm^3 vergrößert und die Leistung auf 22 PS gesteigert.

Trotz klangvoller Namen wie Riviera und Hollywood verkaufte sich der Bantam nicht sehr gut. Nach etwa 2.000 Einheiten 1938, 1.225 1939 und 800 bis Juni 1940 wurde die Fertigung eingestellt. Zu dieser Zeit arbeitete die Firma bereits mit Hochdruck an dem allradgetriebenen Militärfahrzeug, das als Jeep unsterblichen Ruhm erlangen sollte.

Der andere amerikanische Kleinwagen war der Crosley, gebaut in Cincinnati von Powel Crosley (1886–1961), der zu diesem Zeitpunkt bereits 53 Jahre alt war und nach dem Marathon Six von 1909 und dem Cyclecar DeCross schon das dritte Auto seines Lebens auf den Markt brachte. Bekannt und reich geworden war er mit Radios und Kühlschränken. 1922 galt Crosley als größter Radiohersteller der Welt, sein Kühlschrank mit der Bezeichnung Shelvadoor war der erste, der Ablagefächer in der Tür besaß.

Bei Crosleys drittem Versuch mit dem Automobilbau – dem ersten, dem überhaupt ein gewisser Erfolg beschieden war – begann die Planung bereits 1934. Es dauerte aber noch bis April 1939, ehe der Wagen beim Indianapolis Motor Speedway vorgestellt wurde. Der Crosley war mit 3,05 m Gesamtlänge kleiner als der Bantam; bot als Limousine mit Klappverdeck Platz für vier Personen und kostete 350 Dollar. Im Vergleich zum Bantam wirkte er mit seinem luftgekühlten Zweizylindermotor, den die Waukesha Motor Company aus einem Pumpenaggregat für die Schädlingsvernichtung in Obstplantagen entwickelt hatte, eher unfertig. Die Sitze bestanden aus einfachen Rohrrahmen mit Stoffbezug, der Scheibenwischer mußte von Hand betätigt werden. Einen elektrischen Wischer gab es erst 1942. Die Höchstgeschwindigkeit betrug 80 km/h, wobei der Hersteller allerdings dazu riet, auf längeren Fahrten nicht schneller als 65 km/h zu fahren. Obwohl fünf cm kürzer als der Bantam, bot der Crosley mehr Platz, was zweifellos auf die stattlichen 1,93 m seines Erbauers zurückzuführen war. Ein anderer stattlicher Mann, Erwin »Cannonball« Baker fuhr im Sommer 1940 einmal von Cincinnati über Los Angeles und New York nach Chicago und kam dabei auf dieser Strecke von 10.575 km auf einen Benzinverbrauch von 4,6 l/100 km. Für die Strecke Cincinnati – Los Angeles benötigte er nur 9,41 Dollar für Benzin und Öl.

Verkauft wurde der Crosley über Kaufhäuser und andere Geschäfte, die Crosleys Radios und Kühlschränke führten. Nach einem ermutigenden Verkaufserfolg mit 2.017 Fahrzeugen zwischen Juni und Dezember des ersten Jahres ging der Verkauf 1940 auf 422 Einheiten zurück, weil es Probleme mit der bruchanfälligen Antriebswelle gab. Nachdem diese beseitigt waren, wurden vom 41er Modell 2.289 und vom 42er Modell 1.029 Einheiten verkauft. 1940 wurde die Modellpalette um einen Kombi für 450 Dollar erweitert, daneben gab es den Crosley auch als Pickup und Lieferwagen. Bekannter werden sollte die Firma dann nach dem 2. Weltkrieg mit kleinen Vierzylindern.

1939er Crosley Convertible Sedan ◀▲▶

Der kleine Crosley wurde am 29. April 1939 vorgestellt. Mehr Nachfolger des Cyclecars als Vorläufer des Kleinwagens, besaß er einen Zweizylindermotor, der bei 637 cm^3 Hubraum 15 PS leistete und den Wagen auf 80 km/h beschleunigte. Die Bremsen wurden mittels Seilzug betätigt, die Antriebswelle besaß kein Universalgelenk. Eventuelle Durchbiegungen sollten von den Gummilagern des Motors aufgefangen werden.

Besitzer: Auburn-Cord-Duesenberg-Museum

1934er Chrysler Airflow Coupé ▲
1935er Chrysler Airflow C-1 Sedan ▶
Nach der schlechten Aufnahme des 34er Airflow konstruierte Chrysler-Designer Oliver Clark die Vorderpartie um: An die Stelle des wasserfallartigen Kühlergrills trat ein stärker ausgeprägter Bug. Man konnte sogar für den 34er Airflow eine neue Haube kaufen, um ihn im Aussehen dem 35er anzugleichen. Die Verkaufszahlen wurden dadurch aber auch nicht besser.

Besitzer: Steve und Evelyn Benn

DESIGN UND KOMFORT

Obwohl in den dreißiger Jahren mehrere bedeutende technische Neuerungen eingeführt wurden, waren sie im wesentlichen ein Jahrzehnt des Designs und des Komforts für Fahrer und Passagiere.

Kein Jahrzehnt hat größere Änderungen im Design erlebt als die Dreißiger. Zu Beginn dieser zehn Jahre unterschieden sich die Autos äußerlich kaum von ihren Vorgängern aus den zwanziger Jahren: Kühler, Windschutzscheibe und Heck ragten senkrecht empor, die Scheinwerfer waren gesondert montiert, die Kotflügel seitlich nicht heruntergezogen. Die Räder besaßen Draht- oder Preßstahlspeichen nach Art der Geschützlafetten. 1940 aber war der Kühler hinter einem eleganten Grill verschwunden, die Windschutzscheibe bestand aus zwei im flacheren Winkel montierten Teilen, bei den Limousinen fiel das Heck schräg nach hinten ab und besaß eine rundere Form. Die Kotflügel bekamen um 1932/34 seitliche Schürzen und wurden ab 1942, etwa beim Buick und beim Packard Clipper, bis in die Türen hineingezogen – ein Vorgeschmack auf die durchgehenden Linien der Nachkriegsautos. Die Räder hatten Stahlfelgen mit großen Nabendeckeln und unterschieden sich damit kaum noch von denen der heutigen Zeit.

An drei Fahrzeugen wurde der allgemeine Fortschritt im Design besonders deutlich, am Lincoln Zephyr, am Chrysler Airflow und am Cord 810. Dem Chrysler kam dabei die bedeutendste Rolle zu, weil er technischen Fortschritt mit ehrgeizigen Zielen verband und der Autoindustrie zeigte, daß es genauso gefährlich sein konnte, seiner Zeit voraus zu sein, wie ihr hinterher zu hinken. Chef-Designer Carl Breer hatte sich nach eigener Aussage schon 1927 mit Aerodynamik befaßt, also zu einer Zeit, in der ein Auto nicht mehr war als »eine große Kiste mit einer kleinen Kiste vornedran«. Er stellte bei seinen Studien fest, daß Flugzeuge sich in der Form an Vögeln ausrichteten und bat den Flugpionier Orville Wright, ihm einen kleinen Windkanal zu bauen, in dem Stromlinienformen getestet werden konnten. Diesem folgte später ein größerer Windkanal im Chrysler-Forschungszentrum Highland Park. Breer ließ mehrere Prototypen bauen, teils gebrauchsfähig, teils nur Holzmodelle. Einer von diesen Prototypen besaß einen Reihenachtzylinder-Heckmotor, der ihn aber hoffnungslos hecklastig machte, und andere drei Sitze nebeneinander mit der Lenkung in der Mitte, eine Konstruktion, die zwar nicht bei Chrysler, wohl aber ein paar Jahre später bei Panhard in Frankreich in die Fertigung ging.

Der erste funktionsfähige Airflow-Prototyp, der Trifon Special, lief im Dezember 1932 vom Band; der Öffentlichkeit vorgestellt wurde der Airflow dann im Januar 1934. Seinem revolutionären Erscheinungsbild stand die Technik in nichts nach, denn hinter dem Wasserfall-Grill, den eingelassenen Scheinwerfern und dem abgerundeten Limousinenheck verbarg sich eine selbsttragende Karosserie, bei der ein leichtes, käfigähnliches System aus Stahlträgern als Gerüst für die Außenhaut diente. Holz wurde anders als bei den meisten amerikanischen Autos aus dieser Zeit überhaupt nicht verwendet. Die sechs Sitzplätze befanden sich innerhalb des Radstandes, so daß der Motor ungewöhnlich weit vorn eingebaut werden mußte: Ein Drittel des im Winkel von 5 Grad nach hinten geneigten Motorblocks saß vor der Vorderachse. An den Kofferraum gelangte man durch Anheben der Rücksitzlehnen, eine Neuheit für die damalige Zeit. Zum ersten Mal fand sich bei einem amerikanischen Auto auch das automatische Overdrive-Getriebe von Borg-Warner. Wenn der Fahrer bei Geschwindigkeiten über 65 km/h den Fuß vom Gaspedal nahm, wurde automatisch in den Schnellgang geschaltet; unterhalb von 40 km/h schaltete das Getriebe wieder in den Normalgang zurück.

Am wenigsten innovativ am Airflow waren die Motoren, Standard-Achtzylinder mit 4898 cm^3 Hubraum beim CU, 5299 cm^3 beim Imperial CV und CX und 6303 cm^3 beim Imperial CW, dem mit 3708 mm Radstand und bis zu 2.676 kg Gewicht längsten und schwersten Chrysler aller Zeiten, von dem zu Preisen bis zu 5.145 Dollar nur 67 Einheiten gebaut wurden. Der billigste Chrysler Airflow kostete im Vergleich dazu nur 1.375 Dollar, bei De Soto gab es sogar einen Airflow mit 3,9-Liter-Sechszylinder für nur 995 Dollar. Die beliebteste Karosserievariante war die Limousine mit sechs Fenstern. Weiterhin gab es eine Limousine mit vier Fenstern und eine zweitüriges Coupé. Als Kabrio oder Roadster wurde der Wagen zu keinem Zeitpunkt angeboten.

Der Airflow wurde bereits im Januar 1934 auf der New Yorker Autoausstellung angekündigt, aber erst im April erreichten die ersten Fahrzeuge ihre Kunden, Zeit genug für die Konkurrenz, speziell General Motors, abschätzige Gerüchte in Umlauf zu bringen. Um mit Carl Breer zu sprechen: »Wir mußten gegen Unmengen von irreführenden Behauptungen ankämpfen und hatten kein Auto, mit dem wir das tun konnten.« Als die Fahrzeuge dann ausgeliefert wurden, hagelte es Beschwerden, überwiegend aufgrund fehlerhafter Verarbeitung. Bei einem Wagen hatte sich beispielsweise bei 130 km/h der Motor aus dem Rahmen gelöst. Derartige Probleme betrafen etwa die ersten 3.000 Einheiten, bis sie beseitigt waren, war der Ruf des Wagens dahin. Chrysler hatte in der 34er Palette mit den Modellen CA und CB noch zwei konventionelle Fahrzeuge im Programm, die den Airflow weit übertrafen. Bei einer Gesamtproduktion von 36.929 Einheiten wurden in diesem Jahr nur 11.292 Airflow gefertigt. De Soto besaß 1934 kein konventionelles Modell und verkaufte 13.940 Airflow.

Möglicherweise wäre es mit dem Airflow besser gelaufen, wenn Chrysler sich nicht mit seinen anderen Modellen selbst Konkurrenz gemacht hätte; genauso gut hätten die Käufer aber auch zu einer anderen Marke wechseln können. Zumindest sorgten die konventionellen Modelle dafür, daß die Firma in der Gewinnzone blieb, denn am

1937er Cord 812 Beverly ◄

»Er sah gar nicht wie ein Auto aus. Irgendwie wirkte er wie ein schönes Wesen, das einfach auf der Straße geboren worden und aufgewachsen war.« Ein passenderes Kompliment hätte der Designer Gordon Buehrig für seinen Cord kaum finden können. damals wie heute fiel der Wagen unter allen anderen sofort auf. Die Cord-Limousine wurde wie der Auburn aus der gleichen Zeit unter anderem auch von der Polizei von Indiana gefahren.

Besitzer: Lee Muzillo

Airflow verdiente sie keinen einzigen Dollar. 1935 heuerte Walter Chrysler Ray Dietrich an, der das Design einer neuen Serie konventioneller Fahrzeuge übernehmen sollte. Der Airstream, wie das neue Modell hieß, war als Sechs- und Achtzylinder erhältlich und tummelte sich daher auch im Marktsegment des Airflow, wobei der teuerste Airstream den billigsten Airflow allerdings um zehn Dollar unterbot. Zur gleichen Zeit erhielt der Airflow ein neues Gesicht mit spitz zulaufender Vorderpartie, eine Maßnahme, die rückblickend vielleicht unklug war, weil dadurch der wasserfallartige Kühlergrill, einer der Anziehungspunkte des Airflow, entfiel. Die Verkaufszahlen wurden dadurch auf jeden Fall nicht besser: Der Airflow kam bei einer Chrysler-Gesamtproduktion von 38.533 Fahrzeugen auf einen Anteil von nur 7.751 Einheiten. 1936 und 1937 wurde die Vorderpartie erneut geändert, aber auch das half nichts. Nach 6.276 bzw. 4.600 Einheiten wurde er im August 1937 stillschweigend aus der Produktion genommen.

Der Cord 810 stand dem Airflow in bezug auf das innovative Design nicht nach. Er gilt als das am schnellsten zu erkennende amerikanische Auto. Nachdem der frontgetriebene Cord L-29 mit Reihenachtzylinder Ende 1931 eingestellt worden war, gab es keinen Wagen mehr, der den Namen Errett Lobban Cords trug, der allerdings noch mit Auburn und Duesenberg auf dem Markt vertreten war. Gordon Buehrig war weiterhin als Designer für die Gruppe tätig und teilte seine Zeit dabei auf die beiden verbliebenen Marken auf. 1934 plante Cord einen billigeren Duesenberg, für den Buehrig das Design übernehmen sollte. Was dabei herauskam, unterschied sich grundlegend von allem, was bisher zu sehen gewesen war: Motorhaube in »Sargform« mit waagerechten Luftschlitzen, in den Kotflügeln versenkte Scheinwerfer, keine Trittbretter und Fließheck. Der Wagen sollte Hinterradantrieb bekommen, so daß der Prototyp zunächst auf einem Auburn-Fahrgestell entstand.

Bevor das Modell fertig war, wurde Buehrig wieder einmal zu Auburn versetzt, wo er den Speedster 851 entwarf.

1929er Cord L-29 ◄▲

Der erste Wagen, der den Namen von Errett Lobban Cord trug, war der L-29. Sein technisch auffallendstes Merkmal war der Vorderradantrieb, den es bis dahin nur bei ein paar Versuchsfahrzeugen und Rennwagen gegeben hatte. Die Rennwageningenieure Harry Miller und Cornelius van Ranst hatten denn auch als Berater am L-29 mitgewirkt. Als Antrieb diente ein Reihenachtzylinder von Lycoming mit 125 PS. Der L-29 kostete zunächst zwischen 3.095 und 3.295 Dollar; 1930 wurden die Preise aber gesenkt. Die Fertigung des L-29 wurde am 31. Dezember 1931 nach etwas mehr als 5.000 Einheiten eingestellt.

Besitzer: Auburn-Cord-Duesenberg-Museum

Als er ein Jahr später wieder zum Duesenberg-Projekt zurückkehrte, hatte er seine Meinung geändert. Nun sollte der Wagen Vorderradantrieb bekommen und Cord heißen. Anstelle der ursprünglich vorgesehenen sechs hatte die Cord-Limousine jetzt nur noch vier Fenster und war etwas niedriger, unterschied sich ansonsten aber kaum vom Original. Angetrieben wurde sie von einem V8-Motor von Lycoming mit 4727 cm^3 Hubraum und 125 PS, der über ein Vierganggetriebe auf die Vorderräder wirkte. Die Gangwahl erfolgte mittels Lenkradhebel und Betätigung des Kupplungspedals.

Der neue Cord 810 wurde im November 1935 auf den Ausstellungen in New York und Los Angeles vorgestellt. Dabei hatte Cord zu kämpfen, um die nach den Regeln des amerikanischen Automobilherstellerverbandes erforderlichen 100 Fahrzeuge vor Ausstellungsbeginn fertigzustellen. Eigentlich waren sie dann auch nicht fertig, weil die Getriebe nicht rechtzeitig montiert werden konnten. Auf jeden Fall erzielte der Cord 810 einen riesigen Erfolg beim Publikum und wurde in New York zum bestaussehenden Auto gewählt. An zweiter Stelle kam der

◄ ▲ ► Zwei Beispiele für die relativ seltenen offenen Viertürer, die in den dreißiger Jahren zum letzten Mal zu sehen waren. Bei Pontiac war diese Variante als Sechs- und Achtzylinder 1937 und 1938 zu haben. Hier (links und oben) abgebildet ist ein 1937 De Luxe Eight, mit einem Preis von 1.235 Dollar in diesem Jahr der teuerste Pontiac. Die Buick-Version gab es als Special, Century und Roadmaster; hier (rechts) ein 1939er Century 61-C von dem nur 249 Einheiten für den heimischen Markt und 20 für den Export gebaut wurden.

Besitzer: Dick Choler (Pontiac) und Bob Debow (Buick)

Packard 120, während der Lincoln Zephyr und der Chrysler Airflow, die beiden anderen in Stromlinienform gebauten Autos, auf den sechsten bzw. neunten Platz kamen. Weniger begeistert waren die Leute vom Preis, der mit 1.995 – 2.195 Dollar ein gutes Stück über denen von Buick und fast allen Chrysler-Modellen lag und auch den billigsten Cadillac V8 noch um 300 Dollar übertraf.

Aber der Cord 810 war mit seinen niedrigen Linien und der auffallenden Erscheinung schließlich ein Auto für Individualisten, nicht zu vergleichen mit den Produkten der Großen Drei. Unglücklicherweise sind Individualisten aber oft auch ungeduldig, so daß zwischen Ende 1935 und Frühjahr 1936, als die ersten Serienfahrzeuge endlich fertig waren, viele Auftrage storniert wurden. Wer einen festen Auftrag erteilt hatte, bekam seinen Cord zu Weihnachten – allerdings als Bronzemodell im Maßstab 1:32. Die ersten Serienfahrzeuge bereiteten ihren Fahrern ziemlichen Ärger, und zwar besonders das halbautomatische Getriebe, das oft ohne Vorwarnung in den Leerlauf zurückschaltete und langsamer war als eine normale Knüppelschaltung – ein ziemliches Manko bei einem Wagen, der zumindest teilweise wegen seiner Leistung gekauft wurde. Die Höchstgeschwindigkeit betrug 148 km/h bzw. bei den Kompressormodellen von 1937 über 160 km/h, aber die Beschleunigung war nicht besonders aufregend; es dauerte 20,1 Sekunden (ohne Kompressor), bis der Wagen aus dem Stand auf 96 km/h war, eine Leistung, die ein Ford V8 jederzeit übertraf.

Der Cord 810 kam 1936 auf 1.174 und von Januar bis August auf weitere 1.146 Einheiten. 1937 wurde die Modellpalette um den Cord 812 mit Kompressor erweitert. Gleichzeitig stieg der Preis auf 2.445 – 2.645 Dollar für den 810 und 2.960 – 3.060 Dollar für den 812, der außer dem Kompressor einen längeren Radstand hatte. Cord 810 und 812 waren die letzten Autos, die aus der Firmengruppe Errett Lobban Cords hervorgingen, aber sie werden unvergeßlich bleiben. 1951 erkannte das New Yorker Museum für moderne Kunst ihnen einen Platz unter den zehn schönsten Beispielen für industrielles Design zu, zusammen mit dem Auburn Speedster war der Cord eines der ersten Autos, das nachgebaut wurde. Zwischen 1964 und 1970 boten zwei Firmen einen offenen Nachbau mit V8-Motor von Chevrolet, Ford oder Chrysler an.

▲ Zwei Chrysler Airstream mit Achtzylinder aus dem Modelljahr 1936: Die Autos sahen sicherlich gut aus, waren aber längst nicht so lang und schnittig, wie der Zeichner sie in seinem Entwurf dargestellt hat.
Beide Modelle waren selten: Das Kabrio vorn kam auf 240 Einheiten, von der Limousine mit Faltverdeck wurden 362 Stück verkauft. Offene Chrysler-Modelle besaßen eine einteilige, geschlossene eine zweiteilige Windschutzscheibe.

Chrysler-Archiv, Sammlung Mirco de Cet

KAROSSERIEVARIANTEN – DIE EINE KOMMT, DIE ANDERE GEHT

Während in den dreißiger Jahren die eine Karosserievariante nach und nach aus dem Straßenbild verschwand, tauchte eine neue auf, die sich auch heute noch steigender Beliebtheit erfreut. Die Rede ist von dem offenen Viertürer und dem Kombi.

Offene Viertürer mit fünf Sitzplätzen waren zu Anfang der zwanziger Jahre noch die Regel, zehn Jahre später aber nur noch etwas für eine Minderheit. Viele Hersteller hatten in den dreißiger Jahren technisch ausgeklügelte Versionen des alten Tourenwagens im Programm. Diese offenen Limousinen oder Phaetons, wie sie auch genannt wurden, boten weitaus mehr Schutz vor dem Wetter, da sie Fenster besaßen, die sich bei Bedarf hochkurbeln ließen. Außerdem waren sie meist die teuersten Modelle in der Palette, was ihnen ein Flair von Luxus und Chic verlieh.

Ford bot von 1935 bis 1940 eine offene Limousine an, Chevrolet hingegen nicht. Die anderen General-Motors-Töchter hatten ebenfalls offene Limousinen im Programm: Buick von 1932 bis 1941, Cadillac von 1929 bis 1941, LaSalle von 1937 bis 1940, Oldsmobile von 1940 bis 1941 und Pontiac von 1937 bis 1938. Der 41er Oldsmobile 98 kostete als Phaeton beispielsweise 1.575 Dollar im Vergleich zu 1.135 Dollar für die entsprechende geschlossene Version und wurde nur 119mal verkauft. Dagegen standen 22.081 geschlossene Limousinen bei einem Gesamtausstoß von 270.040 Fahrzeugen.

Alle Chrysler-Töchter hatten offene Viertürer im Angebot, Plymouth allerdings nur im Modelljahr 1939. Unter den unabhängigen Herstellern gab es offene Limousinen bei Hupmobile, Nash, Packard und Studebaker, nicht hingegen bei Hudson, Graham und Reo. 1942 war diese Karosserievariante praktisch ausgestorben, nach dem Krieg gab es sie nur noch bei Frazer (1949–1951) und Lincoln (1961–1967).

Auch der Kombi war ein in kleinen Stückzahlen gefertigtes teures Fahrzeug, das im Laufe der dreißiger Jahre aber immer zahlreicher zu sehen war. Eine eigene Gattung wurde er aber erst weit nach dem 2. Weltkrieg; bis zum Kriegsausbruch galt er im allgemeinen als Nutzfahrzeug und wurde zusammen mit Lieferwagen und Pickups verkauft.

Die ersten Kombi-Aufbauten fertigte die Stoughton Wagon Company in Wisconsin ab 1919 auf dem Chassis des Ford T und ab 1923 auf Star-Chassis. Obwohl Ford bis 1929 keinen Kombi im Modellkatalog hatte, gab es viele Kombis auf Ford-Chassis, meist bei Farmern auf dem Lande. 1929 erschien im Katalog ein Ford A Kombi zum Preis von 695 Dollar, 170 Dollar mehr, als die Limousine kostete. Davon wurden aber bei einer Ford-Gesamtproduktion von 1.507.132 Einheiten nur 5.251 Stück gefertigt. Die Aufbauten wurden bei Briggs aus Holz gebaut, das die Firma Mengel aus Louisville in Kentucky lieferte. Ab 1938 stammte das Holz aus den Ford-eigenen Wäldern am Iron Mountain im nördlichen Michigan. Aber die Stückzahlen blieben klein; die Zahl von 1929 wurde zum ersten Mal 1938 mit 6.012 Einheiten übertroffen, jetzt auf dem Chassis des Ford V8.

Nahezu alle Kombi-Aufbauten stammten in den dreißiger Jahren von Zulieferern. General Motors kaufte bei Hercules und Ionia, Dodge bei Cantrell, Plymouth bei der U.S. Body & Forging Company, Packard bei Cantrell und Hercules und Willys bei Mifflinburg. Die Stückzahlen waren einfach nicht groß genug, um den Bau bei den Autoherstellern zu rechtfertigen, die mittlerweile fast nur noch mit Stahl arbeiteten und mit dem Holzbau nicht vertraut waren. Erst nach dem Krieg, als aus dem Holzaufbau ein Stahlaufbau mit imitierten Holzpanelen geworden war, wurden die Kombis direkt im Werk gefertigt.

Der Kombi war zunächst ein Fahrzeug für Farmer, Forscher, Filmstudios und Hotels, nicht für die normale Familie. Gegen Ende des Jahrzehnts fand er aber immer größere Verbreitung. Außer Cadillac, De Soto, Lincoln und Nash hatten alle US-Hersteller einen Kombi im Programm. Nach dem Krieg boten dann auch De Soto und Nash diese Karosserievariante an.

KOMFORT UND BEQUEMLICHKEIT

Der Wandel in den dreißiger Jahren erstreckte sich nicht nur auf das Design, sondern auch auf Komfort und Bequemlichkeit für Fahrer und Passagiere. Das Auto von 1940 besaß viele der technischen Merkmale, die heute als selbstverständlich gelten, u.a. Heizung und Klimaanlage, Radio mit Stationswahltasten, Scheibenwaschanlage und -wischer mit zwei Stufen, elektrisch oder hydraulisch betätigtes Faltverdeck und Automatikgetriebe. Eine Klimaanlage wurde zum ersten Mal von Nash 1938 angeboten, nachdem derselbe Hersteller schon 1936 eine Vordersitzbank im Programm gehabt hatte, die sich zu einem bequemen Doppelbett ausklappen ließ. Damit war Nash allerdings nicht der erste gewesen, denn Billy Durant hatte so etwas bereits 1931 als Sonderzubehör angeboten, allerdings kaum Interessenten dafür gefunden.

Die ersten Autoradios wurden 1927 von der Philadelphia Storage Battery Corporation unter der Bezeichnung Philco Transitone herausgebracht. Als normales Zubehör kamen sie 1930 bei Cadillac und Pontiac, 1931 bei Plymouth, 1932 bei Chrysler, Dodge und Studebaker, 1933 bei Oldsmobile und 1934 bei Buick, Hudson und Packard ins Programm. Schätzungen zufolge waren 1935 über eine Million Fahrzeuge in den Vereinigten Staaten mit einem Radio ausgestattet. 1940 gab es außer für die einfachsten Modelle praktisch für alle Autos Radios, die darüber hinaus zunehmend mit Stationswahltasten ausgestattet waren. Pontiac bot sogar ein herausnehmbares Gerät an, das man zum Picknick mitnehmen konnte.

Das erste (durch Unterdruckzylinder hinter den Vordersitzen betätigte) Automatikverdeck war nicht bei einem teuren Auto zu finden, sondern beim 1939er Plymouth De Luxe Coupé für 895 Dollar. Das gleiche Verdeck bekam 1940 der De Soto, während der 1941er Lincoln Continental und der 1942er Oldsmobile ein elektrisch betätigtes Verdeck besaßen. Elektrische Fensterheber gab es zum ersten Mal 1941 als Sonderausstattung beim Chrysler Crown Imperial, wobei allerdings schon ein paar Jahre früher bei Limousinen mit Sonderaufbau elektrisch betätigte Trennscheiben zwischen Fahrer und Fahrgastraum zu haben gewesen waren. Die ersten elektrisch verstellbaren Vordersitze besaß der Lincoln Custom 1941.

◄ 1942er Ford Super De Luxe Kombi; zu dieser Zeit bestand der Aufbau noch überwiegend aus Holz. Der Super De Luxe war das Spitzenmodell des Ford V8. Er besaß eine elektrische Uhr, eine Armlehne in der Fahrertür und ein Armaturenbrett aus Mammutbaum-Wurzelholz, Ausstattungsdetails, die beim De Luxe fehlten.

Ford Motor Company

41-9000

◀ Diese Oldsmobile-Limousine von 1941 hat das Ende des Fließbands erreicht. Etwa die Hälfte der 41er Oldsmobile-Modelle war mit dem HydraMatic-Getriebe ausgestattet, das 100 Dollar Aufpreis kostete.

Oldsmobile History Center, Sammlung Mirco de Cet

Große Veränderungen spielten sich in den zehn Vorkriegsjahren auch beim Getriebe ab. Das Synchrongetriebe, das noch 1930 längst nicht bei allen Autos zu finden war, setzte sich in den folgenden Jahren immer mehr durch. Die meisten Getriebe waren dreistufig, nachdem es Anfang der dreißiger Jahre bei den teureren Fahrzeugen einen kurzlebigen Trend zu vier Getriebestufen gegeben hatte. Das war aber mehr ein Tribut an eine »Mehr ist besser«-Denkweise als eine wirkliche Verbesserung gewesen, denn die großen und leistungsstarken Motoren der Fahrzeuge von Stutz, Packard und Pierce-Arrow waren elastisch genug, um mit drei Getriebestufen auszukommen. Außerdem wollte der durchschnittliche amerikanische Fahrer gar nicht dauernd schalten, wie es sein europäisches Gegenüber mit seinem kleinen hochdrehenden Motor tun mußte. Trotzdem hatten zwischen 1929 und 1933 fünfzehn Hersteller ein vierstufiges Getriebe im Programm, darunter Chrysler, Packard, Pierce-Arrow und Stutz sowie kleinere Firmen wie Elcar, Jordan, Kissel und Windsor. Die Einführung des automatischen Schnellgangs (Overdrive) beim Chrysler Airflow von 1934, der ohne Verwendung des Schalthebels für ein besonders hohes Übersetzungsverhältnis sorgte, bedeutete bis in die sechziger Jahre hinein das Aus für das normale Vierganggetriebe.

Chryslers hinter dem Getriebe montierter Warner-Overdrive wurde 1948 von Ford und 1955 auch von General Motors übernommen. Bei Ford hatte es vorher allerdings schon eine Alternative gegeben, nämlich die doppelt übersetzte Columbia-Achse mit einem Übersetzungsverhältnis von 4,11:1 und 2,94:1. Mit dieser Achse ergaben sich insgesamt sechs Vorwärtsgänge, wobei sie allerdings in der Regel nur mit der hohen Übersetzung gefahren wurde. Der Wechsel vom einen zum anderen Übersetzungsverhältnis erfolgte durch Niedertreten des Kupplungspedals. Die Columbia-Achse war wahlweise für rund 100 Dollar bei Ford zwischen 1934 und 1948 sowie zu Anfang der dreißiger Jahre auch bei Auburn und Franklin erhältlich.

Ebenfalls kurzlebig war der Freilauf, der 1930 von Studebaker eingeführt und binnen zwei Jahren von nahezu allen Herstellern außer Buick und Ford übernommen wurde. Dabei wurde das Getriebe durch eine sogenannte Freilaufkupplung vom Antriebsstrang getrennt, so daß der Wagen praktisch wie ein Fahrrad rollte. Den Vorteilen des niedrigeren Benzinverbrauchs und der geringeren Abnutzung stand dabei der Nachteil entgegen, daß die Bremsen härter beansprucht wurden, weil die Bremswirkung des Motors fehlte, was auf längeren Gefällestrecken, auf denen der Freilauf ja am ehesten genutzt wurde, durchaus gefährlich werden konnte. Außerdem starben die Motoren im Leerlauf oft ab. 1935 war der Freilauf praktisch überholt.

Die ersten Schritte in Richtung Automatikgetriebe unternahm Reo mit seinem »Self-Shifter« von 1933. Dieses System hatte die zwei Bereiche Hoch und Niedrig mit jeweils zwei Stufen; innerhalb der beiden Bereiche erfolgte der Wechsel automatisch, zwischen Hoch und Niedrig mußte manuell umgeschaltet werden. Da die Beschleunigung im hohen Bereich ausgesprochen gemütlich war, mußte man beide Bereiche nutzen und zum schnellen Wechseln der Stufen sogar zwischenkuppeln. Obwohl der Self-Shifter relativ billig war und beispielsweise einen Reo Flying Cloud nur um 80 Dollar verteuerte, konnte er sich nicht durchsetzen und wurde nach 1935 aus dem Programm genommen. Zufall oder nicht – genau in diesem Jahr stellte Hudson seine »Electric Hand« vor, einen kleinen Hebel an der Lenksäule, mit dem man die Gänge vorwählte, um sie dann durch Betätigen des Kupplungspedals einzustellen. Der Gangwechsel erfolgte durch Unterdruck mit elektrischer Auslösung. Die Electric Hand gehörte beim Hudson Custom Eight zur Serienausstattung und war bei den anderen Modellen als Sonderausstattung für 20 Dollar zu haben, weniger als die Hälfte dessen, was ein Zenith-Radio kostete (44 Dollar). 1939 mußte sie einem »Selective Automatic Shift« weichen, von dem die Hersteller behaupteten, man könne damit fahren, ohne jemals das – allerdings vorhandene – Kupplungspedal benutzen zu müssen.

Das erste echte Automatikgetriebe kam 1940 mit der bekannten HydraMatic von Oldsmobile auf den Markt. General Motors hatte bereits 1937 mit seinem halbautomatischen Getriebe mit zwei Fahrbereichen einen Schritt in die gleiche Richtung getan. Diese Halbautomatik ähnelte dem Self-Shifter von Reo mit dem Unterschied, daß die Kupplung nur noch zum Anfahren benötigt wurde und nicht mehr für den Wechsel zwischen den beiden Fahrbereichen. Sie war von Earl A. Thompson entwickelt worden und wurde zuerst von Oldsmobile angeboten, weil dessen Generaldirektor Charles L. McCuen vorausschauend dachte. Das »automatische Sicherheitsgetriebe«, so die offizielle Bezeichnung, wurde bei Buick gebaut und war von Juni 1937 bis September 1939 bei Oldsmobile und von Herbst 1937 für das Modelljahr 1938 auch bei Buick im Programm. Es kostete 80 Dollar, wurde von den Käufern aber kaum verlangt.

Die Halbautomatik besaß die gleichen Planetenräder mit Fliehkraftregler wie die HydraMatic, aber nicht deren Drehmomentwandler, so daß weiterhin eine Kupplung erforderlich war. Erst als die Flüssigkeitskupplung aus zwei Flügelrädern in einem mit Öl gefüllten Gehäuse mit dem Planetengetriebe kombiniert wurde, konnte man völlig auf das Kupplungspedal verzichten. Oldsmobile tat das im September 1939 bei den 40er Modellen und konnte bald eine Nachfrage verzeichnen, die das Angebot weit übertraf. Die HydraMatic wurde 1940 zunächst nur in ganz geringen Stückzahlen gefertigt, weil man bei Oldsmobile vermutlich an den schwachen Absatz der Halbautomatik dachte. Aufgrund der regen Nachfrage konnte die Produktion dann aber ausgeweitet werden, und Anfang 1942 waren rund 45 Prozent aller Oldsmobile-Modelle bereits mit der HydraMatic ausgestattet, die es 1941 und 1942 übrigens auch bei Cadillac gab. Die ersten HydraMatic-Getriebe funktionierten keineswegs einwandfrei; sie litten unter rauhen und unberechenbaren Übergängen und hatten eine relativ kurze Lebensdauer. Stark verbessert wurde die HydraMatic dann im 2. Weltkrieg, wo sie in Panzerwagen, selbstfahrenden Geschützen, Panzern und Motorschlitten zum Einsatz kam. Das war einer der Gründe dafür, daß General Motor die Nachkriegszeit mit einem viel besseren Getriebe beginnen konnte, das erst nach fünfzig- bis achtzigtausend Kilometern überholt werden mußte.

1956er Imperial Sedan ▼

Besitzer: Carl W. Reid

KAPITEL SECHS

DER SIEGESZUG

1945 – 1970

"To the average American, our present car and its size represent an outward symbol of prestige and well-being."

Ford Division report, 1951

Der 2. Weltkrieg wirkte sich viel stärker auf die amerikanische Automobilindustrie aus als der 1. Weltkrieg. Während 1917 und 1918 weiterproduziert wurde, kam im Februar 1942 die gesamte Pkw-Herstellung zum Erliegen. Die laut Statistik produzierten 139 Personenwagen des Jahres 1943 und die 610 Einheiten aus dem Jahre 1944 waren zweifellos für das Militär bzw. irgend welche Behörden bestimmt. Unter den Fahrzeugen aus dem Jahre 1943 befanden sich 69 Hudson, bei denen es sich um die letzte Reserve an 42er Modellen handelte. Bereits 1941 begann die Industrie mit der Umstellung auf die Kriegsproduktion, in deren Verlauf in den nächsten vier Jahren ungeheure Mengen an Material ausgestoßen wurden. Die Pkw- und Lkw-Hersteller zeichneten dabei verantwortlich für etwa 92 Prozent aller Späh- und Trägerfahrzeuge, 87 Prozent aller Bomben und 75 Prozent aller Flugzeugtriebwerke.

Hier ist nicht der richtige Ort, um all diese Leistungen im Detail aufzuzählen, doch einige verdienen durchaus der Erwähnung. So baute etwa Ford in einem eigens errichteten Werk in Willow Run bei Ypsilanti in Michigan 8.675 Bomber des Typs B-24 Liberator und im Werk River Rouge 57.585 Sternmotoren des Typs Pratt & Whitney R-2800; hinzu kamen 277.896 Jeeps, nahezu die Hälfte der Gesamtproduktion, und sämtliche schwimmfähigen Jeeps. Lincoln produzierte im Werk Detroit 25.332 500-PS-Motoren mit 32 Ventilen und zwei Nockenwellen als Antriebseinheiten für die Mehrzahl der Sherman-Panzer und Panzerjäger. Buick baute 2.507 Hellcat-Panzerjäger mit Continental-Motoren und über drei Millionen Zylinderköpfe für Flugzeugtriebwerke von Pratt & Whitney. Hudson war speziell im Flugzeugbau tätig und fertigte Teile für den Bomber B-26 Marauder, den Jagdbomber P-38 Lightning und den Jäger P-39 Airacobra. Studebakers Spezialität waren Fahrzeuge, darunter 197.678 Lastkraftwagen, überwiegend 6x4 und 6x6, und 25.124 schwimmfähige Mannschaftstransportwagen des Typs Weasel.

Am 1. Juli 1945 durfte die Pkw-Herstellung wieder aufgenommen werden. Ford setzte seine Bänder bereits am 3. Juli wieder in Gang und konnte für einige Zeit als einziges Unternehmen neue Autos liefern. General Motors begann erst im Oktober mit der Produktion und sah mit bereits im November mit einem Streik der Automobilarbeitergewerkschaft United Auto Workers Union konfrontiert, der 113 Tage dauern sollte und in dessen Verlauf Walter Reuther zum bekanntesten Gewerkschaftsführer Amerikas aufstieg. Aus Angst, daß sich der Streik ausweiten würde, nahm Chrysler die Produktion noch später wieder auf, als man einigermaßen sicher sein konnte, daß die Bänder auch weiterlaufen würden. Chrysler baute bis zum Jahresende nur 322 Fahrzeuge; hinzu kamen 947 De Soto, 770 Plymouth und 420 Dodge. Die Unabhängigen waren erfolgreicher: Nash kam nach Produktionsbeginn im September noch auf 6.148 Einheiten, Hudson begann am 30. August und baute bis Jahresende 4.735 Fahrzeuge, Packard erreichte zwischen dem 19. Oktober und dem 31. Dezember immerhin noch 2.722 Einheiten. Nash nahm damit im Jahre 1945 hinter Ford und Chevrolet die dritte Stelle ein.

Das Jahr 1946 erwies sich als schwierig: Streiks und Materialmangel ließen den Ausstoß unter den erhofften Zahlen bleiben. Im Januar und dann noch einmal im September gab es kein Fensterglas, im März mangelte es an Türschlössern. Im Juni waren keine Haubenschlösser mehr zu bekommen, und im Oktober gab es jede Menge Schlös-

◀ Die ersten Nachkriegsautos konnten die autohungrigen Amerikaner im September 1945 auf der Ausstellung in Chicago bewundern. Die hier gezeigten Oldsmobile-Modelle wurden im Juli angekündigt, aber erst ab Oktober gebaut. Die Fließheckausführung im Vordergrund, die es 1942 nur bei den teureren Modellen gegeben hatte, war für das Modelljahr 1946 bei allen Modellen erhältlich.

Oldsmobile Historical Center

1953er Studebaker Starlight Coupé ◄
Studebaker brachte die gesamte 53er Modellpalette mit neuen Aufbauten heraus, unter denen das Starlight Coupé am attraktivsten war. Die Popularität des von Robert E. Bourke von den Loewy Studios entworfenen Coupés kam für Studebaker völlig überraschend, denn man war von einem Verhältnis von 4:1 zwischen Limousine und Coupé ausgegangen, während die Nachfrage sich fast genau andersherum darstellte. Das hier gezeigte Starlight Coupé kostete 1.995 Dollar.

Besitzer: National Automobile Museum, Reno, Nevada

1950er Studebaker Champion Regal ▼
Studebaker brachte 1946 völlig umgestaltete Modelle mit Vollsichtfenster hinten, kurzer Motorhaube und langem Kofferraum heraus. Beim ursprünglichen Champion Coupé waren Motorhaube und Kofferraum sogar etwa gleichlang. Die hier gezeigte Vorderpartie kam mit den 50er Modellen, die zudem vorn über Einzelradaufhängung verfügten.

Besitzer: Jim Babb

ser, aber keine Türen. Besonderen Schaden richteten Streiks bei den Zulieferern an, da sie alle Hersteller gleichermaßen betrafen. Gegen Jahresende kam es jedoch zu einer Einigung über garantierte Mindestlöhne und die 40-Stunden-Woche; von da an ließen die Auseinandersetzungen zwischen den Tarifpartnern nach. Die Pkw-Produktion belief sich 1946 auf 2.148.699 Einheiten. 1947 und 1948 wurde die 3-Millionen-Marke überschritten, 1949 wurden mit 5.119.466 Einheiten alle bisherigen Rekorde gebrochen.

Die aufgestaute Nachfrage nach neuen Autos war enorm; über die Hälfte der 26 Millionen Fahrzeuge in den Vereinigten Staaten war älter als zehn Jahre und mußte ersetzt werden. Es wäre zwar ungerecht, zu behaupten, daß sich jedes Auto ohne Rücksicht auf die Qualität verkaufen ließ, aber die ersten Nachkriegsjahre waren ein Nachfragemarkt par excellence, auf dem es allen Pkw- und Lkw-Herstellern prächtig ging.

Angesichts der Mühen, die es kostete, die Produktion wieder in Gang zu bringen, ist es kaum verwunderlich, daß es unter den 46er Modellen kaum Neues zu sehen gab. Die Fahrzeuge waren ausnahmslos aufgewärmte Konstruktionen aus dem Jahr 1942 mit modifiziertem Kühlergrill und hier und dort etwas mehr Chrom. Plymouth sprach von fünfzig neuen Details und Verbesserungen gegenüber seinen 42er Modellen, aber dabei handelte es sich überwiegend um Dinge wie kleine Änderungen an der Innenausstattung, um die Kotflügel herumgezogene Stoßstangen und Verbesserungen an der Getriebesynchronisierung. Unter der Haube gab es allerdings durch die Erfahrungen aus der Kriegszeit tatsächlich Verbesserungen: Die V-Achtzylinder von Ford und Mercury besaßen neue Aluminiumkolben, größere und leistungsfähigere Ölpumpen, Nickel-Chrom-Ventile und weitere technische Verbesserungen, die auf die Lkw-Motoren aus dem Krieg zurückgingen, während die HydraMatic von General Motors ihren technischen Fortschritt dem Einsatz in Panzern verdankte.

Ford und Mercury besaßen in Form des Sportsman, eines zweitürigen Kabrios mit Holzverkleidung, eine neu Karosserievariante. Der im Ford-Werk Iron Mountain produzierte Aufbau bestand aus Holzpaneelen auf einem Stahlrahmen. Ansonsten unterschied sich der Sportsman nicht vom normalen Kabrio, wenn man davon absieht, daß die hinteren Kotflügel von der 41er Limousine stammten, weil die Nachkriegskotflügel zu weit herumgezogen waren und in den hölzernen Kofferraumdeckel hineingeragt hätten. Das Sportsman-Kabrio war das teuerste Modell der Palette; es kostete als Ford 1.982 und als Mercury 2.263 Dollar. Der Mercury Sportsman war mit nur 205 Einheiten im Jahr 1946 sehr selten, während vom Ford Sportsman in den drei Modelljahren 1946–1948 immerhin 3.487 Exemplare verkauft wurden.

Geistiger Vater des Sportsman war Henry Ford II. (1917–1987), der seinen Großvater im September 1945 als Präsident der Ford Motor Company abgelöste (sein Vater Edsel war 1943 gestorben). Der 28jährige ehemalige Leutnant zur See stand vor einer äußerst schwierigen Aufgabe, denn das Unternehmen war in höchstem Maße verschuldet – das Rechnungswesen wurde vom Prinzip Zufall beherrscht und war derart niedrig ausgebildet, daß man in einer Abteilung beispielsweise die Kosten schätzte, indem man einen Stapel Rechnungen auf die Waage legte. Außerdem sah er sich mit dem feindseligen Verhalten Harry Bennetts konfrontiert, eines treuen Gefolgsmanns seines Großvaters, den er allerdings binnen weniger Tage feuerte. Bennett reagierte auf seine Kündigung mit den undankbaren, aber nicht zu widerlegenden Worten: »Sie übernehmen hier ein Milliarden-Dollar-Unternehmen, zu dem Sie auch nicht den kleinsten Teil beigetragen haben.«

Im Februar 1946 holte Henry Ford II. eine Gruppe von insgesamt zehn begabten jungen Leute in das Unternehmen, die sich als fertige Führungsmannschaft verkauften. Zusammen mit dem Wirtschaftsprüfer Ernest Breech gingen unter anderem Charles (Tex) Thornton, mit 32 einer der jüngsten Obristen der US-Luftwaffe, und die beiden Universitätsabsolventen Ed Lundy und Robert McNamara, der spätere US-Verteidigungsminister, daran, dem Geschick des Unternehmens eine andere Wendung zu geben, und zwar mit beträchtlichem Erfolg: 1949 verkauften sie (einschließlich Lincoln und Mercury) zum ersten Mal nach 1930 über eine Million Fahrzeuge. Ihr großes Ziel, General Motors hinter sich zu lassen, erreichten sie allerdings nicht.

Chryslers Antwort auf den Sportsman war der Town & Country, der in mehreren geschlossenen und offenen Ausführungen gebaut wurde. Der Katalog 1946 enthält fünf Modelle, nämlich einen Roadster, einen Brougham, ein zweitüriges Coupé, eine viertürige Limousine und ein Kabrio. Während der Roadster nie gebaut wurde, erblickten nur ein Brougham und sieben Coupés das Licht des Tages. Die Limousine und das Kabrio gingen allerdings in die Produktion, und zwar auf dem Chassis des Sechszylinder-Windsor bzw. des New Yorker mit Achtzylinder. 1946 entstanden genau 100 Achtzylinder-Limousinen. Im Gegensatz zum Ford Sportsman, bei dem eine Holzverkleidung auf Stahlrahmen Verwendung fand, besaß der Town & Country einen Eschenholzrahmen mit Sperrholzpaneelen und war im Innern großzügig mit Leder und Hylander-Wolle ausgestattet. Diese Handarbeit hatte natürlich ihren Preis. Die Limousine kostete 2.366 Dollar im Vergleich zu 1.561 Dollar für die normale Limousine mit Stahlaufbau, und das Kabrio kam auf 2.743 Dollar, 550 Dollar mehr als die Normalausführung.

Abgesehen von der Verteuerung für das Modelljahr 1948 gab es von 1946 bis 1948 nur geringfügige Änderungen. Der Town & Country brachte Chrysler zwar keine großen Gewinne, erwies sich aber als exzellenter Werbeträger. Ab 1949 gab es nur noch das Kabrio als Town & Country, bis auch dieses 1950 durch ein Hardtop-Modell mit kleinerem Holzanteil abgelöst wurde. Die Produktion belief sich auf 993 Einheiten 1949 und 698 Einheiten 1950. Von 1951 an liefen unter der Bezeichnung Town & Country Kombi-Modelle.

1947er Kaiser K-100 Pinconning Special ▼ ▶
Der Kaiser als das billigere Modell aus der Palette von Kaiser-Frazer war als Fronttriebler geplant, wurde aber nie als solcher gebaut. Es gab ihn nur als Viertürer zu kaufen. Die hier gezeigte zweitürige Limousine war eine Sonderanfertigung für die körperbehinderte Frau von Ed Hunt, Produktionsleiter bei Kaiser-Frazer, und nach Hunts Geburtsort Pinconning in Michigan benannt. Sie hatte einen drehbaren Beifahrersitz, damit der Beifahrer sich von Angesicht zu Angesicht mit den Passagieren im Fond unterhalten konnte.

Besitzer: National Automobile Museum, Reno, Nevada

ECHTE NACHKRIEGSAUTOS

Obgleich die meisten Hersteller erst 1948 oder noch später mit Nachkriegskonstruktionen auf den Markt kamen, waren schon Ende 1946 zwei neue Formen auf den Straßen zu sehen. Diese stammten von Studebaker und dem neuen Unternehmen Kaiser-Frazer.

Der von Studebaker wiederbelebte Vorkriegs-Champion war in erster Linie ein Lückenfüller, der zwischen Dezember 1945 und März 1946 in nur 19.275 Exemplaren gefertigt wurde, um dann von dem neuen Modell nach Entwürfen von Raymond Loewy und Virgil Exner abgelöst zu werden. Dieses besaß neben der kurzen Motorhaube und dem langen Kofferraum, die ihm sein charakteristisches Aussehen verliehen, Vollsicht-Rückfenster und von vorn bis hinten die geraden Linien, die bald universell werden sollten, zu dieser Zeit aber nur noch bei Kaiser-Frazer zu sehen waren.

Der Kastenprofilrahmen des Studebaker machte es möglich, daß der Motor sowohl vorn als auch hinten eingebaut werden konnte, wobei allerdings, soweit bekannt ist, kein Heckmotormodell jemals das Prototypstadium erreichte. Als Antrieb dienten in der Erprobungsphase zunächst luft- und wassergekühlte Sechszylinder-Boxer, bevor man sich für den alten Champion-Motor mit 80 PS und 2778 cm³ Hubraum und den 3,7-Liter-Motor mit 94 PS aus dem Commander entschied. Beide Modelle waren als viertürige Limousine, zweitüriges Coupé und als Kabrio erhältlich. Der Champion war mit 4902 mm Länge und einem Gewicht von 1.179-1.304 kg zwar recht kompakt, bot aber aufgrund seiner Breite vorn und hinten jeweils Platz für drei Personen.

Die neuen Studebaker wurden im Mai 1946 als 47er Modelle vorgestellt; die Produktion stieg von 77.567 Einheiten im Kalenderjahr 1946 auf 228.402 im Jahr 1949, womit Studebaker insgesamt an achter und bei den Unabhängigen an erster Stelle stand. Studebaker-Fahrzeuge wurden an elf ausländischen Standorten montiert; 1948 kam noch eine neue Produktionsstätte in Hamilton, Ontario, hinzu, die 16 Jahre später die Studebaker-Produktion aufrecht erhalten sollte, als die Werke in den Vereinigten

Staaten geschlossen wurden. Produktion und Belegschaft errreichten ihren Höhepunkt 1950, als über 23.000 Arbeiter und Angestellte in South Bend 268.229 Personenwagen und mehr als 50.000 Lkw fertigten. Abgesehen von einem spitz zulaufenden Grill, der etwas an ein Geschoß erinnerte, änderte sich am Design bis 1952 kaum etwas. Der Motor des Commander erfuhr für das Modelljahr eine Leistungssteigerung auf 4023 cm^3 Hubraum und 100 PS, 1950 wurden die Blattfedern vorn durch Schraubenfedern ersetzt.

Die anderen neuen Modelle 1946 stammten von einem neuen Unternehmen, der Kaiser-Frazer Corporation, die am 23. Juli 1945 gegründet worden war – nur acht Tage, nachdem sich die beiden Gründer kennengelernt hatten. Henry J. Kaiser (1882–1967) war ein millionenschwerer Unternehmer aus der Sand- und Kiesbranche, der in den dreißiger Jahren das Hoover-Damm-Projekt geleitet und in seinen sieben Werften im 2. Weltkrieg 1.490 Liberty-, Victory- und andere Schiffe gebaut hatte. Außerdem war er ein Autonarr, der in Emeryville in Kalifornien ein eigenes Versuchslabor unterhielt. Joseph W. Frazer (1892–1971) besaß unmittelbare Erfahrung aus der Autoindustrie. Er hatte von 1924 bis 1939 bei Chrysler gearbeitet, war dann bis 1943 Präsident von Willys-Overland gewesen und hatte sich anschließend bei der Graham-Paige Corporation eingekauft, die die Autoproduktion zwar 1941 aufgegeben hatte, aber noch ein funktionierendes Werk besaß. Ihr gemeinsames Projekt sollte den letzten Versuch eines unabhängigen Unternehmens darstellen, Detroit einen größeren Anteil am Markt zu entreißen.

1950er Ford Custom Convertible ▼ ▶

Fords erste Nachkriegsautos, die im Juni 1948 als 49er Modelle vorgestellt wurden, besaßen ein ganz neues Design, das von einem nicht zum Unternehmen gehörenden Team unter George Walker stammte. Ford war davon so begeistert, daß er Walker im Jahre 1955 zum Chefdesigner aller Ford-Unternehmen machte. Die 50er Modelle wurden einem weitgehenden Facelifting unterzogen und qualitativ verbessert. Es gab sie in den Baureihen De Luxe und Custom mit Sechs- und Achtzylindermotoren. Dieses V8 Coupé Kabrio kostete 1.948 Dollar.

Besitzer: Arlen Madland

Das Design des Wagens stammte von Frazer bzw. seinen Angestellten Howard Darrin und Bill Stout und stand in seinen Grundzügen schon fest, bevor Frazer mit Kaiser fusionierte. Zwei Ideen aus dem Labor in Emeryville, nämlich Frontantrieb und Glasfaser-Karosserie, wurden bald wieder verworfen. Ursprünglich war geplant, in Kalifornien einen günstigen Fronttriebler unter der Bezeichnung Kaiser und im Graham-Paige-Werk in Detroit einen teureren und konventionelleren Wagen unter der Bezeichnung Frazer zu bauen. Joe Frazer kam jedoch schon bald zu dem Schluß, daß das Detroiter Werk zu klein war, und pachtete das 93.000 m^2 große Werk in Willow Run, wo Ford die Liberator-Bomber gebaut hatte.

Der frontgetriebene Kaiser und der heckgetriebene Frazer wurden im Januar 1946 im Waldorf-Astoria in New York der Öffentlichkeit vorgestellt; beide mußten allerdings mit dem Zug dorthin transportiert werden, weil sie noch gar nicht fahrbereit fahren. Ob der frontgetriebene Kaiser überhaupt jemals lief, muß bezweifelt werden; er wurde jedenfalls bald gestrichen. Als im Juni die Auslieferung an die Händler begann, waren die Fahrzeuge im wesentlichen gleich; der Frazer war nur etwas luxuriöser ausgestattet und besaß einen Doppelvergaser und einen Overdrive. Er kostete 185 Dollar mehr als der Kaiser Special für 1.868 Dollar. Beide Wagen hatten einen Sechszylinder-Boxer von Continental mit 3702 cm^3 Hubraum, der 100 PS leistete und für eine Höchstgeschwindigkeit von 135 km/h sorgte. Kaiser-Frazer kaufte die Motoren zunächst bei Continental, baute sie aber später selbst in einem ehemaligen Hudson-Werk.

Angesichts des Automangels direkt nach dem Krieg verkauften sich die modern aussehenden Kaiser- und Frazer-Modelle zunächst sehr gut: 144.490 Einheiten 1947 und 181.316 Einheiten 1948. Als teurere Modelle im Preisbereich zwischen 2.300 und 2.746 Dollar kamen der Frazer Manhattan und der Kaiser Custom hinzu. Der günstigste Kaiser 1948 kostete 2.244 Dollar und konkurrierte damit nicht mit Ford und Chevrolet, sondern eher mit

1950er Chevrolet Styleline Coupé ▲

Wie fast alle amerikanischen Autohersteller stellte Chevrolet seine neuen Nachkriegsmodelle für das Modelljahr 1949 vor, so daß die 50er Modelle kaum anders aussahen. Es gab zwei Baureihen, nämlich den Styleline mit Kofferraum und den Fleetline mit Fließheck als zwei- und viertürige Limousine zum gleichen Preis wie der Styleline. Dieses Styleline Coupé kostete 1.498 Dollar.

Besitzer: Barney Smith

Hudson, Mercury und den teureren Buick-Modellen (während des Krieges hatte Henry Kaiser noch eine Art T-Modell vorgeschwebt, das nicht mehr als 365 Dollar kosten sollte). Bis 1949 waren nur viertürige Limousinen im Angebot, dann kamen als neue Modelle das viertürige Kabrio Frazer Manhattan, der Kaiser Virginian mit Hardtop und die Gebrauchslimousine Kaiser Traveler. Diese besaß eine zweiteilige Heckklappe, die sich nach oben und nach unten öffnen ließ. Die Rücksitzlehne konnte heruntergeklappt werden, um den Stauraum zu vergrößern, und die linke hintere Tür war zugeschweißt. Kaiser baute keinen Kombi, besaß mit dem Traveler aber einen Wagen, der viele von dessen Vorteilen bot und trotzdem noch wie eine Limousine aussah.

Kaiser-Frazer erreichte nie wieder ein so gutes Ergebnis wie 1947 mit einem Gewinn von zwanzig Millionen Dollar, wenn auch die Produktionszahlen 1948 höher waren. Das Problem war, daß die Großen aus Detroit für 1949 sämtlich neue Modelle auf den Markt brachten, neben denen die Autos aus Willow Run plötzlich überholt aussahen. Aufgrund der zu knappen Kapitaldecke verfügte Kaiser-Frazer erst 1951 über die Mittel für ein neues Modell, und bis dahin waren die Verkaufszahlen schon auf 99.343 Einheiten gesunken. Die Konkurrenten wie Oldsmobile und Chrysler besaßen neue, leistungsstarke V-Achtzylinder, während Kaiser-Frazer es sich zu keiner Zeit leisten konnte, den alten Sechszylinder-Boxer von Continental, der ja eigentlich noch aus der Vorkriegszeit stammte, zu ersetzen. Das einzige andere Unternehmen, das 1950 diesen Motor noch verwendete, war der Taxi-Hersteller Checker Motors.

Das Modelljahr 1949 war bei allen amerikanischen Herstellern das Jahr echter Nachkriegskonstruktionen. Die hohen Aufbauten aus der Vorkriegszeit wichen niedrigeren, breiteren Konstruktionen mit glattem Übergang zwischen Kotflügeln und Türen, und selbst Ford ging zur vorderen Einzelradaufhängung über. Nur wenige Wagen waren allerdings vollständig neu, denn die Motoren hatten sich außer bei Cadillac und Oldsmobile kaum geändert.

Die im Juni 1948 angekündigten 49er Ford-Modelle waren innovativer als alles, was Ford seit dem Wechsel vom T-Modell zum Ford A auf den Markt gebracht hatte. Sie besaßen niedrige, breit wirkende Aufbauten mit gerader Linienführung von den vorderen bis zu den hinteren Kotflügeln. Sie wirkten zwar insgesamt größer als die 48er Modelle, waren aber in Wirklichkeit etwas kürzer und schmaler und in der Dachlinie um 75 mm niedriger. Außerdem wogen sie bis zu 225 kg weniger. Die alte Starrachse vorn wich einer Einzelradaufhängung mit Schraubenfedern und Querlenkern; hinten war das Fahrwerk wie bei den meisten Wagen dieser Zeit an Längsblattfedern aufgehängt. Der Kreuzrahmen war außer beim Kabrio durch einen Leiterrahmen ersetzt, der Motor saß 125 mm weiter vorn, so daß sich die Rücksitze ein gutes Stück vor der Hinterachse befanden, was den Fahrkomfort entscheidend verbesserte. Unverändert waren im wesentli-

▼ 1950 erneuerte das Weiße Haus seine Fahrzeugflotte unter anderem mit zehn Lincoln, sämtlich mit 3683 mm Radstand. Neun davon waren Limousinen mit Aufbauten von Henney, der zehnte dieses achtsitzige Kabrio von Dietrich Creative Industries, das 18 Jahre im Dienst blieb und den Präsidenten Truman (hier abgebildet), Eisenhower, Kennedy und Johnson diente

Ford Motor Company, Sammlung Mirco de Cet

Zwei Generationen Buick-Kombis ▲▼
Der 1952er Roadmaster (unten) erinnert mit seiner Konstruktion aus Mahagoni, Esche und Birke noch an die Zeit der Holzaufbauten. Der 1964er Skylark Sportwagon (oben) war eine Ganzmetallkonstruktion, deren Aussehen durch die angedeutete Aussichtskuppel geprägt war. Er hatte einen 10 cm längeren Radstand als die anderen Skylark-Modelle und war wahlweise mit V6-Motor mit 155 PS und 3,7 Liter Hubraum und V-Achtzylinder mit 210 PS und 4,9 Liter Hubraum erhältlich. Der 5,2-Liter-Reihenachtzylinder des Roadmaster leistete 170 PS.

General Motors (oben), Sammlung Mirco de Cet (unten)

1950er Mercury Coupé ▲▼
Bei Mercury gab es 1949 völlig neue Aufbauten und Chassis mit x-förmig verstrebtem Rahmen, Einzelradaufhängung vorn und niedriger Linienführung. Abgesehen von einem neuen Armaturenbrett und einem leicht modifizierten Kühlergrill wurden daher für 1950 keine Änderungen vorgenommen. Mitten im Modelljahr kam als neues Modell der Monterey Coupé mit gepolstertem Segeltuch- oder Vinyldach und Lederverkleidung im Innenraum. Hier das Standard-Coupé für 1.980 Dollar.

Besitzer: Arlen Madland

chen nur die Motoren, der Sechszylinder mit 95 PS und der V-Achtzylinder mit 100 PS. Einen V8 mit innenliegenden Ventile gab es bei Ford erst 1954. Ein geplanter kompakter Ford mit kleinem V-Achtzylinder kam nicht in den USA heraus, sondern als Ford Vedette in Frankreich.

Mercury und Lincoln begleiteten ihre Schwestermarke mit neuen Modellen unter Verwendung der gleichen Aufhängung und neuer Aufbauten, die auf den Kriegsmodellen von Gregorie beruhten. Bei Mercury gab es einen größeren V-Achtzylinder mit 4183 cm^3 Hubraum und 110 PS, während Lincoln seinen V12 zugunsten eines neuen 5,5-Liter-V8 mit 152 PS aufgab. Die Mercury-Modelle wurden schwerer und teurer und übernahmen dadurch eher die Funktion des kleinen Lincoln als die des großen Ford; das bestärkte Henry Ford II. in seinem 1945 gefaßten Beschluß, eine Abteilung Lincoln-Mercury ins Leben zu rufen.

Die Autos von General Motors wurden einer weniger radikalen Umgestaltung unterzogen als bei Ford, bekamen aber eine ganz andere äußere Erscheinung. Alle besaßen das breitere, niedrigere Aussehen mit durchgängigen Linien und einen flachen, horizontalen Kühlergrill. Zu den stilistischen Glanzlichtern zählte das Coupé Buick Riviera, ein Hardtop-Modell, das wie ein Kabrio aussah. Die Idee dazu stammte angeblich von Sarah Ragsdale, der Frau des Karosseriebauingenieurs Ed Ragsdale, die ein Kabrio fuhr, weil sie dessen sportliche Linien mochte, aber nie das Verdeck öffnete, weil es angeblich ihre Frisur in Unordnung brachte. Ned Nickles, ein anderer Designer bei Buick, hätte diesen Anspruch durchaus bestreiten können, weil er bereits seit 1945 an dieser Idee gearbeitet hatte und bereits die sieben 1946 gebauten Prototypen des Chrysler-Coupés Town & Country damit ausgestattet gewesen waren. Buick war aber auf jeden Fall das erste Unternehmen, das das Hardtop in die Großserienfertigung übernahm. Als weitere Hardtop-Modelle gab es das Coupé de Ville von Cadillac und den Holiday von Oldsmobile.

Ein weiteres charakteristisches Merkmal der 49er Buick-Modelle war die Reihe von Öffnungen unmittelbar vor der Fahrer- und der Beifahrertür. Diese Idee stammte von Nickles. Er hatte derartige Öffnungen in sein eigenes 47er Kabrio schneiden lassen und darin Lampen eingebaut, die mit zunehmender Motordrehzahl immer schneller blinkten. Buick-Manager Harlow Curtice war davon so beeindruckt, daß er anordnete, diese Öffnungen für die 49er Modelle zu übernehmen, und zwar drei für den Super und vier für den Roadmaster. Die Öffnungen bildeten die schnellste Erkennungsmöglichkeit für das Spitzenmodell und trugen zweifellos nicht unwesentlich zum Verkauf des Roadmaster bei. Sie bildeten mit einigen Formänderungen bis 1958 und dann bei einigen Modellen wieder von 1960 bis Anfang der siebziger Jahre ein charakteristisches Merkmal für Buick-Fahrzeuge.

Unter dem Dach von General Motors gab es die ersten neuen Aufbauten 1948 bei Cadillac und Oldsmobile, deren neue Modelle vom Profil her eine bemerkenswerte Ähnlichkeit mit den 49er Modellen von Chevrolet, Buick und Pontiac aufwiesen, was im übrigen nicht verwundern kann, da Buick, Cadillac und Oldsmobile die gleichen Türen besaßen. Der 48er Cadillac war das erste Modell mit Heckflossen, die allerdings im Vergleich zu späteren

1951er Oldsmobile 88 ▲▼

Der Olds 88 als neues Modell für 1949 vereinigte in sich den neuen Rocket-V8 und den leichten Aufbau Futuramic 76 und war daher ziemlich leistungsstark. Nach ursprünglich sechs Karosserievarianten gab es den Regular 88 1951 nur noch als zwei- und als viertürige Limousine. Der hier gezeigte Super 88 war in fünf Varianten erhältlich, darunter ein Hardtop-Coupé und ein Kabrio.

Besitzer: Bill Goodsene

1954er Chrysler New Yorker De Luxe ▼
1954 stand das Chrysler-Design noch unter dem Einfluß von Kaufman T. Keller, der viel Kopffreiheit forderte. »Bei Ihnen in Kalifornien mag das ja aus der Mode gekommen zu sein,« erklärte er 1948 bei einem Vortrag an der Stanford University. »Aber es gibt in diesem Land Gegenden mit Millionen von Menschen, und zwar Männer und Frauen, die sich mit Hut hinter das Lenkrad und auf die Rückbank setzen.« Dieser 54er New Yorker war eines der letzten Modelle für Hutträger, denn die Modelle des nächsten Jahres stammten von Virgil Exner, der dem Chrysler ein niedrigeres Erscheinungsbild verpaßte, den sogenannten »100-Millionen-Dollar-Look«.

Besitzer: Virgil Myers

1949er Cadillac Coupé de Ville ▲ ▶
Cadillac erneuerte seine Modelle zwischen 1947 und 1949 in zwei Phasen. Für das Modelljahr 1948 kamen neue Aufbauten heraus, und 1949 erschien der wegweisende V-Achtzylinder mit hängenden Ventilen, der bei kleinerem Hubraum als sein Vorgänger 160 PS leistete. Der Coupé de Ville der Baureihe 62 kam neu für 1949 heraus und kostete 3.496 Dollar. Er wurde in nur 2.150 Einheiten gebaut und war damit in der 49er Palette das Modell mit der kleinsten Stückzahl.

Besitzer: Les Sterling

Ausführungen recht bescheiden wirkten. Die Heckflossen wurden bei Cadillac nicht weniger zum Markenzeichen als die Öffnungen bei Buick. In den neuen Cadillac-Karosserien saß aber immer noch der vertraute V-Achtzylinder mit 5667 cm^3 Hubraum von 1936.

1949 stellten Cadillac und Oldsmobile ihre neuen hochverdichteten V-Achtzylinder vor. Der Cadillac-Motor leistete 160 PS aus 5422 cm^3 Hubraum, während der Oldsmobile Rocket mit 4963 cm^3 und 135 PS etwas kleiner war. Mit ihrer Verdichtung von 7,25:1 bildeten diese Motoren den Beginn des PS-Rennens, in dessen Verlauf die Leistung in weniger als zehn Jahren auf über 300 PS hinaufgetrieben wurde. Buick erhielt 1953 seinen neuen V8, Chevrolet und Pontiac 1955. Bei Pontiac bedeutete das das Aus für den ehrwürdigen Reihenachtzylinder, der der letzte dieses Typs in den Vereinigten Staaten gewesen war.

Die Modelle der Chrysler Division waren nicht so radikal neugestaltet wie die der Konkurrenz, da Chrysler-Chef Kaufman T. Keller eine hohe Dachlinie bevorzugte. Als eingefleischter Hutträger hielt er daran fest, daß ein Auto innen so hoch zu sein hatte, daß man mit Hut darin sitzen konnte. »Wir bauen Autos, um darin sitzen, und nicht, um darüber hinwegpinkeln zu können«, drückte er es einmal in seiner etwas drastischen Art aus. Das Ergebnis war, daß das Styling der 49er Modelle von Chrysler, De Soto, Dodge und Plymouth leicht hausbacken wirkte. An die Stelle der sechsfenstrigen Limousinen traten Ausführungen mit vier Fenstern und größerem Kofferraum; die größeren Chrysler-Modelle Windsor und Crown Imperial waren allerdings weiterhin als achtsitzige Limousinen mit sechs Fenstern erhältlich. Dodge warb für seine neuen Modelle mit dem Slogan »innen höher, außen niedriger,

außen kürzer, innen länger«. Die Standardmodelle waren nur 40 mm kürzer, doch zusätzlich gab es die neue Wayfarer-Serie, die in der Länge immerhin um 208 mm geschrumpft war. Neu in der Wayfarer-Serie war ein zwei- bzw. dreisitziger Roadster, der bis zu den – allerdings bald wieder aufgegebenen – abnehmbaren Fenstern im Stil der dreißiger Jahre gehalten war. Die Roadsterproduktion belief sich 1949 auf 5.420 Einheiten von insgesamt gefertigten 298.399 Dodge-Fahrzeugen. Neu war auch der Plymouth De Luxe Suburban, ein zweitüriger Kombi ohne Holzteile.

Von den Unabhängigen hatten Hudson und Nash neue Modelle mit aufsehenerregendem Design vorzuweisen. Der im Oktober 1947 als 48er Modell angekündigte Hudson besaß eine sehr niedrige Linienführung, die ihm den Spitznamen »Step Down«-Hudson verschaffte. Chefdesigner Frank Spring hatte dem damaligen Hudson-Präsidenten A.E. Barit schon 1941 einen Prototyp des Wagens gezeigt, doch nachdem der konservative Barit nur ein »zu niedrig« von sich gegeben hatte, war der Wagen in das Dachgeschoß des Hudson-Werks verbannt worden, wo er während des Krieges vor sich hinrostete. Etwa 1946 holte Spring seinen Prototyp wieder hervor, polierte ihn etwas auf und führte in Barit erneut vor, der dann eines Abends damit nach Hause fuhr und so begeistert war, daß er anordnete, die Produktion aufzunehmen.

Der neue Hudson war nur 1,52 m hoch, 18 cm niedriger als der Buick und 15 cm niedriger als der Chrysler, und besaß den niedrigsten Schwerpunkt aller amerikanischen Autos. Der Boden befand sich unterhalb der Längsträger und war damit der tiefste Teil der Konstruktion. Der Wagen hatte noch einen Rahmen, der aber mit dem Aufbau verschweißt war. Die Hinterräder saßen auf der Innenseite der Längsträger. Trotz seiner Länge von 5257 mm und seiner Breite von 1955 mm besaß der Wagen eine ausgezeichnete Straßenlage, die nichts von dem so oft kritisierten weichen Fahrwerk und den Rollbewegungen amerikanischer Autos verspüren ließ. Unverändert blieb der bekannte Reihenachtzylinder mit 128 PS, der allerdings durch einen neuen Sechszylinder mit 123 PS ergänzt wurde, der mit 4292 cm³ einen größeren Hubraum als der Achtzylinder besaß. Beide Baureihen war als viertürige

▲ **Ob der »Step Down«-Hudson Amerikas schönstes Auto war, darüber läßt sich streiten. Sicherlich war er aber eine der innovativsten Konstruktionen der Nachkriegszeit**

Sammlung Mirco de Cet

1952er Hudson Commodore Eight ◄
Hudson hatte für 1952 vier Modellreihen im Angebot: Pacemaker, Wasp, Commodore Six und Commodore Eight. Alle ähnelten im Erscheinungsbild dem ersten »Step Down« 1948, der sich noch bis nach dem Zusammenschluß mit Nash im Jahre 1954 im Programm hielt. Außer als viertürige Limousine gab es die Modelle als zweitüriges Coupé und als Kabrio. Commodore Six und Eight besaßen den gleichen Radstand von 3149 mm und waren praktisch nur an der Polsterung, dem Bodenbelag und an der »6« bzw. »8« über den Vorderrädern zu unterscheiden. Der hier abgebildete Eight kostete 2.769 Dollar. Von 1951 bis 1953 spielte Hudson mit 105 Siegen eine beherrschende Rolle bei Stock-Car-Rennen*

Besitzer: Dick Ginther

Limousine, zweitüriges Coupé und Kabrio erhältlich. Obwohl die Preise für den »Step Down« einiges über denen der 47er Modelle lagen, stiegen die Verkaufszahlen von knapp über 100.000 Einheiten auf 143.697 Fahrzeuge im Kalenderjahr 1948. Im Jahr 1949 gingen sie wieder leicht zurück, weil bei Hudson mehrfach gestreikt wurde, unter anderem im August des Jahres wegen einer Hitzewelle. Die Grundkonstruktion des »Step Down« änderte sich erst 1955 etwas, als die Hudson-Produktion nach dem Zusammenschluß von 1954 in das Nash-Werk Kenosha verlagert wurde. 1951 kam ein neuer Sechszylinder-Boxer mit 5045 cm³ Hubraum und 145 PS, mit dem Hudson drei Jahre lang die Stock-Car-Rennen beherrschte.

Der Nachkriegs-Nash war nicht weniger auffallend als der Hudson, hatte aber eine schlechtere Straßenlage. Er hieß offiziell Airflyte, bekam aber wegen seines allumfassenden Fließheckdesigns mit teilweiser Verkleidung über den Rädern schnell den Spitznamen »Badewanne«. Der Airflyte besaß eine selbsttragende Karosserie, eine gekrümmte einteilige Windschutzscheibe und über der Lenksäule das sogenannte Uniscope, in dem alle Instrumente zusammengefaßt waren. Die Vordersitze ließen sich wie bei früheren Nash-Modellen zu einem Doppelbett ausklappen. Es gab den Airflyte in den beiden Ausführungen 600 und Ambassador. Der 600 hatte 2844 mm Radstand und wurde von einem kleinen Sechszylinder mit nur 2827 cm³ Hubraum angetrieben, während im Ambassador mit 3073 mm Radstand ein 3,8-Liter-Sechszylinder mit hängenden Ventilen für die nötige Kraft sorgte. Beide Motoren stammten aus den Jahren 1946-1948 und wurden verwendet, bis der Ambassador 1955 einen Packard-V8 erhielt. Wegen der selbsttragenden Bauweise gab es den Airflyte nur als zwei- und viertürige Limousine und als zweitürigen Brougham. 1950 brachte Nash den Rambler heraus, einen Wagen der Kompaktklasse, der weiter hinten in diesem Kapitel beschrieben wird.

Der einzige weitere unabhängige Hersteller, der dann schließlich Partner von Studebaker wurde, war Packard. Das ehrwürdige Detroiter Unternehmen gab die Fertigung von Luxusfahrzeugen auf, als es die Pressen für die großen 180er an die Sowjetunion verkaufte, und begann die Nachkriegszeit daher mit dem Mittelklasse-Auto Clipper im Preisbereich von 1.680 Dollar für den billigsten Sechszylinder bis 3.047 Dollar für den Custom Super Eight. Der Radstand betrug 3048 mm bzw. 3225 mm, wobei es den Super Eight allerdings auch als Limousine mit getrenntem Fahrersitz für 4.496 Dollar mit 3759 mm Radstand gab. Für das Modelljahr 1948 erhielt der Clipper ein neues Design mit längerer Motorhaube, ausgeprägterem Kühlergrill und runderen Formen; wie der Nash Airflyte bekam

◀ Die 49er Packard-Werbung richtete sich hauptsächlich an die Bezieher mittlerer Einkommen. Das gilt teilweise als falscher Ansatz und Ursache dafür, daß Packard Käufer an Cadillac und Lincoln verlor.

Sammlung Mirco de Cet

1947er Packard Clipper Custom Super 8 ▼
Die Clipper-Modellreihe wurde Mitte 1941 vorgestellt und bedeutete schon damals eine radikale Abkehr vom früheren Packard-Design, das traditionell konservativer als bei den anderen Herstellern aus Detroit gewesen war. Alle Nachkriegsmodelle von Packard stammten aus der Clipper-Reihe und waren in vier Ausführungen erhältlich, ein Sechszylinder und drei Achtzylinder. Spitzenmodell war der Custom Super 8, der im Gegensatz zu den anderen Ausführungen keine Aufschrift an den Vordertüren besaß, an der man ihn erkennen konnte; er hatte eine luxuriöse Innenausstattung. Die abgebildete Limousine kostete 3.274 Dollar. Ein Clipper Six in der Grundausführung war schon für 1.745 Dollar zu haben.

Besitzer: John J. Povinelli

1948er Chevrolet Station Wagon ▲
Der traditionelle »Holz«-Kombi gehörte auch 1948 noch zur Chevrolet-Palette. Der hier abgebildete achtsitzige Fleetwood war in diesem Jahr mit 2.013 Dollar das teuerste Chevrolet-Modell.

1947er Chrysler Town & Country ▶
Der Town & Country war schon eher ein echtes »Holz«-Auto als der Ford Sportsman, denn sein Rahmen bestand aus Weißesche und die Seitenteile aus Sperrholz. Von den fünf geplanten Karosserievarianten wurden nur die viertürige Limousine und das Kabrio in nennenswerten Stückzahlen gebaut. Von der hier gezeigten Sechszylinder-Limousine zum Preis von 2.713 Dollar wurden in den drei Fertigungsjahren 1946–1948 3.994 Einheiten verkauft. Nur 100 Limousinen wurden mit Achtzylindermotor gebaut, alle 1946.

Besitzer: Blaine Jenkins

1947er Ford Sportsman Convertible ◀

Mit dem Sportsman wollte Henry Ford II. den Autos unmittelbar nach dem Krieg etwas mehr Würze verleihen. Der Wagen mit Weißesche- und Mahagonipaneelen auf Stahlrahmen stieß bei den Ford-Händlern auf großes Interesse, schreckte die Käufer aber wegen seines Preises, der 500 Dollar über dem des normalen Kabrios lag, ab. Nach 2.250 Einheiten 1947 wurden 1948 nur noch 28 Stück gebaut.
Das entsprechende Mercury-Modell war mit insgesamt 205 Einheiten noch seltener.

Besitzer: Blaine Jenkins

1949er Crosley CD Wagon ▲

Crosley war der einzige erfolgreiche Kleinwagenhersteller der Nachkriegszeit und mußte trotzdem nach 29.184 Fahrzeugen 1948 im folgenden Jahr einen Einbruch auf nur 7.431 Einheiten hinnehmen. Der hier gezeigte Kombi fand mit 3.803 Einheiten die meisten Käufer.

Besitzer: Auburn-Cord-Duesenberg-Museum

er den Beinamen »Badewanne« oder auch »schwangerer Elefant«. Der Clipper war in den drei Ausführungen Standard Eight, Super Eight und Custom Eight mit 4,7-, 5,3- bzw. 5,8-Liter-Motor erhältlich. Letzterer war mit 165 PS bis zur Einführung des Chrysler-V8 mit 180 PS 1951 der stärkste Motor in Amerika.

Zum ersten Mal seit 1942 gab es wieder ein Kabrio, und als neue Variante beim Standard Eight kam der Station Sedan, ein auf Holz getrimmter Wagen, für den allerdings überwiegend die Preßteile des Limousinenaufbaus verwendet wurden. Die einzigen Holzteile waren außen aufgeschraubte Leisten auf imitierten Wurzelholzpaneelen an den Türen. Diese erforderten wie auch die hölzerne Gepäckablage im Innern eine regelmäßige Behandlung gegen Pilzbefall und regelmäßiges Lackieren, so daß der Station Sedan in der Instandhaltung ebenso viel Arbeit machte wie ein Auto mit richtigem Holzaufbau. Bei einem Preis von 3.350 Dollar war er der mit Abstand teuerste Standard Eight und kostete mehr als mancher Super Eight. Der Station Sedan war bis zum Modelljahr 1950 im Angebot. Danach brachte Packard völlig neue Modelle heraus.

AUFSTAND DER KLEINEN GEGEN DETROIT

1949 hatten die Großen Drei und die bedeutenderen unabhängigen Hersteller 19 Marken im Programm, doch theoretisch konnte der amerikanische Käufer unter mindestens 40 Marken wählen. Im gesamten Land waren in der Nachkriegseuphorie zumeist kleinere Firmen gegründet worden, die Kleinwagen herstellten. Zusammen unternahmen sie das, was die Zeitschrift Popular Mechanics als »Aufstand der Kleinen gegen Detroit« bezeichnete. Nicht, daß sie dort große Kopfschmerzen verursacht hätten: Von wenigen Ausnahmen abgesehen zielten die Neuen nicht auf den Markt des Serienautos für die Familie ab. Sie bedienten statt dessen eine, wie sich herausstellte, nicht vorhandene Nachfrage nach kleinen Fahrzeugen für den Einkaufsbummel, das, was dreißig Jahre später die US-Kleinwagenklasse werden sollte.

Ein typischer Vertreter dieser Klasse war der in San Diego gebaute Towne Shopper, ein türloser offener Zweisitzer mit Zweizylinder-Boxer der Firma Onan, der pro Pfund Gewicht etwas mehr als einen Dollar kostete (544 Pfund für 595 Dollar). Weiter gehörten dazu der Airway, ebenfalls aus San Diego, als dreisitzige Limousine oder zweisitziges Coupé mit Aluminium-Kunststoff-Aufbau und Zweizylindermotor und der Brogan, ein Dreiradfahrzeug aus Rossmoyne in Ohio. Etwas größer waren der Del Mar, ein fünfsitziges Kabrio mit 2,6-Liter-Motor von Continental, und der Gregory mit Continental-Heckmotor und Frontantrieb.

Ernsthaftere Unternehmungen, die aber letztlich auch scheiterten, waren der Keller und der Playboy. Der Keller entstand 1945 in San Diego als Bobbi-Kar, ein offener Zweisitzer in der Klasse des Towne Shopper mit 16-PS-Motor von Briggs & Stratton, der kurze Zeit später durch einen 25-PS-Vierzylinder von Hercules ersetzt wurde. In dieser Form erregte der Wagen die Aufmerksamkeit von George Keller, dem früheren stellvertretenden Verkaufsleiter bei Studebaker. Dieser konnte eine Gruppe von Investoren aus Alabama davon überzeugen, daß das Auto viel besser in deren Heimatstaat produziert würde, wo nach der Schließung der Flugzeugwerke hohe Arbeitslosigkeit herrschte. In Huntsville sollten unter der Bezeichnung Keller ein Kabrio mit Heckmotor – im wesentlichen der alte Bobbi-Kar – und ein frontgetriebener Kombi mit 2,6-Liter-Motor von Continental mit 49 PS gebaut werden. Das Werk in Huntsville war ein reiner Montagebetrieb, da praktisch sämtliche Komponenten des Wagens fertig gekauft wurden: Die Lenkung kam von Ross, die Bremsanlage von Wagner und der Vergaser von Carter; das Getriebe war das gleiche wie bei einem 41er Studebaker, und die Räder steuerte der Zulieferer bei, der auch Crosley versorgte. Keller selbst baute nur die Sitze und den hölzernen Kombi-Aufbau.

Im September 1949 verfügte die Keller Motors Corporation über 1.523 Vertriebspartner, aber nur 18 Prototypen des Autos, das sie verkaufen sollten. Der Herzinfarkt, an dem George Keller am 4. Oktober des Jahres starb, erwies sich als tödlicher Schlag für das Unternehmen, weil sein Gründer weitaus bekannter war als das Auto, das er bauen wollte. Es wurden keine weiteren Fahrzeuge gebaut, und um die Finanzen war es so schlecht bestellt, daß das Hotel Buckingham in New York sogar einen dort ausgestellten Keller verkaufen mußte, um das Geld für offenstehende Rechnungen zu bekommen. Ein kurzes Weiterleben war der Konstruktion noch in Belgien vergönnt, wo George Keller in Antwerpen den Autovertrieb Poelmans & Merksen erworben hatte. Dort wurden noch ein paar Kombis unter der Bezeichnung Pullman montiert und verkauft.

Auch der Playboy begann als Kabrio mit Heckmotor, dazu mit Einzelaufhängung für alle vier Räder. Sein Konstrukteur Charles Thomas baute in dieser Form genau einen Prototyp. Als dann das Geld für die Herstellung gesichert war, hatte der Wagen bereits einen Frontmotor und nur noch vorn Einzelradaufhängung an horizontalen Schraubenfedern. Die nötigen Geldmittel kamen von dem Packard-Händler Louis Horwitz aus Buffalo und dem Tankstellenbesitzer Norman Richardson. Sie begannen die Produktion des Playboy in dem alten Brunn-Karosseriewerk in Buffalo, wo 125 Arbeiter die Fahrzeuge von Hand zusammenbauten. 1948 mietete die Playboy Motor Car Corporation ein riesiges ehemaliges Flugmotorenwerk in Tonawanda im Bundesstaat New York, das allein im Verwaltungsgebäude doppelt so viel Platz bot, wie für den Playboy benötigt wurde.

Der Preis für das Auto wurde auf 985 Dollar festgesetzt. Das erschien im Vergleich zum Ford Super De Luxe in Kabrio-Ausführung für 1.740 Dollar recht günstig, war es aber nur, wenn man Kabrio gegen Kabrio stellte, ohne andere Faktoren zu berücksichtigen. Der Playboy zielte ohne Rücksicht auf die Art des Aufbaus auf den unteren Marktbereich ab, dort kostete ein Ford De Luxe als zweitürige Limousine mit Sechszylindermotor 1.212 Dollar und ein ähnlicher Chevrolet 1.313 Dollar. Es ist zweifelhaft, ob das Unternehmen den Preis hätte halten können, und bei Überschreiten der 1.000- oder 1.100-Dollar-Marke wäre der Playboy gefährlich nahe an die Großen Drei herangekommen, die weitaus handfestere Autos bauten. Aber der Playboy-Verkauf hatte unter dem Tucker-Skandal zu leiden, so daß Horwitz trotz seiner Pläne, den Verkauf mit Kaiser-Frazer zusammenzulegen, die Produktion im Juli 1948 nach 97 Einheiten einstellen und Konkurs anmelden mußte.

Powel Crosley hatte nach dem Krieg mehr Erfolg zu verzeichnen. Während des Krieges hatte er unter anderem mit Kupfer hartgelötete Sechszylindermotoren für Stromgeneratoren gebaut, aus denen er jetzt einen Vierzylinder für sein Auto entwickelte. Er besaß nur 720 cm^3 Hubraum, leistete 26,5 PS und wog ganze 27 kg. Ungewöhnlich daran war die einzelne obenliegende Nockenwelle, die es bei einem amerikanischen Auto zum letzten Mal 1935 gegeben hatte. Der Wagen war als zweitürige Limousine und als Limousine mit Rollverdeck zu haben. Trotz der Tatsache, daß das Dreiganggetriebe nicht synchronisiert war, verkaufte er sich gut: 4.999 Einheiten 1946 und 19.344 1947, nachdem zusätzlich ein Kombi ins Programm gekommen war. Sein bestes Jahr erlebte der Crosley 1948 mit 29.184 Personenwagen und 2.411 Lieferwagen und Pickups; davon waren die große Mehrheit, nämlich 23.489 Einheiten, Kombis.

Die einzige dunkle Wolke am Horizont war der kupfergelötete Motor, bei dem sich durch Elektrolyse kleine Löcher im Block bildeten, durch die das Kühlwasser austrat. Dieser Vorgang war durch nichts aufzuhalten, und die Löcher konnten auch nicht repariert werden. Deshalb ging Crosley schließlich zu einem gußeisernen Block über, nachdem eine Reihe von Motoren im Werk überholt worden waren.

Mit der nachlassenden Nachfrage fielen auch die Verkaufszahlen auf 7.431 Fahrzeuge 1949 und 6.792 Einheiten 1950. Crosley erweiterte seine Modellpalette um den Hotshot, einen niedrigen zweisitzigen Roadster ohne Türen mit 2159 mm Radstand. Seine Höchstgeschwindigkeit betrug 124 km/h, in einer getunten Rennversion über 145 km/h. Sonderausführungen des Hotshot nahmen an den Rennen in Le Mans und Sebring teil und gewannen dort 1951 den Leistungspreis. 1951 wurde der Hotshot um den Super Sport ergänzt, im wesentlichen das gleiche Auto, aber mit Türen und einer Verdichtung von 10:1. In den vier Modelljahren 1949-1952 baute Crosley insgesamt nur 2.498 Sportwagen. Ein weiteres Modell war der kleine, jeepähnliche FarmOroad mit sechs Vorwärts- und zwei Rückwärtsgängen sowie wahlweise Zwillingsbereifung an der Hinterachse. Er konnte mit einem Pflug oder einer Scheibenegge versehen werden und eine Mähmaschine ziehen. 1951 und 1952 mußte Powel Crosley aufgrund sinkender Verkaufszahlen drei Millionen Dollar aus eigener Tasche zuschießen, aber die Arbeitskosten stiegen schneller und höher als der Preis, den er für seine Autos verlangen konnte. Am 3. Juli 1952 schloß er sein Werk, Amerikas erfolgreichster Kleinwagen war am Ende. 1959 griff die Firma Crofton Marine Engineering in San Diego die FarmOroad-Konzeption noch einmal auf und verkaufte etwa 250 Einheiten unter der Bezeichnung Crofton Bug.

Unter all den kleinen Herstellern, die sich in den unmittelbaren Nachkriegsjahren einen Platz an der Sonne zu sichern suchten, befand sich nur einer mit einer normal großen sechssitzigen Limousine, die eine echte Herausforderung für Detroit hätte werden können. Sein Name war Preston Thomas Tucker (1903-1956). Nachdem Tucker sein Berufsleben als Laufjunge für den Cadillac-Ingenieur D. McCall White begonnen hatte, wurde er nacheinander Polizist, Verkäufer für Dodge und Studebaker und schließlich Brauereiangestellter. Im 2. Weltkrieg verdiente er mit einem selbst konstruierten Geschützturm viel Geld, das ihm als Grundlage für die Finanzierung seines Autos diente.

Tucker sprach viel mit dem bekannten Rennwagenkonstrukteur Harry Miller über sein geplantes Auto. Als Miller 1943 starb, stand die Konstruktion in den Grundzügen fest, wie Ben Parson sagte, der 1945 zu Tucker kam, um, wie er es ausdrückte, »die letzten Feinarbeiten« zu machen. Das war allerdings zuviel der Bescheidenheit, denn Parson war verantwortlich für den Sechszylindermotor und das gesamte Fahrwerk. Der Aufbau wurde von Alex Tremulis entworfen, der früher bei Auburn-Cord-Duesenberg gearbeitet hatte. Miller hatte vorgeschlagen, einen Sechszylinder-Boxer zu nehmen und im Heck einzubauen; der riesige Hubraum (9.652 cm³) war Parsons Idee. Er wollte einen wirklich wenig beanspruchten Motor, der auch bei Höchstgeschwindigkeit maximal 1.800/min machte. Bei 100 km/h sollte die Drehzahl bei 1.000/min liegen. Der Motor steckte voller fortschrittlicher Ideen, darunter Benzineinspritzung, hemisphärische Brennräume und hydraulisch betätigte Ventile mit Ölsäulen anstelle von Nocken und Stößeln. Dahinter steckte die Vorstellung, daß das Fehlen eines mechanischen Ventilantriebs es Parson ermöglichen sollte, einen idealen Zylinderkopf zu konstruieren. Leider öffneten die Ventile erst, wenn der Motor genügend Öldruck aufgebaut hatte, und der Motor sprang natürlich erst an, wenn die Ventile sich öffnen konnten. Dieses Problem wurde dadurch überwunden, daß man den Motor mehrere Sekunden lang mit Hilfe der großen 24-V-Batterie durchdrehte. Befriedigend war diese Lösung allerdings zu keiner Zeit. Der Antrieb erfolgte über zwei Drehmomentwandler auf die Hinterräder.

Der Wagen selbst war nicht weniger fortschrittlich als der Motor. Er verfügte über Einzelradaufhängung, Scheibenbremsen, Sicherheitsgurte, eine aufklappbare Windschutzscheibe und einen dritten Scheinwerfer, der sich mit dem Lenkeinschlag bewegte. In dieser ursprünglichen Form wurden nur ein Chassis und ein komplettes Fahrzeug gebaut. Der folgende Tucker war konventioneller, verfügte aber weiterhin über den niedrigen Aufbau (1,25 m) und das Zyklopenauge. An die Stelle von Parsons Motor trat ein viel kleinerer Sechszylinder-Boxer von der Firma Air Cooled Motors aus Syracuse. Umgerüstet auf Wasserkühlung hatte er 5472 cm³ Hubraum, etwa das gleiche wie der Cadillac V8, und leistete 166 PS bei 3.200/min. Die Drehmomentwandler wichen einem Getriebe mit Vorwahl wie beim Cord 810. Für die ersten Serienmodelle ließ Tucker auf Schrottplätzen nach diesem Getriebe suchen; später

1948er Tucker ▼▶

Die einzige normalgroße sechssitzige Limousine, die neben zahllosen Mittelklasseautos, Kleinwagen und Einkaufsgefährten gegen Detroit antrat, stammte von Preston Tucker. Der Wagen hatte ursprünglich einen Sechszylinder-Boxer mit 9.652 cm³ Hubraum bekommen sollen, erhielt dann aber nur einen 5,5-Liter-Motor. 166 PS ermöglichten eine Spitzengeschwindigkeit von 193 km/h, aber das Fahrverhalten war wegen der Gewichtskonzentration im Heck problematisch. Von den 51 gebauten Fahrzeugen ist hier die Nr. 47 abgebildet.

Besitzer: Gilmore Car Museum, Kalamazoo, Michigan

baute er auf der Grundlage des Cord-Getriebes ein eigenes mit der Bezeichnung Y-1. Auch die Sicherheitsgurte verschwanden; Tucker selbst hatte sie eigentlich beibehalten wollen, aber nach Meinung seines Verkaufsleiters Fred Rockelman implizierten Gurte, daß man das Auto von vornherein für unsicher hielt. Was Gurte wert sind, zeigte sich jedoch, als ein Testfahrer sich in Indianapolis mehrere Male überschlug und völlig unversehrt aus dem Auto stieg. Die Spitzengeschwindigkeit des Tucker lag bei 193 km/h, 1954 fuhr ein Tucker einem Oldsmobile 88, dem heißesten Serienauto der späten vierziger Jahre, auf dem Pomona Strip in Kalifornien aus dem Stand davon.

Für die Produktion seines Wagen pachtete Tucker das größte Gebäude der Welt, das auf einer Fläche von 376.000 m² zwei Gießereien und 30 bis 40 Cafeterias unter einem Dach vereinte. Dodge hatte dort während des Krieges Triebwerke für die B-29 gebaut und mehr Werkzeugmaschinen hinterlassen, als es in der gesamten Schweiz gab. Aber noch bevor Tucker auch nur einen Bruchteil des Platzes für die Autoherstellung in Beschlag nehmen konnte, bekam er Schwierigkeiten mit der Börsenaufsichtsbehörde SEC. Unzufrieden mit vielen von Tuckers Versprechen, hatte die SEC der Ausgabe von Aktien im Wert von 20 Millionen Dollar zugestimmt, gleichzeitig aber die Öffentlichkeit zur Vorsicht gemahnt. Tucker mußte außerdem als erste Jahrespacht 500.000 Dollar an die US-Vermögensverwaltung als Eignerin des Werks zahlen. Das war angesichts der Tatsache, daß die Aktien zunächst guten Absatz fanden, nicht allzu schwer, doch Tucker beging einen schweren Fehler, als er im September 1947 versprach, bis März 1948 werde die Produktion auf 1.000 Fahrzeuge am Tag gesteigert, was eindeutig nicht zu schaffen war.

Um sich das dringend benötigte Bargeld zu verschaffen, beantragte Tucker ein Darlehen der Reconstruction Finance Corporation (RFC), einer staatlichen Institution, die Unternehmen bei der Umstellung auf die Nachkriegsproduktion half. Die RFC erkundigte sich bei der SEC, die eine negative Stellungnahme abgab, woraufhin die RFC das Darlehen verweigerte. Anfang 1948 kam es für Preston Tucker noch schlimmer; er mußte sich einer Untersuchung durch Homer Ferguson, den Senator von Michigan stellen, und sprach die Vermutung aus, dieser sei von Detroit angestiftet worden, seine Bemühungen, ein Konkurrenzunternehmen auf die Beine zu stellen, zu sabotieren. Der einflußreiche Rundfunkkommentator Drew Pearson behauptete, der Wagen sei ein reiner Schwindel: Es sei nur ein Exemplar gebaut worden, dazu noch aus Oldsmobile-Teilen, und das können nicht rückwärts fahren (in bezug auf den ersten Prototyp hätte diese Behauptung übrigens gestimmt, weil dabei anstelle der geplanten Drehmomentwandler mit Umkehrrad Flüssigkeitskupplungen verwendet worden waren). Als der Kommentar gesendet wurde, hatte Tucker schon mindestens acht Autos gebaut und ließ drei davon nach Washington schaffen und vor Pearsons Büro abstellen. Im Beisein seines Anwalts forderte er Pearson auf, aus dem Fenster zu sehen und seinen Kommentar zu widerrufen, doch der weigerte sich, seinen Schreibtisch zu verlassen.

Das Vertrauen in Tuckers Aktien und in sein Auto schwand, die Händler begannen, ihn gerichtlich zu verfolgen, weil er ihnen keine Autos lieferte, die sie verkaufen konnten. Nachdem insgesamt nur 51 Tucker gefertigt worden waren, wurde 1950 alles, was sich in der riesigen Fabrik befand, versteigert; der Erlös betrug nur 18 Prozent des tatsächlichen Wertes. Tucker versuchte sich später noch einmal in Brasilien an der Fertigung eines preisgünstigen Autos. Er starb am 26. Dezember 1956 an Lungenkrebs.

Zwei häufig erhobene Vorwürfe in Sachen Tucker verdienen es, etwas genauer unter die Lupe genommen zu werden, nämlich, daß er ein Betrüger und mehr an Geld als am Autobau interessiert gewesen sei und daß seine Probleme darauf zurückzuführen gewesen seien, daß die Großen Drei aus Detroit ihm an den Kragen gewollt hätten. 1972 konfrontierte die Zeitschrift *Special-Interest Autos* sieben Männer, darunter Ben Parson und Alex Tremulis sowie GM-Präsident Ed Cole und erfahrene Journalisten, mit der Frage, ob Betrug oder Schwindel im Spiel gewesen sei. Keiner von ihnen wollte den von Drew Pearson und anderen erhobenen Vorwurf des Betrugs bestätigen. Es herrschte hingegen generell die Meinung vor, Tucker habe zu wenig Erfahrung mit dem Autobau gehabt und sich zu sehr von unerprobten Konstruktionen begeistern lassen. Er habe zu viel von seinem knappen Geld für »Mätzchen« wie den Drehmomentwandler verschwendet. Außerdem habe er den Markt falsch eingeschätzt; sein Auto sei der Konkurrenz zweifellos voraus gewesen, aber die amerikanische Bevölkerung habe das, was er anzubieten hatte, nicht gewollt. Wenn die Technik und Marktmacht von General Motors nicht in der Lage gewesen sei, den Corvair mit Sechszylinder-Heckmotor zum Erfolg zu machen, welche Hoffnung habe dann für Preston Tucker bestanden?

Die Vermutung, daß Tucker die Großen Drei zu Tode erschreckt hat und daß diese zu illegalen Methoden griffen, um ihn niederzuhalten, dürfte wohl gleichermaßen falsch sein. Zum einen übertraf Ende der vierziger Jahre die Nachfrage das Angebot, und Detroit war viel zu sehr mit der Beschaffung von Stahl zur Befriedigung der aufgestauten Nachfrage nach neuen Autos beschäftigt, um sich um die außergewöhnliche Konstruktion eines Unbekannten Sorge zu machen. Der Tucker sollte zu einem Preis von 2.450 Dollar verkauft werden und hätte somit gegen den Buick Roadmaster und den Chrysler New Yorker antreten müssen, Autos, die traditionell ihre Käufer fanden. Kaiser-Frazer hätte, wenn auch nicht lange, in Detroit Besorgnis hervorrufen können; Tucker hätte den Großen Drei zusammen nicht einmal fünf Minuten Schlaf geraubt.

Mike Lamm, Redakteur bei *Special-Interest Autos,* fand das passende Resümee: »Preston Tucker war im Grunde ein Kleinunternehmer, der groß werden wollte. Er hatte seine Grenzen überschritten.«

KOMPAKTAUTOS UND WEITERER NIEDERGANG DER UNABHÄNGIGEN

In den letzten Jahren hat sich der amerikanische Autofahrer daran gewöhnt, daß es unter dem Dach der einzelnen Marken eine Vielzahl an Größen und Modellen gibt – Kleinwagen, Kompaktautos, Kleinstwagen, Mittelklassefahrzeuge und so weiter. Diese Vielfalt war bis 1950 praktisch unbekannt; eine typische Marke wie Oldsmobile hatte beispielsweise drei Typen, 76, 88 und 98, im Programm. Dazu gab es zwei verschiedene Motoren, nämlich einen Sechszylinder für den 76 und einen V8 für die anderen. Aber die Autos sahen fast gleich aus und zeigten auch in den Abmessungen kaum einen Unterschied: Zwischen dem größten und dem kleinsten Modell lagen beispielsweise nur etwa sechs cm Unterschied im Radstand und fünf cm in der Spurweite. Bei den größeren Marken besaß Ford im Jahre 1950 zwei Motoren und einen Radstand, während Chrysler und Plymouth nur mit einem Motor und einem Radstand auskommen mußten.

In den dreißiger Jahren hatten mehrere Unternehmen sich an kleineren Wagen versucht, meist unter anderem Namen, z.B. der Rockne von Studebaker, der Marquette von Buick und der Roosevelt von Marmon; länger anhaltender Erfolg war dabei jedoch nur dem 1939 gebauten Studebaker Champion beschieden, der sich sowohl im Design als auch in den Abmessungen von den großen Studebaker-Modellen unterschied. Studebaker war natürlich ein unabhängiges Unternehmen (d.h., es gehörte nicht zu den Großen Drei und war nicht einmal in Detroit beheimatet), und auch die drei kleinen Autos, die Anfang der

1952er Allstate A-2304 ▲ ▶

Der Allstate bildete den zweiten Versuch der Kaufhauskette Sears Roebuck, ein eigenes Auto auf dem Markt zu etablieren (das erste war der Sears Motor Buggy der Jahre 1908-1912 gewesen). Bei dem von Kaiser-Frazer im Auftrag gebauten Allstate handelte es sich um einen Henry J mit geändertem Kühlergrill, besseren Polstern und Sears-eigenen Zündkerzen, Batterien und Reifen. Der billigste Allstate unterbot den Henry J im Preis um gerade mal zwölf Dollar, und insgesamt zahlten die Sears-Kunden etwas mehr als diejenigen, die direkt einen Henry J bei Kaiser-Frazer kauften. Die hier abgebildete Limousine ist mit dem 68-PS-Vierzylinder von Willys ausgestattet; daneben gab es auch einen Sechszylinder mit 80 PS.

Besitzer: National Automobile Museum, Reno, Nevada

fünfziger Jahre mit den Abmessungen herauskamen, die später als »Kompaktklasse« bezeichnet wurden, stammten von Unabhängigen.

Der Nash Rambler besaß verfügte über die totale Unterstützung von Firmenchef George Mason, der argumentierte, ein unabhängiger Autohersteller müsse anders sein und ein Produkt anbieten, das es bei den Großen Drei nicht gebe. Er sah außerdem die Ursache dafür, daß kleine Autos sich bislang in Amerika kaum durchgesetzt hatten, in der Tatsache begründet, daß sie sich mit dem Preis als stärkstem Argument verkauften und damit den Käufer als Menschen mit begrenzten finanziellen Möglichkeiten auswiesen. Wenn man die Leute dahin bringen könne, so meinte er, willentlich und nicht aus Geldgründen kleinere Autos zu kaufen, dann könne man sich einen ansehnlichen Marktanteil sichern.

Aus diesem Denkansatz entstand der Rambler, der innerhalb der Nash Corporation als eigene Marke galt und den Namen eines Vorgängers aus dem Zeitraum 1902–1913 trug. Der im April 1950 vorgestellte Wagen besaß eine selbsttragende Karosserie mit 2540 mm Radstand, die mit ihren teilweise unter den Kotflügeln verborgenen Rädern für eine gewisse Ähnlichkeit mit dem größeren »Badewannen«-Nash sorgte, und wurde von dem 2,8-Liter-Motor aus dem Nash 600 angetrieben. Zunächst gab es nur ein Kabrio zum Preis von 1.808 Dollar, das nach dem Crosley das zweitbilligste Kabrio in Amerika war. Es lag mit diesem Preis jedoch mehrere 100 Dollar über der billigsten Limousine von Chevrolet und Ford, so daß es der Etikettierung als Billigauto entging. Sein Image war das eines schicken Zweitwagens für den wohlhabenden Vorstadtbewohner. Die Verkaufszahlen beliefen sich im ersten Jahr auf ermutigende, wenn auch nicht gerade spektakuläre 9.330 Kabrios und 1.712 Kombis (ab Juni 1950 erhältlich).

1951 wurde die Rambler-Palette um den Country Club mit Hardtop erweitert; die Verkaufszahlen stiegen auf 70.002 Einheiten und machten damit mehr als 36 Prozent der gesamten Nash-Verkäufe aus. Diese Zahlen konnte der ursprüngliche Rambler nie wieder erreichen, da er Konkurrenz von Kaiser, Hudson und Willys bekam. 1955 wurde seine Produktion eingestellt. Drei Jahre später erlebte er jedoch unter dem neuen Präsidenten George Romney seine Wiedergeburt als Rambler American, aber nur als Limousine und Coupé. George Mason hatte zu diesem Zeitpunkt bereits das Zeitliche gesegnet, gleiches galt für Nash, das 1954 zusammen mit Hudson in der American Motors Corporation aufgegangen war. Alle Autos trugen den Namen Rambler, doch der American blieb die Kompaktversion und verkaufte sich in den Jahren 1959–1961 so gut, daß Rambler 1960 und 1961 an dritter Stelle hinter Chevrolet und Ford lag. Dieser Erfolg trug zweifellos dazu bei, daß die Großen Drei ihre Anstrengungen verstärkten, rechtzeitig zum Modelljahr 1960 eigene Kompaktautos auf den Markt zu bringen.

Die Rambler-Konkurrenten von Kaiser, Hudson und Willys waren weniger elegant und zielten mehr auf den sparsamen Käufer als auf den schicken Vorstädter ab. Henry Kaiser hatte ein wirklich billiger Wagen vorgeschwebt, sozusagen ein moderner Ford T, bevor er 1946 seine »vollformatigen« Autos auf den Markt brachte. Sein Preisziel von 385 Dollar war in jeder Hinsicht unrealistisch gewesen, zeigte aber, daß er meinte, ein Auto nur mit dem Preisargument verkaufen zu können. Vor diesem Hintergrund kam 1951 der Henry J als zweitürige Limousine mit 2540 mm Radstand (wie beim Rambler) und zwei Motoren zur Wahl, ein Vierzylinder mit 68 PS und 2198 cm^3 Hubraum und ein Sechszylinder mit 80 PS und 2637 cm^3 Hubraum. Beide Motoren stammten von Willys; der Vierzylinder hatte schon als Antrieb für den Jeep gedient, was Kaiser in der Werbung aber verschwieg. Der Henry J lag nicht viel über dem vorgegebenen Preis von 1.195 Dollar, als er mit 1.363 Dollar für den Vierzylinder und 1.499 Dollar für den Sechszylinder in den Verkauf ging.

1950er Nash Rambler ▲
Der Nash Rambler besaß das »Badewannen«-Design der größeren Nash-Modelle, hatte aber nur 2540 mm Radstand. Er war bei einem Preis von 1.808 Dollar das zweitbilligste Kabrio nach dem Crosley, der allerdings in eine ganz andere Klasse gehörte.
Motor Vehicle Manufacturers' Association

1953er Willys Aero ▲
Mit Design von Phil Wright und konstruiert von Clyde Paton, war der Aero die erste Willys-Limousine seit 1942. Das Kompaktmodell in der Klasse von Rambler und Henry J besaß gute Leistungsmerkmale und war sparsam im Verbrauch, kostete aber mehr als ein vollformatiger Ford oder Chevrolet. 1953 lagen die Preise zwischen 1.646 Dollar für den Lark, eine zweitürige Limousine mit 72-PS-Vierzylinder, und 2.157 Dollar für den Eagle Hardtop mit 90-PS-Sechszylinder, 106 Dollar mehr, als man für einen Chevrolet Bel Air Hardtop bezahlen mußte.
Sammlung Nick Georgano

Unglücklicherweise kostete ein zweitüriges Ford-Coupé mit Sechszylinder weniger als der Henry J mit Vierzylinder und war außerdem noch das normalgroße Auto eines etablierten Herstellers. Viele Henry-J-Besitzer beschwerten sich über die schlechte Verarbeitung der Karosserie. Klagen kamen sogar darüber, daß die Fensterscheiben zerbrachen, wenn die Türen zu hart zugeschlagen wurden. Kaiser konnte in vier Jahren knapp über 124.000 Henry J verkaufen, aber es war vielfach die Meinung zu hören, daß er sein Geld besser auf die Entwicklung eines V8 für den normalgroßen Kaiser verwendet hätte.

Ein etwas merkwürdiges Unternehmen war der Allstate, ein Henry J mit abgeändertem Kühlergrill, der für die Kaufhauskette Sears Roebuck gebaut und mit deren hauseigenen Reifen, Batterien und Zündkerzen ausgestattet wurde. Sein Preis lag insgesamt etwas höher als das gleiche Fahrzeug bei einem Kaiser-Frazer-Händler kostete, und er wurde trotz seines Namens* nur in zehn US-

* Allstate = alle (Bundes-)Staaten

Bundesstaaten im Süden und Südwesten verkauft – insgesamt in nur 2.363 Exemplaren.

Die anderen Kompaktautos standen für zwei unterschiedliche Denkweisen: Der Hudson Jet war eine kleinere und billigere Version des normalen Hudson, während der Willys Aero eine Rückkehr zum Personenwagenbau darstellte, nachdem das Unternehmen über zehn Jahre lang den Jeep und seine verschiedenen Abkömmlinge gebaut hatte. Hudson hatte mit dem Essex in den zwanziger und dem 112 in den späten dreißiger Jahren bereits viel Erfolg gehabt und von daher mit kleineren Wagen vertraut. Mit dem Jet sollte dieser Erfolg wiederholt werden, aber die Vorstellung des Wagens kam zu spät. Sie erfolgte erst im November 1952, bis März 1953 erreichte kein Wagen seinen Käufer.

Zu diesem Zeitpunkt ließ die Nachfrage bereits nach, wie auch Nash und Kaiser feststellen mußten. Der Jet war ein ziemlich untersetzt wirkendes Fahrzeug, das eine gewisse Ähnlichkeit mit dem größeren »Step Down«-Hudson trug. Sein Radstand betrug 2.667 mm, und für Leistung sorgte ein 3,3-Liter-Sechszylinder mit L-Kopf, der je nach Vergaser und Verdichtung auf 104-114 PS kam. Der Jet zählte zwar zur Kompaktklasse, war aber breit genug, um sechs Leuten Platz zu bieten, hinten allerdings mit stark eingeschränkter Beinfreiheit. Er wurde zunächst nur als viertürige Limousine und als zweitüriges Coupé angeboten und war mit 1.858-1.933 Dollar nicht gerade billig. Für das Modelljahr 1954 kam aber als Sparausführung ein zweitüriger »Family Club Sedan« für 1.621 Dollar hinzu. Der Zusammenschluß von Nash und Hudson am 1. Mai 1954 bedeutete jedoch das Aus für den Jet, dessen Stelle jetzt der frühere Konkurrent Rambler einnahm. Die Jet-Produktion belief sich auf 21.143 Einheiten im Modelljahr 1953 und 14.224 Einheiten 1954. Damit war der Jet ähnlich wie der Henry J kein großer Erfolg für seinen Hersteller. Es wird sogar behauptet, daß er Hudson die Eigenständigkeit kostete. Sicherlich verhinderte Geldmangel die Weiterentwicklung des normalen Hudson und ließ so die Verkaufszahlen sinken, aber ob ein rauschender Verkaufserfolg beim Jet den Zusammenschluß mit Nash verhindert hätte, ist längst nicht so sicher.

Willys hatte bei Ausbruch des 2. Weltkriegs die Produktion normaler Personenwagen eingestellt und sich ganz dem Bau des Jeeps gewidmet, von dem zwischen 1941 und 1945 361.000 Einheiten produziert wurden. Nach dem Krieg führte Willys den Jeep in modifizierter Form als Universal weiter und ergänzte ihn mit einem Kombi mit längerem Radstand (1946) und einem Roadster mit der

1948er Willys Jeepster ▲ ▶
Der Jeepster war neben dem Kombi Teil der erweiterten Jeep-Palette für den zivilen Markt. Er kam von 1948 bis 1951 auf eine Gesamtproduktion von 17.352 Einheiten. Sein Verdeck wurde mechanisch betätigt. Das hier abgebildete Exemplar von 1948 ist mit einem Vierzylindermotor ausgestattet. Daneben gab es ab 1949 auch einen Sechszylinder.
Besitzer: Duke Davenport

1956er Packard Clipper ▶
1956 stellte Packard den Clipper als eigenständige Reihe mit eigenem Schriftzug auf der Haube vor, um ihn von den für den oberen Marktbereich vorgesehenen Modellen 400 und Caribbean abzuheben. Der Name Packard tauchte nur ganz winzig auf dem Kofferraumdeckel auf. Der Clipper war in den drei Ausführungen Deluxe, Super und Custom zu haben, alle mit dem gleichen V-Achtzylinder mit 5,8 Liter und 240 bzw. 275 PS. 18.482 Einheiten wurden im Modelljahr 1956 verkauft.
Besitzer: John Monks

HISTORIC
VEHICLE
5250

1956er Packard Executive ▲
Mitte des Modelljahres 1956 vorgestellt, sollte der Executive die 1.000-Dollar-Lücke zwischen dem Clipper Custom und dem großen Packard füllen. Die viertürige Limousine und das zweitürige Hardtop-Modell als einzige Ausführungen besaßen den Kühlergrill des großen Packard, wurden aber mit Preßteilen des Clipper gebaut und waren mit einem 5,8-Liter-V8 ausgerüstet. Die hier abgebildete Limousine kostete 3.465 Dollar und lag damit fast in der Mitte zwischen dem Clipper für 3.069 und dem großen Packard für 4.160 Dollar.
Besitzer: Roy D. Crowe

Bezeichnung Jeepster (1948). Pläne für eine kleine Limousine wurden gefaßt und wieder verworfen, ehe Präsident Ward Canaday 1950 endgültig anordnete, die Arbeit daran aufzunehmen. Er entschied sich für die Konstruktion von Clyde Paton, der schon am Ford Vedette gearbeitet hatte und mittlerweile ein eigenes Konstruktionsbüro besaß. Für das Design der selbsttragenden Karosserie in Form einer zweitürigen Limousine und eines Coupés mit Hardtop zeichnete Patons Partner Phil Wright verantwortlich. Als Antrieb diente der 2,6-Liter-Sechszylinder aus dem Jeep-Kombi von 1948 mit L-Kopf und 75 PS und mit F-Kopf und 90 PS. Mit 2.743 mm Radstand und einer Gesamtlänge von 4.597 mm war der Willys etwas größer als Rambler und Henry J.

Die im März 1952 vorgestellte neue Willys-Reihe lief unter der Bezeichnung Aero. Der Aero Lark besaß den Motor mit L-Kopf, während die teureren Modelle Aero Wing, Aero Ace und Aero Eagle mit dem F-Kopf-Motor ausgestattet waren. Am teuersten war der Eagle mit Hardtop, für 1.979 Dollar, während der Lark schon für 1.588 Dollar zu haben war. Die Motorpresse liebte die Autos. Griff Borgeson von der Zeitschrift Motor Trend war von seinem Testwagen so begeistert, daß er sich gleich selbst einen kaufte. Später schrieb er in einem Artikel, er habe 40.250 km zurückgelegt, ohne einen Pfennig an Wartungskosten zu bezahlen, und sei auf einer Fahrt über 2.576 km, darunter auch Vollgasfahrten auf den Salzseen in Utah, auf einen Durchschnittsverbrauch von 11,5 l/100 km gekommen.

Das einzig Ärgerliche am Willys Aero war der Preis. Selbst das Grundmodell Lark war teurer als der Ford-Sechszylinder zu 1.525 und der Chevrolet zu 1.533 Dollar. 1953, als die Palette um eine viertürige Limousine erweitert wurde, kletterten die Willys-Preise auf 1.732–2.157 Dollar. Nach anfänglichen guten Verkäufen mit 31.362 Einheiten 1952 und 41.814 Fahrzeugen 1953 sackten die Zahlen 1954 auf 8.240 Einheiten ab, weil die Käufer mehr von einem leistungsstarken V8 hielten als von einem sparsamen Auto. Zu diesem Zeitpunkt war Willys schon von Kaiser-Frazer übernommen worden, obwohl Willys das wirtschaftlich gesundere Unternehmen war und der notleidenden Firma Kaiser durch die Verlegung der gesamten Produktion nach Toledo zu helfen versucht hatte. Die einzige Auswirkung der Übernahme bestand darin, daß für den Aero jetzt der 3,7-Liter-Motor von Kaiser zur Verfügung stand, der die Leistung aber nicht so verbesserte, wie man es erwartet hätte – bessere Beschleunigung ja, aber nur 2,5 km/h mehr Spitzengeschwindigkeit, schwergängigere Lenkung und schlechteres Fahrverhalten. Die Verkaufszahlen fielen steil weiter auf 5.897 Einheiten für das 55er Modell, so daß Kaiser-Willys die Produktion im April einstellte. Der Aero wurde von 1957 bis 1964 noch einmal in Brasilien gebaut und erhielt anschließend mit einem neuen Design von Brooks Stevens noch einmal eine Gnadenfrist als Aero 2600. Als solcher hielt er sich bis 1972, zuletzt als Ford, nachdem Ford Willys-Overland do Brasil übernommen hatte.

ZUSAMMENSCHLÜSSE ALS ÜBERLEBENSSTRATEGIE

1929 besaßen die Unabhängigen einen Anteil von zwanzig Prozent am amerikanischen Automobilmarkt. 1952 war dieser Anteil auf dreizehn Prozent gesunken, 1954 betrug er gerade noch vier Prozent. Der Ausstoß der Großen Drei erreichte mit dem Ende der staatlichen Lenkungsmaßnahmen nach dem Koreakrieg ungeahnte Höhen, und die Vorstände der verbleibenden sechs unabhängigen Autohersteller sahen keine andere Möglichkeit mehr, als zu fusionieren.

George Mason von Nash war bereits 1946 wegen einer Fusion an A.E. Barit von Hudson und Alvan Macaulay von Packard herangetreten und hatte sich eine Abfuhr geholt. 1948 und 1951 versuchte er es erneut und skizzierte dabei zwei Zusammenschlüsse, die letztlich auch stattfanden, nämlich Nash mit Hudson und Studebaker mit Packard. Seinem Plan zufolge sollten die beiden Firmengruppen dann fusionieren, so daß ein Konzern mit vier Marken und einem Angebot vom Kompaktauto bis zum teuren Luxuswagen entstehen würde. 1954 entstanden unter strengster Geheimhaltung Pläne für drei grundlegende Modelle mit identischen Blechteilen, bei denen sich die Marken und Baureihen durch unterschiedliche Ausstattung voneinander abheben sollten. Sie sollten als 57er

Modelle mit dem Nash Rambler in der Kompaktklasse, verschiedenen Studebaker, Hudson, Nash und Packard Clipper in der Mittelklasse und dem Packard Patrician als Spitzenmodell herausgebracht werden. Dazu kam es aber nicht, weil Studebaker-Packard von einem Zusammenschluß mit American Motors Abstand nahm.

Die Geburt von American Motors erfolgte zwischen Januar und März 1954. Die wesentlichen Aspekte der Fusion waren bereits im Juni 1953 bei einem zweistündigen Mittagessen von Mason und Barit erarbeitet worden. Die Vorstände von Hudson und Nash stimmten dem Zusammenschluß am 14. Januar 1954 zu und die Aktionäre am 24. März. American Motors nahm dann am 1. Mai 1954 offiziell die Geschäfte auf. Möglicherweise hätte Packard sich noch beteiligt, doch Präsident James Nance wollte auch Präsident von American Motors werden, ein Anliegen, dem sich Mason widersetzte. Barit, der nach und nach kürzer treten wollte, begnügte sich mit einem Vierjahresvertrag als Vorstandsmitglied. Das scheint ein kluger Schritt gewesen zu sein, denn Barit lebte noch weitere zwanzig Jahre, während George Mason schon im folgenden Oktober starb.

Mit dreißig Millionen Dollar Verbindlichkeiten mußte Hudson sich mit dem zweiten Platz in der neuen Gesellschaft zufrieden geben. Die Aktionäre erhielten das Angebot, drei Hudson-Aktien gegen zwei AMC-Aktien zu tauschen. Eins der größten Einzelpakete an Hudson-Aktien (11 Prozent) war im Besitz der niederländischen Königsfamilie, die wahrscheinlich nicht auf den Tausch einging und ihr Paket verkaufte. Mason betonte zwar immer wieder, daß Hudson auf einer Ebene mit Nash stehe, doch bei Hudson herrschte eher das Gefühl, man habe sich Nash anzupassen. Bestätigt wurde dieses Gefühl bei den 55er Modellen, die sich im wesentlichen nur durch den Kühlergrill von einem lupenreinen Nash unterschieden. Hudson steuerte aber nach wie vor den Sechszylindermotor bei, zu dem noch ein neuer V8 von Packard kam. Der »Hash« (Zusammenziehung aus Hudson und Nash) wurde bis zum Ende des Modelljahres 1957 gebaut und dann zusammen mit dem Nash zugunsten des Rambler eingestellt.

Eine Kuriosität von American Motors war der Metropolitan, ein Kleinwagen mit Nash-Design und einem 1,2-Liter-Vierzylinder der britischen Austin Motor Company, der 42 PS leistete. Der Metropolitan sah zwar wie ein kleiner Nash aus, wurde aber von Austin in England mit einer selbsttragenden Karosserie von Fisher & Ludlow gebaut. Er war als Hudson und als Nash zu haben und kostete als zweisitziges Kabrio mit Notsitz für Kinder 1.455 Dollar. Der Verkauf lief überraschend gut: Bis zur

1959er Rambler Ambassador ▲▼

Hudson und Nash stellten nach dem Zusammenschluß zu American Motors die Produktion der vollformatigen Autos ein und brachten für das Modelljahr 1958 einen einzelnen Wagen heraus, den Rambler Ambassador. Dieser besaß das vorn um 23 cm verlängerte Chassis des kompakten Rambler und einen neuen 5,4-Liter-V8 mit 270 PS. Erhältlich war er als Limousine, Kombi und Hardtop-Kombi, von dem 1958 und 1959 nur 294 bzw. 4.341 Einheiten hergestellt wurden. Der Ambassador verkaufte sich nicht so gut wie der kleinere Rambler.

Besitzer: C.J. Owens

1961 Studebaker Lark VIII Regal ▲

Der Lark war Studebakers Einstiegsmodell in die Kompaktklasse und kam den entsprechenden Modellen der Großen Drei um ein Jahr zuvor. Das verschaffte dem Unternehmen einen willkommenen Aufschwung: Von 153.823 verkauften Fahrzeugen im Jahre 1959 waren 129.950 Larks. Je nach Motorisierung hießen die Modelle Lark VI bzw. Lark VIII. Hier ein Lark VIII Kabrio, mit 2.689 Dollar der teuerste Studebaker des Jahres 1961.

Besitzer: Steve Piper

Produktionseinstellung 1961 fanden 97.000 Einheiten einen Käufer. Der »perfekte Begleiter der Dame für den Einkaufsbummel« war auch bei amerikanischen Soldaten sehr beliebt; der britische Historiker Michael Sedgwick hat beobachtet, daß immer, wenn in England ein Metropolitan in Sicht kam, ein amerikanischer Fliegerhorst nicht weit war. Ab 1957 wurde der Metropolitan auch in Großbritannien verkauft.

Die Fusion von Studebaker und Packard erfolgte kurz nach der Gründung von American Motors. Der Anstoß dazu kam von Packard-Chef James Nance, der erkannt hatte, daß er allein mit seinen großenteils teuren Autos nicht überleben konnte. Studebaker war für ihn ein attraktiver Partner, denn das Unternehmen baute nicht nur Autos in der mittleren Preisklasse, sondern auch Lastwagen und verfügte über wertvolle Verträge mit dem Verteidigungsministerium. Für Studebaker bedeutete der Zusammenschluß frisches Kapital zur Modernisierung der alten und nicht ausgelasteten Werkseinrichtungen in South Bend. Der Fusionsvertrag wurde am 22. Juni 1954 von Nance für Packard und Paul Hoffman im Auftrag von Studebaker unterzeichnet. Zum 1. Oktober nahm die Studebaker-Packard Corporation ihre Geschäfte auf.

Die Fusion wirkte sich nicht so stark aus wie bei American Motors. Die Packard- und Studebaker-Modelle des Jahres 1955 behielten ihr eigenständiges Aussehen. Packard baute weiterhin den Clipper in der oberen Mittelklasse (2.586–3.076 Dollar) und den Senior in der Oberklasse (3.390–5.932 Dollar). Das Spitzenmodell war das in begrenzter Stückzahl produzierte Kabrio Caribbean mit 5,8-Liter-V8 und zwei Vierstufenvergasern von Rochester, der 275 PS leistete, einer Gesamtlänge von 5588 mm und einem Radstand von 3098 mm. Es hieß, der Kofferraumdeckel des Caribbean sei groß genug, um als Landeplatz für einen Hubschrauber zu dienen. Ähnliche Modelle wurden auch 1956 gebaut, wobei der Clipper allerdings als eigenständige Reihe vermarktet wurde, um Packard das Image der Oberklasse zu bewahren. Der Caribbean war zusätzlich als Hardtop zu haben und erhielt im Wege der Modellpflege eine elektrische Doppelantenne und wendbare Sitzkissen, die auf der einen Seite mit Stoff und auf der anderen mit Leder bezogen waren. Hubraum und Leistung stiegen auf 6,1 Liter und 310 PS.

So gut die 56er Packard-Modelle auch waren, sie kamen zu spät. Das Unternehmen mußte einen schweren Schlag verkraften, als sein Karosserie-Lieferant Briggs an Chrysler verkaufte, das verständlicherweise gegen die Belieferung eines Konkurrenten Einspruch erhob. Packard mußte auf ein kleines Karosseriewerk an der Conner Avenue in Detroit ausweichen, was zu Lieferschwierigkeiten und Qualitätsproblemen führte. Zudem hatte das Unternehmen wie auch Studebaker wertvolle Aufträge verloren, als der Bedarf an Militärlastwagen nachließ, so daß kein Geld für neue Modelle zur Verfügung stand. Studebaker-Packard wurde im August 1956 von Curtiss-Wright aufgekauft, und zwar hauptsächlich zur steuerlichen Abschreibung; die 57er Packard-Modelle waren Studebakers mit dem Packard-Emblem und dem 4,7-Liter-V8 von Studebaker. Alle waren mit einem Kompressor von McCulloch ausgestattet, der die Leistung von 225 auf 275 PS steigerte. An Karosserievarianten gab es nur den Town Sedan und den Country Sedan, letzterer ein Kombi. Die Tatsache, daß

1954er Packard Caribbean ◄ ▲

Packard brachte den Caribbean 1953 als in begrenzter Stückzahl produziertes Luxuskabrio auf der Grundlage einer Studie heraus. Der Wagen hatte eine Innenausstattung aus Leder, verchromte Speichenräder und das Reserverad hinter dem Kofferraum. Für die nötige Leistung sorgte der größte Packard-Reihenachtzylinder mit 5,4 Liter Hubraum und 180 PS 1953 und 5,9 Liter Hubraum und 212 PS beim 54er Modell. Zur Serienausstattung gehörten Servolenkung, Bremskraftverstärker, elektrische Fensterheber und Sitzverstellung, zwei Heizgebläse und ein Radio mit Motorantenne. Zum Preis von 6.100 Dollar wurden 1954 insgesamt nur 400 Einheiten verkauft.

Besitzer: Roy D. Crowe

die Preise um rund 800 Dollar höher lagen als bei den entsprechenden Studebaker-Modellen, konnte keinen Käufer zu der Annahme verleiten, einen echten Packard zu kaufen; dementsprechend belief sich die Produktion auch nur auf 4.809 Einheiten. 1958 wurden die gleichen Modelle angeboten und zusätzlich ein auf Packard getrimmter Studebaker Hawk, der 3.995 Dollar im Vergleich zu 3.182 Dollar für die Studebaker-Version kostete. Er besaß neben einem aufgeschraubten Kunststoff-Kühlergrill eine Innenausstattung aus Leder, Sportinstrumente und das Packard-Emblem auf den Nabendeckeln. Von diesem Coupé wurden nur 588 Einheiten gefertigt, dazu 2.038 andere Packard-Modelle, das bedeutete das Ende. James Nance hatte das Unternehmen bereits kurz vor der Übernahme durch Curtiss-Wright verlassen.

Studebaker arbeitete bei der Übernahme durch Curtiss-Wright ein gutes Stück unterhalb der Auslastungsgrenze von 250.000 Fahrzeugen im Jahr. Seine Limousinen fielen nicht besonders auf, aber das Hawk-Coupé, das von Raymond Loewys Starliner aus dem Jahre 1953 abgeleitet war, hatte sich unter Autobegeisterten eine Marktnische erkämpft. Es wurde jedoch nicht in ausreichenden Stückzahlen verkauft, um Studebaker am Leben zu erhalten, so daß das Unternehmen sich für das Modelljahr 1959 mit dem Lark dem Markt der niedrigpreisigen Kompaktautos zuwandte.

Der Lark, das geistige Kind des neuen Präsidenten Harold E. Churchill, sah wie ein völlig neues Auto aus, was die Designer sich auch erhofft hatten. Dabei besaß er das Mittelteil des Champion, die Windschutzscheibe des 55er Studebaker, das Lenkrad der 57er Modelle und beim Hardtop die Türen der 58er. Der Radstand war mit 2.756 mm für die Kompaktklasse recht groß, doch durch die knappen Überhänge vorn und hinten ergab sich eine handliche Gesamtlänge von nur 4445 mm. Der Innenraum war großzügig gehalten und bot Platz für sechs Personen.

Zwei Motoren verliehen dem Lark einen zweifachen Charakter: Der Lark VI mit 2,8-Liter-Sechszylinder mit 90 PS war ein sparsames Auto, während der Lark VIII mit seinem 4,2-Liter-V8 mit 180 PS, der 170 km/h Spitze erreichte, auf Leistung ausgelegt war. Der 59er Lark war als zwei- und viertürige Limousine und als Kombi erhältlich; die Preise bewegten sich zwischen 1.925 Dollar für den zweitürigen Lark VI und 2.590 Dollar für den Lark VIII Kombi. 1960 kam noch ein Kabrio hinzu.

Dank des Lark konnte Studebaker die Produktion von 1958 bis 1959 um 381 Prozent steigern; dabei waren 70 Prozent der Fahrzeuge, die für einen neuen Lark in Zahlung gegeben wurden, Konkurrenzmodelle. Die Zahl von insgesamt 153.823 verkauften Fahrzeugen im Jahre 1959 war aber in den folgenden Jahren nicht zu halten. Studebaker sah sich dabei gleich mit zwei Problemen konfrontiert, nämlich den Importen auf der einen Seite und den neuen Kompaktmodellen der Großen Drei – Corvair, Falcon und Valiant – auf der anderen, die sämtlich im Modelljahr 1960 debütierten. 1961 brachte Detroit vier weitere Kompakte in einer höheren Preisklasse heraus: Dodge Lancer, Olds F-85, Pontiac Tempest und Buick Special konkurrierten in Leistung und Preis mit dem Lark VIII. Studebaker vertrieb zudem seine Fahrzeuge vielfach über Händler, die auch mit Chrysler, Ford und General

1963er Studebaker GT Hawk Coupé ▶

Der Hawk ging auf das Jahr 1956 zurück, wobei die Konzeption ihren eigentlichen Ursprung schon im Starliner von 1953 hatte. Der Wagen erhielt für 1962 ein neues Design von Brooks Stevens und 1963 als Serienausstattung den 4,7-Liter-Motor mit 210 PS. Als Sonderaustattung standen der R1-Motor und der R2-Motor zur Verfügung. Mit letzterem kam der GT Hawk auf über 225 km/h.

Besitzer: Chuck und Chris Collins

1963er Studebaker Avanti Coupé ▼

Der Avanti besaß kaum Ähnlichkeiten mit anderen Studebaker-Modellen. Er hatte vier Schalensitze, ein flugzeugähnliches Armaturenbrett und eine reichlich bemessene Knautschzone und war als erstes amerikanisches Auto mit Scheibenbremsen mit Bendix-Sattel ausgerüstet.

Besitzer: Chris Collins

Motors verbunden waren. Als die Großen Drei ihre eigenen Kompaktmodelle auf den Markt brachten, zwangen sie diese Händler, den Studebaker-Vertrieb einzustellen. Dadurch sanken die Lark-Verkaufszahlen allmählich bis auf 44.232 Einheiten 1964. Zu diesem Zeitpunkt hatte das Werk in South Bend bereits seine Pforten geschlossen; Studebaker produzierte nur noch im kanadischen Hamilton. Die gesamte Lark-Produktion (einschließlich der kanadischen Fahrzeuge, die allerdings nicht Lark, sondern Cruiser und Daytona hießen) belief sich auf 563.960 Einheiten plus etwa 3.500 Fahrzeuge, die zwischen 1959 und 1965 von Kaiser-Illin in Israel montiert wurden, darunter auch ein um 63 cm verlängertes Kabrio, das dem israelischen Staatspräsidenten Salman Schasar als Paradefahrzeug diente.

Das Hawk-Coupé blieb bis Ende 1963 in der Produktion – neben dem auffallend anderen Avanti, einem vom neuen Studebaker-Präsidenten Sherwood Egbert ersonnenen und von Raymond Loewy gezeichneten Coupé. Der Avanti hatte ausgeprägt kantige vordere Kotflügel, ein hochgezogenes Heck und keinen Kühlergrill; die Lufteinlässe waren unter der vorderen Stoßstange verborgen. Er hatte das kürzere Fahrwerk des Lark (2768 mm) und den 4,7-Liter-V8 mit 240 PS aus dem Golden Hawk. Mit Paxton-Kompressor stieg die Leistung auf 290 PS, die eine Spitzengeschwindigkeit von 199 km/h ermöglichten.

Um die Leistungsfähigkeit des Avanti zu unterstreichen, ließ Egbert ein Sondermodell bauen, mit dem Andy

1965er Checker Marathon ▲
Ein etwas anderer unabhängiger Hersteller war die in Kalamazoo beheimatete Checker Motors Corporation, seit 1923 bekannt durch ihre Taxis. 1959 stellte die Firma eine Ausführung ihres Taxis für den privaten Käufer vor. Der Wagen besaß die gleiche Karosserie und den gleichen Sechszylinder von Continental und bot durch die taxiähnlichen Sitze Platz für acht Personen. Eine ohne Aufpreis angebotene Motorausführung mit hängenden Ventilen ließ die Leistung von 80 auf 122 PS steigen und gehörte ab 1961 beim Kombi zur Serienausstattung. Das Spitzenmodell Superba Special wurde 1961 in Marathon umgetauft, und ab 1965 gab es als Alternative zum Continental-Motor einen V-Achtzylinder von Chevrolet. Die Pkw-Produktion lief bei Checker immer auf niedrigem Zahlenniveau und erreichte im allgemeinen nie mehr als zwanzig Prozent des Gesamtausstosses, der wiederum selten über 6.000 Einheiten im Jahr lag. Checker stellte die Pkw- und Taxi-Herstellung 1982 ein.

Besitzer: John R. Owen

1953er Kaiser Manhattan ▶
Der Kaiser erhielt für das Modelljahr 1951 eine völlig neue Karosserie mit der tiefsten Gürtellinie aller amerikanischen Autos bis 1956 und 4.500 cm² mehr Glas als beim nächsten Konkurrenten. Das Styling stammte von Howard »Dutch« Darrin, die farbliche Gestaltung des Innenraums von Carleton B. Spencer. Zu den charakteristischen Merkmalen gehörte die Ausbuchtung in den hinteren Türen, die mit den an früheren Modellen oft kritisierten langen und schmalen Seiten Schluß machten. Weniger neu war der Motor, der vertraute alte Continental-Sechszylinder. Der 53er Manhattan sah noch genauso aus wie das 51er Modell.
Besitzer: Mack Lupen und Dr. Joe Bromert

Granatelli im Oktober 1962 in Bonneville 29 Stock-Car-Rekorde brach. Im Jahr darauf erschien Granatelli wieder in Bonneville, diesmal mit einem noch stärkeren Avanti, der mit Doppelkompressor nahezu unglaubliche 575 PS leistete. Er erhielt den Namen Due Cento (italienisch: zweihundert), da man auf eine Spitzengeschwindigkeit von 200 Meilen pro Stunde (322 km/h) hoffte. Granatelli kam jedoch nicht über 316 km/h hinaus.

In den Ausstellungsräumen zeigte der Avanti bedauerlicherweise eine weniger starke Leistung, und zwar hauptsächlich aufgrund von Herstellungsproblemen mit der Glasfaserkarosserie, die die Auslieferung verzögerten. Viele Kunden, die Ende 1962 oder Anfang 1963 einen Avanti bestellt hatten, stornierten ihre Bestellung und kauften statt dessen einen Corvette. Insgesamt wurden 3.834 Einheiten im Modelljahr 1963 und 809 Einheiten im Modelljahr 1964 gebaut und ausgeliefert, bevor Studebaker die Produktion ganz nach Kanada verlagerte. Aber der Avanti lebte weiter: Nate Altman und Leo Newman, beide Studebaker-Packard-Händler, erwarben die Preßformen, Teile und Rechte am Avanti, kauften einen kleinen Teil des Studebaker-Werks und nahmen die Produktion 1965 mit dem 5,4-Liter-Motor aus dem Chevrolet Corvette wieder auf. Nach mehrfachem Eigentümerwechsel wird der Avanti auch heute noch gebaut; die ursprüngliche Form hat sich kaum verändert, wenn man davon absieht, daß es mit einem Kabrio und einer viertürigen Limousine jetzt zwei Ausführungen gibt, die bei Studebaker nie zu haben waren.

Der dritte Zusammenschluß unabhängiger Hersteller erfolgte im April 1953: Kaiser Industries kaufte Willys-Overland und bildete die Kaiser-Willys Sales Corporation. Die Verkaufszahlen bei Kaiser waren seit dem Höhepunkt 1948 stetig gesunken, der Name Frazer war nach dem Modelljahr 1951 aus der Firmenbezeichnung gestrichen worden. Der Henry J sowie der 51er Special und De Luxe hielten das Unternehmen Anfang der fünfziger Jahre über Wasser, aber das Fehlen eines V-Achtzylinders erwies sich zunehmend als Nachteil für einen Wagen der mittleren Preisklasse, der mit so leistungsstarken Fahrzeugen wie dem Oldsmobile 88 mit 145–160 PS konkurrierte. Der alte Continental-Sechszylinder leistete nur 115 PS, daran konnte Kaiser erst 1954 etwas ändern, indem man mittels eines McCulloch-Kompressors die Leistung auf 140 PS steigerte. Diesen Kompressor gab es aber nur für das Manhattan-Spitzenmodell, das fast 300 Dollar teurer war als die anderen Kaiser-Modelle.

Die Entwicklungsabteilung experimentierte mit V-Achtzylindern von Oldsmobile und Cadillac, aber es bestand keine Aussicht, daß General Motors diese Motoren für die Produktion verkaufen würde – im Gegensatz zum Hydra Matic-Getriebe, das Kaiser verwenden durfte. Henry Kaiser fuhr einen Manhattan mit Cadillac-Motor, was damals aber ein Geheimnis bleiben mußte.

Der Kauf von Willys bescherte Kaiser einen besseren Kleinwagen als sein eigener Henry J es war, dazu noch die profitable Jeep-Produktion. Kaiser verkaufte sein großes Werk in Willow Run an General Motors und verlagerte die gesamte Pkw-Produktion nach Toledo. 1955 gab das Unternehmen dann nach der Produktion von nur 1.000 Fahrzeugen bekannt, daß es sich aus der Personenwagenfertigung in den USA zurückziehen werde. Die meisten 55er Modelle wurden nach Argentinien verkauft, wo der Wagen noch weitere sieben Jahre gebaut wurde. Auch der Willys Aero ging nach Brasilien, wo er sich sogar noch länger hielt. Aus Toledo kam nur noch der Jeep in seinen verschiedenen Ausführungen. Er lief offiziell unter der Bezeichnung Willys Jeep, bis der Firmenname 1963 in Kaiser-Jeep Corporation geändert und Jeep zu einer selbständigen Marke wurde. Die Kaiser-Frazer Corporation wurde in Kaiser Industries Corporation umbenannt und konzentrierte ihre Aktivitäten in den Bereichen Zement, Stahl, Maschinenbau, Sand und Kies, in denen Henry Kaiser tätig gewesen war, bevor er sich mit dem Automobilbau einließ.

Mit Ausnahme der American Motors Corporation konnten die Fusionen die unabhängigen Autohersteller also auf längere Sicht nicht retten. Und auch AMC mußte sich schließlich der Übernahme durch Chrysler beugen, das zumindest gegenwärtig auch nicht allzu gesund erscheint.

1956er Imperial ▲ ▶

Die Bezeichnung Imperial war bei Chrysler zwar seit 1924 in Gebrauch, wurde aber erst 1955 zur eigenständigen Marke. Der Imperial teilte sich zwar Motoren und Karosserie mit kleineren Chrysler-Modellen, hob sich aber durch einen eigenen zweiteiligen Kühlergrill und die freistehenden Heckleuchten auf den Kotflügeln von diesen ab. Die 56er Imperial-Palette umfaßte die hier abgebildete viertürige Limousine und je eine zwei- und viertürige Hardtop-Ausführung. Daneben gab es den großen Crown Imperial, eine achtsitzige Limousine mit 3.797 mm Radstand.

Besitzer: Carl W. Reid

1968er Crown Imperial ▶

Der Imperial war die Spitzenbaureihe bei Chrysler und wurde von 1955 bis 1975 als eigenständige Marke vertrieben. Die 68er Modelle Crown und LeBaron besaßen den gleichen 7,2-Liter-V8 wie der Chrysler 300 und der Chrysler New Yorker. Der hier abgebildete viertürige Crown Hardtop wurde mit 8.492 Einheiten am besten verkauft; demgegenüber kam das zweitürige Kabrio auf nur 474 Exemplare. Das seltenste Modell war der Imperial LeBaron mit einem auf 4.140 mm verlängerten Radstand; davon fanden zu einem Preis von über 12.000 Dollar nur zwölf Einheiten einen Käufer.

Besitzer: Allan S. Murray

V-ACHTZYLINDER UND DAS PS-RENNEN

Den V8-Motor hatte es schon lange Zeit gegeben, aber er war 1946 bei nur drei amerikanischen Marken vertreten, nämlich Cadillac, Ford und Mercury. 14 Jahre später war er bei allen Herstellern im Programm und gehörte bei den größeren Wagen zur Serienausstattung. Je weiter er Verbreitung fand, desto stärker stieg auch seine Leistung im Rahmen des sogenannten »PS-Rennens«.

Der erste V8 der neuen Generation kam 1949 von Cadillac. Nach über zehnjähriger Entwicklungsarbeit besaß er an neuen Merkmalen im wesentlichen hängende Ventile, leicht überquadratische Abmessungen (96,8 x 92,2 mm) und ausgeschnittene Kolben, die unten zwischen den Gegengewichten der Kurbelwelle Platz fanden. Das ermöglichte kürzere Pleuel und damit auch eine Reduzierung von Größe und Gewicht. Der neue V-Achtzylinder wog 100 kg weniger als sein Vorgänger und leistete bei einem um 229 cm^3 auf 5.424 cm^3 verkleinerten Hubraum mit 160 PS zehn PS mehr als dieser. Seine Verdichtung war mit 7,5:1 höher und stieg bis 1959 weiter auf 10,5:1. Der Motor wurde stetig weiterentwickelt, bis er 1967 auf 7.030 cm^3 aufgebohrt worden war und auf stolze 340 PS kam. Nachdem die Cadillac-Aufbauten für 1948 vollkommen überarbeitet worden waren und zum ersten Mal die berühmten Heckflossen erhalten hatten, war der 49er Cadillac im Vergleich zu seinem Vorgänger von 1947 also wirklich ein nagelneues Auto.

Auch Oldsmobile kam für 1949 mit einem überquadratischen V8 mit hängenden Ventilen heraus, der mit 4963 cm^3 Hubraum und 135 PS aber etwas kleiner ausfiel. Er

war stark von der Cadillac-Konstruktion beeinflußt; die Olds-Ingenieure hatten ursprünglich an einem schwereren V8 mit F-Kopf gearbeitet, diesen aber aufgegeben, nachdem sie sich genauer mit dem Cadillac-Motor befaßt hatten. Der Olds-Motor mit der Bezeichnung Rocket V8 verlieh der Marke aus Lansing ein anderes Image: Er brachte den Olds 98 Kabrio auf immerhin 160 km/h. 1954 stiegen der Hubraum auf 5307 cm³ und die Leistung auf 185 PS, im Jahr darauf erfolgte die nächste Leistungssteigerung auf 202 PS.

Der nächste bedeutende V8-Motor erschien bei Chrysler im Modelljahr 1951. Er besaß die gleichen Abmessungen wie der Cadillac-Motor und hemisphärische Brennräume, die für eine wirkungsvollere Verbrennung sorgten und für die zusätzlichen 20 PS verantwortlich zeichneten. Die Ventile waren beidseits des Brennraums angeordnet, was vier Kipphebelwellen statt zwei und jeweils acht Stößelstangen und Kipphebel auf der Ein- und der Auslaßseite erforderlich machte. Ein konventioneller V8 wie der von Cadillac benötigte sechzehn identische Stößelstangen und Kipphebel. Dadurch, daß beim Chrysler-Motor jeweils zwei Sätze von allem benötigt wurden, stiegen die Fertigungskosten auf eine nicht mehr akzeptable Höhe, so daß die Produktion 1959 schließlich eingestellt wurde. Vorher hatte er aber noch dafür gesorgt, daß in Amerika einige der stärksten und spektakulärsten Autos entstanden, die das Land je gesehen hat.

1957er Buick Century Hardtop ◄

Buick gönnte seinen Modellen für das Modelljahr 1957 für mehrere hundert Millionen Dollar ein neues Gewand. Die Karosserien waren niedriger und 7,5 cm länger. Alle 57er Modelle besaßen einen neuen 5,9-Liter-Motor, der im Century und im Roadmaster 300 PS leistete. Wie in den vergangenen Jahren bildete der Century mit dem kräftigeren Motor in der relativ leichten Karosserie des Special das leistungsstärkste Modell. Äußerlich war er vom Special an den vier anstelle der drei Öffnungen in den vorderen Kotflügeln zu unterscheiden. Hier abgebildet ist der zweitürige Century Riviera mit Hardtop, der 3.270 Dollar kostete. Buick baute am 7. November 1956 sein neunmillionstes Fahrzeug.

Besitzer: Tom und Karen Barnes

1963er Imperial Hardtop ◄ ▲

Dies ist eines der späteren Imperial-Modelle, das auf die Neukonstruktion durch Virgil Exner 1957 zurückgeht. Das Styling war etwas zurückhaltender, die Flossen verschwunden. Den 62er Imperial gab es in den Ausführungen Custom, Crown und LeBaron als Viertürer mit Hardtop; als zweitüriges Kabrio war nur der Imperial Crown erhältlich.

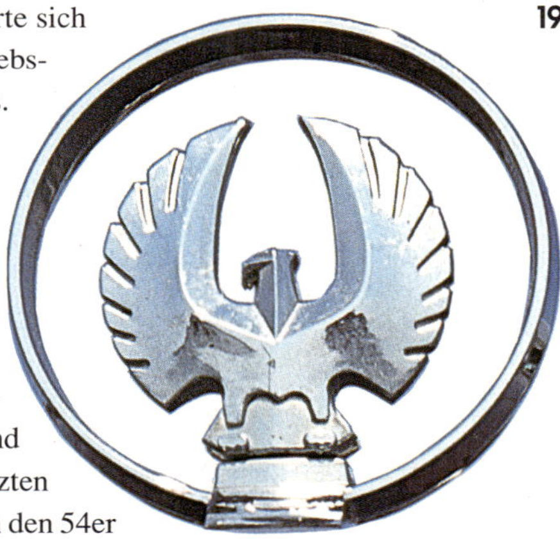

In den fünfziger Jahren etablierte sich der V8 als einzig logische Antriebsquelle für amerikanische Autos. Der Reihensechszylinder wurde in die billigsten Modellreihen verbannt, der Reihenachtzylinder geriet in Vergessenheit. Studebaker brachte 1951 einen V8 heraus, Buick, De Soto und Dodge 1953 und Chevrolet, Hudson, Nash, Packard, Plymouth und Pontiac schließlich 1955. Die letzten Reihenachtzylinder fanden sich in den 54er Modellen von Packard und Pontiac.

Als auch Chevrolet und Plymouth zum V8 übergingen, war dessen Erfolg gesichert. Der Chevrolet-V8 mit 4341 cm³ Hubraum lehnte sich stark an den 49er Cadillac-Motor an und war von Ed Cole und Harry Barr konstruiert worden, die lange bei Cadillac gearbeitet hatten. Er war leichter als der alte Sechszylinder, der bestenfalls 125 PS brachte, mit 170–180 PS 1955 und 225 PS 1956 aber bedeutend stärker. Für 1957 stand wahlweise noch ein größerer V8 mit 4636 cm³ Hubraum zur Verfügung, der bis zu 280 PS leistete. Damit war das PS-Rennen eröffnet, an dem sich auch die Hersteller in der unteren Preisklasse beteiligten: Ford bot 1957 einen 5,1-Liter-Motor mit 254 PS an, der 1958 auf 5,8 Liter und 300 PS gesteigert wurde, während Plymouth 1955 mit bescheidenen 4,3 Litern und 177 PS begann, um 1958 bei 5,7 Litern und 315 PS zu enden.

Bei den größeren Fahrzeugen spielte sich das Rennen zwischen Cadillac und Chrysler ab, wobei Chrysler ab 1955 die aufregenderen Autos baute. In diesem Jahr kam der 300, ein niedrigerer New Yorker mit Hardtop und Kühlergrill aus der Spitzenreihe Imperial, angetrieben von einem modifizierten 4,2-Liter-V8 mit hemisphärischen Brennräumen, Doppelvergaser, Nockenwelle aus dem Rennsport und Doppelauspuff. Dieser Motor leistete 300 PS und beschleunigte den 1,8 Tonnen schweren Wagen auf 209 km/h. Der nie um einen Vergleich verlegene Autoschriftsteller Tom McCahill bezeichnete den Wagen als »massiv wie das Grab von General Grant, aber 209mal so schnell«.

1957er Chevrolet Bel Air Hardtop ▼
Die 55er/57er Modelle gehören heute bei Chevy-Sammlern zu den begehrtesten Objekten. Nachdem 1955 das Styling vollkommen überarbeitet worden und ein neuer V8 gekommen war, wurden die 57er Modelle durch Benzineinspritzung (wahlweise) und Hubraumvergrößerung in der Leistung noch einmal auf 283 PS gesteigert. Der Bel Air als Spitzenmodell der Reihe war als Limousine, Hardtop, Kabrio und Kombi erhältlich. Das hier abgebildete Sportcoupé mit Hardtop stand mit 166.426 Einheiten 1957 an zweiter Stelle der Käufergunst.

Besitzer: Bill Goodsene

1957er Plymouth Fury Hardtop ▲
»Plötzlich schreiben wir das Jahr 1960,« hieß es in der Plymouth-Werbung 1957. In diesem Jahr erhielten die Plymouth-Modelle ein völlig neues Design mit breiterem Kühlergrill, vier Scheinwerfern (von denen zwei allerdings Parkleuchten waren) und Heckflossen, die für ein niedrigeres Erscheinungsbild sorgten. Eine technische Neuerung war die Vorderradaufhängung an Drehstäben. Der Fury war das Hochleistungsmodell aus der Belvedere-Palette und wurde nur als zweitürige Hardtop-Ausführung gebaut. Er besaß einen V-Acht-zylinder mit 235 PS, wahlweise auch 290 PS, und war mit 2.935 Dollar nicht nur der teuerste Plymouth des Jahres 1957, sondern auch der niedrigste (1,35 m) und mit gerade einmal 7.438 Einheiten der seltenste.

Besitzer: Bob Schmidt

1968er Chrysler New Yorker Hardtop ▶
Wie in den vorangegangenen Jahren war der New Yorker auch 1968 das Chrysler-Spitzenmodell, das in Preis und Ausstattung nur noch von der eigenständigen Marke Imperial übertroffen wurde. Sein 7,2-Liter-V8, der größte Motor, den Chrysler je baute, leistete je nach Ausführung 350 oder 375 PS. Den New Yorker gab es in drei Ausführungen, von denen die hier gezeigte Limousine mit Hardtop für 4.500 Dollar die teuerste und mit 26.091 ausgelieferten Fahrzeugen auch die beliebteste war.

Besitzer: Carl W. Reid

Der 300 des Jahres 1956 trug die Bezeichnung 300B und war damit der erste einer Serie, die bis zum 300L von 1965 führte. Sein V8 war auf 5,8 Liter und 340 PS aufgebohrt, doch ansonsten unterschied er sich, abgesehen von den leicht nach oben geschwungenen Flossen, kaum von seinem Vorgänger. Cadillac war mittlerweile bei 6 Litern Hubraum und 305 PS angelangt, nahm aber im Gegensatz zu Chrysler nie an Stock-Car-Rennen teil. 1955 gewann ein Team unter Karl Kiekhafer auf Chrysler 300 32 von 52 Rennen der NASCAR-Serie*, 1956 holten sich Kiekhafers Fahrer alle drei Stock-Car-Meisterschaften. Vicky Wood, eine Hausfrau aus Detroit, wurde mit ihrem 300B Geschwindigkeitsmeisterin mit 231,5 km/h. Der 300C des Jahres 1957 besaß wie alle anderen Chrysler-Modelle auch ein vollkommen neues Design von Virgil Exner und einen 6,4-Liter-Motor mit 390 PS. Zum ersten Mal gab es den 300 in diesem Jahr auch als Kabrio.

Der Leistungshöhepunkt wurde 1962 mit dem 405 PS starken 300H erreicht, dessen Motor aber nicht mehr die hemisphärischen, sondern keilförmige Brennräume aufwies und dadurch in der Fertigung billiger kam. Chrysler ließ die hemisphärische Bauweise Mitte der sechziger Jahre noch einmal für das Stock-Car-Rennen wiederaufleben und stattete auch eine eng begrenzte Zahl von Plymouth- und Dodge-Modellen mit diesem Motor aus. Der 300 verkaufte sich zu keiner Zeit in großen Mengen; die Gesamtproduktion in elf Jahren belief sich auf nur 17.007 Einheiten, davon 3.647 vom Typ 300K als bestes Einzelergebnis 1964.

* NASCAR = National Association for Stock Car Auto Racing

Cadillac stieg 1958, als die leistungsstärkere Ausführung des 6,0-Liter-Motors 365 PS erreicht hatte, aus dem PS-Rennen aus. Der Hubraum stieg zwar 1959 auf 6,4 und 1964 erneut auf 7,0 Liter, doch die Leistung blieb im Bereich von 325 bis 340 PS. 1968 kam ein neuer Cadillac-V8 mit 7,7 Liter Hubraum, dessen Abkömmling von 1970, der serienmäßig den Eldorado mit Frontantrieb mit der nötigen Leistung versorgte, brachte es gar auf 8,2 Liter, ein Rekord für amerikanische Nachkriegsautos. Zu diesem Zeitpunkt wurde das PS-Rennen jedoch bereits durch eine ganz andere Art von Automobil in Frage gestellt – den »Muscle Cars«.

1958er Pontiac Bonneville Hardtop ▲
Pontiac verwendete die Bezeichnung Bonneville zum ersten Mal 1957; ab 1958 wurde Bonneville dann zur Bezeichnung einer Modellreihe, die aus dem Custom Sport Coupé mit Hardtop und dem Custom Convertible bestand. Beide gehörten mit Lenkrad in Luxusausführung, Radkappen aus Chrom, Sonderpolsterung und V8-Motor mit 255 oder 285 PS aus dem Pontiac Star Chief zu den Pontiac-Spitzenmodellen.

Besitzer: Jim diGregorio

1955er Chrysler 300 Hardtop ▲
»Massiv wie das Grab von General Grant, aber 209mal so schnell«, schrieb Tom McCahill unter Anspielung auf dessen Spitzengeschwindigkeit über den Chrysler 300. Der Wagen war mit seinem 300 PS starken V-Achtzylinder mit hemisphärischen Brennräumen und Quadrajet-Doppelvergaser, der Karosserie des New Yorker Newport und dem Kühlergrill des Imperial die Sensation des Jahres. Von dem 55er Modell wurden nur 1.725 Einheiten gebaut. Ihm folgten 1956 der 300B und 1957 der 300C.

Besitzer: Otto Rosenbusch

1958er Cadillac Eldorado Brougham ◄
Der 1957 vorgestellte Eldorado Brougham war ein von Hand gebautes Sondermodell der Baureihe 62 und Amerikas erste viertürige Limousine ohne Säulen. Für den atemberaubenden Preis von 13.074 Dollar (die normale Limousine kostete 4.891 Dollar) bekam der Käufer alle Extras einschließlich Vierstufen-Doppelvergaser und Luftfederung. Die Innenausstattung umfaßte Doppelheizanlage, Klimaanlage, Zigaretten- und Papiertuchspender und eine Sprühflasche mit Lanvin-Parfüm. Insgesamt wurden 1957 nur 400 und 1958 nur 304 Einheiten gefertigt.

Besitzer: Ed Oberhaus

1957er Pontiac Bonneville Convertible ▲
1957 verwendete Pontiac zum ersten Mal die Bezeichnung Bonneville nach den Salzseen in Utah, auf denen viele Geschwindigkeitsrekorde aufgestellt wurden. In diesem Jahr fanden auch zum ersten Mal Motoren mit Benzineinspritzung Verwendung, allerdings nur im Bonneville. Der für das Modelljahr 1957 nur als Kabrio gebaute Bonneville war eine luxuriöse Unterreihe der Modellreihe Star Chief Custom und bestand aus den gleichen Preßteilen wie diese, besaß aber viele exklusive Details wie Sitzheizung, Motorantenne und elektrisch achtfach verstellbare Vordersitze. Zum Preis von 5.782 Dollar fand der Bonneville nur 630 Käufer. Ein normaler Star Chief kostete als Kabrio 3.105 Dollar.

Besitzer: Barry Bales

1959er Cadillac Eldorado Convertible ▲ ▶
Bei Cadillac war 1959 das Jahr der Flosse: Die Heckverzierungen erreichten den Gipfelpunkt der Extravaganz. Zum ersten und einzigen Mal bekamen sie in Verbindung mit der V-Flosse Raketenform. 1960 waren die Flossen schon wieder weniger auffällig, und 1965 gab es sie gar nicht mehr. Dieses Kabrio aus der Baureihe 62 war mit 5.455 Dollar das weniger teure; eine Preisklasse höher gab es den Eldorado Biarritz mit mehr Chromverzierungen für 7.401 Dollar. Beide waren mit einem 6,4-Liter-V8 ausgestattet, der in der Baureihe 62 325 PS und im Eldorado 345 PS leistete.

SPORTWAGEN – DIE NEUE GENERATION

Der Sportwagen, Roadster oder Speedster – wie man ihn auch bezeichnen will – erlebte in den zwanziger und dreißiger zunächst einmal eine Blütezeit, geriet aber nach dem Dahinscheiden des Auburn 851 nahezu in Vergessenheit – aber nicht für lange, denn 1949 brachte der aus Kalifornien stammende Frank Kurtis, der bereits eine Reihe erfolgreicher Indianapolis-Renner gebaut hatte, einen zweisitzigen Sportwagen mit Glasfaserkarosserie heraus. Die Wahl des Motors blieb dem Käufer überlassen und fiel in der Regel auf den V8 von Ford. Reichere Geschwindigkeitsbesessene entschieden sich oft für einen Cadillac- oder Chrysler-Motor. Selbst mit dem Ford-Motor kostete der Kurtis 4.700 Dollar, mehr als die meisten Cadillac- und sämtliche Chrysler- bzw. Lincoln-Modelle.

Nachdem er 36 Fahrzeuge gebaut hatte, verkaufte Kurtis die Rechte an den Fernsehgewaltigen Earl Muntz. Dieser ließ den Rahmen verlängern, damit vier Personen Platz fanden, serienmäßig einen Cadillac-Motor einbauen und verkaufte den so entstandenen Muntz Jet für 4.450 Dollar. Die meisten der 394 gefertigten Exemplare besaßen einen Lincoln-V8. Earl Muntz war wie Preston Tucker sehr sicherheitsbewußt und ließ den Jet mit gepolstertem Armaturenbrett, gepolstertem Himmel beim Hardtop und Sicherheitsgurten ausstatten.

Mit seinen vier Plätzen war der Muntz Jet eher ein sportliches Kabrio (bzw. Hardtop-Modell) denn ein richtiger Sportwagen, aber schon bald begannen auch andere Hersteller, sich der wachsenden Nachfrage anzunehmen. Frank Kurtis stieg 1954 wieder in das Geschäft ein, mit einem sehr »heißen« Sportwagen mit Rohrrahmen, der dem Indy-Renner nachempfunden war, mit dem Bill Vukovitch 1953 zum Sieg gefahren war. Er besaß eine einfache Glasfaserkarosserie mit einteiliger Windschutzscheibe und war unter der Bezeichnung 500KK als Bausatz und als 500M fertig aufgebaut zu haben. Mit einem 250-PS-V8 von Cadillac war er 217 km/h schnell und rechtfertigte damit Kurtis' Behauptung, »garantiert jeden anderen Sportwagen hinter sich zu lassen«. Kurtis besaß nur begrenzt Platz und baute außerdem fleißig Indy- und Kleinrennwagen, so daß seine Kapazitäten nur für dreißig 500KK und zwanzig 500M ausreichten.

Auf der anderen Seite des Kontinents, in West Palm Beach in Florida, begann derweil der Millionär Briggs Swift Cunningham mit dem Bau von Sportwagen mit Chrysler-Motor, die den ersten amerikanischen Sieg bei den 24 Stunden von Le Mans herausfahren sollten, dem damals bedeutendsten Sportwagenrennen der Welt. Er hatte bereits 1950 zwei Cadillac für Le Mans gemeldet, ein Coupé aus der Baureihe 62 und einen Zweisitzer, der in Frankreich nur als »Le Monstre« bezeichnet wurde, und 1951 seinen offenen Sportwagen C-2R mit Chrysler-Motor und De-Dion-Hinterachse, der nur an achtzehnter Stelle ins Ziel kam, als Replika aber trotzdem ein paar Käufer fand.

Cunningham war bis einschließlich 1955 in Le Mans vertreten und erzielte dabei sein bestes Ergebnis 1953 mit einem dritten Platz, aber der einzige Serienwagen, den er auch für den normalen Straßeneinsatz verkaufte, war das von einem Chrysler-Motor angetriebene Coupé C-3 mit einer Aluminium-Karosserie von Vignale. Davon fanden 1953 und 1954 insgesamt 26 Einheiten zum Preis von 9.000 Dollar einen Käufer.

Ermutigt vom Erfolg der Importfahrzeuge wie MG Midget, Jaguar XK120 und Allard J2, der in den USA mit Cadillac-, Mercury- oder Chrysler-Motor ausgeliefert wurde, brachten zahlreiche andere Hersteller Anfang der fünfziger Jahre Sportwagen heraus. Kaiser-Frazer baute beispielsweise den Kaiser-Darrin 161 mit einer von Howard Darrin entworfenen hübschen Kunststoffkarosserie und Schiebetüren, der allerdings mit einem 90-PS-Sechszylinder von Willys untermotorisiert war und bei einem Preis von 3.668 Dollar (mehr als ein Corvette) zu wenig bot. Nachdem Kaiser im Zeitraum 1953/54 insgesamt nur 435 Einheiten gebaut hatte, kaufte Howard Darrin die restlichen 50 Karosserien, ließ in seinem Werk in Hollywood Cadillac-Motoren einbauen und vertrieb den Wagen in den folgenden vier Jahren unter seinem eigenen Namen.

Der Willys-Motor wurde auch von Woody Woodill aus Downey in Kalifornien verwendet, der etwa 315 Exemplare seines Woodill Wildfire baute, in späteren Jahren auch in Bausatzform für Ford-Motoren und Blattfedern vorn. Als Beweis dafür, daß die Montage nicht mehr als 14 Stunden dauerte, baute Woodill einmal einen Wagen vor Fernsehpublikum zusammen. Vom Wildfire war auch eine

1958er Oldsmobile Super 88 Hardtop ◄
Die 58er Oldsmobile-Modelle zeigten zum zweiten Mal in zwei Jahren ein neues Gesicht und waren länger und mit mehr Chrom verziert als je zuvor. Zu den Neuerungen gehörten wie bei allen GM-Modellen in diesem Jahr Doppelscheinwerfer. Der Super 88 war die mittlere Baureihe mit dem Radstand des Dynamic 88 (3188 mm) und dem 305 PS starken V8 aus dem 98. Er war in fünf Varianten zu haben, nämlich als zwei- und viertürige Limousine, Hardtop, Kabrio und Kombi. Dieser Hardtop Holiday kostete 3.262 Dollar.

Besitzer: Dean Ullman

Kinderausführung namens Brushfire mit 1.600 mm Radstand zu haben. Weitere Fahrzeuge im Teilnehmerfeld waren der Excalibur-J von Brooks Steven (1952) mit Henry-J-Chassis und Willys-Motor, der Edwards America (1954/55) mit Mercury-Fahrwerk und Motor von Lincoln oder Oldsmobile, der Multiplex (1952/54) mit Vier- oder Sechszylinder von Willys und die Rockefeller-Modelle Yankee (1949/54) und Story (1950), jeweils mit Ford-Motor.

Keiner dieser Sportwagen wurde in nennenswerten Stückzahlen verkauft, aber sie und noch mehr die Importe aus dem Ausland sorgten dafür, daß die großen Hersteller sich Gedanken zu machen begannen. Der erste war Nash, dessen Nash-Healey auf eine zufällige Begegnung zwischen George Mason und dem britischen Sportwagenbauer Donald Healey zurückging. Healey war 1949 an Bord der *Queen Elizabeth* auf dem Weg nach Detroit, wo er bei Cadillac Motoren kaufen wollte, um seinem Silverstone mehr Leistung zu verschaffen. Das Ergebnis dieser Begegnung war, daß Healey in Detroit bei Mason Unterkunft fand. George Mason erklärte ihm, wenn Cadillac keine Motoren liefern können oder wolle, solle er zu ihm kommen. Wie das Schicksal so spielt, hatte Cadillac gerade Probleme mit der Motorenfertigung, so daß Healey Masons Angebot annahm. Der Silverstone wurde umkonstruiert, erhielt eine neue Karosserie mit Nash-Kühlergrill und ging 1951 in Healeys Werk in Warwick in die Produktion. Die Karosserie lieferte die Firma Panelcraft in Birmingham, so daß der Nash-Healey in Konstruktion und Design zwar amerikanisch war, aber ganz in England montiert wurde.

Das anglo-amerikanische Gemeinschaftswerk sollte schon bald eine dritte Nationalität bekommen, denn 1952 wurde der eher langweilige Panelcraft-Aufbau durch eine Pininfarina-Karosserie ersetzt. Die Fertigung ging jetzt folgendermaßen vonstatten: Motoren, Getriebe und andere Komponenten wurden aus dem Nash-Werk in Kenosha zum Healey-Werk in Warwick verschifft, wo bereits das Healey-Chassis wartete, anschließend weiter zu Pininfarina in Turin; von dort aus gingen die fertigen Fahrzeuge auf direktem Wege in die USA. Dort kosteten sie ab Einfuhrhafen saftige 5.128 Dollar und dabei machte Nash keinerlei Gewinn. Schätzungen zufolge verlor er nicht zuletzt aufgrund der Transportkosten an jedem verkauften Nash-Healey etwa 9.000 Dollar! Da nimmt es nicht wunder, daß die Produktion auf niedrigen Touren lief: Von Anfang 1951 bis August 1954 wurden nur 506 Einheiten gebaut. Aber der Wagen erwies sich als ausgezeichneter Köder, der Kunden in die Ausstellungsräume lockte und dann zum Kauf eines Nash-Serienmodells verleitete. Damit erfüllte er genau den Zweck, den George Mason ihm ursprünglich zugedacht hatte. Außerdem rettete er Donald Healey vor einem möglichen Bankrott und versetzte ihn in die Lage, den Healey 100 zu konstruieren, aus dem schließlich der Austin Healey wurde, ein weitaus erfolgreicherer und berühmterer Sportwagen, als der Nash-Healey es je war.

▲ Das erste von Hand gefertigte Serienmodell des Corvette rollt am 10. Juni 1953 in Flint vom Band. Die ersten dreihundert Fahrzeuge waren weiß lackiert, was bei manchen Leuten den Eindruck entstehen ließ, Kunststoff sei in keiner anderen Farbe erhältlich.

Sammlung Mirco de Cet

▲ ▶ GM-Designer Harley J. Earl, der seine Laufbahn in den zwanziger Jahren bei Don Lee begonnen hatte, mit zwei Traumautos: Buick Le Sabre von 1951 (oben) und Pontiac Firebird III mit Gasturbine von 1959 (rechts). Das innovative Design des Le Sabre fand kaum Eingang in die Serienfertigung. Cadillac übernahm allerdings die Heckflossen, die zentrale Luftansaugöffnung wurde von mehreren Karosseriedesignern in Europa kopiert und war bei zumindest einem Bus zu erleben. Der Vogel auf der Haube des Pontiac wurde ab 1973 in die Serie übernommen.

General Motors Archives, Sammlung Mirco de Cet

CORVETTE UND THUNDERBIRD

Zu dem Zeitpunkt, als der Nash-Healey zu den Akten gelegt wurde, hatte General Motors bereits einen Sportwagen in der Fertigung, Ford stand kurz davor. Der Chevrolet Corvette war die Idee des GM-Chefdesigners Harley Earl, dem ein günstiger Sportwagen für seinen studierenden Sohn und dessen Freunde und Bekannte vorschwebte. Nach ersten Skizzen 1951 folgten bald unter Mithilfe des jungen Sportwagenfans Bob McLean maßstabsgerechte Zeichnungen und ein Gipsmodell. Earl hatte ursprünglich an einen V8 gedacht, ging aber angesichts der Popularität des Jaguar XK120 zu einem Sechszylinder über.

General Motors hatte seine neuen Modelle seit 1951 auf einer extravaganten Ausstellung, der Motorama, vorgestellt, die in den größeren Städten zu sehen war. Neben den Serienfahrzeuge wurden dabei Traumautos gezeigt, um die

1959er Chevrolet Corvette ▲
Der 59er Corvette unterschied sich kaum von dem 58er Modell. Er besaß dessen Doppelscheinwerfer und die geschwungenen Seitenlinien von 1956. Als Grundmotorisierung diente ein 230 PS starker 4,6-Liter-V8, daneben waren auch Motoren mit 245, 270 und 290 PS zu haben. Der 290-PS-Motor war ein Einspritzer und beschleunigte den Wagen aus dem Stand in 6,6 Sekunden auf 100 km/h mit einer Spitzengeschwindigkeit von 206 km/h. Er kostete 484 Dollar zusätzlich zum Listenpreis von 3.875 Dollar. Die Corvette-Produktion für das Modelljahr 1959 belief sich auf 9.670 Einheiten.
Besitzer: Jim diGregorio

1953er Chevrolet Corvette Convertible Roadster ▲
Der hier abgebildete Wagen ist eines der ersten 315 Modelle, die von Juni bis Dezember 1953 in Flint gebaut wurden, bevor die Fertigung nach St. Louis verlagert wurde. Der Corvette war das geistige Kind von GM-Chefdesigner Harley Earl und Chefkonstrukteur Ed Cole, deren Bitten es zu verdanken war, daß der Corvette nach 1955 noch weitergebaut wurde. Der Verkauf war nämlich zu Anfang sehr enttäuschend gewesen. Neues Design, mehr Komfort und ein V8 machten den Corvette ab 1956 zu einem ganz anderen Auto, das sich auch entsprechend gut verkaufte.
Besitzer: National Automobile Museum, Reno, Nevada

Wirkung von neuen Ideen auf die potentiellen Kunden zu testen. Buick, Cadillac, Oldsmobile und Pontiac waren sämtlich schon an der Reihe gewesen, nur Chevrolet war immer übergangen worden. Das änderte sich erst 1953 mit dem Beschluß, Earls Sportwagen auszustellen, der dafür sogar von GM-Chefkonstrukteur Ed Cole ein richtiges Fahrwerk erhielt und somit funktionsfähiger war als viele andere Traumautos.

Cole und sein Team verkürzten den normalen Chevrolet-Rahmen um 330 auf 2.590 mm und versetzten den Motor um 178 mm weiter nach hinten. Das bedeutete, daß der Fahrer im Sitzen die Hinterräder anfassen konnte. Der Motor war ein normaler 3,8-Liter-Sechszylinder, dessen Leistung mittels Carter-Dreifachvergaser, Spezialnocken, Doppelauspuff und anderen Maßnahmen von 115 auf 150 PS gesteigert worden war. Als Getriebe diente eine zweistufige Powerglide-Automatik, die für einen Sportwagen zwar absolut nicht ideal, aber das einzige Getriebe war, das mit der Motorleistung fertig wurde.

Drei Ausstellungsfahrzeuge wurden gebaut, ein Roadster mit der Bezeichnung Corvette, ein Fließheckcoupé mit der Bezeichnung Corvair und ein Kombi mit der Bezeichnung Nomad. Die letzten beiden kamen über das Prototypstadium nicht hinaus, während der Corvette so begeistert aufgenommen wurde, daß Chevrolet sich zur begrenzten Fertigung entschloß. Die ersten Fahrzeuge rollten im Juni 1953 vom Band, und am Jahresende waren 315 Einheiten erreicht. Ihre Kunststoffkarosserien waren sämtlich weiß lackiert, was manche Leute zu der Annahme verleitete, eine andere Farbe sei bei Kunststoff gar nicht möglich. Die meisten dieser ersten Corvettes gingen an bedeutende Persönlichkeiten oder wurden für die Werbung eingesetzt. Mit einem Preis von 3.440 Dollar lag der Corvette einiges über dem 1000-Dollar-Studentenauto, von dem Earl geträumt hatte, und wurde praktisch zu einer Spezialität, für die man fast doppelt so viel wie für jeden anderen Chevrolet hinlegen mußte. Einer der ersten privaten Käufer war der Rennfahrer Briggs Cunningham, der den Wagen seiner Frau schenkte.

1954 wurde die Produktion nach St. Louis verlagert. Technisch erfolgten nur geringfügige Verbesserungen, dafür gab es aber die beiden zusätzlichen Farben Pennant Blue und Sportsman Red. Achtzig Prozent aller Käufer entschieden sich allerdings für Weiß mit rotweißer Innenausstattung. Von den 3.640 1954 gebauten Exemplaren fanden nur gut 2.000 einen Käufer, was nach der begeisterten Aufnahme im Jahr zuvor eine ziemliche Enttäuschung bedeutete. Am Ende des Jahres standen bei den Händler

1967er Chevrolet Corvette Sting Ray Coupé ▶
Das auffällige Fließheck-Coupé, das 1963 vorgestellt wurde, ist bei Sammlern sehr beliebt, verkaufte sich als Neuwagen aber schlechter als das Kabrio. Neben dem Serien-V-Achtzylinder mit 300 PS standen leistungsstärkere Motoren zur Wahl, bis hin zum L-71 mit Dreifachvergaser, der aus 6.997 cm³ Hubraum 435 PS holte. Das serienmäßige Dreigang-Schaltgetriebe wurde nur von 1,9 Prozent aller Käufer gewünscht. 88 Prozent entschieden sich für das Viergang-Schaltgetriebe und 10,1 Prozent für die Powerglide-Automatik.

Besitzer: Skip und Kathy Marketti

1969er Chevrolet Corvette Stingray Convertible ▲
Der Corvette erhielt 1968 eine aerodynamischere Frontpartie. Er wurde bei gleichem Radstand von 2.489 mm durch einen größeren Überhang 18 cm länger. Die Bezeichnung Sting Ray entfiel, wurde aber für 1969 in einem Wort, Stingray, wiederbelebt. Der Anteil der Fahrzeuge mit Servolenkung stieg von 13,7 Prozent im Jahre 1965 auf 59,2 Prozent 1969

noch etwa 1.500 Corvettes am Lager, so daß von den 55er Modellen nur 674 Stück verkauft wurden. Der Corvette war zwischen zwei Stühle geraten: Die Sportwagenfans lehnten ihn ab, weil er ein Automatikgetriebe hatte und die Flügelmutter an den Felgen eine Schnellwechseleinrichtung nur vortäuschte, und den Kabriofahrern mißfielen die Plastikseitenfenster, die beiseite gedrückt werden mußten, um an den Türgriff zu gelangen, da außen kein Türgriff vorhanden war. Außerdem war der Wagen nicht wasser- und staubdicht. In den achtziger Jahren sagte einmal ein Angehöriger des höheren Chevrolet-Managements, der allerdings nicht genannt sein wollte: »Ehrlich gesagt, die ersten Corvettes waren nicht sehr gut. Ich weiß, daß sie von Sammlern heute sehr geschätzt werden, aber wir hatten nur Ärger damit, und in den Jahren 1954/55 sah es ganz so aus, als würde es keine 56er Modelle geben.«

Aber Ed Cole hatte noch ein As im Ärmel, nämlich den V8, der ab 1956 alle Corvettes antrieb. Diese 4,3-Liter-Maschine mit hängenden Ventile leistete in der schwächsten Ausführung 195 PS 1955 und 225 PS 1956. In Verbindung mit einem Dreigang-Schaltgetriebe machte diese Leistung den Corvette schon eher zum Sportwagen. Besser noch wurde es 1957, als der auf 4,6 Liter vergrößerte V8 je nach Ausführung 220–283 PS brachte. Die Verkaufszahlen des Corvette stiegen auf 3.467 Einheiten 1956, 6.339 1957 und 9.168 1958. 1960 gelangten sie in den fünfstelligen Bereich, in dem sie sich seither gehalten haben.

An erster Stelle verantwortlich für den Erfolg des Corvette war der in Belgien geborene und in Rußland aufgewachsene Zora Arkus-Duntov. Er war es, der die verbesserte Aufhängung des 56er Modells konstruierte und dem 57er Modell eine Benzineinspritzung und ein Viergang-Schaltgetriebe mitgegeben hatte. Während der erste Corvette von null auf hundert noch 11 Sekunden gebraucht hatte, schaffte es der 57er mit Einspritzer in 5,7 Sekunden – auch heute noch eine respektable Leistung. 1957 wurden nur 240 Corvette mit Einspritzer gebaut, da viele Käufer entweder nicht so viel Leistung wollten oder nicht gewillt waren, den Aufpreis von 675 Dollar zu bezahlen.

1962 stieg der Hubraum auf 5.358 cm^3 bei einer Höchstleistung von 360 PS. Im Jahr darauf kam dann der Sting Ray – mit Ausnahme des Motors ein völlig neues Auto. Die Karosserie wies ein vollkommen neues Aussehen auf, neben dem Roadster gab es ein auffallendes Fließheckcoupé mit geteilter Scheibe. Zur Aufhängung dienten vorn Schraubenfedern und hinten Blattfedern und untere Querlenker. Der Radstand war zehn cm kürzer und die Spur hinten um fünf cm schmaler geworden.

Das Gewicht verteilte sich im Verhältnis 48:52 zwischen vorn und hinten, während das Verhältnis vorher noch 53:47 betragen hatte. Fahrkomfort und -verhalten waren beträchtlich besser geworden, die stärkste Maschine mit 360 PS sorgte für eine Spitzengeschwindigkeit von 236 km/h.

Damit besaß Chevrolet einen Sportwagen, der sich hinter seinen Konkurrenten aus Europa nicht zu verstecken brauchte und mit Preisen von 4.037 Dollar für den Roadster und 4.252 Dollar für das Coupé nicht zu teuer war. Der Sting Ray trieb die Verkaufszahlen des Corvette ein gutes Stück in die Höhe, nämlich auf 21.513 Einheiten, gleichmäßig verteilt auf das offene und das geschlossene Modell. Er wurde in seinen fünf Baujahren stetig weiterentwickelt. 1965 bekam er Scheibenbremsen und einen 6,4-Liter-Motor als größte Version. 1966 stieg der Hubraum erneut auf 7,0 Liter bei 425 PS Höchstleistung. Damit war der Wagen in etwa fünf Sekunden von null auf hundert und erreichte mit der Hinterachsübersetzung von 3,08:1 eine theoretische Spitzengeschwindigkeit von 274 km/h. Den stärksten Motor besaß das für den Rennsport gebaute Coupé. Der L88 mit Aluminium-Zylinderköpfen, Vierstufenvergaser und einer Verdichtung von 12,5:1 entwickelte 560 PS. Mit diesem Motor wurden nur 20 Einheiten ausgeliefert. Ein Preis war in den Listen nicht angegeben, aber schon der 435-PS-Motor mit Dreifachvergaser kostete 947 Dollar mehr als das Seriencoupé zu 4.663 Dollar.

Die Bezeichnung Sting Ray wurde für die 68er Modelle fallen gelassen, um 1969 dann in einem einzigen Wort, Stingray, wiederbelebt zu werden. Der Stingray war geräumiger, länger und schwerer als sein Vorgänger und hielt sich im Design bis 1983. Hubraum und Leistung wurden jedoch drastisch reduziert: Für die 82er Modelle gab es nur noch einen einzigen Motor mit 5733 cm^3 Hubraum und 200 PS.

Der Ford Thunderbird wurde in größeren Stückzahlen gebaut als der Corvette, konnte aber nur in den drei ersten Jahren als echter Sportwagen betrachtet werden. Danach wurde er zu einem viersitzigen Kabrio. Ford hatte bereits seit einiger Zeit an einen zweisitzigen Sportwagen gedacht, diese Gedanken aber erst in die Tat umgesetzt, als Chevrolet im Februar 1953 auf der Motorama den Corvette vorstellte. Der Wagen war das Werk der Ford-Designabteilung unter Franklin Q. Hershey, hinter dem Generaldirektor Lewis D. Crusoe stand. Nachdem bei der Detroiter Auto-Ausstellung im Januar 1954 ein Modell gezeigt worden war, lief der erste Wagen am 9. September 1954 vom Band.

Der Thunderbird glich dem Corvette zwar insofern, als er auch zweisitzig war, stellte aber in anderer Hinsicht ein ganz anderes Auto dar. Hershey hatte auf richtige Fenster Wert gelegt, für den Aufbau statt Kunststoff Stahl verwendet und einen größeren und stärkeren V-Achtzylinder einbauen lassen, der für bessere Leistungsdaten als beim Corvette sorgte. Da dem Thunderbird zudem das etwas ungehobelte Sportwagen-Image des Corvette fehlte und er außerdem noch 496 Dollar billiger war, ist es kein Wunder, daß er sich gut verkaufte: 16.155 Einheiten im ersten

1956er Ford Thunderbird Convertible ◄
Der Thunderbird als Zweisitzer galt als Konkurrent für den Corvette, war aber von Anfang an größer und leistungsstärker. Dazu bot er alle Annehmlichkeiten, die beim Corvette fehlten, z.B. normale Glasfenster in den Türen. Das Dach wurde automatisch geöffnet und geschlossen, daneben gab es eine Version mit Hardtop. Der Motor mit 200 PS leistete ungefähr 50 PS mehr als der Corvette-Motor, und doch kostete der Thunderbird 496 Dollar weniger. Im Gegensatz zu seinen Nachfolgern wurde der erste T-Bird auch bei Rennen eingesetzt; Joe Ferguson holte sich 1955 in Daytona vor Austin-Healey und Porsche den Sieg in der Klasse der Seriensportwagen.

Besitzer: National Automobile Museum, Reno, Nevada

1959er Ford Thunderbird Convertible ◀
Für 1958 wurde der Thunderbird zum viersitzigen Kabrio und verlor damit jeglichen Anspruch darauf, als Sportwagen bezeichnet zu werden. Der Radstand wurde von 2.590 mm auf 2.870 mm verlängert, als Antrieb diente ein neuer 5,8-Liter-V8 mit 300 PS. Das hier abgebildete Kabrio kostete 3.797 Dollar. Daneben gab es noch eine Hardtop-Ausführung für 3.696 Dollar, die zum ersten Mal das eckige, formelle Aussehen späterer Modelle besaß.

Besitzer: Dr. Ross Bewley

Modelljahr, d.h., fast viereinhalbmal so viel wie der Corvette.

So beeindruckend die Thunderbird-Verkaufszahlen für das erste Jahr auch waren, sie waren nicht gut genug für Generaldirektor Robert McNamara, der der Meinung war, ein populäres Auto müsse mindestens vier Sitzplätze bieten. In dieser Einstellung zeigte sich der fundamentale Unterschied in der Denkweise, die hinter dem Corvette und dem Thunderbird stand. Der Corvette sollte durch das Bild der Leistungsstärke Werbung für General Motors betreiben und war nicht dazu da, Geld einzubringen. Für McNamara hingegen mußte jedes Auto, das den Namen Ford trug, auch die Kasse klingeln lassen.

Die Arbeit am viersitzigen Thunderbird begann 1955, bereits 1958 wurde der Zweisitzer aus dem Programm genommen. Dieser hatte in der Zwischenzeit keine großen Änderungen erfahren. 1956 wurde wahlweise ein 5,1-Liter-Motor angeboten, den es 1957 dann in drei Ausführungen mit 245, 270 oder 285 PS gab als Waffe gegen den stark verbesserten und stärkeren Corvette, der gerade ausgeliefert wurde. Daneben gab es noch eine Ausführung mit McCulloch-Kompressor, der die Leistung auf 300-340 PS steigerte. Dabei waren die 300 PS aber vermutlich das Maximum bei Straßenfahrzeugen; die 340-PS-Motoren waren für diejenigen Fahrzeuge reserviert, die Ford in den fünfziger Jahren für die NASCAR-Rennen meldete.

Der Thunderbird, der 1958 sein Debüt gab, war ein ganz anderes Auto – 280 mm mehr Radstand und 508 mm mehr Gesamtlänge. Er war im Design stärker an die anderen Ford-Modelle angelehnt, von denen sich der T-Bird allerdings nie so stark abgehoben hatte wie der Corvette von einem normalen Chevrolet. Das viersitzige Kabrio bzw. Hardtop-Modell, Square Bird oder auch Big Bird genannt, erwies sich als großer Erfolg und kam im ersten Jahr auf fast 38.000 verkaufte Einheiten, nahezu doppelt so viel wie sein Vorgänger; 1960 wurden bereits 90.843 Verkäufe registriert. Was an sportlichem Image noch vorhanden gewesen sein mag, blieb Mitte der sechziger Jahre auf der Strecke, als der T-Bird auch als viersitzige Limousine herauskam. Ende der achtziger Jahre meldete er sich jedoch in der Leistungsklasse zurück, von 1984 bis 1988 zunächst mit Turbolader, danach mit Kompressor.

ZWEI KURIOSITÄTEN VON FORD – EDSEL UND CITATION MARK II

1954 hatte Ford dank Ernest Breech und nicht zuletzt auch Henry Ford II. den traurigen Zustand der unmittelbaren Nachkriegszeit zwar überwunden, lag aber immer noch um 1.187.033 Einheiten hinter General Motors. Breech war der Überzeugung, Ford brauche mehr Marken unter seinem Dach, um gegen die fünf GM-Marken bestehen zu können. Um die mittlere Preisklasse kümmerten sich die drei GM-Firmen Pontiac, Oldsmobile und Buick; Ford besaß nur Mercury und wollte deshalb eine neue Marke kreieren, die den Bereich unterhalb und oberhalb von Mercury abdecken sollte, so daß insgesamt ein breites Angebot an Modellen und Motoren zur Verfügung stand.

Das neue Projekt wurde E-Car* getauft und sollte eine ganz neue Reihe mit eigenen Motoren und Aufbauten ergeben. Die Ford-Ingenieure erkannten aber schon bald, daß das zu teuer werden würde und griffen deshalb auf vorhandene Aufbauten zurück, von Ford für die billigeren Modelle Ranger und Pace und von Mercury für die teureren Corsair und Citation. Zwei Motoren standen zur Wahl, beide aus der neuen V8-Familie mit hängenden Ventilen, einer mit 5,9 Litern Hubraum, den es sonst weder bei Ford noch bei Mercury gab, und einer mit 6,7 Litern aus dem mittleren Bereich der Mercury-Palette. Wenn Karosserien und Motoren schon bekannt waren, mußte doch zumindest ein Unterscheidungsmerkmal her, dazu wurde der Kühlergrill auserkoren, der eine vertikale Form bekam, wo er bei allen Zeitgenossen horizontal ausgerichtet war und immer mit einem Pferdekummet verglichen wurde. Sicherlich war dieser Grill ungewöhnlich – ob er die richtige Botschaft vermittelte, ist eine andere Sache.

* für Experimental Car

1958er Edsel Citation Hardtop ▲

Der Citation war das Edsel-Spitzenmodell mit dem Aufbau des Corsair, aber luxuriöserer Ausstattung. Sowohl Citation als auch Corsair besaßen vom Mercury abgeleitete Karosserien auf einem Chassis mit 3.150 mm Radstand, das es nur bei Edsel gab. Im Montagewerk in Wayne, Michigan, wurden sie als EM (Edsel Mercury) bezeichnet, um sie von dem billigeren EF (Edsel Ford) abzuheben. Von dem hier abgebildeten zweitürigen Citation-Coupé mit Hardtop wurden im Modelljahr 1958 2.535 Einheiten zum Preis von 3.535 Dollar verkauft.

Besitzer: Mike Sayer

1961er Lincoln Continental Convertible ▲
Dieses auffallende Auto markierte die Rückkehr des viertürigen Kabrios, das es zuletzt in den dreißiger Jahren gegeben hatte. Es war mit einer Länge von 5,39 m und einem Gewicht von 2,36 Tonnen groß ausgefallen, aber immer noch kleiner als der Premiere und der Continental Mark V von 1960. Die 61er Lincoln-Palette umfaßte nur das Kabrio und eine ähnlich gestaltete Limousine. Das Kabrio war abgesehen vom Cadillac 75 Limousine mit einem Preis von 6.713 Dollar 1961 das teuerste Auto in Amerika. In einer verlängerten Version des 61er Continental wurde Präsident Kennedy im November 1963 erschossen.

Besitzer: Blaine Jenkins

1957er Ford Retractable Skyliner ▲
Andere Unternehmen bauten sogenannte Hardtop-Kabrios, der Ford Skyliner war wirklich eins: Das Metalldach konnte binnen einer Minute eingefahren werden. Die ganze Anlage bestand aus drei Antriebs- und vier Schließmotoren, zehn Relais, zehn Begrenzungsschaltern, acht Trennschaltern und fast 200 m Kabel. Um sie unterzubringen, mußten der Tank hinter die Rückbank verlegt und das Reserverad in den Kofferraumboden eingelassen werden. Trotz all dieser Technik kostete der Skyliner nur 337 Dollar mehr als das Serienmodell. Er besaß einen V-Achtzylinder und wurde nur von 1957 bis 1959 gebaut.

Besitzer: Randy und Cindy Ankle

1957er Continental Mark II Coupé ▲
Im Unterschied zum ersten Continental nicht als Lincoln verkauft, hatte der Mark II ein völlig neues Design und ein neues Chassis, das zwischen Vorder- und Hinterachse tiefer war, um viel Kopffreiheit zu ermöglichen, ohne daß die Dachlinie zu hoch wurde. Als Motor diente der serienmäßige Lincoln-V8, allerdings jeweils einzeln abgestimmt. Alle 2.989 Mark II aus der Serie waren Coupés; ein einziges Kabrio wurde für die Frau von William Clay Ford gebaut, der Chef von Continental war.

Besitzer: Pete Garbe (linkes Bild); rechts: Ford Archives, Sammlung Mirco de Cet

Die Namensgebung für die neue Marke kostete mehr Kopfschmerzen, Uneinigkeit und Arbeitszeit als bei jedem anderen Wagen in der Geschichte des Automobilbaus. Die Abteilungen Verkauf und Öffentlichkeitsarbeit legten fest, der Name müsse aus zwei oder drei Silben bestehen, klar und einprägsam sein, keine obszöne Doppeldeutung zulassen und auch sonst nicht irgendwie verwerflich ausgelegt werden können. Einige der Vorschläge, die eingingen, dienten später als Modellbezeichnungen, z.B. Citation, Pacer und Ranger, doch ein Markenname war nicht darunter. Die Werbeagentur Foote, Cone & Belding legte eine Liste mit sechstausend Namen vor, was Projektleiter Dick Krafve zu dem Ausruf veranlaßte: »Um Gottes willen, wir brauchen keine sechstausend Namen, wir brauchen nur einen einzigen.« FC & B gab daraufhin entnervt auf, dürfte das vereinbarte Honorar aber trotzdem kassiert haben.

Keine Honorarvereinbarung wollte die Dichterin Marianne Moore treffen (»meine Phantasie würde versagen, wenn ich schon vorher wüßte, was ich nachher bekomme«), die David Wallace, der Leiter der Abteilung Markt-

1970er Lincoln Continental Mark III Coupé ◀

Lincoln ließ die Continental-Reihe 1968 wieder aufleben, doch der Mark III war nicht mehr so unverwechselbar wie sein Vorgänger. Mit einem Chassis und einer Karosserie vom Ford Thunderbird unterschied er sich von anderen Lincoln-Modellen durch den rechteckigen Kühlergrill und die Reserverad-Prägung auf dem Kofferraumdeckel. Bei niedrigerem Preis als der Mark II kam er im ersten Halbjahr mit 7.710 Einheiten auf eine höhere Verkaufszahl als der erste Continental und der Mark II zusammen.

Besitzer: Pete Garbe

forschung, angesprochen hatte. Er erinnert sich, daß die anschließende Korrespondenz sehr unterhaltsam war, von Seiten der Dame aber keinerlei Vorschläge enthielt, die auch nur entfernt geeignet gewesen wären. Miss Moore erhielt zwar nie ein Honorar, dafür aber zu Weihnachten einen Rosenstrauß für 25 Dollar.

Die Entscheidung blieb schließlich dem Mann mit den größten Machtbefugnissen überlassen: Ernest Breech, der den auf den Bahamas urlaubenden Henry Ford II. vertrat. »Warum nehmen wir nicht einfach Edsel?« wollte er wissen, und als man ihn darauf hinwies, daß die Familie Ford eine gewisse Abneigung dagegen geäußert hatte, daß der Name ihres Vaters sich auf zahllosen Nabendeckeln im ganzen Land drehte, antwortete er: »Das lassen Sie meine Sorge sein; mit Henry komme ich schon zurecht.«

So wurde der neue Wagen dann am 4. September 1957 mit einer Fernseh-Show von Bing Crosby mit Frank Sinatra als wichtigstem Gast vorgestellt. Diese Show war an sich schon ein bedeutendes Ereignis, da sie den etwas späten Wechsel Crosbys vom Radio zum Fernsehen einleitete. Das Dumme war nur, daß der Edsel nach all den Übertreibungen, die in so weit verbreiteten Zeitschriften wie *Time* und *Life* zu lesen gewesen waren, gar kein neues Auto im Sinne von Corvette oder Thunderbird war. Die wichtigste Neuerung neben dem kuriosen Grill bestand darin, daß man die Gänge über Drucktasten in der Mitte des Lenkrads wählen konnte. Der Edsel war in dreizehn Modellen in vier Reihen auf drei Radständen zu haben, nämlich 2946 mm (Kombi), 2997 mm und 3149 mm. Neben dem Kombi gab es eine zwei- und eine viertürige Limousine, eine Hardtop-Ausführung und ein Kabrio. Die Preise bewegten sich zwischen 2.519 Dollar für den Ranger als zweitürige Limousine – etwas über dem Ford Fairlane 500 mit dem gleichen Radstand, aber einem kleineren Motor – und 3.801 Dollar für den Citation in Kabrio-Ausführung – 317 Dollar weniger als beim Mercury Park Lane. Im Vergleich zur Konkurrenz lagen sie damit niedriger als bei De Soto und Oldsmobile, etwa auf gleichen Niveau mit Pontiac und etwas höher als bei Dodge.

Dick Krafve erhielt zwar eigens für den Edsel ein kleines Montagewerk, doch die meisten Fahrzeuge liefen von den gleichen Bändern wie die Ford- und Mercury-Modelle, was ja auch logisch war, weil sie im wesentlichen das gleiche Chassis und die gleiche Karosserie besaßen. Ärgerlich war nur, daß Edsel zunächst als selbständige Gruppe im Konzern geführt wurde, so daß Krafve für jeden gebauten Edsel bei Ford oder Mercury bezahlen mußte. Wenn es sich bei den beiden um Fremdfirmen gehandelt hätte, wäre er in der Lage gewesen, defekte Autos zurückzuweisen, aber so konnte er sich allenfalls beschweren, und dazu gab es ausreichend Anlaß. Die Edsel-Produktion wurde nämlich jeweils am Ende einer Stunde Ford-Produktion zusätzlich gefahren, was natürlich aufgrund der schnelleren Arbeitstakte zu Qualitätsproblemen führte. Trotz aller Anstrengungen McNamaras, die Sache in den Griff zu bekommen, betrachteten Händler und Käufer den Edsel im Vergleich zu Ford und Mercury daher bald als qualitativ minderwertig.

Schlimmer noch als die Probleme mit der Gütesicherung, die im Laufe der Zeit abgestellt wurden, war der Wechsel im Kaufverhalten. In den Jahren, als der Edsel sich in der Entwicklung befand, hatten mittelgroße Fahrzeuge etwa vierzig Prozent Marktanteil gehabt; dieser

Marktanteil war jedoch Ende 1957 auf 25 Prozent geschrumpft. Die fehlenden 15 Prozent gingen auf das Konto von Kleinwagen wie dem Rambler American bzw. von Importen, deren Zahl sich zwischen 1956 und 1958 vervierfachte. Es ist fraglich, ob der Edsel überhaupt das richtige Fahrzeuge für irgend eine Zeit war; er war es sicherlich nicht für die späten fünfziger Jahre. Ein weiterer Faktor war das Händlernetz. Von 2.400 Händlern, die den Edsel verkauften, besaßen nur 118 Exklusivverträge. Alle anderen arbeiteten gleichzeitig auch mit Mercury und sogar De Soto, also einem Konkurrenzunternehmen. Da es nun generell schwieriger wurde, Autos dieser Preisklasse zu verkaufen, ist es nicht verwunderlich, daß die Händler sich lieber auf die bekannten Marken verließen als auf den Neuling.

Noch vor Ende 1957 zeichnete es sich ab, daß der Edsel sich nicht gut genug verkaufte, um eine eigenständige Marke im Konzern zu bleiben. So kam es im Januar 1958 zum Zusammenschluß mit Lincoln-Mercury in der sogenannten M-E-L Division, die auch für den Verkauf der kleineren Fahrzeuge aus den Ford-Werken in Großbritannien und Deutschland zuständig war. Die Edsel-Produktion im Modelljahr 1958 belief sich auf 63.110 Einheiten, während Mercury auf 133.271 Stück kam. Ford mußte 650 Edsel am Tag verkaufen, um ein ausgeglichenes Ergebnis zu erzielen, doch nachdem in den ersten zehn Tagen noch im Schnitt 409 Fahrzeuge einen Käufer fanden, fiel die Zahl von da an auf etwa 300.

Für das Modelljahr 1959 wurde die Edsel-Palette auf drei Modelle verkleinert: Ranger, Corsair und Kombi. Alle besaßen den gleichen Radstand von 3048 mm und waren neben dem V8 auch mit einem Sechszylinder mit 145 PS zu haben. Die Produktion fiel auf 44.891 Einheiten. Für das Modelljahr 1960 fiel der Kummet-Grill weg, damit besaß der Edsel nun keinerlei individuelle Merkmale mehr. Der neue horizontale Grill sah aus wie der des letztjährigen Pontiac, die Karosserien waren leicht abgeänderte Ford-Aufbauten. Nach nur 2.846 Einheiten des 60er Modells wurde die Produktion des Edsel am 19. November 1959 eingestellt. Alle, die noch einen Edsel bestellt hatten, erhielten einen Gutschein über 300 Dollar, den sie beim Kauf eines anderen Fahrzeugs aus dem Ford-Angebot einlösen konnten. Das Projekt Edsel soll Ford angeblich über 250 Millionen Dollar gekostet haben und brachte der amerikanischen Sprache ein neues Synonym für Fehlschlag ein.

Die andere neue Ford-Marke der fünfziger Jahre war der Continental Mark II. Er ging auf die Anfragen der Lincoln-Händler nach einem Ersatz für den 1948 eingestellten Continental V12 zurück. Marktanalysen hatten ergeben, daß es in den Vereinigten Staaten zwei- bis dreihunderttausend Haushalte gab, deren verfügbares Einkommen die Ausgabe von 10.000 Dollar für ein Auto zuließ. Zum Zeitpunkt der Untersuchung war das teuerste einheimische Auto der Cadillac 75 Imperial für 5.643 Dollar gewesen. Importe wie Rolls-Royce und Ferrari kosteten über 10.000 Dollar, fanden im Jahr aber höchstens zweihundert Käufer. Der Continental würde ein Risiko sein, aber Ford war willens, dieses Risiko einzugehen und errichtete eine eigenständige Abteilung unter der Leitung von Henrys jüngerem Bruder William Clay Ford.

Aus mehreren Entwürfen wurde der von John Reinhart ausgewählt. Er hatte ein niedriges und breites viersitziges Coupé gezeichnet, das keinerlei Familienähnlichkeit mit dem Lincoln aufwies. Der Kofferraumdeckel enthielt eine Einprägung, in der das Reserverad Platz fand. Die Aufbauten kamen nicht von Fords normalem Zulieferer Briggs, sondern von Mitchell-Bentley in Ionia, Michigan. Der Continental Mark II war mit 5,55 m Gesamtlänge und einem Gewicht von 2,2 Tonnen ein massiges Auto. Als Antrieb diente der neue 6,0-Liter-V8 von Lincoln, der 285 PS entwickelte. Man hatte auch mit einer Benzineinspritzung experimentiert, die die Leistung erhöht hätte, dann aber aus Kostengründen darauf verzichtet.

Der Continental Mark II wurde im Juni 1955 als 56er Modell vorgestellt. Sein Preis lag mit 9.695 Dollar knapp unter den vorgesehenen 10.000 Dollar, aber der Käuferandrang hielt sich arg in Grenzen. Von den geschätzten 250.000 Familien, die sich so einen Wagen hätten leisten können, kamen nur 1.325. Der Mark II kostete mehr als

1964er Ford Falcon Sprint Hardtop ▼

Unter der Regie von Lee Iacocca wandelte sich der Falcon vom einfachen Kompaktwagen zum »Muskelauto«, als er 1963 einen V8 bekam. Der Sprint bildete die Hochleistungsversion des Falcon Futura und war als zweitüriges Hardtop-Modell und als Kabrio zu haben, beide mit 4,3-Liter-Motor. Er hatte in den meisten Fällen Einzelsitze. Nur 626 Kabrios wurden mit Sitzbänken ausgeliefert.

Besitzer: Mike Myers

doppelt so viel wie der Lincoln Premiere (4.601 Dollar), bot aber eindeutig nicht doppelt so viel an Auto. Abgesehen von einer Leistungssteigerung auf 300 PS wurden für das Modelljahr 1957 nur wenige Änderungen vorgenommen; im Mai des Jahres stellte man die Produktion ein. Insgesamt waren bis dahin 3.012 Einheiten gefertigt worden, darunter 23 Prototypen, davon ein Kabrio. Dieses wurde 1956 gebaut und ging an die Frau von William Clay Ford, nachdem es 1957 auf den neuesten technischen Stand gebracht worden war. Ford machte bei jedem Mark II schätzungsweise tausend Dollar Verlust, aber das war immer noch besser als der Verlust von zehntausend Dollar, den Cadillac mit jedem seiner Continental-Konkurrenten Eldorado Brougham einfuhr.

Der Continental wurde für 1958 als eigenständige Marke beibehalten, war aber eigentlich ein Lincoln der Luxusklasse. 1959 ging er in der Lincoln-Palette auf. 1968 kam mit dem Mark III wieder eine eigene Continental-Reihe, die aber nicht so charakteristische Merkmale aufwies wie der Mark II und im allgemeinen unter Lincoln eingereiht wird.

▲ Der für das Modelljahr 1958 herausgebrachte kompakte Rambler American mit 2540 mm Radstand basierte auf einem 55er Modell und erwies sich als Bestseller, der AMC nach vier Jahren mit Verlusten wieder in die Gewinnzone brachte. Hier abgebildet sind zwei Kombis aus der 62er Palette, der zweitürige Custom für 2.141 Dollar und der viertürige 400, der 2.320 Dollar kostete.

Sammlung Mirco de Cet

DIE 60ER JAHRE: KOMPAKTAUTOS, KLEINWAGEN UND MUSKELAUTOS

Während unabhängige Hersteller wie Kaiser, Studebaker und American Motors in den fünfziger Jahren schon kleinere Autos bauten, stiegen die Großen Drei erst ganz am Ende des Jahrzehnts in diesen Markt ein. Sie hatten allerdings über das Thema zumindest nachgedacht und zwei Konstruktionen entworfen, die dann zwar in Detroit keine Gnade fanden, aber im Ausland Karriere machten. Chevrolet hatte ein Auto mit Vier- und Sechszylinder getestet, aus dem 1948 in Australien der Holden wurde. Ford hatte 1945 ein Kompaktauto entworfen, das ebenfalls ab 1948 in Frankreich als Ford Vedette gebaut wurde. Chevrolet hatte 1946 sogar schon mit der Anschaffung der Maschinen für einen Kompakten begonnen, der unter der Bezeichnung Cadet in Cleveland gebaut werden sollte, den Plan dann aber wieder fallen gelassen, weil sich die normalgroßen Chevies so gut verkauften.

Erst im Oktober 1959 brachten die Großen Drei ihre Kompaktautos heraus, die verschiedener nicht hätten sein können. Der Ford Falcon war noch der konventionellste mit normaler Ford-Technik und einfachem, schmucklosem Design. Am unorthodoxesten war der Chevrolet Corvair mit seinem luftgekühlten Sechszylinder-Boxer im Heck, während der Chrysler Valiant den gewohnten Frontmotor, allerdings schräg eingebaut, eine selbsttragende Karosserie und ein vollkommen neues Design besaß. Der Anstoß zu diesen neuen Autos war im Modelljahr 1958 zu suchen, das bei großen Fahrzeugen sehr schlecht, beim kompakten Rambler American hingegen sehr erfolgreich gelaufen war. Der normale amerikanische Personenwagen war im Laufe der vergangenen Jahre so groß geworden, daß beispielsweise der 60er Ford Fairlane von Stoßstange zu Stoßstange 5,43 m maß, 40 cm mehr als sein Vorgänger von 1954. Der Falcon war jetzt nur noch 4,60 m lang, bot aber innen mehr Platz als ein normaler 54er Ford.

1957/58 hatte es bei Ford zwei Radstände gegeben, nämlich 2946 mm beim Custom und 2997 mm beim Fairlane. Die größeren Fahrzeuge hatten sich besser verkauft, und 1959, als alle Ford-Modelle 2997 mm Radstand hatten, war eines der sehr wenigen Jahre, in denen Ford mehr Fahrzeuge verkaufen konnte als Chevrolet. Aus diesem Grund entschied sich das Ford-Management für einen Angriff von zwei Seiten, nämlich mit dem großen Fairlane auf der einen und dem beträchtlich kleineren Falcon auf der anderen. Der Falcon besaß einen neuen 90-PS-Sechszylinder mit 2359 cm^3, der aus 120 Teilen weniger als sein Vorgänger bestand, und einem Dreigang-Schaltgetriebe. Für 180 Dollar gab es wahlweise ein zweistufiges Automatikgetriebe. An Karosserievarianten standen eine zwei- und viertürige Limousine sowie die entsprechenden Kombis zur Verfügung, zu Preisen zwischen 1.912 und 2.287 Dollar und damit etwa 300 Dollar unter dem Fairlane mit Sechszylinder und über 700 Dollar unter dem Spitzenmodell V8 Galaxie.

Der Falcon mag technisch und optisch langweilig gewesen sein, er verkaufte sich mit 435.676 Einheiten im ersten Jahr aber besser als die beiden anderen Kompakten. In den nächsten Jahren wurde er einiges interessanter, zumal er ab 1963 auch als Kabrio und mit V8 zu haben war. Das war großenteils das Verdienst von Lee Iacocca, der 1960 den konservativer eingestellten Robert McNamara als Ford-Präsident abgelöst hatte. Der Falcon wurde 1970 aus dem Programm gestrichen, zeugte aber noch zahlreiche bekannte Nachkommen, darunter Mustang, Comet und Maverick. Gebaut wird er heute noch in Argentinien, ganz im Design von 1962.

Die Geburt des Corvair dauerte länger als die des Falcon, das war angesichts der völlig neuen Konstruktion auch nicht verwunderlich. Robert Benzinger, der für den Motor verantwortlich zeichnete, sagte einmal: »Wir begannen so etwa mit dem unbeschriebensten Stück Papier, das seit langer Zeit vor uns gelegen hatte.« Als Ausgangspunkt für den Wagen diente der Sechszylinder-Boxer, dessen Konstruktion sich möglicherweise an dem ähnlichen Continental-Motor ausrichtete, der als Antrieb für den Panzer M42 gedient hatte, denn Chevrolet-Generaldirektor Ed Cole hatte während des Koreakrieges die Panzerproduktion bei Cadillac geleitet und auch seine private Beechcraft Bonanza mit diesem Motor ausstatten lassen. Ein weiterer Faktor war der steigende Erfolg des Volkswagens, der ja auch einen luftgekühlten Boxer im Heck hatte.

Cole war noch nie ein Mensch gewesen, der vor Neuerungen zurückschreckte, der Corvair strotzte nur so vor diesen Neuerungen. Bis zu diesem Zeitpunkt hatte nie jemand ernstlich das Dogma in Frage gestellt, daß der Motor, vertikal eingebaut und wassergekühlt, vorn zu sein und die Hinterräder anzutreiben hatte. Der Corvair warf all das über den Haufen und besaß dazu noch rundum Einzelradaufhängung an Schraubenfedern. Der Tucker hatte einige dieser Merkmale besessen, konnte aber kaum als Vorbild dienen. Ed Cole wollte, daß der Corvair möglichst anders als die normalen Chevrolet-Modelle war, damit er ihnen nicht die Käufer wegschnappte. Er sah ihn als Konkurrenten für den Rambler und den Studebaker Lark sowie für den VW und andere Importe. Daß der Corvair dann zu einer Art Nischenfahrzeug für Autofans wurde, die auf sportliche Autos abfuhren, mit denen das Fahren Spaß machte, lag zu Anfang sicher nicht in der Absicht seines Schöpfers.

Der 2,3-Liter-Sechszylinder hatte einen Aluminiumblock und getrennte Zylindergehäuse. Ein Vierzylinder, der kurzfristig erwogen worden war, wäre zwar viel einfacher zu fertigen, bei gleichem Hubraum aber inakzeptabel rauh gewesen; außer dem Jeep, der ja eigentlich kein richtiger Pkw war, gab es 1959 in Amerika kein Auto mit Vierzylinder. In seiner ursprünglichen Form leistete der Corvair-Motor je nach Anzahl der Vergaser 80 oder 95 PS. Die Kraftübertragung erfolgte mittels eines Dreigang-Schaltgetriebes oder einer zweistufigen Powerglide-Automatik. Für das Monza-Coupé, das im Mai 1960 auf den Markt kam, stand wahlweise auch ein Viergang-Schaltgetriebe zur Verfügung. Zunächst gab es den Corvair als vier- und als zweitürige Limousine, die durch die Tatsache, daß kein Kardantunnel vorhanden war, Platz für sechs Personen boten und außerdem ungewöhnlich niedrig waren (1,31 m). Die Preise lagen bei 1.984–2.049 Dollar

1961er Chevrolet Corvair Monza ▲
Die Bezeichnung Monza wurde zum ersten Mal für eine Sportcoupé-Version des Corvair verwendet, bis dann 1961 eine Monza-Limousine mit Einzelsitzen, Armlehnen vorn, Auslegeware, Rückfahrscheinwerfern und anderen Details kam, die es bei den anderen Modellen entweder nicht oder nur gegen Aufpreis gab. Serienmäßig verfügte der Monza über ein Dreigang-Schaltgetriebe. Ein Vierganggetriebe schlug mit 65 Dollar, eine Dreistufenautomatik mit 157 Dollar extra zu Buche. Im Hintergrund ist ein Monza-Kabrio zu sehen.
Besitzer: Lee Rowe

für das Coupé und 2.038–2.103 Dollar für die Limousine, wobei die höheren Preise die der Modellreihe De Luxe 700 waren, die sich weitaus besser verkaufte als die Reihe 500. Das leistungsstärkste Monza-Coupé kostete 2.265 Dollar.

Im ersten Jahr wurden vom Corvair 250.007 Einheiten verkauft; damit kam er auf etwas mehr als die Hälfte der Verkaufszahlen des Falcon, lag aber ein gutes Stück vor dem Valiant mit 182.274 Einheiten. Der Corvair erhielt die besten Presseberichte und wurde im April 1960 von der Zeitschrift *Motor Trend* zum Auto des Jahres gewählt. 1961 kam eine Kombi-Ausführung hinzu sowie der Greenbriar, ein sechstüriger Sportkombi, den es auch als Lieferwagen und Pick-up gab.

Im April 1962 erlebte die Corvair-Palette bedeutende Veränderungen. Der Kombi Lakewood wurde aus der Produktion genommen, weil er sich starker Konkurrenz durch den konventionellen Chevy II ausgesetzt sah, der im Herbst zuvor auf den Markt gekommen war. Dieses simple Auto mit dem ersten Chevrolet-Vierzylinder seit 1928 war praktisch ein Eingeständnis, daß General Motors allein mit dem unorthodoxen Corvair nicht gegen den Falcon und den Valiant als einfaches Transportmittel ankam. Dadurch, daß der Chevy II mit etwas niedrigeren Preisen jetzt diese Rolle übernahm, wurde der Corvair zu einem sportlichen Auto für den Fan. Der Kombi mußte dem ersten Corvair-Kabrio, dem Monza, weichen, bei dem ein Turbolader die Leistung von 90 auf 150 PS steigerte. Dies war weltweit die erste Anwendung des Turboladers in einem Serienfahrzeug, wobei sich dessen Konstruktion allerdings insofern von späteren Konstruktionen unterschied, als er zwischen Vergaser und Ansaugkrümmer saß und die Luft durch den

Vergaser ansog, während heutige Turbolader die Luft in den Vergaser oder die Einspritzanlage blasen. Die Turbo-Ausführung des Monza hieß Monza Spyder und kostete 317,45 Dollar extra, im Rahmen eines Sonderausstattungspakets, zu dem noch eine auf hohe Belastung ausgelegte Kupplung, ein Vierganggetriebe und eine verstärkte Aufhängung gehörten.

Der Monza Spyder sammelte schnell eine Fangemeinde um sich, besaß aber zwei schwerwiegende Nachteile. Wie bei allen frühen Turbos dauerte es vom Niedertreten des Gaspedals an bis zu zwei Sekunden, ehe der Motor reagierte. Ansonsten war der Spyder jedoch recht flott: Im Vergleich zu den 9,7 Sekunden, die er von null auf 100 brauchte, wirkte der ursprüngliche 80-PS-Corvair mit seinen 23,2 Sekunden wie eine Schnecke. Das zweite Problem war das Fahrverhalten mit hohem Gewichtsanteil im Heck. Die Gewichtsverteilung zwischen Front und Heck hatte ursprünglich 40:60 betragen und war auf 37:63 gestiegen, als das Reserverad nicht mehr unter der Haube saß. Wichtig war jetzt der richtige Reifendruck; die empfohlenen 1 bar vorn und 1,8 bar hinten sorgten in Verbindung mit der straffen Federung dafür, daß das Fahrverhalten nicht zu bemängeln war. Leider kümmerten sich nicht alle Fahrer ausreichend um den Reifendruck.

1964 wurde die Spyder-Ausführung serienmäßig, der Hubraum des Motors stieg auf 2.687 cm³. Mit dem Turbo steigerte das die Leistung auf 180 PS und die Spitzengeschwindigkeit auf 183 km/h. Der Preis des Kabrios belief sich auf 2.811 Dollar – viel für einen Corvair, aber über 1.200 Dollar unter dem Corvette. Daher galt der Monza auch als Corvette des kleinen Mannes. Und was Wendigkeit und Anforderungen an das Fahrkönnen betraf, machte er auch eindeutig mehr Spaß als der stärkere Fronttriebler. Als die Corvair-Palette für das Modelljahr 1965 ein neues Design bekam, waren die Verkaufszahlen bereits im Sinken begriffen. Von einem Spitzenwert von 329.632 Einheiten 1961 fielen sie auf 207.114 Einheiten 1964 und konnten durch das neue Design auch nur leicht auf 237.056 Einheiten gesteigert werden. Danach ging es steil bergab auf 103.745 Einheiten 1966, 27.253 1967 und nur noch 6.000 1969. Der letzte Corvair rollte am 14. Mai dieses Jahres vom Band.

Über das Dahinscheiden des Corvair ist viel geschrieben worden; dabei wird als Schuldiger meistens der Verbraucheranwalt Ralph Nader genannt. Nader veröffentlichte im November 1965 einen Artikel, in dem er behauptete, daß die Pendelachse unter den hohen Seitenkräften bei schneller Kurvenfahrt die Hinterräder vom Boden abheben ließ, so daß beide Räder nach außen zeigten, wobei der Winkel von akzeptablen vier auf gefährlich zehn oder elf Grad anstieg und binnen eines Augenblicks zum Überschlag führte. Maurice Olley, ehemaliger Rolls-Royce- und späterer GM-Ingenieur, hatte vor diesem Phänomen gewarnt, als er vor dem Start des Corvair-Projekts die Pendelachsenkonstruktion gesehen hatte, doch man hatte seine Warnungen in den Wind geschlagen. Er hatte sich mit europäischen Wagen mit Heckmotor und Pendelachse, etwa dem VW Käfer und dem Renault Dauphine, beschäftigt und war zu einem negativen Ergebnis gekommen. Der Corvair war schwerer als diese Autos und besaß zudem noch einen höheren Gewichtsanteil im Heck. Nader wies darauf hin, daß General Motors sich die sicherheitsbezogene Forschung problemlos hätte leisten können, da das Unternehmen bezogen auf den Prozentsatz der verkauften Fahrzeuge netto 10,2 Prozent (Ford 5,6 Prozent) und bezogen auf das investierte Kapital 20,4 Prozent (Ford 11,3 Prozent) verdiente.

Sicherlich verleitete Nader mit seinen Ausführungen einige Corvair-Besitzer dazu, ihren nächsten Wagen woanders zu kaufen, doch das war nicht der wesentliche Punkt. Das Problem lag darin, daß der technisch aufwendige Corvair nicht so profitabel war wie die konventionelleren Chevrolet-Modelle. Schon im Mai 1965, als Nader noch an seiner Schreibmaschine saß, war die Anweisung ergangen, den Corvair nur noch so weiterzuentwickeln, daß den Abgas- und Sicherheitsbestimmungen Genüge getan war. Die größte Gefahr für den Corvair drohte von dem im April 1964 vorgestellten Mustang, unter dessen breiter Haube ein V-Achtzylinder in beliebiger Größe unterzubringen war. Der Corvair-Sechszylinder hätte ohne eine völlige Neukonstruktion nicht mehr viel größer werden können, und als man es mit einem 4,6-Liter-V8 versucht hatte, war das Fahrverhalten so fürchterlich gewesen, daß man die Idee schnell wieder fallen gelassen hatte.

1972er Plymouth Duster ◄
Der Duster kam neu für 1970 und zielte auf den Markt des Ford Maverick. In der Grundausführung war er ein sparsames Kompaktauto, doch daneben gab es als leistungsstarke Ausführung den 340 mit 275-PS-V8.
Chrysler Corporation

1961 Buick Special Station Wagon ▶

Der Special, der ein Jahr nach dem Corvair und dem Ford Falcon erschien, bildete Buicks Einstieg in die Kompaktklasse. Er besaß den gleichen neuen V-Achtzylinder mit Aluminium-Block und -Zylinderköpfen wie der Oldsmobile F-85 und wurde als Limousine, Coupé und Kombi jeweils mit 2.845 mm Radstand angeboten. Der Kombi kostete mit zwei Sitzbänken 2.681 Dollar und mit drei Sitzbänken 2.762 Dollar

Besitzer: Del Cartens

Vom Corvair gab es viele Sonderausführungen, darunter drei, die als eigenständige Marken galten. Der von John Fitch gebaute Phoenix aus dem Jahr 1966 war ein zweisitziges Kabrio mit Karosserie der italienischen Firma Intermeccanica. Er hatte ein elektrisch betriebenes Rückfenster und im Dach einen herausnehmbaren Metalleinsatz, den man im Kofferraum verstauen konnte. Ein getunter Motor sorgte auch ohne Turbolader für 170 PS. Wirkliche Hochleistungsfahrzeuge waren der Yenko und der Stinger von Don Yenko aus Canonsburg in Pennsylvania. Es gab sie in verschiedenen Abstufungen, deren stärkste einen auf 2.884 cm^3 aufgebohrten Motor mit 240 PS besaß. Der Stinger wurde zwischen 1965 und 1969 gebaut und gewann viele Rennen, das letzte im Jahr 1973, vier Jahre, nachdem die Produktion des Corvair eingestellt worden war.

Der bizarreste aller Corvair-Umbauten war der von Charles Peaslee Farnsleys, dem ehemaligen Bürgermeister von Louisville, angebotene Lost Cause. Farnsley ließ bei Derham die Karosserie einer viertürigen Limousine aus dem Jahr 1963 umarbeiten und stattete den Wagen innen mit so schönen Dingen wie Höhenmesser, Kompaß, Picknickkorb, Reisedecken, passenden Koffern und vergoldeten Mint-Julep-Bechern aus. Wer es wagte, seinen Mint Julep bei 185 km/h zu schlürfen, konnte dazu noch einen von John Fitch getunten Motor kaufen. Auch ohne diesen Motor kostete der Wagen schon 9.600 Dollar, mehr als achtmal so viel wie eine normale Corvair-Limousine.

Der dritte Wettbewerber in der Kompaktklasse war der Chrysler Valiant, der am 29. Oktober 1959 herauskam – 27 Tage nach dem Corvair. Von Dodge gebaut und hauptsächlich über Plymouth-Händler vertrieben, galt er für das Modelljahr als eigenständige Marke und wurde danach zum Plymouth. Im Rahmen der neu geschaffenen Plymouth-DeSoto-Valiant Division lief er in der Werbung als »kein jüngerer Bruder – der hier steht auf seinen eigenen vier Beinen«. Der Valiant war sicherlich anders. Sein völlig neues Design wurde beherrscht von einem rechteckigen Kühlergrill und der vorgetäuschten Reserveradabdeckung auf dem Kofferraumdeckel. Das Reserverad saß in Wirklichkeit unter dem Kofferraum, aber die Abdeckung wirkte irgendwie elegant und erinnerte an den Continental Mark II.

Angetrieben wurde der Valiant von einem 2,8-Liter-Sechszylinder mit hängenden Ventilen, der um 30 Grad geneigt eingebaut war, damit die Haube niedriger ausfallen konnte. Er leistete 110 bzw., mit Vierstufenvergaser, 148 PS und besaß eine Transistorzündung, die es sonst bei Plymouth nicht gab. Zunächst gab es den Valiant als viertürige Limousine und als Kombi mit der Bezeichnung Suburban, der mit zwei und mit drei Sitzreihen zu haben war; die dritte Sitzreihe, für zwei Personen, war entgegen der Fahrtrichtung eingebaut. Der Valiant besaß wie die anderen Kompakten serienmäßig ein Dreigang-Schaltgetriebe, neben dem es wahlweise für 172 Dollar eine Zweistufenautomatik gab. Der Preis betrug 2.033 Dollar für die Limousine in der Grundausstattung und 2.546 Dollar für den neunsitzigen Suburban in DeLuxe-Ausführung, dessen hintere Sitzreihe allerdings nur zwei Erwachsenen bequem Platz bot, während der größere Plymouth Suburban ein echter Neunsitzer war.

Der Valiant änderte sich nur wenig, bis er 1963 sein charakteristisches Design zugunsten eines weniger kantigen Aussehens verlor, das irgendwie an den Rambler erinnerte. Ein Kabrio kam hinzu und als Alternative zum Serienmotor ein Sechszylinder mit 3685 cm^3 Hubraum. Als 1964 bekannt wurde, daß Ford am Mustang, einem sportlichen Auto auf der Basis des Falcon, arbeitete, entwickelte Chrysler auf der Basis des Valiant in aller Hast das Coupé Barracuda. Da weniger Geld und Zeit zur Verfügung standen, verwendete Chrysler die Valiant-Frontpartie bis zur Windschutzscheibe und setzte dahinter einen zweitürigen Coupé-Aufbau mit einem enormen Rückfenster, das zum charakteristischen Merkmal des Barracuda wurde – mit einer Fläche von 1,35 m^2 war es das größte

1961er Pontiac Tempest ▲▼

Der Tempest war unter den GM-Kompakten der zweiten Generation, zu denen noch der Buick Special und der Oldsmobile F-85 gehörten, am wenigsten konventionell. Sein Motor war ein 3,2-Liter-Vierzylinder, genau die Hälfte des großen Pontiac-V8, und die Kraftübertragung erfolgte über eine gebogene Kardanwelle auf ein Dreigang-Schaltgetriebe an der Hinterachse. Mit mehr als 100.000 verkauften Einheiten war der Tempest im ersten Modelljahr seinen Konkurrenten von Buick und Oldsmobile ein gutes Stück voraus.

Pontiac Motor Division, General Motors

Stück Glas, das je in einem Personenwagen verwendet wurde. Drei Motoren standen zur Wahl, nämlich der Sechszylinder mit 2,8 und 3,7 Liter Hubraum und ein neuer 4,5-Liter-V8 mit 180 PS.

Im Vergleich zum Mustang war der Barracuda in der Normalausführung nur ein »Fohlen«, mit dem größeren V8 gehörte er jedoch in die Kategorie »Muscle Car«. In der Zwischenzeit wurde der Valiant als Limousine, Kabrio und Kombi als billigste Plymouth-Reihe bis 1976 weitergebaut. Dabei handelte es sich vom Design und von der Leistung her überwiegend um Jedermannsautos; 1971 gab es allerdings den Valiant Duster Coupé unter anderem auch mit einem 5,6-Liter-V8 mit 275 PS.

Die 60er Kompaktautos befriedigten die Ansprüche in der unteren Preisklasse ganz gut. Wer aber in relativ kleiner Form etwas mehr Eleganz und Leistung wünschte, war bei den Großen Drei an der falschen Adresse. Er brauchte allerdings nicht lange zu warten, denn für das Modelljahr 1961 kamen neue Fahrzeuge von Buick, Oldsmobile und Pontiac sowie der mit dem Valiant verwandte Dodge Lancer. Die GM-Modelle waren recht interessant, denn sie besaßen im wesentlichen die gleichen Aufbauten und boten im Hinblick auf Motoren und Getriebe eine Menge technische Neuerungen. Mit 2844 mm Radstand waren sie etwas größer als die Kompakten der Großen Drei.

Buick Special und Oldsmobile F-85 erschienen in der ersten Oktoberwoche 1960, der Pontiac Tempest folgte am 3. November. Der Buick und der Oldsmobile besaßen beide einen 3,5-Liter-V8 mit Aluminiumblock und -zylinderköpfen. Die Motoren waren jedoch nicht identisch. Sie hatten mit 155 PS die gleiche Leistung, doch der Buick besaß durch anders ausgebildete Brennräume ein besseres Drehmoment. Der Pontiac hingegen kam mit einem 3,2-Liter-Vierzylinder, der praktisch die eine Hälfte des großen 6,4-Liter-Achtzylinders bildete. In beiden Motoren fanden sich mehr als 120 gleiche Teile. Neben der Standardausführung mit 110 PS standen leistungsgesteigerte Versionen mit höherer Verdichtung und Vierstufenvergaser zur Verfügung, die 120, 130, 140 und 155 PS leisteten; weiterhin war der Tempest mit dem V8 von Buick zu haben, für den sich aber nur zwei Prozent der Käufer entschieden. Der Antriebsstrang des Tempest war insofern unkonventionell, als eine gebogene Kardanwelle auf ein Dreigang-Schaltgetriebe an der Hinterachse wirkte. Die Ausbiegung der Welle betrug in der Mitte etwa sieben cm (das entsprach einem Kreisdurchmesser von 22,25 m) und absorbierte einen Großteil der Torsionsschwingungen, die bei einem Vierzylinder auftreten können.

Der Tempest besaß zwar die gleiche Karosserie wie der Buick und der Olds, sah aber durch den geteilten Kühlergrill stark nach Pontiac aus. Es gab ihn als Limousine, Coupé und Kombi. Mit 100.783 Einheiten verkaufte er sich von den drei Neuen am besten. Buick Special und Oldsmobile F-85 kamen auf nur 86.868 bzw. 59.674 Einheiten.

1962 wurde der V8 im Buick um einen 3,2-Liter-V6 ergänzt. Für den Olds F-85 gab es von Frühjahr 1962 bis Sommer 1963 einen Turbolader, der dem aus dem Corvair ähnelte; mit 215 PS aus 3.523 cm³ Hubraum konnte Oldsmobile sich rühmen, die magische Zahl von 1 PS pro Kubikzoll* erreicht zu haben. Das hatte allerdings Chevrolet schon beim 57er Corvette geschafft, beim Corvair mit Turbo war das PS-Hubraum-Verhältnis mit 150:145 noch besser gewesen. Einen Vorteil besaß der Olds-Turbo insofern, als er mit einem eingebauten Sicherheitsventil ausgestattet war, das sich öffnete, wenn der Druck den Motor zu beschädigen drohte. Gegen Kohleablagerungen

* 3.523 cm³ = 215 Kubikzoll

in den Zylindern wurde zwischen Vergaser und Turbolader ein fünfzigprozentiges Gemisch aus Methylalkohol und Wasser eingespritzt, das bei Oldsmobile als »Turboraketentreibstoff« bezeichnet wurde. Dummerweise ließ jedoch im oberen Geschwindigkeitsbereich die Beschleunigung deutlich nach, so daß der Jetfire, ein zweitüriges Coupé, langsamer war als ein Wagen mit Vierstufenvergaser, aber ohne Turbo.

So gut der V8 mit Aluminiumblock und -zylinderköpfen auch war, er erwies sich in der Herstellung als zu teuer und wurde deshalb nach 1963 nicht mehr angeboten. Später wurde er an Rover verkauft, wo er im Rover, Range Rover, Morgan und TVR zum Einsatz kam. An seine Stelle trat sowohl bei Buick als auch bei Oldsmobile der V6 aus Eisenguß, wobei beide auch mit einem größeren V8 zu haben waren, der bei Buick 4914 cm³ und im Olds F-85 Cutlass 5733 cm³ Hubraum hatte. Der Pontiac Tempest bekam statt des Vierzylinders einen 3,5-Liter-Sechszylinder und war wahlweise auch mit V8 zu haben. Die Autos wurden größer und gehörten nicht mehr in die Kompakt-, sondern in die Mittelklasse. 1964 war das Jahr, in dem Pontiac zum ersten Mal die magischen Buchstaben GTO (Gran Turismo Omologato) verwendete, die dann auf den leistungsstarken Muskelautos erscheinen sollten.

1964½er Ford Mustang ▲ ▶

Die erste Mustang-Serie wurde als 64½ Modelle bezeichnet, weil sie am 17. April 1964, also mitten im Modelljahr und sieben Monate nach den anderen 64er Modellen, herauskamen. Als Kompaktauto, dessen Charakter je nach Motor von zahm bis wild reichte, war der Mustang der größte Detroiter Erfolg in den sechziger Jahren. Zeitweilig entfielen auf jedes verfügbare Fahrzeug fünfzehn Bestellungen, so daß die Händler teilweise Versteigerungen veranstalteten. Der erste Mustang erhielt den Tiffany-Preis für herausragendes Design und wurde damit zum ersten und einzigen Auto, dem jemals diese Ehrung widerfuhr. Hier abgebildet sind ein Kabrio und ein Coupé aus dem ersten Modelljahr.

Besitzer: Bill Goodsene (Kabrio);
Ford Archives, Sammlung Mirco de Cet (Coupé)

»PONY CARS«

In den sechziger Jahren begann in Amerika eine Verbreiterung der verschiedenen Modellpaletten, die sich bis heute fortgesetzt hat. Noch Anfang der fünfziger Jahre gab es in der Regel einen Aufbau, der dann als Limousine, Coupé, Kabrio und Kombi gefertigt wurde, und sehr oft auch nur einen einzigen Motor. Gegen Ende des Jahrzehnts standen dann üblicherweise mehrere Motorvarianten vom bescheidenen Sechszylinder bis zum leistungsstarken V-Achtzylinder zur Verfügung, die aber alle für das gleiche Chassis vorgesehen waren. Anschließend kamen die Kompaktklasse, die sich zur Mittelklasse entwickelte, und zwei neue Typen, nämlich das kleine zweitürige, viersitzige Coupé auf der einen und das Hochleistungsauto als Kombination aus dem leistungsstärksten V8 der Oberklasse und der Karosserie aus der Mittelklasse auf der anderen Seite, also der »Pony Car« und der »Muscle Car«.

Der erste dieser »Pony Cars« war der Ford Mustang, der vom Namen her zweifellos Assoziationen zu dem halbwilden Pferd aus der amerikanischen Prärie wecken sollte, wobei in bezug auf Größe und Wendigkeit das Wort Pony durchaus angemessen war. Der Begriff »Pony Car« war übrigens in den zwanziger Jahren in den USA durchaus geläufig. Damals bezeichnete man damit ein vergleichsweise kleines sportliches Auto. Unter Historikern gilt der Mustang teilweise als das bedeutendste amerikanische Auto der sechziger Jahre, und das wohl nicht zu unrecht, denn er vereinigte in sich die Trends des Jahrzehnts, nahm in brillanter Weise die Markterwartungen vorweg und war so erfolgreich, wie der Edsel eine Katastrophe gewesen war.

Der Mustang war zwar das Werk vieler, verdankte seine Existenz aber nur einem Mann: Lee Iacocca. Als Sohn eines italienischen Einwanderers in Pennsylvania geboren, wurde Iacocca nach der Schule Ford-Verkäufer in Allentown und schwor sich, an seinem 35. Geburtstag Ford-Vizepräsident zu sein. Ganz schaffte er das nicht, aber drei Wochen nach seinem Geburtstag erhielt er von Henry Ford II. das Angebot, Vizepräsident für den Bereich Pkw und Lkw zu werden und damit die Zuständigkeit für Lincoln-Mercury und Ford zu übernehmen. Zu diesem Zeitpunkt, im Januar 1965, war der Mustang bereits knapp ein Jahr auf dem Markt.

Wenn der Mustang irgendwelche Ahnen hatte, dann gehörten dazu der zweisitzige Thunderbird und der Corvair Monza. Seit der kleine Thunderbird aus der Produktion genommen worden war, hatten Kunden und Händler nach einem Ersatz verlangt, und bei Chrysler hatte der Monza mit Einzelsitzen 76 Prozent der Corvair-Verkäufe ausgemacht. Iacocca war einer jugendlichen Denkweise verhaftet und dafür verantwortlich gewesen, daß Ford wieder an den NASCAR-Rennen teilnahm und den Falcon auch mit V8 anbot. Er hatte erkannt, daß die jungen Leute und die Frauen im Lande über eine zunehmende Kaufkraft verfügten. Die Angehörigen der geburtenstarken Nachkriegsjahrgänge kamen Mitte der sechziger Jahre langsam in das Alter, in dem sie autofahren durften, und sie wollten mit Sicherheit ein anderes Auto als ihre Eltern. Die Frauen hatten bei der Wahl des Autos schon immer Einfluß auf hre Männer genommen, aber jetzt kauften sie selbst Autos. Das galt ganz besonders für junge, berufstätige Frauen wie Lehrerinnen, Buchhalterinnen und Ärztinnen. Für Iacocca hieß das, daß ein Wagen mit individuellem Design gebraucht wurde, kleiner als die normalen Autos und ohne das Familienkutschenimage der vorhandenen Kompaktmodelle.

Als Begründung für das Mustang-Projekt diente offiziell eine Menge von Marktforschungsdaten über das zu erwartende Kaufverhalten der 15-29jährigen, ihre Vorliebe für sportliche Autos, Mittelschaltung usw., die aber nach Aussage von Donald Frey, Iacoccas Planungsleiter, überwiegend erst vorlagen, als das Projekt schon lief: »Irgend jemand hat das erst später zusammengestellt, um sich abzusichern. Die ganze Marktforschung, über die da zu lesen war, kann man vergessen.«

Der erste Mustang-Prototyp war mit einem bei Ford Deutschland gebauten V-Vierzylinder ausgerüstet, der quer hinter Fahrer und Beifahrer saß. Getestet wurde er in Watkins Glen von dem Rennfahrer Dan Gurney, der sich wie seine Kollegen begeistert zeigte. Iacocca aber war sich der Tatsache bewußt, daß ein Auto, das den Profis gefiel, sich niemals in der gewünschten Menge verkaufen lassen würde, und änderte seine Pläne. Das Auto, das schließlich im April 1964 auf den Markt kam, war ein Frontmotor-Coupé bzw. Kabrio mit langer Haube und relativ kurzem Innenraum, in dem aber vier Personen Platz hatten. Iacoc-

ca legte Wert auf eine möglichst breite Marktabdeckung und bot den Wagen deshalb mit fünf Motoren, sechs Getrieben, drei Fahrwerken, drei Bremsanlagen, drei Radgrößen und vielen anderen Optionen an. Die gleiche umfangreiche Marktabdeckung, allerdings mit einer kleineren Palette an Optionen, gab es später beim deutsch-britischen Ford Capri.

Als Motoren standen für den Mustang im ersten Jahr ein 2,8-Liter-Sechszylinder mit 101 PS, ein 4,3-Liter-V8 mit 164 PS und ein 4,7-Liter-V8 mit 210, 220 und 271 PS zur Verfügung. Nur 26,9 Prozent der Käufer entschieden sich im ersten Jahr für den Sechszylinder; im Jahr darauf waren es schon 41,7 Prozent. Angesichts der angeblichen Vorliebe der jungen Leute für ein Schaltgetriebe mit Mittelschaltung ist es erstaunlich, daß im ersten Jahr 49,2 Prozent aller Fahrzeuge mit Automatikgetriebe verkauft wurden und daß der Anteil der Automatikkäufer 1965 schon 62,5 Prozent und 1973 gar 90,4 Prozent betrug.

Die Preisvorgabe für den Mustang hatte bei 2.500 Dollar gelegen, doch Ford schaffte es, den Sechszylinder in der Grundausstattung schon für 2.368 Dollar anzubieten. Für einen V8 kamen 442,60 Dollar hinzu, das Viergang-Schaltgetriebe kostete 75,80 Dollar Aufpreis. Auf diese Weise konnte ein Mustang mit dem stärksten V-Achtzylinder und allen anderen Optionen, die Fahrverhalten und Leistung verbesserten, auf mehr als 3.850 Dollar kommen, doch das paßte ja genau in Iacoccas Vorstellungen. Der junge sparsame Lehrer bekam seinen Mustang für 2.368 Dollar und auch der autobegeisterte Schnellfahrer konnte sich in der Mustang-Palette bedienen. Diese Argumentation ging auf, denn bereits in den ersten vier Produktionsmonaten wurden.über 100.000 Mustang verkauft und in den ersten beiden Jahren mehr als eine Million. 1965 stieg der Hubraum des Sechszylinders auf 3,3 Liter; es gab Scheibenbremsen vorn (58 Dollar), das Hardtop-Modell und das Kabrio wurden um ein Fließheckcoupé ergänzt. Die Motorleistung wurde in den folgenden Jahren kontinuierlich gesteigert, um mit den Konkurrenten Plymouth Barracuda und Chevrolet Camaro Schritt zu halten. 1968 konnte man zwischen sieben Motorvarianten vom 115-PS-Sechszylinder bis zum 7,0-Liter-V8 mit 390 PS wählen. Der stärkste Mustang war der Boss 429 von 1969, der serienmäßig 375 PS und in getunter Form für Trans-Am-Rennen 515 PS entwickelte.

Unverwechselbar war der in den Jahren 1965–1970 von Carroll Shelby montierte und als eigenständiges Modell verkaufte Mustang. Die ersten hundert Einheiten wurden im Ford-Werk San José in Kalifornien gebaut und waren gemäß Shelbys Forderungen modifiziert. Die Modifikationen umfaßten unter anderem stärkere Pleuel, eine stärkere Kurbelwelle und eine von Shelby konstruierte Nockenwelle für den 289er Motor. Die Motoren wurden zum Shelby-Werk in der Nähe des Flughafens Los Angeles transportiert und dort mit Holley-Vierstufenvergaser und

1970er Ford Mustang Boss 302 Coupé ▲ ▶

Der Boss 302 kam Mitte 1969 als straßentaugliche Version des bei den Trans-Am-Rennen eingesetzten Fahrzeugs. Seine Nennleistung betrug 290 PS, wobei 350 PS eine realistischere Zahl gewesen ein dürfte. Der nur als Coupé gefertigte 02 besaß spezielle »Rallye«-Streifen, einen Frontspoiler und eine auffällige Jalousie über dem Rückfenster.
Zur Serienausstattung gehörten härtere Federn, ein Viergang-Schaltgetriebe und servounterstützte Scheibenbremsen vorn. Der Boss 302 wurde 1969 in 1.934 und 1970 in 6.318 Einheiten gefertigt.

Besitzer: Tom und Carol Podemski

einem verbesserten Auslaßkrümmer ausgerüstet. Für ein besseres Fahrverhalten sorgten steifere Stabilisatoren, neue Spurstangenhebel und eine modifizierte Aufhängung. Die Rücksitze wurden durch eine Ablage ersetzt, und an die Stelle der Metallhaube trat eine aus Kunststoff. Äußerlich war der Shelby Mustang zu erkennen an einem dünnem blauen Streifen mit der Inschrift GT 350 zwischen Vorder- und Hinterrad und zwei breiten blauen Streifen vom vorderen Haubenende bis zum Heck. Der GT 350 leistete in Standardausführung 306 PS, aber Shelby brachte bald darauf eine Rennversion mit 350 PS heraus, von der 25 Einheiten verkauft wurden und die 1966 und 1967 die SCCA*-Meisterschaft in der Klasse B gewann.

Nur 562 GT 350 wurden 1965 gebaut; schon im folgenden Jahr kam Shelby aber auf 2.378 Einheiten, von denen 936 von der Autovermietung Hertz gekauft wurden. Um eines dieser Fahrzeuge zu leihen, mußte man mindestens 25 Jahre alt sein und durfte nicht wegen Verkehrsvergehen aufgefallen sein; das Auto kostete 17 Dollar pro Tag plus 17 Cent pro Meile. Die meisten Hertz-Fahrzeuge besaßen ein Automatikgetriebe, während der normale GT 350 mit Viergang-Schaltgetriebe geliefert wurde.

1967 kam als Ergänzung zum GT 350 der GT 500 mit Rücksitzen, Klimaanlage und Servounterstützung für Lenkung und Bremsen. Als Ausgleich für das zusätzliche Gewicht besaß er den 7,0-Liter-Motor und erreichte damit etwa die gleichen Leistungsdaten wie die kleinere Ausführung. Das Ausstattungspaket mit vier Sitzplätzen war offensichtlich attraktiver als der »nackte« 350er, denn es fanden sich 1967 für den GT 500 mit 2.950 Käufern mehr als doppelt so viele Kunden wie für den GT 350 mit 1.175. Im Spätherbst des Jahres wurde Shelby der Pachtvertrag über das Gelände am Flughafen gekündigt, so daß der Shelby Mustang bei Ford gefertigt werden mußte. Probleme mit Versicherung, Emissionsschutz und Sicherheitsbestimmungen, die allen Hochleistungsautos zu eigen waren, brachten die Produktion 1970 zum Erliegen.

* Sports Car Club of America

Wie bereits gesagt, war der Plymouth Barracuda zunächst ein hastig auf den Markt geworfener Konkurrent für den Mustang, dem es aber an dessen breiter Palette an Optionen fehlte. Aufgeschreckt durch Mustang, Pontiac GTO und Oldsmobile 4-4-2, bot Plymouth 1965 zum Aufpreis von 146 Dollar für den Barracuda einen V-Achtzylinder mit 235 PS an und verbesserte dessen sportlichen Charakter durch ein vollsynchronisiertes Vierganggetriebe mit Hurst-Mittelschaltung. 1967 erhielt der Barracuda ein neues Gesicht, um ihn von dem prosaischeren Valiant abzuheben, und wurde mit drei Aufbauten angeboten, nämlich Fließheckcoupé, Stufenheckcoupé und Kabrio. Die Karosserie war 29 cm breiter geworden, so daß unter der Haube Platz war für den 6,3-Liter-V8 mit 280 bzw. 325 PS. Im Jahr darauf war der Barracuda dann auch mit dem legendären 426er Motor mit hemisphärischen Brennräumen zu bekommen, der 425 PS leistete.

1970 und 1971 waren die letzten Jahre, in denen der Barracuda mit den großen Motoren geliefert wurde. Das Auto hatte sich mittlerweile den Spitznamen »Cuda« erworben. Das wurde 1970 die offizielle Bezeichnung für die Hochleistungsausführungen, darunter der AAR* Cuda, der für Dan Gurney und das Plymouth-Trans-Am-Team entwickelt worden war. Dieser besaß den 5,6-Liter-V8 mit 290 PS. Gleichzeitig war der 'Cuda aber auch mit 6,3-, 7,2- und 7,0-Liter-Maschine zu haben. Der 7,2-Liter-Motor war nicht so leistungsstark wie der 7,0-Liter-Motor, weil er nicht dessen hemisphärischen Brennraum hatte, kam aber immer noch auf 390 PS. Er wurde nach seinen drei Zweistufenvergasern auch als »Six-Pack« bezeichnet und beschleunigte den Wagen in 5,9 Sekunden von null auf 100, angesichts des Gewichts von knapp 1,7 Tonnen eine beachtliche Leistung. Sehr teuer war das Auto auch nicht. Der Grundpreis betrug nur 3.414 Dollar, konnte aber natürlich durch Sonderwünsche wie servounterstützte Lenkung und Bremsen nach oben getrieben werden. Der Sänger Richard Carpenter kaufte einen 'Cuda mit »Six-Pack« und allen möglichen Zusatzausstattungen außer der Klimaanlage, für die unter der Haube kein Platz war, und bezahlte 4.000 Dollar.

Da Ford und Chrysler immer stärkere »Pony Cars« anboten, konnte General Motors natürlich nicht zurückstehen

* AAR = All-American Racer

1968er Chevrolet Camaro SS Convertible ◄ ▲

Der Camaro war General Motors Antwort auf den phänomenal erfolgreichen Ford Mustang. Er richtete sich an dem gleichen Grundgedanken eines sportlichen Viersitzers mit breitem Motorenangebot aus, das in seinem Fall vom Sechszylinder mit 140 PS bis zum V8 mit 350 PS reichte. Die Buchstaben SS stehen für ein Sportpaket mit härterer Federung, härteren Stoßdämpfern, breiteren Reifen, Scheibenbremsen und modifizierter Haube mit zusätzlicher Schalldämmung.

1969er Pontiac Firebird Trans Am Coupé ▲ ▶
Der Firebird war die Pontiac-Version des Camaro mit dem gleichen Blechkleid, aber einer eigenen Frontpartie. Als Antrieb dienten Pontiac-Motoren vom Sechszylinder mit 165 PS bis zum V8 mit 325 PS. Der Trans Am wurde im März 1969 vorgestellt und besaß einen 345-PS-Motor, ein Dreigang-Schaltgetriebe, einen Heckspoiler und Rallyestreifen von der Haube bis zum Heck. Der hier abgebildete Wagen ist ein seltenes Exemplar, da 1969 insgesamt nur 607 Trans Am gefertigt wurden. Er kostete 3.556 Dollar, während ein normaler Firebird als Coupé schon für 2.831 Dollar zu haben war.
Besitzer: Keith Wilson

und brachte 1967 den Chevrolet Camaro und den Pontiac Firebird heraus. Als der Mustang auf den Markt gekommen war, hatte sich die GM-Führung wenig interessiert gezeigt, weil sie glaubte, mit dem Corvair Monza einen guten Wettbewerber im Rennen zu haben. Als sich jedoch herausstellte, daß vom Mustang in vier Monaten 100.000 Exemplare verkauft worden waren, setzte man eiligst ein Programm in Gang, aus dem 1967 der Camaro hervorging, der von der Konzeption her viel Ähnlichkeit mit dem Mustang besaß. Er wurde als Hardtop-Coupé und als Kabrio mit zwei Standardmotoren angeboten, einem 3,8-Liter-Sechszylinder und einem 5,4-Liter-V8, der in verschiedenen Ausführungen von 210 bis 325 PS zu haben war. Hinzu kam der 6,5-Liter-V8 mit 350 PS. Das Sechszylinder-Coupé kostete nur fünf Dollar mehr als der entsprechende Mustang, während die V8-Modelle bis zu siebzig Dollar teurer waren.

Während der F-Car, so die interne Bezeichnung des Camaro, bei Chevrolet entwickelt wurde, kam man bei General Motors auf die Idee, unter zwei Markennamen möglicherweise größere Stückzahlen verkaufen zu können (Ford machte das bereits mit dem auf dem Mustang basierenden Mercury Cougar), und das zweite Modell sollte von Pontiac kommen. Das war logisch gedacht, denn Pontiac hatte sich mit dem GTO bereits ein sportliches Image erworben, und Generaldirektor John Z. DeLorean hatte nicht lange zuvor Pläne für einen zweisitzigen Sportwagen vorgelegt. Dieser mußte jetzt dem Pontiac F-Car weichen, an dem die Arbeit ein halbes Jahr vor dem Debüt des Camaro im September 1966 aufgenommen wurde. Er sollte den Namen Banshee tragen, den Pontiac bereits für Ausstellungsfahrzeuge verwendet hatte, aber als eine Werbeagentur darauf kam, daß Banshee im irischen Volksglauben ein Geist war, der einen bevorstehenden Todesfall in der Familie ankündigte, begann in aller Eile die Suche nach einem neuen Namen, die schließlich bei Firebird endete.

Der Firebird besaß im wesentlichen das gleiche Blechkleid wie der Chevrolet Camaro, bekam aber eine unverwechselbare Frontpartie mit einem großen Kühlergrill/Stoßfänger. Als Antrieb dienten Pontiac-Motoren, und zwar ein 3,8-Liter-Sechszylinder und V-Achtzylinder mit 5.342 und 6.555 cm^3 Hubraum, die 250-285 bzw. 350 PS leisteten. Da letzterer die interne Regel brach, daß das Verhältnis von Gewicht und Leistung 5 kg/PS nicht übersteigen sollte, wurde er auf 325 PS gedrosselt, indem man in das Gasgestänge einen kleinen Metallstreifen einsetzte. Nachdem der Wagen verkauft war, konnte General Motors natürlich niemanden daran hindern, diesen Streifen zu entfernen. Mit anderen Federn und zwei einstellbaren Drehstäben zwischen Hinterachse und Bodenblechen zeigte der Firebird ein besseres Fahrverhalten als der Camaro.

Der Firebird kam am 23. Februar 1967 heraus. Er lag im Preis quer durch die Modellpalette rund zweihundert Dollar höher als der Camaro. Bereits kurze Zeit später waren von beiden Fahrzeugen Hochleistungsversionen erhältlich: Im Dezember 1966 kam der Camaro Z/28 und im März 1969 der Firebird Trans Am. Beide eigneten sich sowohl für die Straße als auch für den Rennkurs und gewannen viele Rennen der Trans-Am-Serie. Diese Serie wurde 1966 vom Sports Car Club of America in zwei Klassen ins Leben gerufen, bis 2,5 Liter und bis 5 Liter Hubraum. In der kleinen Klasse dominierten ausländische Fahrzeuge wie Alfa Romeo, aber die große Klasse war genau das richtige für die »Pony Cars« wie Mustang, Camaro, Firebird, Barracuda, Challenger und AMC Javelin. Der

Camaro Z/28 gewann 1967 18 von 25 Rennen und holte 1968 und 1969 die Klassenmeisterschaft, während der Firebird 1969 Dritter wurde. Beide besaßen Motoren mit dem nach den SCCA-Regeln größten erlaubten Hubraum von 5 Litern.

Für die Straße waren Z/28 und Trans Am mit größeren Maschinen bis zu 6,5 Litern zu haben. Unter den nur 607 Trans Am, die 1969 gebaut wurden, befanden sich genau acht Kabrios, die einzigen, die es vom Trans Am je gab. Der nächste Firebird kam erst im Februar 1970 heraus. Er besaß niedrigere und schlankere Linien und war mit sechs Motoren vom 155-PS-Sechszylinder bis zum 345-PS-V-Achtzylinder zu haben. Letzterer beschleunigte den Wagen in nur 5,4 Sekunden von null auf 100. Front- und Heckspoiler beim Trans Am bestanden aus Kunststoff und waren nicht im Windkanal entwickelt worden, sondern bei Versuchsfahrten auf einem ausgetrockneten See. Die Bezeichnung Trans Am für das Firebird-Spitzenmodell wurde bis zum heutigen Tag beibehalten.

1967er American Motors Marlin Coupé ▶
Der Marlin stellte den Einstieg von AMC in den Markt von Mustang und Camaro dar, hatte aber weitaus weniger Erfolg zu verzeichnen. Das Fließheckcoupé war von der Limousine Rambler Classic mit 2.845 mm Radstand abgeleitet und sollte 1965 ursprünglich als Rambler Marlin herausgebracht werden. Der 67er Marlin war länger und sah besser aus; er basierte auf dem Ambassador mit 2.997 mm Radstand. Als Motoren standen ein Sechszylinder mit 145 PS und zwei V-Achtzylinder mit 235 bzw. 280 PS zur Verfügung. Als Sportausstattung gab es ein Viergang-Schaltgetriebe, Einzelsitze und Drehzahlmesser.

1964er Ford Galaxie 500 ▲
Die großen Ford-Modelle erhielten für 1964 ein völlig neues Aussehen mit anderem Kühlergrill und weiter ausgeformtem Karosserieunterteil. Das Grundmodell war der Custom, gefolgt vom Galaxie und vom Galaxie XL mit Mittelschaltung, Einzelsitzen und anderem sportlichen Zubehör. An Motoren standen ein Sechszylinder mit 138 PS und fünf V-Achtzylinder zur Verfügung, deren größter mit 6.997 cm³ Hubraum und 425 PS auch die erfolgreichen NASCAR-Fahrzeuge antrieb.

Besitzer: Jeffrey Hodder

1961er Pontiac Bonneville Convertible ▲
Der Bonneville als Pontiac-Spitzenreihe war mit 3.124 mm Radstand und 5,51 m Gesamtlänge ein imposantes Auto. Von den drei angebotenen Varianten Limousine, Hardtop und Kabrio war das Kabrio mit 3.905 Dollar das teuerste. Der Kombi Custom Safari bildete eine eigene Baureihe. Neben dem Standardmotor, einem 6,4-Liter-V8 mit 303 PS stand ein 348 PS starker V8 mit der Bezeichnung TRI-POWER zur Verfügung.

Besitzer: Barry Bales

V CARRERA PANAMERICANA MEXICO
CRAWFORD'S MARKETS
SOUTHERN CALIFORNIA
RAY CRAWFORD
ENRIQUE IGLESIAS
PILOTO
CO-PILOTO
LINCOLN
149

1954er Lincoln Capri Custom Coupé ◄

Lincoln setzte seine Fahrzeuge schon drei Jahre vor Ford bei Rennen ein und konzentrierte sich dabei auf die »Carrera Panamericana«, die über 3.120 km auf den oft unbefestigten Straßen Mexikos führte. Lincoln belegte in der Klasse für Serienfahrzeuge 1952 und 1953 die ersten vier und 1954 die ersten beiden Plätze. Es siegte Ray Crawford mit dem hier abgebildeten Capri Coupé, gefolgt von Wald Faulkner. Cadillac belegte die beiden nächsten Plätze.

Besitzer: National Automobile Museum, Reno, Nevada

American Motors konnte natürlich bei den »Pony Cars« nicht außen vor bleiben und brauchte 1966 außerdem dringend eine Imageverbesserung. Aus dieser Lage heraus entstand der Javelin, der im September 1967 vorgestellt wurde. Er hatte einen neuen viersitzigen Coupé-Aufbau, zu dem drei Motoren zur Wahl standen: ein 3,8-Liter Sechszylinder, ein 4,8-Liter-V8 und ein 5,6-Liter-V8 mit Vierstufenvergaser und Doppelauspuff. Verstärkte Federung, Scheibenbremsen vorn und Breitreifen verliehen dem Javelin gute Fahreigenschaften mit einer Spitzengeschwindigkeit von gut 190 km/h. Mit 2.482 Dollar für den Sechszylinder und 2.588 Dollar für den kleineren Achtzylinder lag der Javelin preislich unter Mustang, Camaro und Barracuda. Er wurde im Gegensatz zu diesen auch nicht als Kabrio angeboten.

Im ersten Jahr fand der Javelin 55.124 Käufer, recht ermutigend für einen unabhängigen Autohersteller, doch anschließend sanken die Verkaufszahlen, statt weiter zu steigen. 1972 war man bei 26.184 angelangt, und obwohl der Verkauf sich in den beiden nächsten Jahren bei über 27.000 Fahrzeugen stabilisierte, mußte AMC den Javelin Ende 1974 aufgeben, weil es ohne größere Konstruktionsarbeiten nicht möglich gewesen wäre, die neuen Bestimmungen über die Stabilität von Stoßfängern zu erfüllen.

Von Mitte 1968 bis Ende 1970 besaß der Javelin einen kleineren Bruder namens AMX, der unter den »Pony Cars« insofern einzigartig war, als er nur zwei Personen Platz bot. Um sein sportliches Image zu stärken, gab es den AMX nicht mit dem Sechszylindermotor. Als Standardantrieb diente der 5,6-Liter-V8 mit 225 PS, den man wahlweise auch mit 280 PS bekam; daneben stand ein 6,4-Liter-V8 mit 315 PS zur Verfügung. Richard Teague, Vizepräsident der Abteilung Design bei AMC, sprach einmal davon, der AMX habe dem Corvette bei kleineren Rennen ziemlich zu schaffen gemacht. Er meinte, mit etwas mehr Zeit für die technische Entwicklung hätte er zu einem großartigen Auto heranreifen können, das sich vielleicht nicht so großartig verkauft, aber einen nützlichen Beitrag zum AMC-Prestige geleistet hätte. Leider erreichten die Verkaufszahlen nur sehr bescheidene 6.725 Einheiten 1968 und 8.293 Stück im Jahr darauf. AMC-Präsident William Luneburg beschwerte sich, der AMX verstopfe nur die Fertigungsbänder, und ließ ihn 1970 sterben. Insgesamt kamen der AMX auf 19.134 und der Javelin auf 236.379 Einheiten.

1964er Dodge Polara 500 Hardtop ▲

Der 1960 vorgestellte Polara war das Dodge-Spitzenmodell und ab 1964 in den vier Ausführungen Limousine, Limousine mit Hardtop, Coupé mit Hardtop und Kabrio zu haben. Beim Polara 500 handelte es sich um ein Sondermodell mit Einzelsitzen und »sportlicher Innenaustattung«. Eine sehr geringe Anzahl vom Polara 500, darunter das hier abgebildete Exemplar, war mit dem 426er Motor mit hemisphärischem Brennraum ausgestattet, der je nach Verdichtung 415 oder 425 PS leistete.

Besitzer: Jim Donaldson

1968er Pontiac GTO Coupé ▲▼
Oft als erstes »Muskelauto« bezeichnet, war der GTO ein gutes Beispiel für die alte Formel »großer Motor in mittlerer Karosserie«. Nachdem der GTO 1964 zunächst als Untermodell des Tempest herausgekommen war, bildete er 1968, als das hier abgebildete Coupé gebaut wurde, ein eigenständiges Modell. Von den vier Motorvarianten zwischen 265 und 366 PS besaßen die stärkeren Vierstufenvergaser und ein Verdichtungsverhältnis von 10,75:1. Am beliebtesten war der GTO mit 77.704 Einheiten als Coupé. Vom Kabrio wurden nur 9.980 Stück verkauft.

Besitzer: Barry Bales

»MUSCLE CARS«

Eine präzise Definition gibt es nicht, aber man geht im allgemeinen davon aus, daß zweitürige Coupés – wie stark ihre Motoren auch sein mögen – »Pony Cars« sind, während mittlere und große Autos mit dem gleichen Motor unter der Haube als »Muscle Cars« gelten. Die Konkurrenz hat den Unterschied noch verstärkt, denn die »Pony Cars« liefen in den Trans-Am-Rennen der SCCA, während die »Muscle Cars« an den NASCAR-Rennen teilnahmen. Diese NASCAR-Rennen gingen auf das Jahr 1947 zurück, als zum ersten Mal Serienlimousinen und -coupés auf unbefestigten Strecken gegeneinander antraten. Diesen Strecken folgten eigens für Rennzwecke gebaute Kurse, aus denen sich dann Hochgeschwindigkeitsrundkurse mit überhöhten Kurven und allem Drum und Dran entwickelten, und zwar überwiegend in den Staaten im Südosten der USA, der Heimat des Stock-Car-Rennens.

In den fünfziger Jahren begannen die Autohersteller, Fahrzeuge für NASCAR-Rennen zu entwickeln. Dabei ließen sie sich von dem Motto leiten: »Der Wagen, der am Sonntag gewinnt, wird am Montag gekauft.« Plymouth

1968er Oldsmobile Toronado Coupé ◄
Der Toronado, Amerikas erster frontgetriebener Serienwagen seit dem Cord von 1937, war ein viersitziges Coupé mit 7,0-Liter-V8, dem größten und mit 385 PS stärksten Motor, über den Oldsmobile in diesem Jahr verfügte. Er saß etwas rechts von der Mitte und war über einen Drehmomentwandler und eine Kette mit dem Automatikgetriebe verbunden. Bei den ersten Toronados (1966) verschlissen die Vorderreifen in atemberaubender Schnelligkeit. 1967 kam aber eine verbesserte Aufhängung, die die Kilometerleistung der Reifen erhöhte.
Photo: Nick Georgano

stieg 1949 in die NASCAR-Serie ein, Dodge 1953, Ford 1955 und Pontiac 1957. Alle rüsteten ihre normalen Limousinen mit immer stärkeren Motoren aus, so daß man nicht so ohne weiteres sagen kann, wo oder wann die Gattung »Muscle Car« ihren Ausgang nahm. Oft wird der Pontiac Tempest GTO von 1964 als der erste seiner Gattung genannt, aber was ist dann mit dem Chevrolet Impala SS 409, dem Pontiac Grand Prix 421 und dem Ford Galaxie XL, alles Autos von 1962 oder 1963 und sämtlich mit mehr als 400 PS? Sie waren Serienwagen, aber ihre Vorgänger waren die getunten und tiefer gelegten Sonderanfertigungen der fünfziger Jahre, die Früchte der Verbindung zwischen Jugendkultur und Automobil.

Manche dieser Sonderanfertigungen waren rein auf Leistung ausgelegt, heiße Öfen, bei denen es nur auf die Beschleunigung ankam, während es sich bei anderen um gestalterische Übungen handelte, die ihren Höhepunkt mit den Kreationen von George Barris erreichten. Die meisten hatten von beidem etwas, denn um von der Menge bewundert zu werden, brauchte man sowohl Leistung als auch Show. Im Zuge des wachsenden Wohlstands im Lande und der zunehmenden Unabhängigkeit der Jugend entwickelte sich Ende der fünfziger Jahre eine neue Autokultur. Das Auto war schon immer ein wichtiges Statussymbol für die Familie gewesen, doch jetzt wollten die jungen Leute etwas ganz anderes als ihre Eltern. Manche fanden ihr Ziel in ausländischen Sportwagen, aber die waren immer teuer und zu klein. Die Jugendkultur blühte in der Gruppe und nicht in der Zweisamkeit; wenn die Freunde zeitweilig keinen Wagen hatten, konnte man gleich sechs von ihren in seinem Galaxie mitnehmen, was mit einem MG oder Jaguar XK120 mit Sicherheit nicht ging. Und wenn man mit seiner Freundin allein sein wollte, war der Galaxie bestimmt viel wärmer und bequemer als der MG.

Der Trend zu heißen Öfen und Sonderanfertigungen begann wie so vieles andere in Kalifornien, hatte sich aber bereits 1960 praktisch über das ganze Land verbreitet. Die wachsenden Vorstädte, in denen sich die Entfernung von der Wohnung zur Schule, zum Laden, zum Restaurant und zum Autokino nicht mehr in Häuserblocks, sondern in Meilen bemaß, machte ein persönliches Transportmittel noch wichtiger. Das Auto und seine Pflege waren bald ein nicht wegzudenkender Teil des Lebens von Millionen von Amerikanern im Alter zwischen 15 und 25 Jahren. Wie sagte Dave Emanuel: »Das ganze Panorama menschlichen Miteinanders war zu erleben vom Vordersitz eines anderthalb Tonnen schweren und 300 PS starken Mutterleibes. Helden und Schurken, in Not geratene Edelfräulein und galante Ritter, Kurtisanen, Narren und Heuchler, alle konnten ihre Rollen spielen, während die Mutterleiber von der Ampel zum Drive-in-Parkplatz rollten.«

Auch in der Musik wurde das Thema aufgenommen. Gruppen wie die Beach Boys und Jan and Dean kamen heraus mit »Little Deuce Coupé«, »Shutdown«, »409«, »Dead-man's Curve« und »Little GTO«, ein Hit der völlig in Vergessenheit geratenen Gruppe Ronnie and the Daytonas. Noch einmal Dave Emanuel: »Die Religion der automobilen Subkultur war jetzt vollständig. Sie hatte ihre eigenen Ikonen, eigenen Hohepriester, eigene Liturgie, eigenen Jargon und schließlich auch ihre ganz eigenen Hymnen.«

Trotz der Beliebtheit der leistungsstarken normalgroßen Limousinen und Coupés fand der Pontiac GTO begeisterte Aufnahme. Er war das Werk von John DeLorean und seinem Team und folgte dem jahrzehntealten Motto von der großen Maschine in der kleinen Karosserie. Der Motor war der 6,4-Liter-V8 aus dem Pontiac Catalina/Bonneville mit 325 bzw. 348 PS, die Karosserie stammte vom Tem-

1970er Oldsmobile 4-4-2 Coupé ▼
Der 4-4-2 hatte seinen Ursprung 1964 in einem Tuning-Paket für den Olds F-85. Die Zahlen stehen für Viergang-Schaltgetriebe, Vierstufenvergaser und Doppelauspuff. Weiterhin gehörten zu dem Paket verstärkte Federn und Stoßdämpfer, ein spezieller Luftfilter und besondere Embleme an den Kotflügeln. 1970 hatte der 4-4-2 noch einen 7,5-Liter-Motor mit 365 PS; ab 1971 mußte die Leistung reduziert werden, um den strengeren Abgasbestimmungen Genüge zu tun.

1970er Dodge Challenger R/T Coupé ▲

Der Challenger als kleinerer Bruder des Charger stellte Dodges Antwort auf den Mustang und den Camaro dar. Er kam 1970 in Hardtop-Ausführung und als Kabrio mit zwei Motorvarianten heraus, einem geneigt eingebauten Sechszylinder mit 145 PS und einem V8 mit 230 PS. Daneben gab es sechs weitere Optionen bis hin zum großen 426er mit 425 PS. Die Buchstaben R/T für Road/Track (Straße/Rennkurs) trugen nur die stärkeren Versionen ab 6,3 Liter Hubraum. Der Challenger wurde 1970 in 83.032 Einheiten gebaut; davon waren 60 Prozent mit dem serienmäßigen V8, 26 Prozent mit einem größeren V8 und 14 Prozent mit dem Sechszylinder ausgerüstet.

Besitzer: Larry Bell

pest Coupé, das zwar seit der Vorstellung 1961 etwas länger geworden war, aber immer noch um 43 cm kürzer war als ein normalgroßer Pontiac. Als Abrundung für die sportliche Auslegung besaß der GTO noch ein Viergang-Schaltgetriebe mit Mittelschaltung sowie verstärkte Federn und Bremsen. Da DeLorean wußte, das die GM-Führung seine Idee nicht billigen würde, war er in aller Stille vorgegangen, um sein Projekt nicht zu gefährden: »Als die Konzernleitung kurz vor der Vorstellung von dem Wagen erfuhr, wurde sie fast wahnsinnig. Aber der GTO war in der Entwicklung so weit fortgeschritten, daß er nicht mehr aufzuhalten war.«

Die Buchstaben GTO standen also für Gran Turismo Omologato, die Bezeichnung, die Ferrari seinen Fahrzeugen gab, die in ausreichender Stückzahl gebaut worden waren, um für Serienwagenrennen homologiert zu werden. Wie zu erwarten war, gab es Widerspruch von Seiten der Sportwagenfans, die etwas gegen die Verwendung der geheiligten Buchstaben für ein in Massen produziertes amerikanisches Auto hatten, aber die Zeitschrift *Car & Driver* wies richtigerweise darauf hin, daß der GTO den Ferrari auf gerader Strecke und mit der NASCAR-Aufhängung auch in Kurven schlagen konnte, und meinte: »Der Ferrari kostet mindestens 20.000 Dollar; beim GTO dürfte es auch mit jeder erdenklichen Sonderausstattung schwer werden, über 3.800 Dollar zu kommen. Das ist doch ein gutes Geschäft.«

Genau genommen war der GTO 1964 und 1965 zunächst ein Sondermodell des Tempest Le Mans, bevor er 1966 eigenständig wurde. Die Verkaufszahlen beliefen sich auf 32.450 Einheiten im ersten, 75.352 im zweiten und 96.946 im dritten Jahr. Untersuchungen ergaben, daß der durchschnittliche GTO-Käufer 25,7 Jahre alt war (sonstige Neuwagenkäufer 43,3 Jahre), daß 30 Prozent der GTO-Käufer im elterlichen Haushalt wohnten (sonstige: 6 Prozent), daß 60 Prozent ein College besucht hatten (46 Prozent) und daß 43 Prozent ledig waren. Etwa die gleichen Zahlen dürften für die Konkurrenten des GTO gegolten haben.

Chevrolet und Oldsmobile reagierten auf den GTO mit dem Chevelle SS-396 bzw. dem Cutlass 4-4-2, beides mittelgroße Fahrzeuge mit starken V-Achtzylindern. Deren Leistung begann beim Chevrolet mit 375 PS und beim Olds mit 290 PS, stieg aber schnell auf 425 PS beim 66er SS-396 und 390 PS beim 68er 4-4-2. Die Ziffern 4-4-2 standen für Viergang-Schaltgetriebe, Vierstufenvergaser und Doppelauspuff. Der ultimative 4-4-2 war der Hurst/Olds des Jahres 1968, der zunächst eine Einzelanfertigung für den Getriebehersteller George Hurst war, dann aber in begrenzter Auflage von John Demmer aus Lansing gefertigt wurde. Er erhielt den 4-4-2, wie er bei Oldsmobile vom Band lief, und rüstete ihn dann in seiner eigenen Fabrik mit dem Vierganggetriebe von Hurst und mit Hochleistungszylinderköpfen aus, die dem 7,5-Liter-Motor zu einer Leistung von 390 PS verhalfen. Der Hurst/Olds wurde 1968 in nur 515 Einheiten und 1969 in 906 Exemplaren gefertigt, alles Coupés. Als Kabrio war er nicht zu bekommen, wie Muskelautos generell in Kabrioform nur selten gebaut wurden. Vom GTO gab es 1969 ein Sondermodell namens The Judge, von dem 6.833 Einheiten gefertigt wurden, davon nur 108 Kabrios.

Die Chrysler Corporation bot ihre »Muscle Cars« zu keinem Zeitpunkt als Kabrio an. Der Dodge Charger begann 1965 als Fließheckcoupé auf der Basis des mittelgroßen Coronet mit der üblichen Auswahl an Motoren vom relativ zahmen 5,2-Liter-V8 mit 230 PS bis hin zum 426er V8 mit 425 PS. Dieser bemerkenswerte Motor war 1964 für NASCAR-Rennen entwickelt worden und hatte derartige Erfolge erzielt, daß die NASCAR eine Bestimmung erließ, nach der alle Motoren auch in Serienwagen angeboten werden mußten. Dodge und Plymouth zogen sich daraufhin 1965 für ein Jahr aus dem Rennsport zurück und brachten 1966 die »Straßen«-Version des 426er, die im Charger, Plymouth Belvedere und Satellite und später im Barracuda, Road Runner und GTX Verwendung fand. Der

1970er Dodge Charger RT/SE Hemi Coupé ◄
Der 426er Motor mit hemisphärischem Brennraum befand sich in den sechziger Jahren bereits in der zweiten Generation und wurde fast immer nur für Sondermodelle angeboten. Der hier abgebildete RT/SE (Road & Track, Special Edition) ist ein sehr seltenes Exemplar, da 1970 nur ganze vier Stück gebaut wurden. Der 426er Motor kostete 618 Dollar Aufpreis auf die Charger-Standardausführung mit 6,6-Liter-Motor. Das SE-Paket umfaßte spezielle Ausstattungsmerkmale, die aber nichts mit der Leistung zu tun hatten.

Besitzer: Steve Witmer

1974er Plymouth Road Runner 440 Coupé ►
1974 kam das Aus für die beiden Plymouth-Hochleistungsreihen Barracuda und Satellite, zu denen auch der Road Runner gehörte. Der serienmäßige Motor des Road Runner, war ein 5,2-Liter-V8 mit nur 170 PS. Auch der wahlweise erhältliche 7,2-Liter-Motor leistete nur 275 PS, nachdem er vier Jahre vorher noch auf 390 PS gekommen war. Zu erkennen war der Road Runner an den Rallyestreifen, dem erhöhten Lufteinlaß auf der Haube und dem Vogel im senkrechten Teil des Rallyestreifens unmittelbar hinter dem Fenster. Zum Preis von 3.545 Dollar wurde der Road Runner im Modelljahr 1974 in 11.555 Einheiten gebaut.

Besitzer: Gilmore Car Museum, Kalamazoo, Michigan

1970er Buick GS Stage I Convertible ▶
Der GS ging auf das Jahr 1965 zurück und war eine Unterreihe des Skylark mit dem auf 6.555 cm³ Hubraum vergrößerten 5,6-Liter-V8. Besonders das hier abgebildete Modell Stage I war mit seinem 7,5-Liter-Motor, der mit Sportnockenwelle und Vierstufenvergaser auf 360 PS kam, eindeutig ein Muskelauto. Zur Kraftübertragung diente ein Viergang-Schaltgetriebe mit Mittelschaltung. Der GS Stage I wurde überwiegend in Coupéform gebaut; für 1970 gab es auch einige Kabrios.

Besitzer: Craig Jackson

1970er Plymouth Hemi Superbird Coupé ▲ ▶
Der Superbird, sicherlich eines der auffallendsten Straßenfahrzeuge, das je gebaut wurde, war das Ergebnis der NASCAR-Bestimmung, daß Fahrzeuge, die für Rennen gemeldet wurden, in ähnlicher Form frei verkauft werden mußten, und zwar mindestens in einer Stückzahl, die der Hälfte der Händler im ganzen Land entsprach, im Falle von Plymouth also 1.920 Einheiten, die sämtlich zwischen Oktober 1969 und Januar 1970 gebaut wurden. Das Rückfenster war konvex gewölbt, der Heckspoiler ragte 60 cm über den Kofferraumdeckel empor. Neben dem serienmäßigen 7,2-Liter-Motor mit Vierstufenvergaser standen ein 7,2-Liter-V8 mit Sechsstufenvergaser und der 426er Motor mit hemisphärischem Brennraum zur Verfügung.

Besitzer: Mel Atkins

GS

1964er und 1971er Buick Riviera Coupé ◄▼▲►
Der Riviera als eines der bedeutendsten Buick-Modelle der Nachkriegszeit, nahm seinen Ausgang in einem Projekt, mit dem Bill Mitchell den Lasalle wieder aufleben lassen wollte. Mitchell hatte 1958 Harley Earl als GM-Chefdesigner abgelöst und ein Sportcoupé gezeichnet, das 1963 als eigenständige Buick-Modellreihe in Produktion ging und nur als Coupé mit Hardtop gefertigt wurde. 1971 war der Radstand von 2.972 auf 3.099 mm gewachsen, Mitchell hatte dem Wagen ein prägnantes Bootsheck verliehen, das allerdings heftige Kontroversen auslöste. Der 7,5-Liter-Motor leistete 315 bzw. 345 PS.

Besitzer. Ed Behle

Charger mit Fließheck wich 1968 einer Version mit Stufenheck, deren stärkste Ausführung der Charger R/T mit dem 426er Motor mit hemisphärischen Brennraum bzw. mit dem größeren, aber schwächeren (375 PS) 7,2-Liter-V8 war. Der Charger war unter allen anderen sportlichen Dodge-Modellen wie Super Bee, Dart GTS und Coronet R/T mit verstärkten Federn und Stoßdämpfern sowie größeren Scheibenbremsen am stärksten auf Leistung ausgelegt. Bei Testfahrten mit einer Automatikversion verzeichneten Mitarbeiter der Zeitschrift *Road & Track* eine Spitzengeschwindigkeit von 251 km/h und eine Beschleunigung von null auf 100 in 4,8 Sekunden, ein Wert, an den die heutigen Superautos von Lamborghini bis Ferrari kaum herankommen.

Chrysler hatte jedoch Bedenken hinsichtlich der Standfestigkeit des 426er Motors und verkürzte die normale Garantiezeit von fünf Jahren oder 50.000 Meilen auf zwölf Monate oder 12.000 Meilen. Auch das galt nur für den

Fall, daß der Motor nicht irgendwie modifiziert worden war.

Die Plymouth-Modelle mit dem 426er Motor waren der Road Runner und der GTX. Letzterer sah dem Road Runner sehr ähnlich, war aber luxuriöser ausgestattet und kostete daher 459 Dollar mehr. Der am spektakulärsten aussehende Road Runner war der Superbird von 1970, ein Nachbau der NASCAR-Renner mit verlängerter Stromlinienfront und großem Heckspoiler. Nach den NASCAR-Bestimmungen mußte Plymouth von diesem Auto halb so viele bauen, wie es Plymouth-Händler im Lande gab, also 1.920 Einheiten. Der von Hand gebaute Superbird kostete 4.298 Dollar, während der normale Road Runner auf 3.204 Dollar kam. Bei Dodge gab es im Modelljahr 1969/70 ein sehr ähnlich wirkendes Fahrzeug, den Charger Daytona, von dem 505 Exemplare gefertigt wurden.

Für das »Muscle Car« bildete das Jahr 1970 den Höhepunkt. Anschließend spielte für kurze Zeit das »Pony Car« die Hauptrolle bei den PS-orientierten jungen Leuten, bis es zu einer grundlegenden Änderung kam. Der Umweltschutz erzwang eine Leistungsverminderung, die Ölkrise tat das übrige. Teilweise wurden die Modellnamen noch in kleineren Autos fortgeführt, z.B. Barracuda (bis 1974), BD Charger (bis 1978) und 4-4-2 (bis heute). Nur Firebird, Camaro und Corvette überlebten die siebziger Jahre, um im nächsten Jahrzehnt einen neuen Lebensabschnitt zu beginnen.

1991er Chevrolet Caprice ▼

Chevrolet Division, General Motors

KAPITEL SIEBEN

TALFAHRT

1970 – 1992

"Americans are fat and happy, but that doesn't mean America is finished. When it gets tough they will straighten out."

Lee Iacocca, chairman of Chrysler, 1988

1979er AMC Pacer Limited Station Wagon ▲

Der Pacer wurde 1975 als Konkurrent für den Ford Pinto und den Chevrolet Vega auf den Markt gebracht, war mit 3.299 Dollar aber teurer als diese. Als Antrieb war eigentlich ein von General Motors gebauter Wankelmotor vorgesehen, der dann aber aus der Produktion genommen wurde. Der Pacer mußte sich daher mit einem relativ schweren AMC-Sechszylinder begnügen, der sich negativ auf Leistung und Unterhaltskosten auswirkte. 1979, als der hier abgebildete Kombi gebaut wurde, gab es als Alternative zu dem Sechszylinder einen 5,0-Liter-V8. Dieser Kombi kostete saftige 6.189 Dollar mit Sechszylinder und 6.589 Dollar mit V8. 1980 war das letzte Modelljahr für den Pacer.

Besitzer: Eber Schmucker

Die letzten zwanzig Jahre waren für die amerikanische Autoindustrie traumatischer als alles, was sie bislang erlebt hatte. Die Wirtschaftskrise der dreißiger Jahre brachte einen drastischeren Rückgang der Produktion mit sich, wirkte sich aber weltweit aus. Amerika produzierte damals immer noch doppelt so viele Auto wie sein nächster Konkurrent (Großbritannien), die Wirtschaftskrise erreichte binnen drei Jahren ihren Höhepunkt, von dem aus es langsam wieder bergauf gehen konnte. Heute gibt es kaum Anzeichen für eine derartige Erholung. Amerikanische Selbstgefälligkeit, arabisches Geltungsbedürfnis und japanischer Schwung und Einfallsreichtum haben in der Welt des amerikanischen Automobils mächtige, unauslöschbare Spuren hinterlassen.

1970 saß die amerikanische Automobilindustrie noch auf dem hohen Roß. Sie produzierte mit über 6,5 Millionen Pkw mehr als das Doppelte ihres nächsten Konkurrenten Japan. Luxusgefährte wie der Cadillac Eldorado besaßen den größten Motor der Welt mit 8.194 cm^3 Hubraum, und niemand konnte mehr Leistung bieten als Chrysler mit den 425 PS aus dem 7,0-Liter-V8 mit hemisphärischem Brennraum. Wenn John Smith einen Ford, Chevrolet oder Pontiac (oder sonst eine Marke) kaufte, konnte er sicher sein, einen in Amerika konstruierten und gebauten Wagen zu erwerben und amerikanischen Automobilarbeitern den Arbeitsplatz zu sichern. Zwanzig Jahre später war ein Ford Festiva ein in Korea gebauter japanischer Mazda, ein Chevrolet Turbo Sprint ein in Japan gefertigter Suzuki und ein Pontiac Le Mans ein in Deutschland konstruierter und in Korea gebauter Opel Kadett. 1989 und 1990 war der meistverkaufte, in Amerika gebaute Wagen der Honda Accord.

Seit Amerika 1906 Frankreich von der Spitze verdrängt hatte, hatte es immer mehr Autos gebaut als jedes andere Land, noch 1970 hatte es keinerlei Grund für die Annahme gegeben, daß sich daran etwas ändern könnte. Amerika war der gottgewollte Marktführer, und wenn die US-Unternehmen auch nicht so viel exportierten wie in den zwanziger und dreißiger Jahren, so bauten sie doch ihre Autos in ganz Europa, Lateinamerika und Australien, während auf amerikanischen Boden kein ausländisches Unternehmen seine Autos fertigte.

IMPORTE UND DIE AMERIKANISCHE REAKTION

Bis weit in die fünfziger Jahre hinein stellten Importautos auf dem amerikanischen Markt schmückendes Beiwerk dar, ein Wirtschaftsfaktor waren sie nicht. Vor dem 2. Weltkrieg beschränkten sich die Importe im wesentlichen auf Luxusmarken wie Mercedes, Minerva, Renault und Rolls-Royce; zu den Ausnahmen gehörte der Winzling Fiat 500 Topolino, der 1938/39 mit 434 Exemplaren sogar zum meistverkauften Importauto avancierte. In nahezu allen Winkeln der Erde wollte man amerikanische Autos, aber Amerika hatte keinerlei Bedarf an dem, was in der restlichen Welt produziert wurde.

In den ersten Jahren nach dem Krieg waren Importautos gleichbedeutend mit Sportwagen, zunächst MG Midget, dann Allard J2, der mit amerikanischen Motoren ausgestattet wurde, und Jaguar XK120. Das erste Familienauto,

1977er Ford Pinto ▲
Der Pinto, Fords Einstieg in die Subkompaktklasse, kam im September 1970 acht Tage nach seinem Konkurrenten Chevrolet Vega heraus. Es gab ihn als zweitürige Limousine und als Dreitürer mit Heckklappe und Vierzylindermotor mit 1.616 bzw. 1.999 cm^3 Hubraum, der in der größeren Ausführung 100 PS leistete. Ab 1973 stieg der Hubraum auf 1.999 und 2.294 cm^3, während die Leistung auf 80 bzw. 82 PS sank. Ab 1975 konnte man einen Pinto mit 103 PS kaufen, doch um diese Leistung zu erbringen, war ein 2,8-Liter-Sechszylinder erforderlich. 1981 wich der Pinto dem Escort.

Besitzer: Herschel Clizer

▼ Die Subkompakten waren die amerikanische Antwort auf den Erfolg kleiner Importautos aus Europa und Japan. Als erster erschien der Gremlin von American Motors am 1. April 1970 auf der Bühne. Das untersetzte kleine Coupé mit 2.438 mm Radstand war serienmäßig mit einem 3,8-Liter-Sechszylinder bestückt, neben dem man wahlweise auch einen 4,2-Liter-Sechszylinder bekam. 1972, als das hier abgebildete Exemplar gebaut wurde, war außerdem ein 5,0-Liter-V8 im Angebot

American Motors

das einen Eindruck auf dem amerikanischen Markt hinterließ, war der VW Käfer, von dem erste Exemplare 1949 eintrafen, aber kaum Käufer fanden. Doch im nächsten Jahr konnte der New Yorker Händler bereits 157 Käfer verkaufen, und 1954 war die Zahl schon auf 6.343 gestiegen, so daß VW-Chef Heinrich Nordhoff den Käfer zum Symbol des deutschen Wiederaufbaus erklären konnte. 1955 fanden 35.581 Volkswagen in den USA einen Käufer; der fünfhunderttausendste wurde im Juni 1960 und der fünfmillionste Volkswagen im September 1971 verkauft. 1962 gab es im ganzen Land 687 VW-Händler.

Der Volkswagen war zwar das erfolgreichste Importauto, aber nicht der einzige ausländische Kleinwagen, der die tief verwurzelten Gewohnheiten der amerikanischen Autofahrer ändern sollte. Renault, Simca und Fiat kamen Ende der fünfziger Jahre ebenfalls auf beachtliche Verkaufszahlen: Die 100.000 Einheiten 1956 verdoppelten sich 1957 und im Jahr darauf gleich noch einmal. Buick-Händler begannen 1957 mit dem Verkauf des Opel Olympia aus dem deutschen GM-Werk, Pontiac machte das gleiche ab 1958 mit dem in Großbritannien gebauten Vauxhall, der sich zunächst recht gut verkaufte, ab 1960 aber schwer unter den Kompakten zu leiden hatte. Wer wollte schon einen Vauxhall-Kombi mit 55-PS-Vierzylinder für 2.367 Dollar, wenn er für 2.287 Dollar einen Ford Falcon Kombi mit 85-PS-Sechszylinder bekommen konnte? Ab 1961 gab es den Vauxhall nur noch auf Sonderbestellung.

Die Japaner begannen sehr zögerlich. Die ersten Toyotas trafen 1957 an der Westküste ein, zwar gegen den Willen von Konstrukteur Kenya Yakamura, der der Meinung war, Toyota sei noch nicht reif für den amerikanischen Markt. Donald Frey von Ford probierte einen Toyota aus und bezeichnete ihn anschließend als »Haufen Schrott«. Nach US-Maßstäben waren Toyotas nicht nur qualitativ schlecht, sondern auch dermaßen untermotorisiert, daß man sich damit nicht einmal gefahrlos in den Autobahnverkehr einfädeln konnte. Man mußte schon ziemlich verzweifelt sein, um einen Toyota-Handel aufzumachen.

Robert Krause aus Schnecksville in Pennsylvania verlor 1959 seine Agentur für Dodge und Plymouth, als sein Großhändler zu Ford wechselte. Da er etwas verkaufen mußte, übernahm er eine Konzession für den Toyopet Crown Custom und kaufte sechs viertürige Limousinen mit 1,4-Liter-Motor mit 65 PS sowie Ersatzteile, Spezialwerkzeug und ein kleines Toyota-Schild im Gesamtwert von 800 Dollar. Der Verkauf des Toyopet war kein Zucker-

1987er Chevrolet Chevette ▼

Der Chevette, das erste Weltauto von General Motors, änderte sich zwischen 1976 und 1987 kaum, so daß dieses Modell aus dem letzten Baujahr nicht viel anders aussieht als das aus dem ersten Baujahr. Die fünftürige Version mit 2.471 mm Radstand wurde ab 1978 gebaut. Als Motoren dienten ursprünglich Vierzylinder mit 1376 bzw. 1589 cm³ Hubraum. Der billigste Chevette war 1976 der sehr einfach ausgestattete Scooter für 2.899 Dollar. Die meisten Käufer legten jedoch gern noch 200 Dollar dazu und nahmen das besser ausgestattete Standard-Modell. Der Benzinverbrauch von 6,7 l/100 km auf der Landstraße war einer der größten Vorzüge des Chevette.

Chevrolet Division, General Motors

1975er Chevrolet Cosworth Vega Sport Coupé ▲

Der Vega wurde von 1970 bis 1977 gebaut. Von den insgesamt 1.988.933 Einheiten besaßen 3.508 einen von der britischen Firma Cosworth Engineering konstruierten 16V-Motor mit zwei Nockenwellen und Aluminium-Zylinderkopf. Die Benzinzufuhr regelte eine elektronische Einspritzanlage von Bendix, gesteuert von einem Computer im Handschuhfach des Wagens. Leider besaß der »CosVeg« nie genügend Kraft, um den durch die Rallyestreifen, die breiten Gürtelreifen, die Stabilisatoren an beiden Achsen und die Alufelgen geweckten Erwartungen zu entsprechen. Seine Leistungen waren nur wenig besser als die des VW Golf. Der »CosVeg« wurde nur 1975 und 1976 gebaut.

Besitzer: National Automobile Museum, Reno, Nevada

schlecken; die Leute fragten, ob er aus Bierdosen hergestellt worden sei, und im Fahrbetrieb brachen bei 90–100 km/h die Ventile und nach 500 km fraß sich der Spargang fest. Krause verkaufte im ersten Jahr zwölf Autos, blieb aber bei Toyota. Er war auch 1990 noch Toyota-Händler und hält das »für das Zweitbeste nach dem Besitz eines McDonalds-Restaurants«.

Die Japaner studierten die US-Automobilindustrie sehr genau. Anfang der fünfziger Jahre verbrachte Eiji Toyoda von Toyota drei Monate bei Ford und meinte bei der Abreise: »Ich weiß jetzt, wie man perfekte Autos baut. Toyota kann hier viel lernen... Weil wir ein so kleines Unternehmen sind, müssen wir Manager uns um den gesamten Herstellungsbereich kümmern.«

Es dauerte nicht lange, bis die japanischen Ingenieure Möglichkeiten gefunden hatten, die amerikanischen Fertigungsmethoden zu verbessern. Ein gutes Beispiel sind die Stanzmaschinen. In Amerika wurden wochenlang die gleichen Teile ausgestanzt, so daß riesige Vorräte entstanden. Das bedeutete, daß das Kapital lange gebunden war. Die Japaner hingegen waren entschlossen, das Material möglichst schnell zu Geld zu machen, so daß Toyota-Fertigungsleiter Taiichi Ohno Maschinen entwickelte, die schnell umgestellt werden konnten, nachdem beispielsweise hundert Stück von der einen Form ausgestanzt worden waren. Eine solche Umstellung dauerte in Detroit bis zu drei Stunden, so daß man sie nur ungern häufiger vornahm. Ohno reduzierte die erforderliche Zeit auf wenige Minuten. Die enormen Investitionen für diese Maschinen wurden mit billigen Krediten der japanischen Entwicklungsbank und der Weltbank aufgebracht.

Auch andere japanische Unternehmen hielten Einzug in den US-Markt: Datsun 1960 mit dem Bluebird, Mitsubishi mit dem ab 1971 von Dodge vertriebenen Colt und Honda 1973 mit dem Civic. Diese Unternehmen und – in erster Linie – Volkswagen veranlaßten die Detroiter, sich mit kleineren Wagen zu befassen, als sie es je zuvor für nötig gehalten hatten. Getreu seiner bekannten Innovationsfreude war American Motors wieder einmal vorn: Am 1. April 1970 kam der Gremlin mit einem Radstand von 2.438 mm als Zwei- und Viersitzer, letzterer mit umklappbarer Rückbank. Von den Türen nach vorn besaß er eine gewisse Ähnlichkeit mit dem kompakten Hornet. Hinten war er sehr kurz mit steil abfallendem Fließheck und sehr geringem Überhang. Neben dem Standardmotor, einem 3,8-Liter-Sechszylinder, der auch im Hornet, Javelin und Matador Verwendung fand, stand ein größerer Sechszylinder mit 4.228 cm³ Hubraum zur Verfügung.

Trotz seines umstrittenen Designs, das darauf hinauslief, daß eine beträchtliche Zahl potentieller Kunden den Wagen nicht ausstehen konnte, verkaufte sich der Gremlin mit 26.000 Einheiten bis September gut genug. Sein Konstrukteur Richard A. Teague war der festen Überzeugung, daß der Gremlin anders aussehen mußte: »Niemand hätte ihn beachtet, wenn er wie eines der Modelle der Großen Drei ausgesehen hätte.«

Im September besaßen zwei der Großen Drei eine Antwort auf den Gremlin. Der Chevrolet Vega debütierte am 10. September, der Ford Pinto acht Tage später. Chrysler brachte seinen geplanten Kleinen nicht heraus, sondern importierte statt dessen den Hillman Avenger aus Großbritannien und verkaufte ihn unter dem Namen Plymouth Cricket. Pinto und Vega waren einander nicht unähnlich, zweitürige Limousinen mit 2.393 bzw. 2463 mm Radstand. Beide gab es auch als Kombi, den Pinto allerdings erst ab 1972. Der Pinto brauchte von der Idee, für die ebenfalls Lee Iacocca verantwortlich zeichnete, bis zum Ausstellungsraum nicht einmal drei Jahre. Als Antrieb dienten zwei europäische Vierzylinder, und zwar ein 1,6-Liter-Aggregat mit 75 PS und hängenden Ventilen aus Großbritannien und ein 2,0-Liter-Motor mit 100 PS und obenliegender Nockenwelle aus Deutschland. Der Vega war amerikanischer. Er besaß einen speziell konstruierten 2,3-Liter-Vierzylinder mit Zahnriemensteuerung für die obenliegende Nockenwelle, der in seinen beiden Ausführungen 90 bzw. 110 PS leistete. Der Pinto kostete 1.919-2.062 Dollar, der Vega 2.090-2.328 Dollar.

Im ersten Modelljahr lag der Pinto mit 352.402 verkauften Einheiten vor dem Vega mit 269.905; an dieser Reihenfolge änderte sich auch nichts, bis der Vega zum Ende des Modelljahres 1977 auslief. Beide Modelle waren nicht frei von Problemen: Der Pinto zog sich heftige Kritik in bezug auf die Sicherheit zu, der Vega hatte mit Rost, rauh laufenden Motoren, austretendem Öl und verzogenen Zylinderköpfen zu kämpfen. Außerdem litt er unter einer Art Identitätskrise, wie es schon beim Corvair der Fall gewesen war. Geplant als billige Massenlimousine, bekam er das Image eines sportlichen Kleinwagens für einen speziellen Marktbereich, das durch das Coupé mit Stufenheck noch verstärkt wurde. 1975 kam ein eindeutig sportliches Modell heraus, das mit dem von der britischen Firma Cosworth Engineering Ltd. entwickelten 16V-Motor mit zwei obenliegenden Nockenwellen ausgestattet war. Es mag wie Ironie anmuten, daß Cosworth ausgerechnet durch einen Fordmotor, die in zahllosen Formel-1-Rennwagen eingesetzte Dreilitermaschine, bekannt geworden war.

Cosworths Arbeit für General Motors stand unter keinem günstigen Stern. Die Entwicklungszeit war sehr lang, denn John DeLorean hatte schon 1969 einen Cosworth-Motor für den Vega geplant, mehr als ein Jahr, bevor der Wagen auf den Markt kam. Aber der Cosworth-Vega erschien erst im Mai 1975, und zu diesem Zeitpunkt hatten die strengeren Abgasbestimmungen bereits kräftig an seiner Leistung genagt. Die ersten Prototypen von 1971 hatten noch 180 PS, die eine wirklich gute Leistung versprachen, aber der Serienmotor von 1975 kam nur noch auf 110 PS, mit der daraus resultierenden Beschleunigung von 12,3 Sekunden bis auf 100 km/h lag der Wagen etwa gleichauf mit dem VW Golf und war bestimmt kein BMW-Konkurrent, wie ihn sich Chevrolet versprochen hatte. Dabei kostete der Cosworth mit 5.196 Dollar viel mehr als der Golf und fast das Doppelte des normalen Vega mit Heckklappe. Die jungen Käufer, auf die der Wagen abzielte, konnten sich ihn sich entweder nicht leisten oder zahlten lieber 900 Dollar mehr und nahmen einen Corvette. Aus dem geplanten Verkauf von 5.000 Cosworth-Vega im Jahr wurden nur 3.508 in zwei Jahren; 1.500 Motoren wurden verschrottet.

Der Vega blieb bis 1977 in der Chevrolet-Modellpalette, bekam aber 1976 als kleineren Bruder den Chevette. Das war das erste Weltauto von General Motors, das binnen kurzer Zeit in fünf Ländern gebaut wurde, nämlich Brasilien, USA, Großbritannien Deutschland und Japan. In den

▼ Wie in den Jahrzehnten zuvor wurden in den siebziger Jahren überall Straßen gebaut, instand gesetzt und ausgebaut. Diese Bilder zeigen die M-84 in Saginaw, Michigan, vor und nach der Instandsetzung im Herbst 1975.

Michigan Department of Highways

1990er Cadillac Fleetwood ▲ ▶

Fleetwood hatte seit Ende der zwanziger Jahre für Cadillac Karosserien geliefert, auch nach dem Krieg trugen viele geschlossene Modelle diesen Namen, speziell Limousine mit langem Radstand. Der 90er Fleetwood war ein frontgetriebener Wagen mit C-Karosserie, dessen 4,5-Liter-V8 mit Benzineinspritzung 185 PS leistete. Im Hintergrund stehen ältere Cadillac-Modelle aus den Jahren (von links nach rechts) 1939, 1946, 1954, 1967 und 1976.

Cadillac Division, General Motors

drei erstgenannten Ländern hieß der Wagen Chevette, in Deutschland Opel Kadett und in Japan Isuzu Gemini. Der konventionelle Kleinwagen (2.395 mm Radstand) im europäischen Zuschnitt besaß Frontmotor, Heckantrieb und eine selbsttragende Karosserie und wurde ursprünglich nur als Dreitürer gebaut. 1978 kam ein Fünftürer mit 2.471 mm Radstand. Als Motoren standen zwei Vierzylinder zur Wahl, mit 1,3 Litern Hubraum und 52 PS bzw. 1,6 Litern Hubraum und 60 PS. Diese Motoren besaßen Graugußblöcke statt der Aluminiumblöcke beim Vega, hatten aber die Zahnriemensteuerung für die obenliegende Nockenwelle behalten.

Der Chevette kostete in der Basisausführung Scooter bescheidene 2.899 Dollar, wobei allerdings die meisten Käufer lieber 199 Dollar mehr auf den Tisch legten, um die vollständiger ausgestattete Version zu bekommen. Chevrolet richtete sich 1976 auf den Bau von 275.000 Einheiten ein, konnte aber nur 187.817 verkaufen, was sicherlich auch daran lag, daß die Auswirkungen der Ölkrise langsam nachließen und daß die Amerikaner wieder größere Autos kauften. Langfristig wurde der Chevette mit 451.161 Einheiten 1980 und 433.600 1981, als die Palette um einen Diesel erweitert wurde, allerdings durchaus ein Erfolg. In späteren Jahren erreichte er diese Zahlen jedoch

1990er Chevrolet Blazer 4x4 ▲▼

Der robuste Allradler mit guter Geländegängigkeit war seit den sechziger Jahren bei allen amerikanischen Herstellern beliebt. Auch er wurde Anfang der achtziger Jahre kleiner. Chevrolet brachte im September 1982 als kleineren Bruder des Blazer den Blazer S, der als Zwei- und Viertürer bis 1990 mit einem 4,3-Liter-Sechszylinder gebaut wurde.

Chevrolet Division, General Motors

nicht mehr und blieb hinter moderneren frontgetriebenen Kleinwagen wie Ford Escort und verschiedenen Importen zurück. Der Chevette hielt sich noch bis 1987, doch zu diesem Zeitpunkt war das untere Ende der Chevrolet-Palette schon vom Dreizylinder-Sprint übernommen worden, bei dem es sich in Wahrheit um den in Japan gebauten Suzuki Swift handelte. Für 1989 wurde der Sprint in Geo Metro umgetauft und kam damit zu Geo, einer eigenständigen Marke unter Chevrolet. Weitere Geo-Modelle waren die importierten Spectrum (Isuzu) und Tracker (Suzuki 4x4) sowie der in Kalifornien gebaute, aber von Toyota konstruierte Nova.

Ford baute den Pinto noch bis zum Modelljahr 1980 und kam auf eine Stückzahl von insgesamt 3.150.313 Einheiten. Von 1975 bis 1979 stand wahlweise ein 2,8-Liter-Sechszylinder von Ford Deutschland zur Verfügung. Das Design änderte sich nach und nach, aber auch 1980 war noch deutlich das rundliche Heck zu erkennen, mit dem der Wagen im Herbst 1970 auf den Markt gekommen war. 1975 erschien eine Mercury-Version mit der Bezeichnung Bobcat, die etwa 400 Dollar teurer als der entsprechende Pinto, dafür aber auch besser ausgestattet war. Der Bobcat hielt sich wie der Pinto bis zum Ende des Modelljahres 1980.

Für 1981 ersetzte Ford den Pinto durch sein eigenes Weltauto, den Escort. Hierbei handelte es sich um eine Neukonstruktion mit quer eingebautem Frontmotor und Frontantrieb, wobei der Name Escort schon seit 1968 für heckgetriebene britische und deutsche Ford-Modelle verwendet worden war. Unter dem Codewort Erika wurde der neue kleine Ford in Dearborn konstruiert, aber für die Fertigung in Europa ausgelegt, wo mehr Erfahrung mit kleinen Vierzylindern vorhanden war. Der Escort-Motor besaß wie der des Chevette einen Graugußblock mit Ansaugkrümmer und Zylinderköpfen aus Aluminium. Die Brennräume waren wie bei den Muskelautos von Chrysler hemisphärisch ausgebildet, aber darum wurde kein großes Aufheben gemacht. Der Motor hatte 1.599 cm³ Hubraum und leistete 65 PS, die 1983 auf 72 bzw. 88 PS und 1984 in der Turboversion auf 120 PS stiegen.

Die Kraftübertragung erfolgte über eine Vierstufenautomatik, neben der ab 1983 ein Fünfgang-Schaltgetriebe erhältlich war. Von den Aufbauten her ähnelte der Escort den europäischen Varianten. Es gab ihn als Dreitürer mit Heckklappe, viertürigen Kombi und an 1982 auch als Fünftürer. Das Mercury-Äquivalent hieß Lynx. Als Kabrio und in der Sportversion XR3, beide in Europa sehr beliebt, wurde der Escort in den Vereinigten Staaten nie gebaut.

1982 kam unter der Bezeichnung EXP ein neues Coupé, das vom Escort abgeleitet war. Als erster Ford-Zweisitzer nach dem Original-Thunderbird hatte es den gleichen Radstand und die gleichen Motoren wie der Escort, aber ein völlig neue Karosserie. Der Verkauf lief allerdings nicht sehr gut. Jeder wußte, daß es sich um einen Escort im neuen Gewand handelte, der zudem noch 1.000 Dollar mehr kostete. Während der EXP sich bis 1988 halten konnte, segnete der entsprechende Mercury, der LN7, bereits 1983 wieder das Zeitliche.

Der Escort war in den Vereinigten Staaten mehrere Jahre lang das meistverkaufte Ford-Modell, aber die Gewinnmarge pro Fahrzeug lag sehr niedrig, und eine Zeitlang mußte Ford netto sogar bei jedem Escort zuzahlen. Für das Modelljahr 1990 sah sich das Unternehmen daher im Ausland nach einem Ersatz um. Das neue Modell hieß zwar weiterhin Escort, war aber ein Mazda 323 mit anderem Blechkleid. Unter der Haube taten im Basismodell ein 1,9-Liter-Vierzylinder von Ford und im GT ein 1,8-Liter-Vierzylinder mit zwei Nockenwellen von Mazda ihren Dienst, der 127 PS leistete. Trotz der Tatsache, daß

die gesamte technische Arbeit in Japan getan worden war, kostete der neue Escort Ford noch zwei Milliarden Dollar. Da ist es wohl kein Wunder, daß immer mehr amerikanische Autohersteller sich ihre neuen Modelle mit ausländischen Unternehmen teilen.

Die Kleinwagen von Chrysler basierten ab 1970 sämtlich auf ausländischen Konstruktionen. Von 1971 bis 1977 waren es Importe: Der Plymouth Cricket der Jahre 1971–1973 beruhte auf dem Hillman Avenger, und der Plymouth Arrow und der Dodge Colt der Jahre 1971–1977 waren Mitsubishis. Für 1978 brachte Chrysler den Dodge Omni und den Plymouth Horizon, einander sehr ähnliche frontgetriebene Fünftürer, deren Design auf dem europäischen Chrysler Horizon beruhte. Im Gegensatz zu Cricket und Colt wurden Horizon und Omni in den Vereinigten Staaten gebaut und besaßen einen in den USA konstruierten 1,7-Liter-Vierzylinder, der von einem VW-Motor abgeleitet war. 1979 tat Chrysler es Ford nach und bot ein sportlich aussehendes Coupé auf der Basis seines Kleinwagens an. Der Dodge 024 bzw. Plymouth TC3 hatte einen um 6,5 cm kürzeren Radstand und kostete als 2+2-Sitzer 400 Dollar mehr als der Fünftürer. Beide waren 1982 dann bei Plymouth als Sparmodelle zum gleichen Preis von 5.299 Dollar zu haben. 1983 wurden aus dem 024 der Charger und aus dem TC3 der Turismo. Die Fünftürer Omni und Horizon hielten sich bis Dezember 1989 im Programm und wurden dann durch Mitsubishi-Modelle, für die Chrysler den Vertrieb übernommen hatte, bzw. den Dodge Shadow und den Plymouth Sundance ersetzt. Diese im Jahr 1986 vorgestellten Limousinen waren im Radstand fünf Zentimeter kürzer als der Horizon, durch größere Überhänge aber insgesamt länger.

1977er Ford LTD II ◄ ▼

Die Bezeichnung LTD erschien zum ersten Mal 1965 und bedeutete damals eine gehobene Innenausstattung für den Galaxie mit Hardtop. Ab 1967 wurde der LTD zu einer eigenständigen Reihe, die zwar die gleichen Motoren und Blechteile wie der Galaxie hatte, aber durchgehend 550–600 Dollar teurer war. Neben dem normalgroßen LTD mit 3073 mm Radstand, der bis 1978 gebaut wurde, kam 1977 der LTD II mit 2896 bzw. 2997 mm Radstand, bei dem es sich aber eigentlich um den mittelgroßen Torino mit neuem Blechkleid in den Varianten Coupé, Limousine und Kombi handelte. Der LTD II wurde serienmäßig mit dem 5,8-Liter-V8 geliefert, war aber auch mit einem 6,6-Liter-Motor zu haben, der allerdings auch nur 173 PS leistete.

Besitzer: Nicky und Becky Wright

IN WASHINGTON KONSTRUIERT?

Bis Ende der sechziger Jahre spielten für den Automobilbau zwei Interessengruppen die beherrschende Rolle, nämlich die Kunden auf der einen und die »Buchhalter« der Hersteller auf der anderen Seite. Die Techniker und Designer jonglierten mit dem, was sie für den Geschmack der Käufer hielten, und den Einschränkungen, die ihnen die Finanzen auferlegten. Manchmal lagen sie – wie beim Chrysler Airflow – im Hinblick auf die Käuferwünsche ziemlich daneben, nicht selten mußten sie sich den finanziellen Zwängen beugen und auf technische Neuerungen verzichten. Dann kam plötzlich ein dritter Faktor hinzu, die Bürokraten in Washington, deren Gesetze und Vorschriften Techniker und Buchhalter gleichermaßen verunsicherten.

Es ist kaum eine Übertreibung, wenn man behauptet,

1980er Cadillac Seville ▲

Der Seville war eines der Autos, die es von 1978 bis 1985 auch mit Dieselmotor gab. Er war der erste Cadillac, der als direkter Konkurrent für ein Importauto in der US-Mittelklasse gebaut wurde, den Mercedes-Benz 450. Mit 2.903 mm Radstand beträchtlich kleiner als jeder andere Cadillac, war er gleichzeitig auch fast der teuerste. Der 75er Seville kostete 12.479 Dollar, das hier abgebildete 80er Modell mit neuem Blechkleid kam auf 20.477 Dollar. Die scharfen Kanten der Heckpartie erinnerten ein wenig an manche Rolls-Royce-Karosserien aus der Vorkriegszeit und verliehen dem Seville der zweiten Generation mehr Individualität, als sein Vorgänger besessen hatte. Nach 1985 stand der Name Seville auf einer neuen frontgetriebenen Limousine, die das gleiche Chassis besaß wie der Eldorado.

Besitzer: Brent und Nancy Stewart

daß sich in den sechziger Jahren ein Großteil der Entscheidungsgewalt von Detroit nach Washington verlagerte. Indem der Gesetzgeber Normen für Benzinverbrauch, Abgasausstoß und Sicherheit festlegte, zwang er die Hersteller, sich viel intensiver mit Bereichen wie Motorkonstruktion, Stoßfängern, Sicherheitsgurten, Airbags und ähnlichen zu befassen.

Sorgen angesichts der Autoabgase machte man sich zuerst in Kalifornien, dort besonders in Los Angeles, wo die Kombination von Sonnenschein und Abgas regelmäßig Smog verursachte, der für Kinder und anfällige ältere

Menschen so gefährlich war, daß sie an manchen Tagen nicht ins Freie durften. Sogar 1988, nach 20 Jahren Umweltschutzgesetzgebung, gab es noch 75 solcher Tage. Das führte zu drastischeren Beschlüssen wie etwa dem, die Stadt ab 2007 für Benzinfahrzeuge zu sperren. Martin Wachs, Professor für Stadtplanung an der Universität Kalifornien in Los Angeles, bezweifelt, daß das möglich sein wird, meint aber, allein die Zielsetzung könne zumindest dazu führen, daß die Menschen sich mit dem Problem beschäftigen.

Das wichtigste Anliegen des Gesetzgebers war es, die Menge an Kohlenwasserstoffen, Kohlenmonoxid und Stickoxiden im Abgas zu reduzieren. Das ging am besten mit dem Katalysator. Ein ungeregelter Motor produziert 84 g/ml Kohlenmonoxid; als Grenzwert gelten heute in den USA 3,4 g/ml, im Jahre 2000 sollen 1,7 g/ml erreicht sein. Bei den Kohlenwasserstoffen lauten die entsprechenden Zahlen 10,6 g/ml für den ungeregelten Motor, 0,41 g/ml für den heutigen Grenzwert und 0,125 g/ml für das Jahr 2000. Das zeigt wohl, wie wirkungsvoll der Katalysator sein kann. Der Kat hat aber zwei Nachteile: Er wandelt die unerwünschten Emmissionen in Wasser, Kohlendioxid und Stickstoff um, Kohlendioxid gilt als wesentlicher Faktor für den Treibhauseffekt, der weltweit zur Erwärmung der Atmosphäre führt. Außerdem läßt die Wirkung des Katalysators mit der Zeit nach; nach Angaben der amerikanischen Umweltschutzbehörde EPA* könnte es passieren, daß nach 80.000 Kilometern die Abgase den Katalysator praktisch unbehandelt verlassen. In diesem Zusammenhang müßten – wie etwa in der Bundesrepublik Deutschland – regelmäßige Abgasuntersuchungen vorgeschrieben werden, die in Kalifornien nur auf freiwilliger Basis durchgeführt werden und sich besonders in Los Angeles eines regen Zuspruchs erfreuen.

Der Emmissionsschutz begann in Kalifornien Mitte der sechziger Jahre mit der Kurbelgehäuse-Entlüftung. 1973 wurde als Mittel zur Reduzierung der Stickoxide die Abgasrückführung vorgeschrieben. Das führte in Verbindung mit niedrigerer Verdichtung besonders bei großen Motoren zu einem drastischen Leistungsrückgang. Ein 7,5-Liter-Motor von Lincoln leistete 1971 noch 365 PS, ein Jahr darauf nur noch 224 PS und 1976 noch 202 PS. Motoren wie der 426er mit hemisphärischen Brennraum wurden ab 1971 ganz aus der Produktion genommen, der 7,2-Liter-V8 von Chrysler sank von stolzen 385 PS 1971 auf »erbärmliche« 195 PS 1977 und wurde anschließend eingestellt.

Bis in die fünfziger Jahre hatte Amerika seinen Gesamten Ölbedarf aus eigenen Quellen gedeckt. Im Jahrzehnt darauf kam es zu einer beträchtlichen Zunahme des Verbrauchs, die aber nicht mit einer entsprechenden Steigerung der Ölförderung einherging, so daß das Land immer mehr auf Importe angewiesen war, die überwiegend aus den arabischen Ländern kamen. Der arabisch-israelische Krieg von 1973 ließ den Ölpreis in die Höhe schnellen, während gleichzeitig die Lieferungen an mit Israel befreundete Staaten gekürzt wurden. Als die Mineralölkonzerne eine fünfzehnprozentige Preiserhöhung anboten, forderten die Ölproduzenten 70 Prozent – und bekamen sie, zusammen mit einer fünfprozentigen Kürzung der geförderten Menge.

Die unmittelbare Wirkung der Benzinknappheit bestand in einem scharfen Rückgang der Verkaufszahlen bei großen Autos. Am schlimmsten traf es die Hersteller großer Wagen in der mittleren Preisklasse, beispielsweise Mercury, dessen Modelle Monterey und Marquis zwischen 1973 und 1974 einen Absatzrückgang von 184.346 auf 88.593 Einheiten hinnehmen mußten. Das Werk St. Louis mußte zeitweilig sogar geschlossen werden, weil täglich mehr Autos gebaut wurden, als man für den Rest des Modelljahres benötigte. Unmittelbar war dagegen zwar nichts zu machen, aber nach und nach wurden im weiteren Verlauf der siebziger Jahre auch die großen Autos allmählich kleiner, zwar sowohl vom Hubraum als auch von der Länge her. Der Cadillac De Ville von 1977 hatte einen 22 cm kürzeren Radstand und war gut 400 kg leichter als sein Vorgänger aus dem Jahr zuvor. 1981 hatte er weitere 90 kg verloren, und das 85er Modell war weitere 27 cm kürzer.

Das war der Zeitraum, in dem die US-Regierung sich für den Benzinverbrauch zu interessieren begann, um den

1986er Chrysler LeBaron Convertible ▶
Chrysler war der erste große US-Hersteller, der – 1970 – den Bau von Kabrios aufgab, aber auch der erste, der – ab 1982 – wieder das »Oben ohne«-Fahren ermöglichte. Der LeBaron basierte auf dem Rahmen des K-Car und wurde mit 2,2-Liter-Chrysler- und 2,6-Liter-Mitsubishi-Motor angeboten, beides Vierzylinder. Die nachgemachten Holzpaneele sollten an das »Town & Country«-Kabrio aus den vierziger Jahren erinnern und waren auch bei einer Kombi-Ausführung zu haben. Mit 17.595 Dollar war das hier abgebildete Kabrio mit Ausnahme der nur in sehr begrenzter Auflage gebauten Limousine mit getrenntem Fahrersitz der teuerste Chrysler des Jahres 1986.

Chrysler Corporation

* Environmental Protection Agency

◀ Man schreibt den 21. April 1976, zwölf Minuten nach zehn Uhr, als Amerikas letztes Serienkabrio im Cadillac-Werk Detroit vom Band rollt. Der ganz in weiß gehaltene Fleetwood Eldorado mit dem passenden Kennzeichen wird von Generaldirektor Edward C. Kennard gefahren, neben ihm Produktionsleiter Bud Brawner und der Detroiter Oberbürgermeister Coleman Young. Zu diesem Zeitpunkt wußte noch niemand, daß Cadillac acht Jahre später wieder ein Kabrio herausbringen würde.

General Motors

sich die Hersteller nie groß gekümmert hatten. 1976 wurde ein Energiespargesetz beschlossen, das für alle Hersteller einen sogenannten Flottenverbrauch festlegte, der 1978 zunächst bei 13,1 l/100 km begann und 1992 bereits auf 8,5 l/100 km gesunken war. Hierbei handelt es sich um den Durchschnittswert für alle Modelle, die Hersteller können sich die drei vergangenen oder die drei folgenden Jahre anrechnen lassen. Die Strafe bei Nichteinhaltung ist hoch: 0,5 l/100 km mehr kosten fünf Dollar mal Anzahl der gebauten Fahrzeuge. Importfahrzeuge werden gesondert berechnet; als Import gilt dabei jedes Auto, das weniger als 75 Prozent amerikanische Teile enthält. Das hat zu der lächerlichen Situation geführt, daß Ford seine großen Modelle Crown Victoria und Mercury Marquis mit ausländischen Komponenten überfrachtet, damit der hohe Benzinverbrauch nicht auf die anderen Modelle angerechnet wird. Weiterhin wird beim Kauf eines Autos heute eine zusätzliche »Säufer«-Steuer fällig, wenn der Verbrauch über 10,4 l/100 km liegt. 1986 brachte diese Steuer dem Staat 116,8 Millionen Dollar ein.

Ein weiterer Versuch, die Autos sparsamer zu machen und die Umwelt zu entlasten, bestand in der Verwendung alternativer Kraftstoffe. Dabei sollten bleifreies Benzin und Methanol dem Umweltschutz dienen, Diesel sollte den Verbrauch senken. Dieselmotoren waren in Europa seit Anfang der dreißiger Jahre in Lastwagen im Einsatz gewesen, Mercedes-Benz hatte schon 1936 einen Pkw mit Dieselmotor angeboten. In Amerika hatte man sich auch bei schweren Lkw nicht so recht zum Dieselmotor entschließen können, erst 1978 erschien der erste Pkw mit Diesel, ein 5,7-Liter-Motor von Oldsmobile, der die gleichen Abmessungen wie der entsprechende Benziner besaß, aber an Block, Zylinderköpfen, Kurbelwelle und Kolben modifiziert worden war. Er verbrauchte 25 Prozent weniger Kraftstoff als der Benziner, kostete aber 735–895 Dollar mehr und leistete 50 PS weniger.

▶ Um die anhaltende Nachfrage nach Kabrios zu stillen, boten mehrere Firmen Umbauten auf der Basis von Cadillac und anderen an. Dieser Viertürer stammt von der Firma American Customs Coachworks in Beverly Hills, die mit dem Cadillac De Ville und dem Cadillac Fleetwood Brougham als Basisfahrzeugen arbeitete.

American Customs Coachworks

1980er Pontiac Phoenix LJ ◄▼
Der Phoenix war einer der X-Cars von General Motors und damit ein Bruder von Buick Skylark, Chevrolet Citation und Oldsmobile Omega. Der 2,5-Liter-Vierzylinder all dieser Modelle wurde von Pontiac gebaut; daneben gab es noch einen 2,8-Liter-V6. Als Karosserievarianten standen ein Fünftürer und ein zweitüriges Coupé in den beiden Ausführungen Standard und LJ zur Verfügung. Der hier gezeigte LJ mit Vierzylindermotor kostete 6.127 Dollar. An Sonderausstattung gab es unter anderem ein Schiebedach für 240 Dollar und eine Zweifarbenlackierung für 163 Dollar.

Besitzer: Homer D. Brown

Für 1979 bot Oldsmobile neben dem 5,7-Liter- einen 4,3-Liter-V8-Diesel an und ab 1982 einen 4,3-Liter-V6-Diesel. Da Oldsmobile alle Dieselmotoren für General Motors baute, gab es die gleichen Motoren auch bei Buick, Cadillac, Chevrolet und Pontiac. Niedrige Literleistung, hoher Geräuschpegel und schlechtes Startverhalten bei Kälte dämpften jedoch die Begeisterung über den Diesel, nach der Ölkrise ließ der Verkauf merklich nach. General Motors hatte seinen letzten Diesel 1985 im Programm, während Ford die Modelle Escort, Tempo und Mercury Lynx noch bis 1987 mit einem kleinen Vierzylinder-Diesel anbot. Die einzigen Dieselmodelle, die der US-Markt 1991 noch hergab, waren der VW Jetta und der Mercedes-Benz 190.

Bleitetraäthyl wurde dem Benzin in den zwanziger Jahren beigemischt, um das durch die langen, flachen Brennräume verursachte Klopfen zu verhindern. Diese Beimischung wurde ohne großen Kommentar beibehalten, bis in den sechziger Jahren der zunehmende Einsatz des Katalysators den Verzicht auf das Blei erforderlich machte, weil es den Kat schnell unwirksam macht. Aber auch das sogenannte bleifreie Benzin enthält noch eine geringe Menge Bleitetraäthyl, die allerdings durch die Umweltschutzbehörde zunächst auf 0,1 g/l, dann im Dezember 1986 auf 0,05 g/l und schließlich im September 1988 auf 0,02 g/l begrenzt wurde. Es gab zunächst weiterhin verbleites Benzin, allerdings in immer geringeren Mengen, 1989 war es in manchen größeren Städten dann schon nicht mehr zu bekommen.

Methanol ist ein hochoktaniger Kraftstoff aus Kohle oder Erdgas, bei dessen Verbrennung nur wenige Kohlenwasserstoffe entstehen, so daß er nicht zum Entstehen von Smog beiträgt. Dafür ist der Kohlendioxidausstoß sehr hoch. Ende der achtziger Jahre boten sowohl Ford als auch General Motors Motoren an, die mit Methanol und Benzin sowie mit einer Methanol-Benzin-Mischung liefen. Man erwartet, daß 1993 mindestens 100.000 Pkw, leichte Lkw und Busse mit Mehrstoffmotoren gebaut werden. Die beiden Gasunternehmen Arco und Chevron wollen an vielen ihrer Verkaufsstellen Methanol anbieten.

Der andere Bereich, in dem Washington zunehmend in die Autokonstruktion eingriff, war die Sicherheit. Jahrelang war man sich in der Autoindustrie einig gewesen, daß Sicherheit kein Verkaufsargument war. Einige wenige Hersteller hatten halbherzige Gesten in Richtung Sicherheit gemacht – Chrysler veranstaltete mit seinem Airflow in der Öffentlichkeit Überschlagversuche, um die Festigkeit der selbsttragenden Karosserie zu zeigen, Muntz stattete sein 52er Kabrio mit Sicherheitsgurten aus. Ralph Nader konzentrierte sich in seinem 1965 erschienenen Buch darauf, daß die Industrie auf die Nutzung verfügbarer Sicherheitstechnik verzichtete. Er beklagte sich darüber, daß Buick Störungen an seiner Servobremsanlage gleichgültig gegenüberstehe und daß Cadillac seine Heckflossen erst geändert habe, als mehrere Fußgänger und Radfahrer sich daran aufgespießt hatten. An seinen Anschuldigungen gegen den Corvair mag etwas Wahres gewesen sein, aber der Pinto war mit Sicherheit für mehr Todesfälle und Schadenersatzklagen verantwortlich, als dem Corvair je zuzuschreiben waren.

Im Mai 1972 wollte die Hausfrau Lily Gray mit ihrem neuen Pinto in eine Schnellstraße einfahren. Der Motor ging aus, bevor sie ihn wieder anlassen konnte, fuhr das nachfolgende Fahrzeug auf. Der Benzintank, eingequetscht zwischen hinterer Stoßstange und Achse, zerbarst, Benzindämpfe gelangten in den Innenraum und explodierten. Lily Gray starb kurz darauf, ihr Beifahrer, der 13jährige Richard Grimshaw erlitt so schwere Verbrennungen, daß er praktisch bis zum zwanzigsten Lebensjahr von Operationstisch zu Operationstisch weitergereicht wurde, wo die Ärzte heldenhafte Anstrengungen unternahmen, ihm wieder ein Gesicht zu geben.

Im Laufe der nächsten Jahre kamen, vorsichtig geschätzt, 59 weitere Pinto-Fahrer und -Beifahrer auf die gleiche Weise um. Die Ursache war darin zu suchen, daß die Ford-Ingenieure im Heckbereich Teile des Rahmens herausgenommen hatten, um das Gewicht des Wagens unter 900 kg zu halten, und daß dadurch der Benzintank weniger geschützt war als bei schwereren Autos. Außerdem war der Einfüllstutzen so eingebaut, daß er bei einem

1988er Chevrolet Cavalier RS Coupé ▶
Der Chevrolet Cavalier aus der J-Car-Familie von General Motors kam 1982 als Ersatz für den Monza. Er besaß wie seine Brüder einen quer eingebauten Vierzylinder, der die Vorderräder antrieb, war als zwei- und viertürige Limousine, Dreitürer mit Heckklappe und fünftüriger Kombi zu haben. Fünfganggetriebe und Benzineinspritzung standen ab 1983 im Programm. Der hier abgebildete 88er RS Coupé kostete 9.175 Dollar.
Chevrolet Division, General Motors

Heckaufprall leicht abriß, so daß Benzin in den Innenraum gelangte.

Das Sparen an der Sicherheit kam Ford teuer zu stehen. Der Richter sprach Richard Grimshaw 3,5 Millionen Dollar direkten Schadenersatz und weitere 125 Millionen Dollar als Schadenersatz aus einer strafbaren Handlung zu, die allerdings in der zweiten Instanz auf drei Millionen reduziert wurden. Aber auch so kostete der Fall Ford immerhin noch 6,5 Millionen Dollar plus Zinsen, und die waren nicht unbeträchtlich, da das endgültige Urteil erst im Mai 1986 erging, als Grimshaw bereits 27 Jahre alt war. Weitere Fälle folgten, darunter eine Anklage wegen grob fahrlässiger Tötung. Damit wurde zum ersten Mal ein Autohersteller einer strafbaren Handlung beschuldigt. Ford wurde in diesem Fall freigesprochen, aber für unschöne Schlagzeilen war gesorgt, zumal in diesem Zusammenhang auch noch herauskam, wie geringschätzig Henry Ford II. der Sicherheit seiner Kunden gegenüberstand.

Der Rahmen des Pinto wurde in der Folge ordnungsgemäß verstärkt, was den Wagen aber 275 kg schwerer werden ließ. Der Pinto war einer der Auslöser dafür, daß die Hersteller sich stärker mit der Sicherheit befaßten. Mitte der siebziger Jahre wurde gesetzlich geregelt, wie hoch die Stoßfänger sitzen mußten und wie stark sich Heck- und Frontpartie bei einem Aufprall mit 50 km/h verformen durften. Zehn Jahre danach kamen Normen für den Seitenaufprall mit 50 km/h auf ein mit 25 km/h fahrendes Fahrzeug hinzu. Kurzfristig kam es in Mode, alle möglichen Sicherheitstechniken in sogenannten experimentellen Sicherheitsfahrzeugen zusammenzufassen. Im Juni 1970 stellte der damalige US-Verkehrsminister John Volpe mehrere Millionen Dollar für den Bau solcher Fahrzeuge zur Verfügung, die einen Aufprall mit 15 km/h ohne Schäden an den Stoßfängern und einen Aufprall mit 80 km/h ohne Verletzung der Insassen überstehen mußten.

1991er Chevrolet Cavalier Z24 ◀ ▶
Der Cavalier tauchte bei Chevrolet in der 82er Modellpalette als einer der von allen fünf GM-Unternehmen sowie in Großbritannien, Deutschland und Australien angebotenen J-Cars auf. Im Laufe von zehn Jahren kamen 1983 ein Fünfganggetriebe, 1984 ein Kabrio und eine neue Frontpartie und 1985 das »Minimuskelauto« Z24 mit 2,8-Liter-V6 mit 125 PS. Der hier abgebildete 91er Z24 hatte serienmäßig einen größeren V-Sechszylinder mit 3.097 cm³ Hubraum, Sportfahrwerk und Fünfganggetriebe.
Chevrolet Division, General Motors

1990er Pontiac Sunbird LE ▼ ▶
Der Sunbird war der J-Car von Pontiac. Er hieß bis 1984 zunächst J-2000, dann 2000 Sunbird und schließlich schlicht und einfach Sunbird. Das Kabrio wurde 1984 in die Modellpalette aufgenommen und neben einer viertürigen Limousine und einem zweitürigen Coupé auch 1990 noch gebaut. Als Antrieb diente ein 2,0-Liter-Vierzylinder, der in der Normalausführung 95 PS und mit Turbolader 165 PS leistete.
Pontiac Division, General Motors

Die Resultate waren teilweise ziemlich grotesk, z.B. eine vordere Stoßstange, die ab 40 km/h automatisch 30 cm ausgefahren wurde. Bei General Motors sollten Polster die Insassen bei einem Aufprall mit 50 km/h schützen, bevor der Airbag erfunden wurde. Die Kehrseite all dieser Fahrzeuge war ihr hohes Gewicht. Das trug wohl mit dazu bei, daß sie infolge der Ölkrise langsam, aber sicher in Vergessenheit gerieten.

Die beiden Sicherheitsvorrichtungen, die den Weg in die Produktion fanden, waren der Sicherheitsgurt und der Airbag. Sicherheitsgurte hatte es zum ersten Mal 1952 bei Nash und Muntz gegeben; 1970 gehörten Aktivgurte (die man selbst anlegen mußte) bei allen Neufahrzeugen zur Serienausstattung. Bis zur Gurtpflicht dauerte es allerdings noch ein wenig länger: Sie wurde als erstes 1971 im australischen Bundesstaat Victoria eingeführt und nahm von dort aus in den achtziger Jahren ihren Weg durch ganz Europa. In den Vereinigten Staaten wurden die Autohersteller aufgefordert, Passivgurte einzubauen, die sich automatisch anlegten. Passivgurte sollten bereits 1990 Pflicht werden, aber dieser Termin wurde bis 1994 verlängert.

Der Airbag bläst sich bei einer Kollision innerhalb von 40 Millisekunden auf und schützt den Fahrer davor, gegen Lenksäule und Windschutzscheibe zu prallen. Er nützt aber nur etwas, wenn der Aufprall in einem Winkel von maximal dreißig Grad beidseits der Fahrzeuglängsachse stattfindet. Bei einem Seitenaufprall ist er wertlos. Es gab Befürchtungen, die explosionsartige Druckerhöhung im Fahrzeug könne die Fenster aus dem Rahmen katapultieren oder die Trommelfelle der Insassen zerplatzen lassen. Dafür ließen sich bislang aber noch keine Beweise finden. Bereits 1974 stattete Mercury im Auftrag einer Versicherungsgesellschaft eine Reihe von Fahrzeugen mit Airbag aus, auch bei Oldsmobile stand der Airbag ab 1974 mehrere Jahre im Zubehörkatalog, wurde aber nur selten geordert. Ende der achtziger Jahre boten die Großen Drei den Airbag für eine Reihe von Modellen an, meist nur für den Fahrer, selten für den Beifahrer und in keinem Fall für die Mitfahrer im Fond.

Eines der Opfer des zunehmenden Sicherheitsbewußtseins – und der Vorliebe für Klima- und Stereoanlagen – war der Inbegriff des amerikanischen Traumautos, das Kabrio. Chrysler baute 1970 den letzten Offenen, Dodge und Plymouth 1971. Das letzte Kabrio der Ford Motor Company war ein Mercury Cougar XR-7, der am 7. Juli 1973 vom Band lief. General Motors machte noch etwas länger weiter, nämlich Buick, Chevrolet und Oldsmobile bis Ende 1975 und Cadillac bis 1976. Der Tag, an dem das letzte Cadillac-Kabrio vom Band rollte, Mittwoch, 21. April 1976, bedeutete das Ende nicht nur für das berühmte Eldorado-Kabrio, sondern auch für die gesamte Kabrio-Fertigung in den Vereinigten Staaten.

Das Werk wurde mit Bestellungen für das letzte Kabrio überschwemmt und baute zweihundert identische »letzte« Modelle, weiß lackiert mit weißem Dach, weißer Polsterung und weißen Radkappen. Die Preise schossen schnell in die Höhe (und fielen später wieder genauso schnell), und so manches Eldorado-Coupé mußte sein Dach lassen, um seinem Besitzer schnell noch ein paar Dollar mehr einzubringen. Das endgültig letzte Kabrio blieb bei Cadillac im Automuseum.

Wenn auch die Nachfrage nach Kabrios nicht so stark war, daß sich der Bau für die großen Hersteller lohnte, gab es doch Käufer dafür, und binnen eines Jahres erschienen die ersten Angebote von Karosseriebauern. Die Firma Convertibles Inc. aus Lima in Ohio bot zum Preis von 6.500 Dollar über dem Listenpreis des Eldorado-Coupés ein Kabrio an, American Customs Coachworks aus Beverly Hills in Kalifornien fertigte eine offene Version des neuen Coupé de Ville, die 37.000 Dollar kostete, während das Basisfahrzeug bereits für 9.810 Dollar zu haben war. Im Jahr darauf nahm American Customs Coachworks weitere zwei- und viertürige Cadillac-Modelle als Kabrio in das Programm auf. Einer der bekanntesten Karosseriebauer, Hess & Eisenhardt, der sich mit Kranken- und Leichenwagen einen Namen gemacht hatte, rüstete in den Jahren 1978 und 1979 über dreihundert Coupé de Ville zu Kabrios um und vertrieb sie zum Preis von 29.000 Dollar über insgesamt sechzig Cadillac-Händler.

Anfang der achtziger Jahre beschränkten sich die Karosseriebauer nicht mehr auf Cadillac, sondern arbeiteten auch mit Lincoln, Pontiac, Buick und anderen. Selbst der kompakte Pontiac Phoenix war ab 1980 bei American Customs Coachworks als Kabrio zu haben. Das rief Detroit wieder auf den Plan, und Chrysler, der erste Hersteller, der die Kabrio-Fertigung aufgegeben hatte, war auch der erste, der 1982 mit zwei Kabrios aus der Kompaktreihe LeBaron wieder auf den Markt zurückkehrte. Verantwortlich für diese Entscheidung war Lee Iacocca, der 1978 von Ford zu Chrysler gewechselt hatte. Auch der Dodge 400 war als Kabrio erhältlich.

Andere folgten dem Beispiel Chryslers. Cadillac erweckte 1984 das Eldorado-Kabrio wieder zum Leben, bei General Motors waren im gleichen Jahr der Chevrolet Cavalier und der Pontiac Sunbird wieder offen zu haben. Den Chevrolet Corvette gab es 1986, den Camaro 1987 als Kabrio. Das billigste Kabrio dieser neuen Generation war mit 10.295 Dollar der Alliance von American Motors aus dem Jahr 1985. Das war eigentlich ein Renault 9, der in geschlossener Form als Limousine Alliance und als Hecktürmodell Encore hieß, in Frankreich aber zu keinem Zeitpunkt als Kabrio angeboten wurde.

1985er Buick Regal Grand National Coupé ▲
Der heckgetriebene Regal wurde von 1978 bis 1987 gebaut und war in der T-Ausführung einer der sportlicheren Buicks mit stabilerem Chassis, verstärkter Aufhängung und Breitreifen. Beim Grand National, der von Mitte 1982 bis Ende 1987 gebaut wurde, handelte es sich um eine Reminiszenz an die »Grand National«-Rennen der NASCAR. Sein 5,3-Liter-V6 mit Turbolader leistete 200 PS. 1985 wurden bei einer Regal-Gesamtproduktion von 124.546 Einheiten nur 2.102 Grand National gefertigt.
Besitzer: Pat Janisch

STANDARDISIERUNG: DIE WELT DER BUCHSTABEN

Während die Standardisierung der Aufbauten schon vor dem 2. Weltkrieg einsetzte, hat sie in den vergangenen 20 Jahren auch auf Motoren und Getriebe übergegriffen. In den achtziger Jahren war der Unterschied zwischen einem J-Car von Buick, Pontiac und Oldsmobile weitaus geringer als zwischen einem Buick J und einem Buick H. Gegen Ende des letzten Jahrzehnts erschienen Modelle, die individueller auf eine bestimmte Marke zugeschnitten waren, beispielsweise Buick Reatta und Chevrolet Beretta und Corsica.

Bei General Motors war die Produktion bereits Anfang der siebziger Jahre weitgehend standardisiert. Alle Aufbauten wurden von der Fisher Body Division gefertigt; Chevrolet teilte sich die A-Karosserie (Chevelle) und die B-Karosserie (Impala) mit allen außer Cadillac, die X-Karosserie (Nova) mit Oldsmobile und Pontiac, die F-Karosserie (Camaro) mit dem Pontiac Firebird und so weiter. Auch andere Baugruppen wurden gemeinsam genutzt, da es unwirtschaftlich gewesen wäre, wenn jedes einzelne Schwesterunternehmen seine eigenen gebaut hätte. So war Oldsmobile zuständig für die Konstruktion der Lenkung, Buick für die Bremsen, Chevrolet für die Vorderachs- und Pontiac für die Hinterachsaufhängung. Ähnlich war die Situation bei Chrysler, wo aus vier Karosserien und sieben Motoren insgesamt 35 Chrysler-, Dodge und Plymouth-Modelle entstanden.

Da neue Modelle immer teurer wurden, führte für die Hersteller kein Weg daran vorbei, die Konstruktion noch universeller einzusetzen. Ein typisches Beispiel dafür war der 1982 erschienene J-Car von General Motors. In den Vereinigten Staaten zielte der J-Car auf den Markt der importierten Qualitätsautos, speziell auf den Honda

1988er Chevrolet Corsica und Beretta ◄▼
Im März 1987 als 88er Modelle vorgestellt, brachen Corsica und Beretta insofern mit dem GM-Brauch, als sie in den anderen Unternehmen kein Gegenstück besaßen. Sie hatten eine neue Bodengruppe mit 2.626 mm Radstand und Baugruppen vom J- und vom N-Car, darunter die Einzelradaufhängung an Schraubenfedern und McPherson-Federbeinen sowie vorn Scheiben- und hinten Trommelbremsen. Auch die Motoren, ein 2,0-Liter-Vierzylinder mit 90 PS und ein 2,8-Liter-V6 mit 120/135 PS, stammten aus der J-Car-Palette. Preislich lagen Corsica und Beretta etwa 1.500-2.000 Dollar über dem entsprechenden Cavalier. Sie gehörten auch 1991 noch zu den am besten verkauften Chevrolet-Modellen.
Chevrolet Division, General Motors

Accord; daneben wurde er in Großbritannien als Vauxhall Cavalier, in Deutschland als Opel Ascona und in Australien als Holden Camira gebaut. Zum ersten Mal verwendeten alle fünf GM-Unternehmen eine einzige Konstruktion, die dann jeweils Buick Skyhawk, Chevrolet Cavalier, Oldsmobile Firenza und Pontiac J-2000 hieß. Cadillac wollte sich wohl nicht so recht zum J-Car bekennen, denn dort hieß er nicht Cadillac Cimarron, sondern »Cimarron by Cadillac« und trug kein Cadillac-Zeichen.

Alle J-Cars besaßen den gleichen Radstand von 2.570 mm, wiesen aber in den verschiedenen Karosserievarianten leichte Unterschiede in der Gesamtlänge auf, und zwar von 4,3 m beim Pontiac und Chevrolet mit Heckklappe bis hin zu 4,45 m beim Kombi. Als Antrieb dienten ein 1,8- und ein 2,0-Liter-Vierzylinder mit 84 bzw. 98 PS. Der kleinere mit obenliegender Nockenwelle wurde bei GM Brasilien gebaut, während der größere mit hängenden Ventilen bei Chevrolet entstand. Der Motor mit obenliegender Nockenwelle erhielt 1984 einen Turbolader und wurde 1987 auf zwei Liter vergrößert, als der 150 PS starke Turbomotor aus dem Programm gestrichen wurde. Alle Motoren waren quer eingebaut und trieben die Vorderräder an.

Die Preise für den J-Car lagen zwischen 6.966 Dollar für den Chevrolet Cavalier und 12.131 Dollar für den Cimarron. Wie zu erwarten war, verkaufte der Chevrolet sich am besten: Nach 270.000 im Modelljahr 1982 kam er 1984 auf 462.000 Einheiten. Es folgten Pontiac, Buick, Oldsmobile und Cadillac, dessen Cimarron es 1982 nur auf 25.968 Einheiten brachte und danach stetig in der Käufergunst sank, während die anderen ihre Verkaufszahlen stei-

1991er Chevrolet Beretta Coupé ▶ ▼

Den im März 1987 vorgestellten Beretta gab es bei keinem anderen GM-Unternehmen. Er war zwar 22 cm länger als der Cavalier, aber trotzdem in die Kompaktklasse eingestuft. Als Antrieb diente ein V-Sechszylinder mit 140 PS bzw. ein zwar kleinerer, aber stärkerer Vierzylinder mit zwei Nockenwellen, der 180 PS leistete. Der Beretta wurde in einem eigenen Werk in Wilmington gebaut.

Chevrolet Division, General Motors

gerten. Der Cimarron zielte auf den jüngeren, wohlhabenden Käufer, der nie zuvor einen Cadillac-Verkaufsraum betreten hatte, aber dieser Käufer ließ sich nicht von einem Auto anlocken, das gar nicht so anders war als der Buick Skyhawk, aber 4.200 Dollar mehr kosten sollte. Der Cimarron besaß ein paar exklusive Ausstattungsdetails wie die Lederpolsterung und, ab 1983, ein Glasschiebedach, aber das war einfach nicht genug, so daß die Verkaufszahlen bis zum letzten Jahr, 1988, stetig bis auf 6.454 Einheiten fielen. Für Cadillac hatte er jedoch den einen Vorteil, da sein mäßiger Benzindurst den Flottenverbrauch in Grenzen hielt, bis neue, kleinere Modelle zur Verfügung standen.

Der J-Car wurde im Laufe der Jahre ständig verbessert. 1984 kamen der Cavalier und der J-2000 Sunbird als Kabrio heraus, ab 1986 gab es das eine oder andere Modell auch mit V-Sechszylinder. Cavalier und Sunbird wurden auch 1992 noch gebaut. In den achtziger Jahren kamen noch zahllose andere »Buchstaben«-Autos. Der erste Fronttriebler von General Motors war der X-Car, der Mitte 1979 als Buick Skylark, Chevrolet Citation, Oldsmobile Omega und Pontiac Phoenix vorgestellt wurde. Er besaß einen quer eingebauten 2,5-Liter-Vierzylinder mit 90 PS von Pontiac, neben dem es für die meisten Modelle auch einen 2,8-Liter-V6 mit 115 PS gab, war als Drei- und Fünftürer sowie als zweitüriges Coupé erhältlich. Im August 1985 mußte der X-Car dem N-Car – Buick Skylark, Oldsmobile Cutlass und Pontiac Gran Am – mit etwas stärkeren Vier- und Sechszylindermotoren weichen.

Eigene Chevrolet-Modelle, die es bei den anderen GM-Unternehmen nicht gab, waren der Beretta und der Corsica, die im März 1987 vorgestellt wurden. Sie besaßen zwar eine neue Bodengruppe mit 2.626 mm Radstand, ansonsten aber viele Komponenten aus der N- und J-Reihe, insbesondere die Aufhängung. Serienmäßig diente der 90-PS-Vierzylinder aus dem Cavalier als Antrieb, daneben gab es einen V-Sechszylinder mit 120/135 PS. Corsica und Beretta fanden eine passende Nische auf dem von Importen beherrschten Markt für individuellere kleinere Autos; mit 291.163 bzw. 275.098 Einheiten standen Corsica und Beretta 1988 unter den Chevrolet-Fahrzeugen an dritter Stelle hinter dem Cavalier.

Chrysler hatte im Vergleich zu den »Buchstaben«-Autos aus der Baureihe 300 in den fünfziger Jahren 30 Jahre später ein weitaus weniger interessantes Angebot vorzuweisen. Das kleinste Modell war der L-Car, der in Europa konstruierte Dodge Omni bzw. Plymouth Horizon in der Subkompaktklasse, an den sich der K-Car in der Form von Chrysler LeBaron, Dodge Aries und Plymouth Reliant anschloß. Dieser gehörte als Limousine, Coupé,

Kombi und – beim LeBaron – Kabrio mit einem Radstand von 2.542 mm in die Kompaktklasse und war mit einem 2,2-Liter-Vierzylinder von Chrysler und einem 2,5-Liter-Vierzylinder von Mitsubishi erhältlich. Die K-Bodengruppe fand für eine Vielzahl von Autos Verwendung, vom sportlichen Coupé Chrysler Laser bzw. Dodge Daytona über die Fünftürer Chrysler GTS und Dodge Lancer, die auf der K-Bodengruppe einen H-Aufbau besaßen, bis hin zum Executive mit auf 3.157 bzw. 3.335 mm verlängertem Radstand. Letzterer kostete im Jahr 1985, als man einen LeBaron für 9.309 Dollar bekam, 26.318 Dollar.

Noch teurer war der Chrysler TC, ein zweisitziges Kabrio auf verkürzter K-Bodengruppe mit dem 2,2-Liter-Vierzylinder, für den Maserati, an dem Chrysler 1984 eine Minderheitsbeteiligung erworben hatte, einen Zylinderkopf mit 16 Ventilen und zwei Nockenwellen konstruiert hatte, der die Leistung in Verbindung mit einem Turbolader auf 200 PS steigerte. Aber der Wagen zeigte trotz der Scheibenbremsen an allen vier Rädern nicht das Fahrverhalten, das man von einem Auto für 30.000 Dollar erwarten konnte, und verkaufte sich nur schleppend. Spätere Modelle besaßen einen 3,0-Liter-V6 und anstelle des Fünfgangschaltgetriebes eine Automatik. Anfang 1991 lief die Fertigung aus.

Weitere Chrysler-Modelle der achtziger Jahre waren der Dodge Shadow und der Plymouth Sundance mit P-Karosserie, die den Omni/Horizon ersetzten und ab 1987 eine Zeitlang gleichzeitig mit diesem gebaut wurden. Als Ersatz für den K-Car kamen Chrysler Saratoga, Dodge Spirit und Plymouth Acclaim mit A-Karosserie. Der große heckgetriebene Fifth Avenue, das letzte Standardmodell, lief Ende 1989 aus, so daß Chrysler unter den Großen Drei das einzige Unternehmen war, das nur Fronttriebler im Programm hatte.

Das bedeutendste Modell der achtziger Jahre bei Ford war der mittelgroße Taurus bzw. Mercury Sable. Dessen Entwicklung hatte bereits 1979 begonnen und ausgedehnte Untersuchungen aller amerikanischen, europäischen und japanischen Autos in der gleichen Klasse umfaßt. Als

1980er Pontiac Firebird Trans-Am Coupé ▲ ▶
Pontiac brachte zum zehnjährigen Jubiläum des Firebird 1979 ein neues Modell heraus, das sich bis 1990 kaum änderte. Kennzeichnend für das 79/80er Modell war die ausgeprägtere Frontpartie mit den vier getrennten Scheinwerfern. Ansonsten stammte die Karosserie von dem 76er Modell. Der Feuervogel (»das Huhn«) hatte sich im Vergleich zum Jahr 1973 beträchtlich verändert. Der Trans-Am war 1980 zwar der teuerste, aber auch der beliebteste Firebird. Sein 4,9-Liter-V8 war auch mit Turbolader zu haben, der die Leistung von 140 auf 210 PS steigerte.
Pontiac Motor Division, General Motors

1986er Dodge Lancer ◄
Der Lancer besaß die gleiche H-Karosserie wie der Chrysler GTS. Beide debütierten für das Modelljahr 1985 und hatten zwar Limousinenform, aber eine Heckklappe. Als Motoren gab es die gleichen Vierzylinder wie beim Chrysler LeBaron, den firmeneigenen 2,2-Liter-Motor und den 2,5-Liter-Motor von Mitsubishi. Der Dodge war etwas billiger als der Chrysler, verkaufte sich aber nicht so gut.
1989 kam der Lancer Shelby mit einem 176 PS starken 2,2-Liter-Turbomotor und Sportausstattung.
Dodge Division, Chrysler Corporation

Resultat dieser Untersuchungen kam für das Modelljahr 1986 die aerodynamischste Limousine auf den Markt, die je in Amerika gebaut worden war – mit einem c_W-Wert von 0,33 beim Taurus, 0,32 beim etwas längeren und schlankeren Sable und immerhin noch 0,35 für den Kombi. An Motoren standen ein 2,5-Liter-Vierzylinder mit 88 PS und ein 3,0-Liter-V6 mit 140 PS zur Wahl, beide eigens neu entwickelt.

Bei Investitionskosten von mehr als drei Milliarden Dollar war das Taurus-Projekt für Ford überlebenswichtig, denn das Unternehmen hatte zwei Jahre hintereinander jeweils eine Milliarde Dollar Verlust gemacht. Zum Glück erwiesen sich die neuen Modelle vom Start weg als Renner; trotz des verkürzten Modelljahres (Vorstellung erst am 26. Dezember 1985) konnte Ford vom 86er Modell beim Taurus 236.362 und beim Sable 95.638 Einheiten absetzen. 1987 war der Taurus der bestverkaufte Ford (374.772 Einheiten, sieben mehr als der Escort), der Sable kam auf 121.313 Einheiten. 1989 lag der Taurus als meistverkauftes amerikanisches Auto an zweiter Stelle knapp hinter dem Honda Accord. In dieses Jahr fiel auch der Taurus SHO (Super High Output) mit einem bei Yamaha konstruierten 24-Ventil-Sechszylinder mit je einer Nockenwelle pro Zylinderreihe, der 220 PS entwickelte und die sechssitzige Limousine in sieben Sekunden von null auf 100 beschleunigte. Der SHO kostete 19.739 Dollar, 4.000 Dollar mehr als ein normaler Taurus LX.

ZURÜCK ZUR INDIVIDUALITÄT

Es gab aber im Automobilbau der achtziger Jahre nicht nur Standardisierung. Bestimmte Marken hatten ihre ganz individuellen Modelle wie Pontiac Fiero, Cadillac Allante und Buick Reatta, auch die Evergreens Corvette, Camaro, Firebird und Mustang blieben im Rennen und bekamen gegen Ende des Jahrzehnts sogar neues Leben eingehaucht.

Einst als Hersteller »gesetzter« Autos verschrien, besaß Pontic seit Mitte der sechziger Jahre ein sportliches Ima-

1988er Oldsmobile Delta 88 ▲
Die geheiligten Oldsmobile-Ziffern 88 und 98 gingen Mitte der achtziger Jahre auf frontgetriebene Fahrzeuge über. Der im Herbst 1985 vorgestellte 88 besaß gemeinsam mit dem Buick Le Sabre und dem Pontiac Bonneville die C-Karosserie. Als Motor stand serienmäßig ein 3,8-Liter-V6 zur Verfügung, der 150 PS entwickelte. Als Coupé und Limousine in zwei Ausstattungsvarianten zu Preisen zwischen 14.498 und 15.451 Dollar war der Delta 88 im Jahre 1988 mit 160.913 Einheiten der meistverkaufte Oldsmobile.
Photo: Nick Georgano

ge, das der Firebird auch 20 Jahre später noch bekräftigte. 1973 erschien zum ersten Mal der Feuervogel, »das Huhn«, auf der Haube, der bald untrennbar mit dem Firebird Trans Am verbunden war. 1989 stand als stärkste Maschine für den Firebird ein V-Achtzylinder mit 225 PS zur Verfügung. Da jedoch ein billigerer zweisitziger Sportwagen möglicherweise gute Absatzchancen bot, ging man bei Pontiac schon 1971 daran, einen Firebird mit Mittelmotor zu entwickeln. Diese Mittelmotorkonzeption ergab für einen Sportwagen die besten Fahreigenschaften, aber das Problem lag darin, einen passenden Antriebsstrang zu finden, denn Pontiac konnte es sich finanziell

1987er Ford Taurus ▲

Der Taurus, für Ford das wichtigste Auto der achtziger Jahre, wurde für das Modelljahr 1986 vorgestellt und besaß ein vollkommen neues aerodynamisches Design sowie neue Vier- und V-Sechszylinder. An Karosserievarianten standen nur eine viertürige Limousine und ein fünftüriger Kombi zur Verfügung. Bei hatten vorn und hinten McPherson-Federbeine, aber während die Limousine hinten parallele Querlenker besaß, war der Kombi mit Doppellenkern ausgestattet, die sich besser für die unterschiedliche Gewichtsverteilung in einem solchen Wagen eigneten. 1989 kam der Taurus SHO als sportliche Version, 1991 erhielten alle Modelle eine Benzineinspritzung und – mit Ausnahme des SHO – eine elektronisch gesteuerte Vierstufenautomatik.

Ford Motor Company

1983er Pontiac Fiero Coupé ▶ ▼
Von außen sah der Fiero vollkommen neu aus, aber er besaß den Motor und das Getriebe aus dem X-Car und die Vorderachsaufhängung aus dem Chevette. Als erster neuer Serienzweisitzer aus Detroit seit dem ursprünglichen Ford Thunderbird war der Fiero im Prinzip genauso angelegt wie der Fiat X1/9 und der Toyota MR2, konnte sich aber nicht so lange halten. Rückrufaktionen und eine deftige Erhöhung der Versicherungsprämien für Sportwagen beschleunigten sein Ende, das nach fünf Jahren erreicht war. Das hier abgebildete Fahrzeug ist ein Prototyp aus dem Jahre 1983
Pontiac Motor Division, General Motors

nicht leisten, damit bei null zu beginnen. Dann kam 1980 der X-Car mit quer eingebautem Motor und Frontantrieb, aus dem sich ein Sportwagen mit Mittelmotor und Heckantrieb entwickeln ließ. So entstand im wesentlichen der Fiero.

Der Fiero besaß ein Rohrrahmenchassis mit Kunststoffaufbau und einen kurzen Radstand von nur 2.372 mm. Als Antrieb diente der alte 2,5-Liter-Vierzylinder mit Gußeisenblock, das Getriebe stammte aus dem X-Car. Der Chevette steuerte die Vorderachsaufhängung bei. Der Fiero sah zwar wie ein sportlicher kleiner Flitzer aus, aber die potentiellen Käufer merkten bald, daß viele seiner Baugruppen von Serienlimousinen stammten. Das führte in Verbindung mit der nicht gerade berauschenden Spitzengeschwindigkeit von 156 km/h dazu, daß der Fiero nicht zu dem Verkaufserfolg wurde, den Pontiac sich erhofft hatte.

Selbst bei einem bescheidenen Grundpreis von 7.999 Dollar verlief der Verkauf des Fiero enttäuschend, nachdem das erste Jahr (1984) mit 136.840 Einheiten noch vielversprechend begonnen hatte. Die Verkaufszahlen fielen auf 76.371 1985 und 46.581 1987, obwohl inzwischen der 2,8-Liter-V8 zur Verfügung stand, der die Spitzengeschwindigkeit auf 180 km/h steigerte. Eine Reihe von Motorbränden bei den 84er Modellen führte zu einer behördlich angeordneten Rückrufaktion für 20 Prozent der in diesem Jahr gebauten Fahrzeuge, kurz darauf wurden plötzlich die Versicherungsprämien für zweisitzige Sportwagen angehoben. Das war zuviel für den Fiero, der zudem 1988 nur noch 26.402 Käufer fand, so daß General Motors die Produktionseinstellung anordnete.

Ein Maß für die Bedrohung der amerikanischen Automobilindustrie durch Importfahrzeuge war darin zu sehen,

1990er Cadillac Allante ◄ ►

Mit dem Allante wollte Cadillac sich wieder als Exklusivmarke etablieren, nachdem die Ähnlichkeit mit den anderen GM-Modellen immer größer geworden war. Ein gekürzter Eldorado-Rahmen wurde bei Pininfarina mit einem zweisitzigen Aufbau versehen und anschließend nach Detroit zurückgeflogen, wo der weitere Ausbau erfolgte. Das erste Modell von 1987 hatte mit vielen Anlaufschwierigkeiten zu kämpfen. Besonders das Dach war schwer zu schließen und undicht. 1990 waren praktisch alle Probleme beseitigt, aber der Verkauf lief immer noch enttäuschend.

Besitzer: Ed Oberhaus

daß eine ganze Reihe neuer Modelle nicht auf einheimische, sondern auf ausländische Konkurrenten abzielte. Eines davon war der Cadillac Allante, der dem Mercedes-Benz 560 SL Kabrio Käufer abspenstig machen sollte. Er hatte den von 2743 mm auf 2525 mm verkürzten Rahmen des Eldorado und einen 4,1-Liter-V8 mit 170 PS. Die Rahmen wurden auf dem Luftweg zu Pininfarina in Turin transportiert und dort mit dem zweisitzigen Aufbau versehen. Anschließend ging es in eigens umgerüsteten Flugzeugen des Typs Boeing 747 wieder zurück nach Detroit, wo der Antriebsstrang eingebaut wurde und die letzten Feinarbeiten erfolgten.

Dieses »längste Montageband der Welt« hatte natürlich seinen Preis. Der Allante war mit 54.000 Dollar mehr als doppelt so teuer wie das Eldorado-Kabrio. Dieser Unterschied ließ sich allenfalls mit der Exklusivität begründen. 1973 hatte es in der Zeitschrift *Automobile Quarterly* geheißen: »Wir kennen den Grund, aus dem die Leute einen Eldorado kaufen, und der hat mit Logik absolut nichts zu tun. Hier geht es um den Status, um ein auffallendes Zeichen dafür, was der Besitzer von sich hält und wie er von anderen gesehen werden möchte. Aber wir leben schließlich in einem freien Land, in dem jeder das Recht hat, sich zum Narren zu machen.« Es kann kein Zweifel daran bestehen, daß der Kommentar zum Allante ebenso ausgefallen wäre.

Cadillac hoffte, 1987 vom Allante 4.000 Einheiten absetzen zu können, kam aber nur auf 1.651 und beim 88er Modell auf 2.569. Der große Lagerbestand bedeutete, daß der Allante, anders als der Mercedes, schon an Wert verloren hatte, noch bevor der erste Kilometer hinter ihm lag. Hinzu kamen Beschwerden über undichte Stellen, Quietschen und Klappern, Hupen, die nicht, und Heizungen, die

zu gut funktionierten – ein trauriger Katalog von Klagen über Amerikas teuerstes Auto. 1989 stiegen der Hubraum auf 4,5 Liter, die Leistung auf 200 PS und der Preis auf 57.183 Dollar. Der 93er Allante versprach ein weitaus besseres Auto zu werden, mit dem neuen 32-Ventil-V8 von Northstar mit 290 PS und verbesserter Bremsanlage, Lenkung und Aufhängung. Der Preis liegt mittlerweile bei 65.000 Dollar, aber das sind immerhin noch 30.000 Dollar unter dem Mercedes-Benz.

Ein weiterer Zweisitzer, dieses Mal exklusiv bei Buick, war der für das Modelljahr 1988 vorgestellte Reatta, der auf dem gekürzten Fahrgestell des Buick Riviera mit 2.502 mm Radstand basierte. Ebenfalls vom Riviera stammten der 3,8-Liter-V6, das Getriebe, die Aufhängung, die Bremsen, die Lenkung und das Armaturenbrett. Neu war praktisch nur der Aufbau, der dem Reatta den Charakter eines sportlichen Autos für die Nachkriegsgeneration der jetzt etwa Vierzigjährigen verlieh. Bei einem Preis von 25.000 Dollar keineswegs billig, war er von Buick dazu ausersehen, das Markenimage anzuheben und Kunden in die Verkaufsräume zu locken, die dann vielleicht eine prosaischere Limousine oder einen Kombi kauften. Gebaut wurde der Reatta im Reatta Craft Center in Lansing, Michigan. Der Verkauf lief aber zu keinem Zeitpunkt so gut, daß das Werk an seine Kapazitätsgrenze von 25.000 Fahrzeugen im Jahr stieß. Nachdem von Oktober 1987 bis Mai 1991 nur 20.500 Einheiten gefertigt worden waren, wurde die Produktion eingestellt. Das Werk sollte für die Fertigung des GM-Elektroautos Impala genutzt werden.

Der Chevrolet Corvette änderte sich in den siebziger Jahren nur wenig, wenn man von der unausweichlichen Hubraum- und Leistungsverminderung absieht. Hierbei war der Tiefpunkt 1975 erreicht, als für den Corvette als einziger Motor ein 5,7-Liter-V8 mit 190 bzw. 210 PS zur Verfügung stand. Fünf Jahre zuvor hatte es noch einen 7,4-Liter-Motor mit 465 PS gegeben. 1975 kam auch der letzte offene Corvette für die nächsten elf Jahre. Aber trotz seiner alternden Karosserie und seines ausgezehrten Motors erfreute sich der Corvette Ende der siebziger Jahre steigender Beliebtheit und erreichte 1979 gar die Rekordzahl von 53.807 verkauften Einheiten.

Einen 83er Corvette gab es offiziell nicht, denn der im März dieses Jahres vorgestellte Wagen war als 84er Modell eingestuft. Er zeigte glattere Linien und besaß eine nach vorn öffnende Haube sowie ein hochklappbares Rückfenster; das Chassis mit Mittelträger war mit der Zelle verschweißt, die Karosserie bestand wie bei allen früheren Modellen aus Kunststoff. 1986 wurde die Modellpalette wieder um ein Kabrio ergänzt.

Der nächste große Entwicklungsschritt erfolgte 1989 mit dem Corvette ZR1 mit dem LT5-Motor. Dieser besaß den gleichen Hubraum, 5,7 Liter, wie vorhandene Motoren, war aber eine völlige Neukonstruktion mit kleinerer Bohrung und größerem Hub, zwei Nockenwellen pro Zylinderreihe und vier Ventilen pro Zylinder. Entwickelt von der kurz zuvor von General Motors erworbenen Firma Lotus in England, leistete der LT5 385 PS, verbrauchte aber trotzdem nur 10,4 l/100 km und erfüllte alle geltenden Abgasbestimmungen. Das Ungewöhnliche an ihm war der »Oma-Schalter«, mit dem die Sekundäreinlässe außer Betrieb gesetzt werden konnten, so daß nur drei Ventile je Zylinder arbeiteten. Das zweite Einlaßventile bewegte sich zwar, ließ aber kein Gemisch in den Brennraum. Der Schalter wurde mittels eines Schlüssels betätigt.

Der ZR1 besaß weiterhin eine computerunterstützte Gangwahl und ein Sechsgang-Schaltgetriebe, das bei wenig Gas (unter 35 Prozent Vollgas) und niedriger Geschwindigkeit (20-30 km/h) automatisch schaltete. Die meisten Corvette-Fahrer neigten jedoch eher dazu, das Gaspedal ganz durchzutreten, dann trat die Automatik nicht in Betrieb. Der ZR1 war ein Sondermodell, von dem Chevrolet bei einer Corvette-Gesamtproduktion von etwa 27.000 Einheiten im ersten Jahr höchstens 1.500 Stück abzusetzen hoffte. Sein Preis lag bei 60.000 Dollar im Vergleich zu 31.545 Dollar für den normalen Corvette. 1991 betrug der Listenpreis des ZR1 64.138 Dollar, doch die von der Rezession gebeutelten Händler boten ihn teilweise bis zu 13.000 Dollar billiger an. 1992 dürften die Verkaufszahlen durch den stark verbesserten Serien-Corvette mit LT1-Motor noch weiter gedrückt worden sein. Dieser hatte zwar nach wie vor nur zwei Ventile pro Zylinder, leistete durch ein geändertes Ansaugsystem aber immerhin 300 PS, die Preise für den Wagen begannen bei nur 33.635 Dollar. Trotz der zahlreichen Verbesserungen – serienmäßige Schlupfregelung, verbessertes elektronisches Fahrwerk – kam der ZR1 nicht in die Gewinnzone; im Frühjahr 1993 nahm GM den ZR1 aus dem Programm.

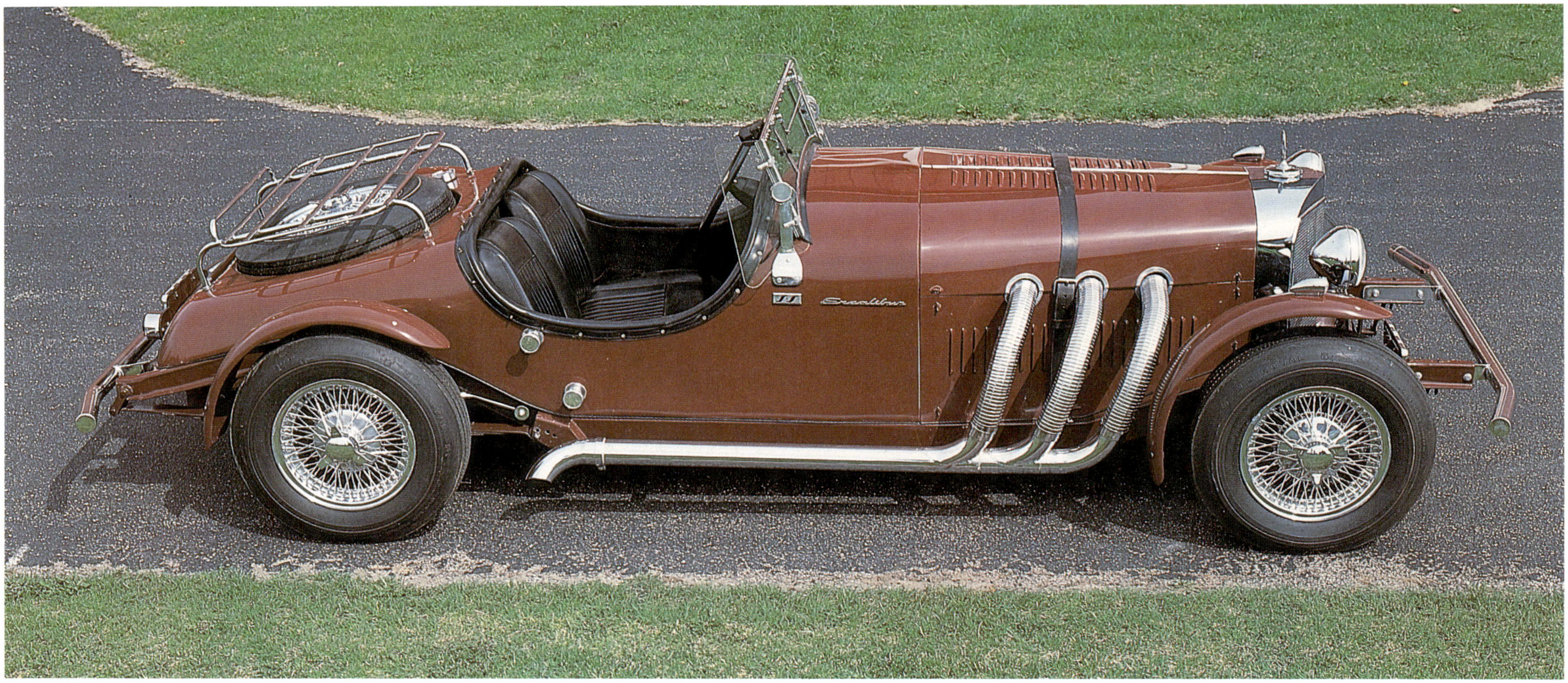

1965er Excalibur SS Roadster ▲ ▶

Dieser Excalibur stammt aus der ersten Serie, die dem Mercedes-Benz SSK noch ähnlicher war als spätere Exemplare. Als Motor diente ein 5,4-Liter-V8 von Chevrolet, und die flexiblen Auspuffrohre stammten von der gleichen deutschen Firma, die Mercedes-Benz 1930 damit beliefert hatte. Diese frühen Modelle sind sehr selten. 1965 wurden nur 56 Einheiten gebaut, erst 1973 waren 100 Fahrzeuge im Jahr erreicht.

Besitzer: Gilmore Car Museum, Kalamazoo, Michigan

1964 arbeitete der Designer Brooks Stevens als Berater für Studebaker. Um das Image des Unternehmens aufzubessern, baute er unter Verwendung des Fahrwerks des Lark Daytona und des V-Achtzylinders aus dem Avanti einen zweisitzigen Roadster, der dem Mercedes-Benz SSK nachempfunden war. Der Wagen sollte im April 1964 bei der New Yorker Automobilausstellung auf dem Studebaker-Stand vorgestellt werden. Doch kurz vor Ausstellungsbeginn kam von Studebaker ein Nein mit der Begründung, der Nachbau eines Klassikers passe nicht zu dem Bild des gesunden Menschenverstandes, den das Unternehmen zu vermitteln suche. Stevens und seinen Söhnen blieb nichts anderes übrig, als selbst einen kleinen Stand zu mieten.

Der nach einem von Stevens in den fünfziger Jahren gebauten Sportwagen benannte Excalibur erwies sich als Volltreffer, so daß Stevens im August 1964 in Milwaukee die Firma SS Automobiles gründete. Einer der ersten Aufträge kam von dem Chevrolet-Händler Jerry Allen, der Stevens in letzter Minute seinen Ausstellungsstand besorgt hatte. Er bestellte zwölf Exemplare, konnte aber als Chevy-Händler mit Verkaufsräumen im Erdgeschoß des New Yorker GM-Gebäudes nicht gut ein Auto mit Studebaker-Motor verkaufen: »Eines Tages schauen die hohen Herren auf dem Weg zum Mittagessen aus Neugier bei mir herein, und dann fliege ich raus. Könnten Sie den Wagen nicht mit Chevrolet-Motor liefern?«

Das war für Stevens kein großes Problem, da er gut mit Ed Cole von General Motors bekannt war. So erhielten alle Excaliburs einen Chevrolet-Antrieb. Das Studebaker-Chassis wurde allerdings noch bis 1969 verwendet. Die Karosserie bestand zunächst aus getriebenem Aluminium, später dann aus Kunststoff. Die glänzenden Auspuffrohre waren in den USA nicht zu bekommen, aber Stevens konnte die deutsche Firma ausfindig machen, die sie damals für den Mercedes hergestellt hatte.

Da die Fertigung erst im August 1964 begann, waren die ersten Fahrzeuge 65er Modelle, von denen 56 Exemplare zum Preis von je 7.250 Dollar einen Käufer fanden, gefolgt von 90 1966, als als weiteres Modell ein viersitziger Phaeton mit Trittbrettern hinzukam. 1970 erhielt der Excalibur ein neues Chassis mit 2.819 mm Radstand, der Hubraum stieg von 5356 cm³ auf 5733 cm³. Zu diesem Zeitpunkt waren schon die ersten Konkurrenten auf den Plan getreten. In Oklahoma baute der Lehrer Glenn Pray den Cord 810 im Maßstab 8:10 nach und stattete den Wagen mit einem Corvair-Motor aus. Die Anpassungsarbeiten hatte Gordon Buehrig, der Konstrukteur des Originals, vorgenommen. Nachdem er 91 Einheiten verkauft hatte, entschied sich Pray, doch lieber den Auburn 851 Speedster nachzubauen, und verkaufte das Cord-Projekt an eine andere Firma in Oklahoma, die ein paar Cord 810 mit V-Achtzylinder von Ford und Chrysler herstellte.

Der Auburn erwies sich als besseres Geschäft, nicht nur für Pray, sondern auch für zahlreiche andere Firmen, die auf den Zug aufsprangen. Pray blieb mit seiner Auburn-Cord-Duesenberg Company bis in die achtziger Jahre hinein im Geschäft; bis dahin hatten mindestens vier andere Firmen Auburn-Speedster angeboten, eine davon sogar ein viersitziges Modell mit einer zweiten Windschutzscheibe vor den hinteren Sitzen, wie Auburn selbst es nie gebaut hatte. Die meisten Nachbauten besaßen das Fahrwerk des Ford V8; einer basierte allerdings auf dem Rahmen des VW Käfers.

Die Auburns waren maßstabsgerechte Nachbauten, die vom Original nur schwer zu unterscheiden waren. Bald begannen zahlreiche weitere Firmen, ähnliche Nachbauten von Klassikern wie dem Duesenberg J und SSJ, dem 34er Ford V8 Roadster (Timmis) und dem 32er Packard (Second Chance) anzubieten. Auch Sportwagen aus der Nachkriegszeit kamen an die Reihe, darunter insbesondere der Cobra (weltweit von etwa 20 Firmen nachgebaut), der Mercedes-Benz 300 SL mit Flügeltüren sowie Corvette und Thunderbird. All das waren absichtliche Nachbauten, während der Excalibur sich an den Mercedes nur anlehnte und ihm im Laufe der Jahre immer unähnlicher wurde.

Der Excalibur war praktisch der erste Vertreter der Neoklassiker, einer Gattung, die ab Ende der siebziger Jahre aufblühte. Die meisten beruhten nicht auf einem echten Klassiker, sondern versuchten nur, den Stil des Luxuscoupés der dreißiger Jahre einzufangen – lange Haube, geschwungene Kotflügel, flache Windschutzscheibe und relativ kleiner zweisitziger Aufbau. Manche besaßen seitlich geschlossene Reserveradhalterungen oder Auspuffrohre, die aber reine Verzierungen waren, denn die normale Auspuffanlage befand sich unter dem Fahrzeug, das Reserverad war irgendwo im Heck untergebracht.

Einer der ersten Neoklassiker nach dem Excalibur war der Clenet des in Frankreich geborenen und in Goleta, Kalifornien lebenden Alain Clenet. Dieser bestand aus dem Mittelteil des MG Midget und einer sehr langen Haube, die ausreichend Platz für einen Reihenzwölfzylinder, zumindest aber für einen Reihenachtzylinder zu bieten schienen, aber nur einen kompakten V8 von Lincoln verbarg. Unter den Kotflügeln verliefen Auspuffrohre. Hinter dem winzigen zweisitzigen Kabrio-Aufbau befanden sich ein kleiner Kofferraum und ein getrennter Reserveradbehälter. Der Einführungspreis 1976 betrug 83.000 Dollar, hoch genug, für einen Neoklassiker aber noch kein Spitzenpreis, denn der konnte durchaus bei 130.000 Dollar liegen.

Die meisten Neoklassiker kamen aus Kalifornien und Florida, wo sich auch die meisten Käufer fanden. Es ist auch kaum vorstellbar, daß ein besonnener Vermonter sein Geld für einen Clenet oder Zimmer Golden Spirit ausgegeben hätte. Der Golden Spirit, gebaut von einem Wohnmobilhersteller aus Pompano Beach, war der bekannteste Neoklassiker aus Florida und verdankte seine Entstehung dem folgenden Rezept: Man nehme ein Mustang Coupé, säge das Monocoque in zwei Teile und setze ein Verlängerungsstück ein, um vorn 90 cm mehr Länge zu bekommen. Anschließend umbaue man Boden, Türen, Fenster und Dach des Mustang-Mittelteils mit einer GFK-Karosserie im Stil der Zeit. Bei einem Blick auf das lange, niedrige Coupé wäre man nie auf die Idee gekommen, einen Mustang vor sich zu haben, aber der Golden Spirit war eindeutig weniger ein Original als der Excalibur.

Für 90.000 Dollar bekam der Käufer eines Golden Spirit eine luxuriöse Innenausstattung mit Walnußholz, italienischen Ledersitzen und Bleikristallvasen im Fond. Für ein derart teures Auto verkaufte sich der Golden Spirit mit etwa 1.400 Einheiten von 1980 bis 1988 recht gut, doch dann geriet die Firma in Schwierigkeiten, baute auf der Basis des Pontiac Fiero den teuren Quicksilver und brach sich damit fast das Genick. Aber 1990 wurden der Golden Spirit wieder aufgelegt.

Pleiten und Namens- bzw. Besitzerwechsel waren unter den Herstellern der Neoklassiker nicht selten. Der Clenet verschwand 1982 von der Bildfläche, um ein paar Jahre danach als Roaring Twenties wieder aufzutauchen. Der in Goleta gebaute Scepter erschien kurze Zeit nach der Produktionseinstellung unter dem Namen Gatsby Griffin in San José, jetzt als Teil der Neoklassiker-Palette der Firma Gatsby Coachworks. Die meisten Neoklassiker waren zweitürige Coupés oder Kabrios. Unter anderem Excalibur (ab 1988) und Zimmer boten jedoch auch viertürige Limousinen an, dazu kamen ein paar Stretch-Limousinen im Neoklassikstil von der Firma Baroque in Omaha und Excalibur. Die meisten Vertreter dieser Gattung Auto

1991er Chevrolet Camaro Z-28 Coupé ◀ ▼
Die Bezeichnung Z-28 für das Camaro-Spitzenmodell wurde zum ersten Mal 1983 verwendet und 1991 wieder aufgenommen, nachdem sie 1988 fallengelassen worden war. Die schnellen Camaros von Ende der achtziger Jahre hießen Z-IROC nach dem »International Race of Champions«, bei dem sie eingesetzt wurden. Das 91er Modell hatte einen größeren Heckspoiler, auffälligere Leichtmetallräder und war wahlweise mit 230 oder 245 PS erhältlich. Den 245-PS-Motor gab es nur in Verbindung mit einem Automatikgetriebe.

Chevrolet Division, General Motors

waren mit dem größten verfügbaren V-Achtzylinder ausgestattet, dessen Leistung jedoch im Vergleich zu 1976 unweigerlich gesunken war. Der Knudsen Baroque allerdings besaß einen aufgeladenen V-Sechszylinder von Buick, der Spartan aus San Marcos in Kalifornien hatte den Motor und den mittleren Karosserieteil vom Nissan 300X.

Die Sterblichkeitsquote unter den Herstellern der Neoklassiker war unweigerlich hoch: Von den etwa 40 Modellen, die zwischen 1976 und 1990 auf den Markt kamen, gab es 1992 noch ganze fünf. Die Firma Excalibur ging 1986 in Konkurs, wurde aber von der Acquisition Company aus Illinois übernommen, die die Produktion fortführte und später zusätzlich die Limousine und die Stretch-Limousine ins Programm aufnahm.

Eine Besonderheit, die weder in die Gattung Nachbau noch in die Gattung Neoklassiker gehört, ist der Avanti, der nach dem Dahinscheiden von Studebaker von den beiden ehemaligen Studebaker-Händlern Leo Newman und Nathan Altman fortgeführt wurde. Wie Excalibur verwendeten sie als Antrieb einen V-Achtzylinder von Chevrolet, der bis 1969 5356 cm³ und anschließend 5733 cm³ Hubraum hatte. Der Avanti wurde nach und nach mit elektrischen Fensterhebern, Lederausstattung und getönter

1990er Chevrolet Corvette ZR1 ▲▼▶
Saft und Kraft erhielt der Corvette wieder mit dem ZR1, einem Sondermodell mit dem von Lotus entwickelten LT5-Motor, einem 32-Ventil-V8 mit vier Nockenwellen, der aus 5,7 Liter Hubraum 385 PS holte. Der Motor war so ausgelegt, daß er in das vorhandene Corvette-Chassis paßte. Der ZR1 war aber trotzdem leicht an den eckigeren Schlußleuchten und der Verbreiterung hinter den Türen zu erkennen, die erforderlich war, um Platz für die breiteren Reifen zu schaffen.
Chevrolet Division, General Motors

Windschutzscheibe aufgewertet, die Farbe der Lackierung konnte jeder Kunde frei wählen. Das trieb den Preis von den ursprünglichen 6.550 Dollar auf 18.995 Dollar 1980 hoch. Natürlich trug die Inflation ihren Teil dazu bei, aber die Hersteller wollten den Avanti ganz bewußt auf ein höheres Preisniveau bringen, um ihn als Konkurrenten für den Cadillac Eldorado zu etablieren.

In den achtziger Jahren wechselte das Unternehmen zweimal, 1982 und 1985, den Besitzer und wurde nach Youngstown in Ohio verlagert. Der Avanti wurde in seiner ursprünglichen Form praktisch unverändert auch 1991 noch gebaut. Daneben erschienen als neue Modelle 1985 ein Kabrio und 1989 eine viertürige Limousine. Ende 1990 befand sich Avanti in großen Schwierigkeiten: Händler, Zulieferer und die Werbeagentur beschwerten sich über unbezahlte Rechnungen, 80 Prozent der Belegschaft waren bereits entlassen worden.

1977er Avanti II Coupé ▲
Nachdem Studebaker die Produktion 1963 nach Kanada verlagert hatte, wurde der Avanti in Eigenregie von den führenden Studebaker-Händlern Leo Newman und Nathan Altman weitergebaut. An die Stelle des Studebaker-Motors trat ein V8 von Chevrolet. Der Grundpreis von 13.195 Dollar aus dem Jahre 1977 wurde häufig durch Optionen wie Viergangschaltgetriebe, Klimaanlage, Servolenkung, Lederausstattung und anderes erhöht. Bis 1981 als Avanti II verkauft, hieß der Wagen nach einem Besitzerwechsel einfach nur noch Avanti. 1985 und 1989 kamen ein Cabrio und eine viertürige Limousine hinzu.

Besitzer: Dan Kuhl

▼ 1980 bot der Karosseriebauer Moloney eine um 106 cm gestreckte Limousine auf der Basis des Cadillac Seville an. Die Fahrzeuge im Hintergrund beruhen auf dem um 115 cm gestreckten Cadillac Fleetwood Brougham.

Moloney Coachbuilders (Photo Walter McCall)

DIE STRETCH-LIMOUSINE

Die achtziger Jahre erlebten einen Boom im Hinblick auf die Menge und Größe von Limousinen auf der Basis eines verlängerten Standardfahrwerks. Der Grundgedanke dazu stammt aus den zwanziger Jahren, in denen gestreckte Cadillac- und Pierce-Arrow-Modelle oft auf Buslinien eingesetzt wurden, auf denen sich ein großer Bus nicht lohnte. Später wurden für Flughäfen und Hotels sechs- und sogar achttürige Limousinen gebaut, die aber relativ einfach ausgestattet waren. Die typische Stretch-Limousine, die gegen Ende der siebziger Jahre aufzutauchen begann, besaß nur vier Türen mit einem festen Mittelteil zwischen den vorderen und hinteren Einstiegsöffnungen, hinter dem sich Bar, Kassettendeck und CD-Spieler, Telephon, Radio und Fernseher verbargen, all die wichtigen Dinge, die man in solch einem Auto eben braucht. Anstelle der in Fahrtrichtung eingebauten Klappsitze der Limousine alten Stils gab es jetzt gegen die Fahrtrichtung montierte Sitzgelegenheiten, die den gegenüberliegenden an Komfort nicht nachstanden.

Als Basisfahrzeug für eine Stretch-Limousine dient in der Regel ein Cadillac Fleetwood Brougham oder ein Lincoln Town Car. Es sind aber auch schon kleinere frontgetriebene Modelle gestreckt worden, die den Vorteil bieten, daß die Antriebswelle nicht verlängert zu werden braucht. Ihnen fehlt allerdings die würdige Erscheinung von Cadillac und Lincoln mit ihrem traditionellen Heckantrieb. Daß die Karosseriebauer immer mehr Aufträge für Stretch-Limousinen erhalten, liegt zum großen Teil an der Zunahme der privaten Vermietungsfirmen, die Luxus à la Hollywood für nur wenig mehr als den doppelten Preis eines normalen Mietwagens anbieten. Die Produktion von Stretch-Limousinen hat sich zwischen 1983 und 1984 auf 5.000 Einheiten verdoppelt und liegt seitdem Jahr für Jahr bei etwa 6.000 Exemplaren.

Eine der ersten Firmen, die luxuriöse Stretch-Limousinen anboten, war A.H.A. (Andrew Hotten Associates) aus Brampton in Ontario. Dort begann man 1977 zunächst mit Lincoln und dehnte die Arbeit später auch auf Buick Electra, Cadillac, Chrysler und Mercedes-Benz aus. Wer eine Kompaktlimousine wollte, konnte seinen Honda Accord oder Volvo 264 strecken lassen. Weitere Spezialisten auf diesem Gebiet waren die Firmen American Custom Coach in Beverly Hills, Armbruster in Fort Smith, Bradford Coach Works in Boca Raton, Hess & Eisenhardt in Cincinnati, Moloney in Schaumburg, National Coach in Port Sanilar und O'Gara in Simi Valley. Letztere baut Limousinen für das Weiße Haus und hat sich auf Panzerung spezialisiert.

1987er Lincoln Town Car Limousine ▲
Der Lincoln Town Car ist das beliebteste Basisfahrzeug für Stretch-Limousinen. Er wird in der normalen Ausführung, aber ohne Innenaustattung, an den Karosseriebauer geliefert, der dann den Rahmen verlängert und seine eigene Innenausstattung einbauen kann. Wer die hier abgebildete Limousine gebaut hat, war aus dem Lincoln-Katalog nicht zu erkennen. Es könnte sich aber sehr wohl um A.H.A. oder Bradford gehandelt haben.

Lincoln-Mercury Division, Ford Motor Company

1988er Chevrolet Sprint Metro ◄
Als Ersatz für den alternden Chevette importierte Chevrolet, den Suzuki Swift mit 1,0-Liter-Dreizylinder, das erste Dreizylindermodell auf dem amerikanischen Markt seit der Zeit vor dem 1. Weltkrieg. Er war mit 5.995 Dollar einer der billigsten Wagen, die es überhaupt gab, doch die Händler hatten Probleme, ihn zu verkaufen. 1989 wurde ein Tocherunternehmen mit der Bezeichnung Geo gegründet, das den Sprint als Geo Metro übernahm.
Chevrolet Division, General Motors

Bei der Verlängerung wurde in der Regel in der Mitte ein Stück von 90 oder 105 cm eingesetzt, wodurch der Lincoln Town Car auf 3894 bzw. 4046 mm Radstand und eine Gesamtlänge von bis zu 6,63 m kam. Wer wollte, konnte sein Auto auch noch weiter strecken lassen. Wenn der Wagen zu lang wurde, um noch sicher auf vier Rädern zu stehen, bekam er hinten eine weitere Achse. In New York hatten Ende der achtziger Jahre mehrere Autovermieter Dreiachser mit einer Gesamtlänge von mehr als 7,60 m im Angebot. In Los Angeles (wo sonst?) besaß ein gewisser Ed Tillman einen um 2,10 m gestreckten Lincoln mit acht Rädern, der dort, wo normalerweise der Kofferraum war, einen Swimmingpool hatte (der allerdings kaum größer als ein großes Bad war). Das absolute Maximum an Stretch-Limousine ist wahrscheinlich die Kreation von Jay Ohrburg aus Burbank in Kalifornien mit 26 Rädern und 30 m Gesamtlänge, in dem nicht nur ein Swimmingpool mit Sprungbrett, sondern auch ein riesiges Wasserbett zu finden ist. Angetrieben wird dieses Monstrum von zwei Cadillac-Motoren.

WIE AMERIKANISCH IST EIN AMERIKANISCHES AUTO?

Bis in die siebziger Jahre galt es als selbstverständlich, daß es sich bei einem Auto, das einen der bekannten Namen trug, um eine amerikanische Konstruktion aus einem amerikanischen Automobilwerk handelte. Diese Situation hat sich jedoch in den letzten zehn Jahren grundlegend geändert, zum großen Teil deswegen, weil man sich die riesigen Kosten der Einrichtung eines Werkes auf die Produktion eines neuen Modells sparen kann, wenn man statt dessen auf ein bereits vorhandenes ausländisches Modell zurückgreift. Der erste amerikanische Ford Escort war ein internationales Auto mit Technik aus Europa und den Vereinigten Staaten, während der zweite, 1990 vorgestellt, von Mazda stammte. 1988 stammten die Autos, die den Namen Ford, Lincoln oder Mercury trugen, aus fünf verschiedenen Ländern, nämlich Korea (Ford Festiva), Mexiko (Mercury Tracer), Kanada (Mercury Topaz, Mercury Grand Marquis, Ford Tempo und Ford Crown Victoria), Deutschland (Merkur) und USA (Ford Escort, Tempo, Taurus, Mustang und Thunderbird, Mercury Topaz, Sable und Cougar sowie alle Lincoln-Modelle). Ein sechstes Land kam hinzu, als Mercury 1990 begann, den in Australien gebauten Capri zu verkaufen, wofür allerdings der in Deutschland gefertigte Merkur (Sierra) wegfiel.

Bei Mercury wurden schon seit langer Zeit Importautos verkauft. Das begann 1970 mit dem europäischen Ford Capri, von der Konzeption her ein kleiner Mustang mit einer Vielzahl von Motoren von zahm bis heiß, bei Mercury zunächst aber nur mit einem 1,6-Liter-Vierzylinder aus Großbritannien zu haben. Obwohl erst Mitte 1970 als 71er Modell vorgestellt, kam der Capri noch im Kalenderjahr 1970 auf 17.300 verkaufte Einheiten, für einen Import im ersten Jahr ein Rekordergebnis. 1972 wurde die Motorenpalette um einen 2,0-Liter-Vierzylinder und einen 2,6-Liter-V6 erweitert. Ab 1971 verkauften die Mercury-Händler einen weiteren Europäer, nämlich den in Italien gebauten De Tomaso Pantera mit V8-Mittelmotor von Ford, der in drei Ausführungen mit bis zu 330 PS zu haben war. Während der Pantera in den USA nach 1974 nicht mehr verkauft wurde, befand er sich in Italien auch 1992 noch in der Produktion.

Der Capri hingegen verkaufte sich weiterhin gut. Sein V-Sechszylinder wurde ab 1974 auch im Mustang verwendet. Ein weiteres Beispiel für die internationale Zusammenarbeit bestand darin, daß der in den USA gebaute Mercury Bobcat mit Motoren aus Lima im US-Bundesstaat Ohio ausgestattet wurde, während die Maschinen für den kanadischen Bobcat aus einem Ford-Werk in Brasilien stammten. Der Capri-Import endete 1977, die Bezeichnung Capri ging auf ein Hecktürmodell über, das die Karosserie des Ford Mustang hatte. 1985 konnten die Lincoln/Mercury-Händler jedoch wieder ein Importauto verkaufen, nämlich den in Deutschland gebauten Merkur, die »heiße« Ausführung des europäischen Ford Sierra. Der Merkur XR4Ti, ein Dreitürer ohne Kühlergrill und mit Heckspoiler wurde von einem aufgeladenen 2,3-Liter-Vierzylinder ähnlich dem im Thunderbird und im Cougar angetrieben und sollte zum Preis von 16.361 Dollar ein großer Verkaufsschlager werden. »Ich habe es noch nie erlebt, daß in Amerika ein Auto so viel Aufmerksamkeit auf sich gezo-

gen hat wie der XR4Ti,« begeisterte sich Egon Goegel, Ford-Entwicklungschef für Europa.

Im Mai 1987 erhielt der Dreitürer Verstärkung durch den Fünftürer Merkur Scorpio mit 2,9-Liter-V6, der mit 2.761 mm Radstand in die Mittelklasse eingestuft war, während der XR4Ti als Kompaktauto zählte. Keiner von beiden erfüllte jedoch die Hoffnungen, die man in sie gesetzt hatte. Wahrscheinlich waren sie zu teuer, und insbesondere der Scorpio hatte kaum etwas zu bieten, was man nicht in den geräumigeren Modellen Taurus und Sable für weniger Geld bekam.

General Motors konzentrierte seine ausländischen Aktivitäten nach dem Import von Vauxhall- und Opel-Modellen in den sechziger und siebziger Jahren auf Japan. 1971 erwarb GM eine Beteiligung von 34,2 Prozent an Isuzu, in deren Folge der leichte Pick-up des japanischen Unternehmens in den USA von 1972 bis 1982 als Chevrolet LUV* verkauft wurde. Als Mitte der achtziger Jahre deutlich wurde, daß der heckgetriebene Chevette das Ende seiner Laufbahn erreicht hatte, kaufte Chevrolet als Ersatz den drei- bzw. fünftürigen Fronttriebler Suzuki Swift und vertrieb ihn in der Version mit 1,0-Liter-Dreizylinder auf dem amerikanischen Markt als Chevrolet Sprint. 1986 erschien der Turbo Sprint mit 16-Ventiler mit zwei Nockenwellen. Hinzu kamen der bei Isuzu gebaute Chevrolet Spectrum und der Nova, ein Toyota Corolla, den das GM-Toyota-

1988er Chevrolet Nova, Turbo Spectrum und Turbo Sprint ▲

Die drei Chevrolet-Kleinwagen von 1988: Der Nova (vorn) war eine in Kalifornien gebaute Toyota-Konstruktion, Spectrum (Mitte) und Sprint (hinten) stammten aus Japan von Isuzu bzw. Suzuki. Letzterer besaß einen Vierzylinder-Turbomotor mit 101 PS, der den Wagen auf 169 km/h beschleunigte. Ab 1989 hießen diese drei Geo Prizm, Geo Spectrum und Geo Metro.

Chevrolet Division, General Motors

* LUV = Light Utility Vehicle, leichtes Nutzfahrzeug

Storm GSi

1990er Geo Storm Coupé ◂

Geo tauchte 1989 als neue Chevrolet-Untermarke auf, in der der in Kalifornien gebaute Nova (Geo Prizm) und die aus Japan importierten Suzuki Sprint (Geo Metro) und Suzuki Samurai (Geo Tracker) zusammengefaßt waren. 1990 kam der Geo Storm hinzu, ein Isuzu Impulse 2+2 mit 125-PS-Vierzylinder mit 16 Ventilen und zwei Nockenwellen. Als Konkurrent für den Honda CRX vorgesehen, war der Storm 46 cm länger, kostete etwa das gleiche (11.650 Dollar) und besaß eine etwas schlechtere Leistung. Sein Design fand unterschiedliche Aufnahme. Die Kommentare reichten von »super« bis »bestenfalls ungewöhnlich, schlimmstenfalls merkwürdig«.

Geo Division, Chevrolet

Gemeinschaftsunternehmen NUMMI (New United Motor Manufacturing Company Inc.) in Fremont in Kalifornien fertigte.

Alle drei waren gute Autos, verkauften sich aber schlechter, als erwartet. Einer der Gründe dafür war, daß die Käufer japanischer Autos an eine Komplettausstattung gewöhnt waren, während der normale Chevy-Händler jeweils ein Grundmodell mit einer langen Zubehörliste anbot. Chevrolet-Generaldirektor Jim Perkins meinte dazu einmal: »Allgemein gesagt sind die Leute, die sich diese Autos ansehen und kaufen, etwas anders als diejenigen, die man bei einem Chevrolet-Händler zu sehen bekommt.« Da es nicht in Frage kam, neben den nahezu 5.000 Chevrolet-Händlern ein neues konkurrierendes Vertriebsnetz aufzuziehen, schuf General Motors den neuen Markennamen Geo als Untermarke zu Chevrolet. Alle Chevrolet-Händler konnten Geo-Modelle in ihr Angebot aufnehmen. Zwei der drei kleinen Chevrolets erhielten einen neuen Namen; der Sprint wurde zum Geo Metro und der Nova zum Geo Prizm. Gleichzeitig kam der Suzuki Samurai 4x4 als Geo Tracker neu hinzu. Später wurde die Palette um ein Metro-Kabrio und den Geo Storm ergänzt, ein Coupé auf der Basis des Isuzu Impulse. Der Metro ist das einfachste und mit 5.995 Dollar billigste Auto auf dem amerikanischen Markt.

Chrysler übernahm 1970 15 Prozent an Mitsubishi und verkaufte ab 1971 dessen Colt unter der Bezeichnung Dodge Colt. 1978 liefen 25 Prozent des Pkw-Verkaufs von Mitsubishi über Chrysler. Ab 1982 standen Mitsubishi-Motoren als Alternative für den Chrysler LeBaron, den Dodge Arie und den Plymouth Reliant zur Verfügung; auch spätere Modelle waren und sind mit Mitsubishi-Motoren zu haben.

1988 errichteten Chrysler und Mitsubishi gemeinsam unter der Bezeichnung Diamond Star ein Werk in Normal, Illinois. Produziert wurde dort ein rassiges Sportcoupé mit Motoren vom 1,8-Liter-Vierzylinder mit 110 PS bis hin zum aufgeladenen 2,0-Liter-Vierzylinder mit 195 PS und zwei Nockenwellen sowie Fünfgang-Schaltgetriebe und permanentem Allradantrieb beim Spitzenmodell GSX. Die Technik der mit nur kleinen Unterschieden als Mitsubishi Eclipse, Eagle Talon und Plymouth Laser vertriebenen Fahrzeuge stammte von Mitsubishi, der Aufbau von Chrysler. Am besten verkauften sich die Mitsubishi-Modelle, nach Ansicht von Lee Iacocca, weil die Amerikaner im Bereich sportlicher amerikanischer Wagen einen Unterlegenheitskomplex haben. Die Preise der drei lagen nahe beieinander und reichten von etwa 10.800 Dollar für das Grundmodell mit Zweiradantrieb bis 17.000 Dollar für die Ausführung mit Turbomotor und permanentem Allradantrieb.

Für 1990 kam neben den Mitsubishi-Modellen der Dodge Stealth mit V-Sechszylinder, ein enger Verwandter des Mitsubishi 3000GT/HSX mit Allradantrieb, Allradlenkung sowie 280-PS-Motor mit zwei Turboladern technisch anspruchsvoller und natürlich teurer. Ein Großteil seiner Technik stammte aus dem in den USA nicht gebauten Mitsubishi Galant. Ein Dodge Stealth wurde 1991 zum Pace-Car für das Indianapolis-Rennen auserkoren, eine Wahl, die teilweise als Symbol für den Niedergang der amerikanischen Automobilindustrie und ihrer Produkte gesehen wurde. Bill Osos, zuständiger Bezirksleiter der Automobilarbeitergewerkschaft, meinte dazu: »Ich halte es für moralisch falsch, hier, mitten in Indiana, einen zu hundert Prozent japanischen Wagen zu nehmen. Das ist ein Schlag ins Gesicht des amerikanischen Automobilarbeiters.« Der allgemeine Protest hatte Erfolg: Man er-

1978er Dodge Aspen Coupé ◂

Der für 1976 vorgestellte Aspen war ein Kompaktauto, eine etwas größere, geräumigere und schwerere Version des Dart. 1978 gab es den Aspen nur noch in drei Varianten: Das hier gezeigte Coupé hatte 2.761 mm Radstand, die viertürigen Limousine und der Kombi waren 10 cm länger. Zwillingsbruder des Aspen bei Plymouth war der Volare. Beide Modelle wurden wegen mangelnder Qualitätskontrolle und Rostbefall in großen Stückzahlen in die Werke zurückgerufen. Als Ersatz kamen nach dem Modelljahr 1980 der Dodge Aries bzw. der Plymouth Reliant.

setzte den Stealth durch einen Dodge V10 Viper mit Caroll Shelby am Steuer.

Ebenfalls von Mitsubishi kamen der Dodge und der Plymouth Colt, kleine Hecktürmodelle zu Preisen zwischen 6.995 und 14.700 Dollar, deren Spitzenausführungen über Allradantrieb verfügten.

Auch der einzige andere größere amerikanische Automobilhersteller, American Motors, geriet unter den Einfluß eines ausländischen Unternehmens. Ab 1978 kaufte sich Renault bei AMC ein und erwarb schließlich eine Beteiligung von 46,9 Prozent. 1982 erhielt AMC durch Renault mit dessen kleinen Limousinen und Hecktürfahrzeugen mit Vierzylindermotor, die unter den Namen Alliance und Encore liefen, Zugang zur Kleinwagenklasse. 1983 wurde der von Renault gekommene José Dedeurwaerder Präsident bei AMC, schon bald wurden von den Renault-Modellen zehnmal so viele verkauft wie von dem in den USA konstruierten Eagle mit Allradantrieb. Der Jeep blieb aber der profitabelste Teil des Unternehmens und war schließlich der Auslöser dafür, daß Chrysler 1987 AMC für 600 Millionen Dollar übernahm. Chrysler nahm die alten Eagle-Konstruktionen aus der Fertigung und bildete die neue Jeep-Eagle Division, die im Rahmen des »Diamond Star«-Programms auf der Basis des Renault 21 den Eagle Premier und den Eagle Talon baute.

Der amerikanische Automobilbau ist tief von ausländischen Unternehmen durchdrungen. Es ist nahezu unmöglich, genau zu sagen, wie groß der amerikanische Anteil an Modellen wie den hier beschriebenen ist. Außerdem produzieren ausländische Unternehmen unter eigenem Namen in den USA. Den Anfang machte Volkswagen mit einem Werk in New Stanton in Pennsylvania, in dem ab 1978 der Golf gefertigt wurde. VW kam zwar als erstes ausländisches Unternehmen, ging aber auch als erstes – und bislang einziges – wieder. 1988 wurde die Golf-Fertigung wegen schwerwiegender Probleme mit der Gütesicherung eingestellt. Honda eröffnete sein Werk in Marysville, Ohio, im Jahre 1983, und im gleichen Jahr nahm Nissan die Produktion in Smyrna in Tennessee auf. Es folgten 1985 Mazda in Flat Rock in Michigan und 1988 Toyota in Georgetown, Kentucky. In diesen Werken wurden nicht nur Autos für den US-Markt, sondern auch für den Export nach Japan gebaut. Diamond Star exportierte seine ersten 3.000 Eclipse im November 1989, Toyota begann 1990, den Camry mit Rechtslenkung für den Export zu bauen. Diese Maßnahmen trugen in gewissem Ausmaß zu einer Verringerung des Handelsbilanzdefizits zwischen den USA und Japan bei, das durch das riesige Volumen der Importe nicht nur von Autos, sondern auch von Elektrogeräten, Fernsehern, Videorecordern und Kameras entstanden war.

1990 tat Honda mit seinem Accord Kombi einen wichtigen Schritt, um zum US-Hersteller zu werden. Das Design des Accord kam aus der Forschungs- und Entwicklungsabteilung Hondas in Torrance, Kalifornien, die Technik aus Marysville. Die Motoren wurden in einem weiteren Honda-Werk in Anna gebaut. Der 2,2-Liter-Vierzylinder mit 16 Ventilen fand auch in der Limousinen- und der Coupé-Version des Accord Verwendung. Als Produktionsziel für 1991 wurden 30.000-35.000 Einheiten festgesetzt, davon 10.000 für den Export, und zwar jeweils 5.000 nach Japan und nach Europa. Damit wurde zum ersten Mal ein in den USA gebautes japanisches Auto nicht nur nach Japan exportiert. Honda geht bei der Vermarktung seiner Fahrzeuge in den USA zwei Wege: Civic und Accord werden unter der Bezeichnung Honda vertrieben, während der teurere Legend und der Sportwagen NSX unter dem Namen Acura über ein eigenes Händlernetz verkauft werden. Der gleichen Strategie bedienen sich Nissan mit dem Infiniti und Toyota mit dem Lexus, für den sogar eine andere Werbeagentur beauftragt wurde.

Auch Korea drängt immer stärker auf den nordamerikanischen Markt. Hyundai besitzt ein Werk in Bromont in Kanada und verkauft seine Fahrzeuge in den USA über Chrysler/Eagle-Händler, der koreanische GM-Ableger Daewoo baut auf der Basis des Opel Kadett den Pontiac LeMans und denkt daran, seine Autos in den USA unter dem eigenen Namen zu vertreiben. 1992 beschloß auch BMW, in den USA ein Werk zu errichten. In Spartanburg (South Carolina) soll ab 1995 eine Schrägheck-Limousine der 3er-Reihe entstehen. Auch Mercedes Benz liebäugelt mit der Neuen Welt, im Gespräch ist ein Werk für den Bau des Geländewagens, des G-Modells, bzw. dessen Nachfolgers.

1991er Oldsmobile 98 Touring ◄▲►
Die Zahl 98 steht seit 1941 für das Oldsmobile-Spitzenmodell, das zum fünfzigsten Geburtstag als große frontgetriebene Limousine mit der GM-C-Karosserie und einem 3,8-Liter-V6 mit 170 PS herauskam. Der 98 gehörte zwar von der Größe her in die gleiche Klasse wie der Buick Park Avenue, hatte aber nicht ein Blechteil mit ihm gemeinsam. Außerdem ist seine Aufhängung straffer ausgelegt. Der Grundpreis für den Touring betrug 28.595 Dollar.
Oldsmobile Division, General Motors

EIN STÜRMISCHES JAHRZEHNT UND EIN BLICK IN DIE ZUKUNFT

Die amerikanische Autoindustrie mußte Anfang der achtziger Jahre schwere Schläge einstecken. Infolge der Benzinverbrauchsvorschriften, die dem traditionell großen amerikanischen Auto viel von seinem Reiz nahmen, machten Importfahrzeuge besonders aus Japan einen riesigen Schritt nach vorn. Die heimische Produktion, die 1973 noch 9,7 Millionen Einheiten betragen hatte, fiel 1980 auf knapp über sechs Millionen und warf Amerika damit auf den zweiten Platz hinter Japan zurück. Zwischen 1978 und 1982 mußten im ganzen Land 32 Automobilwerke die Pforten schließen. 1987 belief sich der Import auf 3.197.000 Fahrzeuge, 31,1 Prozent aller in den USA verkauften Autos.

Der relative Niedergang der amerikanischen gegenüber der japanischen Autoherstellung begann bereits in den sechziger Jahren, als in Amerika aus Selbstvertrauen Selbstzufriedenheit wurde und die Japaner ungeheure Anstrengungen unternahmen, aus dem Nichts eine Autoindustrie auf die Beine zu stellen. Die Dominanz der »Buchhalter« in den amerikanischen Unternehmen führte zu einer kurzsichtigen Politik, die den Gewinn am Jahresende als heilige Kuh sah und vor Investitionen zurückschreckte, weil diese ja den Profit schmälerten. Auf diese Weise gab es eben kein Geld für neue Maschinen und für Forschung und Entwicklung. Anfang der achtziger Jahre war der Automatisierungsgrad in Japan doppelt so hoch

▲ **Ford-Welthauptquartier in Dearborn, Michigan. Im Vordergrund steht ein Probe, Fords Gemeinschaftswerk mit Mazda. Das sportlich aussehenden Coupé wird im Mazda-Werk Flat Rock gebaut und mit 2,2-Liter-Vierzylinder und 3,0-Liter-V6 angeboten. Ford hatte Mitte 1991 bereits 341.000 Einheiten verkauft.**
Photo: Mirco de Cet

wie in den USA. Den amerikanischen Belegschaften kamen hohe Profite und niedrige Investitionen natürlich gelegen. Bei den leitenden Angestellten überstieg der an den Unternehmensgewinn gekoppelte Bonus oftmals das Jahresgehalt, und die Arbeiter lagen Ende der siebziger Jahre sechzig Prozent über dem Durchschnittslohn in der Industrie.

Ford befand sich zu Beginn der achtziger Jahre in schlechter Verfassung; von Juni 1979 bis Ende 1981 wurden ein Viertel der Angestellten entlassen und die Zahl der Arbeiter von 190.000 auf 115.000 reduziert. Persönliche Differenzen zwischen Henry Ford II. und Lee Iacocca führten dazu, daß letzterer im August 1978 das Unternehmen verließ und daß Ford selbst zum 1. Oktober 1980 aus dem Dreiergremium der obersten Führung ausschied. Für ihn kam sein Bruder William Clay Ford, der zusammen mit Donald Peterson und Philip Caldwell das Gremium wieder komplett machte. Caldwell hatte großen Erfolg in der Lkw-Sparte von Ford gehabt und wiederholte diesen Erfolg trotz seines Rufs als »uncharismatisch« und »grauer, fischblütiger Erbsenzähler« mit dem gesamten Unternehmen. Nach drei Jahren mit hohen Verlusten konnte er 1987 wieder einen Gewinn in Höhe von 187 Millionen Dollar ausweisen.

Iacocca ging zu Chrysler und hatte auch dort Erfolg. Als er die Führung übernahm, verkaufte Chrysler im Jahr nur 1,25 Millionen Pkw und mußte für 1978 208 Millionen Dollar Verlust ausweisen. Die Einführung des K-Car bedeutete die Wende und ließ Chrysler 1983 wieder in die Gewinnzone aufsteigen. Seit diesem Zeitpunkt hatte das Unternehmen mehrere wichtige Meilensteine zu verzeichnen – die Wiedereinführung des Kabrios, den Erwerb von American Motors und Lamborghini 1987 und das »Diamond Star«-Gemeinschaftsunternehmen mit Mitsubishi ab 1988.

Am Ende des Jahrzehnts befand sich Chrysler in einer besseren Lage als zu Beginn, war aber als kleinstes Unternehmen unter den Großen Drei immer noch anfällig genug angesichts einer Situation, in der alle mit Schwierigkeiten zu kämpfen hatten. 1989 mußte der Konzern Mitsubishi-Anteile im Wert von 300 Millionen Dollar verkaufen, um Verluste abzudecken, im Jahr darauf versuchte er, sich der Technologies Group und anderer Geschäftsbereiche zu entledigen, die nicht in die Automobilbranche fielen. Es gab – von Vizepräsident Bob Lutz energisch dementierte – Gerüchte, daß Lamborghini verkauft werden müsse und daß eine Fusion mit Fiat zu Debatte stünde. Die einzigen Zuwächse konnte Chrysler im Export, hauptsächlich nach Europa, erzielen. Die Mittelklasse-Modelle Chrysler Saratoga und Chrysler LeBaron gingen unter anderem nach Frankreich, in die Schweiz und nach Deutschland, wo sie zu Preisen verkauft wurden, die etwas unterhalb der größenmäßig vergleichbaren Fünfer-Reihe von BMW lagen. 1990 gingen einschließlich der Jeep-Modelle 41.000 Fahrzeuge in den Export, für 1991 wurde eine Steigerung auf 55.000 Einheiten erwartet. Im Dezember 1990 kaufte der kalifornische Milliardär Kirk Kerkorian fast zehn Prozent der Chrysler-Aktien und löste damit Übernahmegerüchte aus. Wahrscheinlicher ist jedoch, daß er einfach in Aktien investierte, deren Kurs sehr niedrig lag und nur noch steigen konnte.

Auch General Motors erlebte in den achtziger Jahren eine Achterbahnfahrt, die von einem miserablen Start bis in Rekordhöhen bei den Verkaufszahlen führte, als das Unternehmen in den Jahren 1984/85 drei von den fünf meistverkauften Marken stellte, nämlich Chevrolet an erster, Oldsmobile an dritter und Pontiac an fünfter Stelle. Auch GM machte seine Fehler, besonders bei Cadillac, dessen V-8-6-4-Motor, der je nach Fahrbedingungen mit acht, sechs oder vier Zylindern betrieben werden konnte, bereits nach einem Jahr wieder aus dem Verkehr gezogen wurde. Dieser Motor war an sich eine gute Idee, aber zu kompliziert, um zuverlässig zu sein, und brachte seitens der Käufer viele Beschwerden und Klagen ein. Das automatisierte Karosseriewerk Hamtramck, wo die Aufbauten für den Cadillac Seville, den Oldsmobile Toronado und den Buick Riviera gefertigt wurden, brachte von Anfang an viel Ärger ein (unter anderem lackierten die Roboter statt der Autos sich selbst). Cadillac hatte mit einem schweren Imageverlust zu kämpfen, da seine Modelle sich nicht ausreichend von den anderen GM-Produkten abhoben. Der Allante sollte diesen Mangel beheben, konnte sich aber bislang noch nicht so recht durchsetzen. Trotzdem vergrößerte General Motors 1990 seinen Marktanteil auf 35,7 Prozent, 0,5 Prozent mehr als 1987.

Die importierten Kleinwagen aus der Geo-Reihe verkauften sich zwar recht gut, brachten aber nur sehr wenig Gewinn ein. Als direkte Waffe im Kampf gegen die Importe kündigte General Motors 1983 ein neues Tochter-

1988er Chevrolet Astro CL ◂
Abwechselnd als Großraumlimousine und Mehrzweckfahrzeug bezeichnet, kombiniert der Astro mit seinem hohen Dach und seiner kurzen Haube die Vorzüge eines Kombis und eines Lieferwagens. Mehrzweckfahrzeuge wurden in Europa und Japan schon Anfang der achtziger Jahre gebaut und traten in den USA erstmals mit dem Dodge Caravan in Erscheinung, dem 1985 der Chevrolet Astro und 1986 der Ford Aerostar folgten. Der Astro besaß einen Standard-V6-Motor und Hinterradantrieb und war als Lieferwagen und Kombi erhältlich. Das CL-Paket umfaßte ein Sonderlenkrad, Radzierringe, Zusatzbeleuchtung, Zigarettenanzünder und Teppichboden. Der Astro CL kostete als Fünfsitzer 9.359 Dollar.

Chevrolet Division, General Motors

unternehmen an, das ab Sommer 1990 einen rundum neuen Wagen produzieren sollte. Die Produktionsanlagen für den Saturn, wie das Auto zur Erinnerung an die Rakete für die erste amerikanische Mondlandung hieß, befanden sich in einem neuen, knapp tausend Hektar großen Komplex in Spring Hill, Tennessee. Im Gegensatz zu anderen GM-Werken, in denen beispielsweise Motoren aus der einen, Getriebe aus der zweiten und Lenkungen aus der dritten Fabrik verarbeitet werden, ist das Werk in Spring Hill mit eigener Gießerei, Preß- und Stanzwerkstatt, Lackiererei, Abteilung für die Innenausstattung usw. sozusagen autark. Der Saturn hat kein einziges Bauteil mit anderen GM-Autos gemeinsam und besteht zu 65 Prozent aus zugelieferten Teilen.

Die Arbeitsbedingungen im Saturn-Werk liegen über dem Durchschnitt. Der ganze Komplex ist klimatisiert, statt Druckluft- wird Elektrowerkzeug eingesetzt, die Abgrenzung zwischen Führung und Belegschaft ist weniger strikt. Nach dem Beispiel des NUMMI-Werks in Fremont, das über die beste Qualitätskontrolle aller GM-Einrichtungen verfügen soll, verläßt man sich im Werk Spring Hill nicht so stark auf Roboter wie in manchen Detroiter Werken.

Der Saturn ist ein durch und durch konventionelles Auto, das es als Limousine und Coupé mit zwei 1,9-Liter-Vierzylindermotoren gibt, von denen der mit einer Nockenwelle 85 PS und der mit zwei Nockenwellen 123 PS leistet. Sein Radstand entspricht mit 2.647 mm dem des Honda Accord und des Toyota Camry. Seine Bodengruppe besteht aus Preßstahl, das Dach und die Haube aus Stahl und die Tür- und Seitenverkleidung außen aus aufgeschraubten Kunststoff-Formteilen.

Auch beim Vertrieb geht der Saturn neue Wege: Es gibt in 250 Regionen jeweils einen Händler, der nur Saturn-Modelle verkauft. Er darf auch andere Marken anbieten, aber nicht im gleichen Geschäft. Bei Saturn legt man viel Wert auf Kundenfreundlichkeit und mißt dem Service eine

1990er Pontiac Trans Sport ◂
Wie Chevrolet Lumina und Oldsmobile Silhouette zur Familie der GM-Mehrzweckfahrzeuge gehörig, besaß der Trans Sport einen 3,1- Liter-V6 mit Einspritzung, der quer unter der kurzen Haube eingebaut war und die Vorderräder antrieb. Besonders sportlich war er trotz seines Namens nicht. »Mehr Trans als Sport«, hieß es in einer Auto-Zeitschrift. Er hatte auf der Fahrerseite eine, auf der anderen Seite zwei Türen und war als Fünf- und Siebensitzer erhältlich.

Pontiac Division, General Motors

1991er Saturn ▲ ▶

Der Saturn war als Frontalangriff gegen Importautos wie Honda Accord und Toyota Camry gedacht und wurde in vier Ausführungen angeboten, nämlich als Limousine SL und, mit besserer Ausstattung, SL1 (hinten) mit Vierzylinder mit einer Nockenwelle, als Limousine SL2 (vorn rechts) mit Vierzylinder mit zwei Nockenwellen und als Coupé SC. Die quer eingebauten Motoren trieben die Vorderräder an. In der Explosionszeichnung auf der nächsten Seite sind Haube und Dach aus Stahl, Seiten-, Front- und Heckteile aus elastischem Kunststoff.

Saturn Corporation

ebenso große Bedeutung bei wie dem Verkauf, da die Marktforschung gezeigt hat, daß viele potentielle Käufer sich in den Ausstellungsräumen unsicher fühlen und den Verkäufern nur wenig Vertrauen entgegenbringen. Nach Produktionsbeginn am 31. Juli 1990 erhielten die Händler ihre ersten Saturn-Modelle im Dezember. Im Februar 1991 mußte die Hälfte der bis dahin gefertigten 3.000 Einheiten wegen einer möglicherweise fehlerhaften Rücklehnenverstellung zurückgerufen werden. Insgesamt waren die 91er Verkaufszahlen mit fast 75.000 Fahrzeugen jedoch recht ermutigend. Bei einer Umfrage zur Kaufzufriedenheit erreichte der Saturn unter 24 Kleinwagen Platz eins. 1992 wurde seine Modellpalette um einen Kombi ergänzt. Der Export begann 1991 mit Kanada und soll Mitte der neunziger Jahre auf Japan ausgedehnt werden.

Eine interessante Entwicklung der jüngsten Zeit ist die Wiederbelebung der großen Limousine mit V-Achtzylinder und Heckantrieb, die noch 1988 dem Untergang geweiht zu sein schien. Bei den Großen Drei hatte diese Art von Auto zuletzt nur noch eine Nebenrolle gespielt. General Motors bot bei Buick, Oldsmobile und Pontiac nur noch Kombis an. Chrysler besaß noch den Fifth Avenue und seine Brüder Dodge Diplomat und Plymouth Grand Fury, weil sich deren Entwicklungskosten längst amortisiert hatten und große Autos im allgemeinen mehr Gewinn einbringen als kleine. Beliebt waren diese Fahrzeuge und ihre Gegenstücke von Ford und Chevrolet vor allem bei Taxifahrern und der Polizei.

Es gab jedoch eindeutig nach wie vor einen größeren Markt für große sechssitzige Fahrzeuge, so daß Chevrolet trotz gewisser Bedenken hinsichtlich des Flottenverbrauchs für 1990 den Caprice in vollkommen neuem Gewand herausbrachte. Unter dem aerodynamisch geformten Blechkleid saßen der 5,0-Liter-V8, das Automatikgetriebe und der Heckantrieb von 1976. Obwohl der Caprice mit einer Gesamtlänge von 5,44 m und einem Gewicht von knapp 1,8 Tonnen weder von der Leistung noch vom Fahrverhalten her ein Musterbeispiel war, muß er in der amerikanischen Bevölkerung eine ganz bestimmte Saite zum Klingen gebracht haben. Zum Erstaunen der europäischen Fachwelt, die von einem »moby Dick«-Design sprach, wählten die Leser der Zeitschrift *Motor Trend* den Caprice zum Auto des Jahres.

Ende 1990 folgten andere GM-Töchter dem Beispiel Chevrolets. Oldsmobile kündigte den Custom Cruiser, einen achtsitzigen Kombi, an, Buick griff für einen ähnlichen Kombi auf den seit 1958 nicht mehr verwendeten Namen Roadmaster zurück. Im Frühjahr 1991 erschien der Roadmaster dann auch als Limousine mit einem größeren 5,7-Liter-Motor. Die Kombis waren mit acht Kubikmetern Laderaum wirklich groß, hielten sich preislich aber mit rund 18.000 Dollar für den voll ausgestatteten Caprice und 25.000 Dollar für den Buick Roadmaster durchaus im Rahmen. Cadillac baute weiterhin den alten Brougham mit der Bodengruppe von Roadmaster/Caprice. Für 1993 wurde allerdings ein überarbeitetes Modell angekündigt.

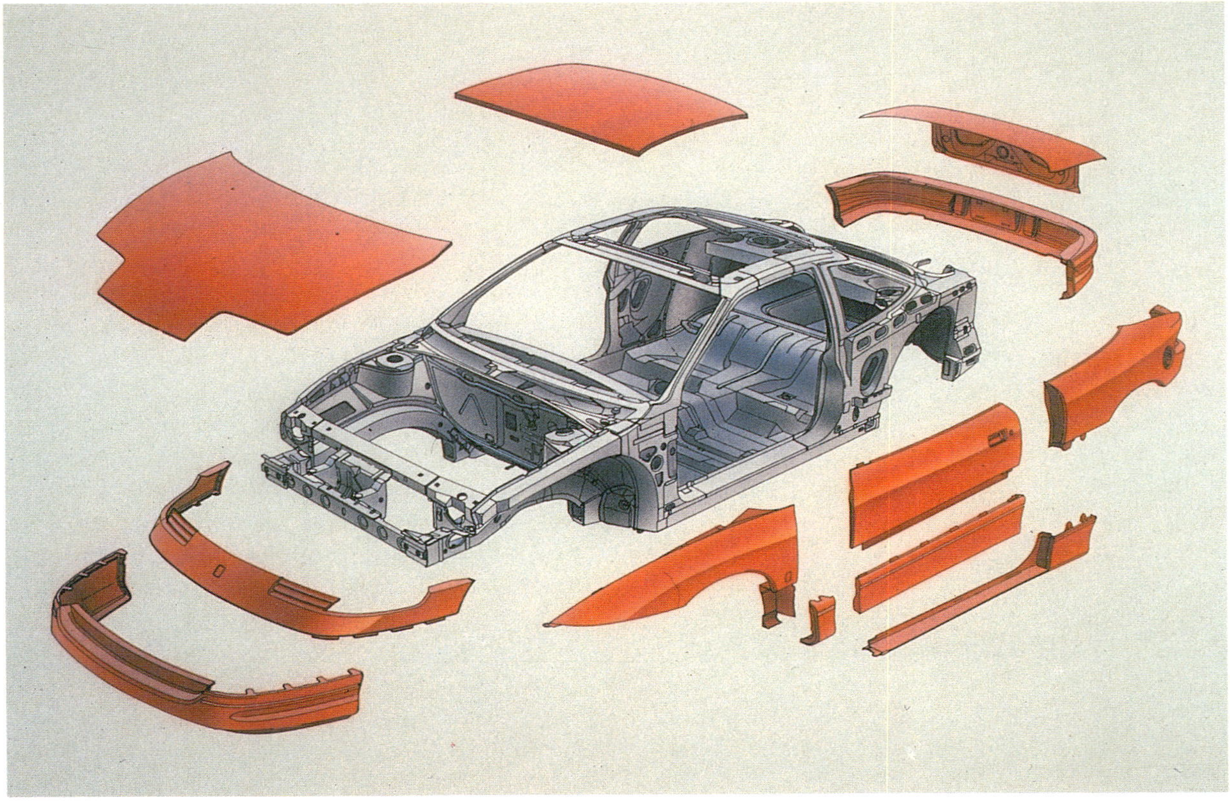

Auch bei Ford erlebte die große Limousine eine Wiederauferstehung. Der Crown Victoria und der Mercury Grand Marquis wurden allerdings vollkommen umgestaltet und sahen jetzt aus wie erwachsene Ausführungen von Taurus bzw. Sable. Außerdem hatte Ford ihnen neue V-Achtzylinder mit 4603 cm³ Hubraum spendiert, die 190 bzw., mit Doppelauspuff, 210 PS leisteten. Die Preise begannen bei 19.200 Dollar für den Crown Victoria. Durch eine sorgfältige Wahl der Baugruppen mit knapp über 25 Prozent importierter Teile konnten diese Modelle als Importfahrzeuge eingestuft werden, so daß ihr Benzinverbrauch zusammen mit dem der sparsameren Importe Ford Festiva und Mercury Capri zur Berechnung des Flottenverbrauch herangezogen werden konnte.

Trotz all dieser neuen Modelle sah die Zukunft für die amerikanische Automobilindustrie Anfang 1992 nicht rosig aus. Im zweiten Halbjahr 1990 zeigten sich die ersten Auswirkungen der Rezession; die Gesamtproduktion von amerikanischen Personen- und leichten Lastwagen fiel auf den Stand von 1989 zurück, während die Japaner mit Importfahrzeugen und in den USA hergestellten Modellen gegenüber 1989 überwiegend Steigerungen verzeichnen konnten, beispielsweise Mitsubishi um 29,6, Toyota um 15,1 und Honda um 9,2 Prozent. Der Honda Accord war zum zweiten Mal in Folge das meistverkaufte Modell mit 100.000 Einheiten mehr als der Ford Taurus. Chrysler konnte sich mit 6.000 Einheiten mehr als Honda gerade noch auf dem dritten Platz halten. Auch 1991 lag der Accord wieder an erster Stelle. 1990 hielten die heimischen Hersteller 60, die Japaner 27,5 und Importe aus Europa 12,5 Prozent Marktanteil. Im Januar 1991 schlossen die Großen Drei vorübergehend 24 von 62 Werken und entließen 62.000 Arbeiter und Angestellte in die Arbeitslosigkeit. Ein Jahr später gab General Motors bekannt, daß im Laufe der nächsten vier Jahre 21 US-Werke stillgelegt werden sollten.

Um auf einem Markt, auf dem Autos im Verhältnis zum verfügbaren Einkommen teurer waren als je zuvor in den letzten zwanzig Jahren, den Verkauf anzukurbeln, boten praktisch alle Händler ihre Fahrzeuge unter dem Listenpreis an. Das galt nicht nur für heimische Modelle, sondern auch für vermutlich beliebte Importe wie den Lexus,

1991er Chevrolet Caprice ▲ ▶

Der 91er Caprice besaß das verbreiterte Chassis des 90er Modells und eine völlig neue Karosserie mit einem c_W-Wert von nur 0,33 im Vergleich zu 0,41 bei seinem Vorgänger. Seine Gesamtlänge betrug fast 5,5 m, der Kofferraum hatte 577 Liter Fassungsvermögen. Zur gleichen Familie gehörten der Buick Roadmaster und der Oldsmobile Custom Cruiser.

Chevrolet Division, General Motors

der offiziell 38.000 Dollar kostete, aber schon für rund 30.000 Dollar zu haben war, wenn man entschlossen genug handelte. Preisnachlässe mögen ja den Absatz fördern, dem Gewinn tun sie nicht gut. Selbst der Listenpreis, den ja kaum jemand bezahlt, beschert den Herstellern Verluste. Schätzungen zufolge setzten im Jahre 1989 General Motors im Schnitt 1.200 Dollar, Chrysler 1.000 Dollar und Ford 800 Dollar pro Fahrzeug zu. 1990 belief sich der Verlust bei General Motors auf 1,6 Milliarden und bei Ford auf 519 Millionen Dollar, während Chrysler 31 Millionen Dollar Gewinn verbuchen konnte. Noch deprimierender verlief das Jahr 1991 mit Verlusten von 1,1 Milliarden bei General Motors, 574,4 Millionen bei Ford und etwa 82 Millionen bei Chrysler allein im Zeitraum Juli bis September. Nach Aussagen von Fachleuten könnten die 91er Verluste die schlimmsten in der Geschichte der Automobil-

1991er Chevrolet Caprice ▲◄
Der Caprice und sein Bruder Buick Roadmaster bedeuteten die Wiederkehr des traditionellen großen amerikanischen Autos mit Heckantrieb. General Motors unterstrich sein Engagement für die Fahrzeugklasse durch vollkommen neue Karosserien, die darauf schließen ließen, daß eine ganze Reihe von Modelljahren geplant waren. Die Preise begannen knapp unter 16.000 Dollar, dafür bekam der Käufer eine Menge Auto. Eine verbesserte Aufhängung beseitigte das Schlingern, das diesen Fahrzeugen im allgemeinen nachgesagt wurde. Chevrolet bot den Caprice auch in Polizei- und Taxiausführung an, letztere zum Preis von 19.283 Dollar.

Chevrolet Division, General Motors

1992er Ford Crown Victoria und Mercury Marquis ◄ ▼

Ford und Mercury renovierten, wie bereits im Dezember 1990 angekündigt, für das Modelljahr 1992 ihre großen, klassischen Stufenheck-Limousinen. Das Design folgte den von Ford Taurus und Mercury Sable vorgegebenen Linien, wichtiger war der Einsatz einer neuen V8-Maschine mit obenliegender Nockenwelle. Sie war leichter und 40 PS stärker (50 PS mit doppelter Auspuffanlage) als noch der direkte Vorgänger. Die Gewichtseinsparung ging auf das Konto des brandneuen Leichtmetall-Zylinderkopfes, neue, leichtgewichtige Alu-Kolben und -Ansaugkrümmer trugen ebenfalls ihr Scherflein dazu bei. Die neuen großen Ford legten ein deutlich besseres Fahrverhalten an den Tag und erreichten fast schon europäisches Niveau.

Ford Motor Company

industrie sein. Eines der Opfer war der Händler und Rennstall-Besitzer Roger Penske, der seinen riesigen Cadillac-Buick-Chevrolet-Vertrieb in Manhattan im Frühjahr 1991 schließen mußte.

Die Wirtschaftskrise einmal beiseite gelassen, geht ein Großteil der Malaise in der amerikanischen Autoindustrie auf einen massiven Vertrauensverlust bei den Autokäufern zurück. Während früher einmal Begeisterung und Snobismus die Hauptmotive für den Kauf eines importierten Autos waren, bilden seit etwa zehn Jahren sparsame Fahrer, die an Reparatur- und Betriebskosten sowie an den Wiederverkaufswert denken, die größte Käuferschicht bei ausländischen Fahrzeugen. 1988 stand bei einer Umfrage zur Kaufzufriedenheit der erste amerikanische Wagen (Cadillac) an fünfzehnter Stelle, weit hinter Acura, Range Rover und Mercedes-Benz (erster, zweiter und dritter) sowie kleinen Marken wie Daihatsu und Hyundai, aber immerhin noch vor VW! Der Acura ist so zuverlässig, daß sich ein Händler einmal beklagte, er könne mit seiner Werkstatt überhaupt kein Geld verdienen: »Diese Autos gehen einfach nicht kaputt. Ich weiß, das haben wir am Anfang auch schon gesagt, und da glaubten alle, der Grund liege darin, daß die Autos nagelneu waren. Das sind sie aber jetzt nicht mehr, und wir haben in der Werkstatt immer noch nichts zu tun.« 1991 stand mit dem Lexus wieder ein Japaner an der Spitze. Dieses Mal schnitten die Amerikaner aber weitaus besser ab. Cadillac erreichte den zweiten und Lincoln den vierten Platz.

Aber die Firmenchefs sehen einige Hoffnungsstreifen am Horizont. Lee Iacocca meint, daß sich die Amerikaner in schweren Zeiten auf Effizienz und Qualität besinnen:

1992er Buick Roadmaster ▲
Buick ließ den seit 1958 nicht mehr verwendeten Namen Roadmaster für eine neue große Limousine und einen Kombi wieder aufleben. Der Kombi besaß die gleiche Bodengruppe und den gleichen 5,0-Liter-Motor wie der Chevrolet Caprice und der Oldsmobile Custom Cruiser, während die Limousine eine größere Maschine hatte. Eine Autozeitschrift beschrieb den Kombi als »mit seinem schwammigen Fahrwerk und dem Vinyl-Holzimitat eindeutig gegen den Trend gerichtet«, aber das Platzangebot und die acht Kubikmeter Laderaum hatten offensichtig ihre Reize für viele Amerikaner, die der schuhkartongroßen Kompaktautos überdrüssig waren.

Buick Division, General Motors

◄ ▼ Zwei der interessantesten Studien der letzten Jahre waren der Zig (links) und der Zag (unten) mit Design von Ghia auf der um 15 cm gekürzten Bodengruppe des Ford Fiesta. Ghia legte Wert auf die Feststellung, daß auf dieser Bodengruppe auch eine drei- oder fünftürige Limousine oder ein Kombi zu realisieren seien. Als Antrieb waren ein Zweitakter von Sarich bzw. Elektromotoren vorgesehen.

Sammlung Mirco de Cet

»Wenn es schwierig wird, bekommen sie die Sache schon wieder in den Griff.« Das gilt gleichermaßen auch für die Teileindustrie, die beispielsweise bei den in den USA gebauten Honda- und Toyota-Modellen mit Konkurrenz aus dem Ausland zu kämpfen hat. Aber auch hier sieht Iacocca einen Hoffnungsschimmer. Die jährliche Autoausstellung in Detroit entwickelt sich zum zunehmend wichtigen Forum für neue »Concept Cars«, Studien, die dann binnen weniger Jahre realisiert werden. Der Pontiac Trans Sport war noch 1986 eine solche Studie und stand vier Jahre danach in den Verkaufsräumen. Die Buick-Studie Essence von 1989 wurde mit dem Park Avenue Ultra von 1991 in die Realität umgesetzt. Mit grundlegenden Ideen wie Zweitaktern und Elektromotoren, die mittlerweile schon umgesetzt wurden, scheint Detroit technisch wieder weiter vorauszufahren, als es viele Jahre lang der Fall war. Hoffen wir, daß Henry Ford, Alfred Sloan und Walter Chrysler in Frieden ruhen können, in dem Wissen, daß ihr Vermächtnis weiterhin blüht und gedeiht.

1992er Ford Taurus ▲ ◄

Die 92er Modelle von Taurus und Sable erlebten zwar die größte Veränderung seit Einführung der Reihe, doch trotz des bis auf die Türen völlig neuen Blechkleids hat sich ihr Aussehen nicht drastisch geändert. Weichere Aufhängung und Reifen sorgen für ruhigeres Fahrverhalten. An Motoren sind nur noch zwei V-Sechszylinder mit Stößelstangen und ein 24-Ventiler mit zwei Nockenwelle zu haben. Durch eine gewaltige Marketing-Strategie gelang es Ford, den Taurus 1992 zum meistverkauften Auto auf dem amerikanischen Markt zu machen – noch vor dem Honda Accord.

Ford Motor Company

1930er Ruxton Roadster ▼

KAPITEL ACHT

SAMMELLEIDENSCHAFT

"I warn you that in ten years most of you guys will be standing outside the hobby, looking in."

Parke-Bernet spokesman, 1962

◀ **Europa zu Gast: Ein wunderschöner Alfa Romeo 1750 aus den frühen dreißiger Jahren, eines der wenigen ausländischen Exemplare auf der Ausstellung in Meadowbrook im Jahre 1991**

Im Januar 1931 suchte der Verband der Autohändler in Philadelphia, der die jährliche Autoausstellung in der Stadt organisierte, nach einer günstigen Möglichkeit, die Vorstellung der neuen Modelle etwas lebendiger zu gestalten. Jemand schlug vor, die Besitzer früher Autos einzuladen, wobei »früh« definiert sein sollte als 25 Jahre und älter. Es ist nicht bekannt, wie viele dieser Besitzer mit ihren Fahrzeugen aufkreuzten, aber der Veranstaltung war wohl Erfolg genug beschieden, um von da an jährlich stattzufinden.

Für das Antique Automobile Derby, wie es genannt wurde, meldeten jedes Jahr mehr Teilnehmer. 1936 waren es mindestens vierzig Autos, die von Orten in mindestens 40 km Entfernung in einer Sternfahrt nach Philadelphia fuhren. Die Teilnehmer waren allerdings nicht unbedingt glücklich, da sie nur wenig Preisgeld erhielten und von den Zuschauern und Organisatoren sozusagen als komische Einlage betrachtet wurden. 1935 kamen zwei dieser Teilnehmer, Ted Fiala und Frank Abramson, auf die Idee, einen Verein für Liebhaber von Autoveteranen zu gründen. Sie setzten diese Idee dann im November in Form des Antique Automobile Club of America (AACA) mit vierzehn zahlenden Mitgliedern (Jahresbeitrag ein Dollar) in die Tat um. Der Verein war der zweite dieser Art, nachdem schon im November 1930 in Großbritannien der Veteran Car Club entstanden war.

Die Mitgliederzahl wuchs in den Vorkriegsjahren nur langsam, aber immerhin befand sich unter den Förderern des Vereins auch der Autopionier Charles Duryea, der dem Verein 1938 einen Vervielfältigungsapparat stiftete. 1944 besaß der Verein 400 zahlende Mitglieder. Während des Krieges verschwanden viele alte Autos in den Hochöfen, aber das war auch ein Anstoß für die Liebhaber, zu retten, was zu retten war, obwohl sie sich damit den Vorwurf des unpatriotischen Verhaltens zuzogen. In manchen Zeitungen wurde auch die Forderung erhoben, diese Fahrzeuge als gefährliche alte Wracks von den Straßen zu verbannen – teilweise zu Recht, denn das peinlich genaue Achten auf Authentizität und Sicherheit, das heute fast jeden Liebhaber von alten Autos auszeichnet, war vor 50 Jahren noch nicht in diesem Maße anzutreffen. Die alten Reifengrößen gab es erst nach dem 2. Weltkrieg wieder, so daß bei den ersten Treffen für Autoveteranen oft abgefahrene Reifen zu beobachten waren.

Der AACA gründete seinen ersten Regionalverband 1945 im nördlichen Illinois, gefolgt von Cleveland. 1960 umspannten über achtzig Regionalverbände mit mehr als 9.000 Mitgliedern die USA und Kanada. Jedes Jahr fanden zwei große Treffen statt, im Frühjahr und im Herbst, von 1946 bis 1953 in Devon (Pennsylvania). Da es dort zu eng wurde, wenn mehr als zweihundert Wagen gemeldet wurden, fand das Herbsttreffen, das mehr Teilnehmer anzog, ab Oktober 1954 im Stadion von Hershey statt. Dort belegt die Ausstellung mittlerweile eine riesige Fläche außerhalb des Stadions. Die Tauschbörse, bei der Teile, Literatur, Photos, Schallplatten und Autos den Besitzer wechseln, nimmt mehr Raum ein als die eigentliche Ausstellung.

▲ 1935er Auburn 851 beim Treffen in Meadowbrook 1991 zwischen anderen Produkten der Gruppe Auburn-Cord-Duesenberg

In der Zwischenzeit hatten sich weitere Vereine gebildet, als nächster im November 1937 der Horseless Carriage Club of America (HCCA) mit Vereinssitz in Downey, Kalifornien. Gegründet von dem Automobilingenieur und Konstrukteur W. Everett Miller, besaß er von Anfang an auch aktive weibliche Mitglieder, darunter Millers Frau Katherine, die den Vereinsnamen vorschlug, Margaret Lewerenz und Doris Twohy, die auch die Anregung dazu gaben, bei den Treffen die zum Auto passende Kleidung zu tragen, was aber umstritten war. Manch ein Teilnehmer meinte, das verleihe dem ganzen einen Hauch von Karneval, der mit der ernsthaften Nutzung alter Autos nicht zu vereinbaren sei. Der HCCA hat heute 27 Regionalverbände in den USA und einen in Neuseeland.

Der dritte Verein entstand im Dezember 1938 im Raum Boston unter der Bezeichnung Veteran Motor Car Club of America. Er hatte 1940 107 Mitglieder und erwarb 1949 die Fahrzeuge aus dem Vermögen von Larz Anderson, auf dessen ehemaligem Landsitz in Brookline, Massachusetts, sich auch der Vereinssitz befindet.

Vor dem 2. Weltkrieg beschränkte sich das Sammlerinteresse auf Fahrzeuge aus der Zeit vor 1920. Der Ford T wurde gerade noch akzeptiert, wenn er einen Kühler aus Messing (vor 1917) hatte. Der Verlust so vieler teurer Autos aus den zwanziger Jahren an den Schrotthändler brachte so manchen Liebhaber auf die Idee, daß Autos nicht unbedingt aus der Messingzeit stammen mußten, um sammelbar zu sein. Unmittelbar nach dem 2. Weltkrieg tauchte eine Reihe großer alter Modelle von Lincoln, Cadillac V16, Pierce-Arrow und Rolls-Royce aus dem Winterschlaf auf. Viele davon wurden schnell verkauft, sobald es neue Autos gab, und gingen für wenige hundert Dollar an junge Liebhaber. Keith Martin, später Gründungsmitglied des Automobilclubs Upper Hudson Valley, kaufte 1946 seinen ersten Rolls-Royce, einen 1930er Phantom I, für fünfhundert Dollar. Autos aus den zwanziger Jahren waren noch billiger zu haben. 1953 konnte der Verleger George Dammann einen 1936er Lincoln V12 Brunn Brougham in einigermaßen gutem Zustand für zehn Dollar erwerben.

Ende 1951 wurde der Classic Car Club of America (CCCA) gegründet. Bei der Internationalen Motorsportausstellung in New York 1952 erregte der von einem CCCA-Mitglied ausgestellte 1931er Cadillac V16 so viel Aufsehen, daß der Verein noch vor Ende der Ausstellung fast siebzig neue Mitglieder verzeichnen konnte. Der Verein definierte ein klassisches Auto als zwischen 1925 und 1942 hergestelltes Auto von anerkannter Qualität. Was unter anerkannter Qualität zu verstehen war, ließ sich nicht immer problemlos sagen, aber bei bestimmten Marken wurden bedingungslos alle Modelle aufgenommen. Das galt unter anderem für Cord, Duesenberg, duPont, Mercer, Pierce-Arrow und Stutz sowie ausländische Marken wie Alfa-Romeo, Bugatti, Isotta-Fraschini, Rolls-Royce und andere. Bei anderen Marken war der Verein wählerischer. Die meisten Packard-Modelle waren zugelassen, nicht aber der 120 und der 110. Die großen Lincoln- und Continental-Modelle wurden akzeptiert, nicht aber der Zephyr. Chevrolet, Ford, Oldsmobile und Pontiac fanden nur mit Sonderaufbauten und auf besonderen Antrag Aufnahme und von Buick nur der 90 und der Limited aus den Baujahren 1931 bis 1942. Die Klassiker sind ideale Tourenwagen. Der CCCA mit seinen 27 Verbänden organisiert regelmäßig Langstreckenfahrten, zu denen manche Teilnehmer mehrere hundert Kilometer weit anreisen.

Ende der sechziger Jahre setzte sich die Auffassung

▲ Autos aus der Nachkriegszeit bei einem Treffen in Flint, Michigan, im Jahre 1991: Im Vordergrund ein 1953er Studebaker und ein 1951er Chevrolet

Photo: Mirco de Cet

◀ Eine andere Ecke in Flint: Vorn ein Corvette, dahinter ein 1939er Chevrolet und anschließend ein De Tomaso Pantera

Photo: Mirco de Cet

▶ Unverfälschtes Exemplar eines 1956er Mercury in Meadowbrook

MERCURY
1991 MEADOWBROOK 024
1956
MERCURY
CONVERTIBLE
ROSS GIBALDI
CONCOURS d'ELEGANCE

ein Verein für die viersitzige Ausführung. Zusammen mit den Vereinen für Lastwagen, Motorräder und ausländische Autos kommt man mittlerweile auf eine Gesamtzahl von rund 550 kleinen und großen Vereinen.

◀ Richard Kughn ist führender Autosammler und besitzt außerdem eine großartige Sammlung von Lionel-Modellbahnen. Hier fährt er seinen 1935er Auburn Phaeton.

▼ 1937er Cord 812

durch, daß auch bescheidenere Autos aus der klassischen Periode anerkannt werden sollten. Mittlerweise kümmerten sich sogenannte Einmarkenvereine beispielsweise um Ford, Chevrolet und Plymouth, 1967 entstand ein Dachverband für alle Fahrzeuge aus der Zeit von 1928 bis 1948, die Contemporary Historical Vehicle Association. 1971 schließlich gründete der Historiker Richard M. Langworth die Milestone Car Society (MCS), die sich des Zeitraums 1945 bis 1972 annimmt. Zu Meilensteinen in der Geschichte des Automobilbaus können amerikanische und ausländische Fahrzeuge erklärt werden. Die Entscheidung darüber trifft ein Ausschuß. Vorschläge kommen in der Regel von Vereinsmitgliedern, die meistens das betreffende Auto besitzen. Wenn das vorgeschlagene Fahrzeug auf den fünf Gebieten Design, Technik, Leistung, Innovation und Verarbeitung genügend Stimmen auf sich vereinigt, wird es zum Meilenstein erklärt. Unter den mehr als 170 Meilensteinen im Jahre 1992 befanden sich frühe Nachkriegsmodelle wie Chrysler Town & Country, Frazer Manhattan und Tucker sowie neuere Fahrzeuge wie Ford Mustang Boss 302, Plymouth Roadrunner und Pontiac GTO.

Für fast alle amerikanischen Marken, die im CCCA und in der MCS vertreten sind, gibt es außerdem Einmarken- und Einmodellvereine. Neben mindestens 23 Ford-Vereinen finden sich eigene Vereine für den Mustang und den Thunderbird. Zuerst galt nur der zweisitzige Thunderbird als sammelnswert, doch schon bald darauf entstand auch

▲ Einige ungewöhnliche Exemplare in Meadowbrook: Links ein 1941er Cadillac mit Spezialaufbau, möglicherweise von Bohman & Schwartz (Cadillac hatte nie einen Kombi im Programm), rechts ein seltener 1941er Packard, dazwischen im Hintergrund ein 1941er oder 1942er Chrysler

DIE SAMMLER

Das Rückgrat der Veteranenbewegung ist der einzelne Liebhaber, der ein oder zwei geschätzte Autos sein eigen nennt. Daneben gibt es aber Leute, die in großem Stil sammeln. Der erste Großsammler war wahrscheinlich Henry Ford, der Anfang der zwanziger Jahre damit begann, neben vielen anderen Zeugen für das amerikanische Landleben, insbesondere Pflüge und andere Landmaschinen, Autos zu sammeln. All das ist im »Henry Ford Museum and Greenfield Village« zu besichtigen. Dieser historische Komplex wurde am 21. Oktober 1929 unter Anwesenheit von Thomas Alva Edison, Orville Wright und Präsident Hoover eröffnet. Zu den Glanzstücken der Autosammlung gehörten das Dampfmobil von Sylvester Roper aus dem Jahr 1863, Fords erstes Quadricycle von 1896 und sein massiger Rennwagen 999 von 1903 sowie Fahrzeuge von Prominenten wie der Franklin von Charles Lindbergh und der 1912er Baker Electric von Präsident Taft.

Ein weiterer Sammlerpionier, wenn auch ganz anders als Henry Ford, war der Detroiter Unternehmer (Kohle und Koks, Asphalt, Erdarbeiten) Barney Pollard, der schließlich über tausend Autos besaß. Sein erstes, einen 1910er Cadillac, erwarb er 1938, um dann während des Krieges mit täglich zwei oder drei Autotransportern richtig einzusteigen. Die Fahrzeuge wurden in Schuppen übereinander gestapelt, bis Pollard 1976 mit dem Verkauf begann. Die Familie Pollard besitzt heute noch etwa 40 Oldtimer, die in einem eigenen Gebäude stehen.

Henry Austin Clark jr. kaufte seinen ersten Oldtimer, einen 1915er Ford T, 1937 als frischgebackener Student in Harvard. Bei Kriegsausbruch hatte er schon fünf weitere Oldtimer erworben und konnte später auf über 400 Fahrzeuge zurückblicken. Als einer der ersten interessierte er sich auch für alte Lastwagen, Busse und Feuerlöschfahrzeuge. 1948 eröffnete er das Long Island Automotive Museum in Southampton. Auch Briggs Cunningham stellte seine Sammlung von überwiegend sportlichen Autos in einem Museum aus, das in den sechziger Jahren in Costa Mesa in Kalifornien die Tore öffnete. Frühe Sammler, die zahllose Oldtimer vor dem Verschrotten retteten, waren auch Cameron Peck aus Chicago und der Opernsänger James Melton, der 1946 über hundert Fahrzeuge besaß, die er in einem Museum ausstellte.

◀ **1935er Cadillac V16 Town Car neben dem 1941er Kombi**

Der bekannteste Sammler – und Gründer des größten Automuseums der Welt – war der Kasinobesitzer William Fisk Harrah aus Reno. Harrah begann 1948 mit einem Ford T und einem Zweizylinder-Maxwell und trug binnen weniger Jahre eine enorme Sammlung von rund 1.400 Personenwagen, Lastwagen und Feuerlöschfahrzeuge zusammen, von denen er 1.100 ausstellte. Zahllose amerikanische und ausländische Marken waren vertreten. Zu den Glanzlichtern gehörten über 100 Ford-Modelle (mindestens eins aus jedem Jahr zwischen 1903 und 1951) und mehr als jeweils 50 Modelle von Packard und Franklin. Harrah testete jeden Wagen, bevor er in die Ausstellung kam. Seine Restaurierungswerkstätten und seine Bibliothek waren weltweit berühmt. Leider hinterließ er keine Anweisungen, was mit seiner Sammlung geschehen sollte, als er im Juni 1978 starb. Gegen Auflösungspläne liefen die Gegner Sturm und schalteten sogar Präsident Reagan ein. Schließlich einigte man sich auf eine Reihe von Verkaufsveranstaltungen, um die Sammlung auf beherrschbarere Dimensionen zu verkleinern. Nach diesen Veranstaltungen, die 1984 und 1985 stattfanden, erhielt ein Kern von etwa 225 Autos eine neue Heimat mitten in Reno. Diese Sammlung ist das heutige National Automobile Museum, das viele der in diesem Buch gezeigten Fahrzeuge zum Photographieren zur Verfügung stellte.

Neben den »Breitband«-Sammlern gibt es viele, die sich mit erstaunlicher Hingabe auf eine bestimmte Marke oder ein bestimmtes Modell spezialisieren. Everitt White aus Middletown in Wisconsin besaß Ende der siebziger Jahre 150 Corvair-Modelle. Don Schneider aus Mansfield in Ohio hatte 60 Corvairs, überwiegend aus den Jahren 1964/66. Der Farmer Hugh Lesley aus Pennsylvania dürfte die größte Edsel-Sammlung der Welt besitzen. Seine letzte Zählung ergab etwa 150 Stück. Wer nicht so viel Platz hat, sammelt Kleinwagen. Paul Gorrell aus Burlington in Iowa beschränkt sich auf Crosley-Modelle, von denen er gegenwärtig 41 besitzt. Er transportiert gegebenenfalls vier dieser Kleinwagen auf einem Anhänger, einen fünften auf dem Dach seines Kleinlasters und notfalls einen sechsten im Kleinlaster selbst. Seine Sammlung umfaßt nahezu alle Karosserievarianten und Farben sowie mindestens drei Modelle pro Baujahr.

Manch eine Markensammlung hat persönliche Gründe. Der Buick-Händler Wally Rank aus Milwaukee wurde im Alter von drei Jahren von einem Pierce-Arrow angefahren. Heute kann er nach eigener Aussage keinen Pierce-Arrow mehr sehen, ohne ihn sofort kaufen zu wollen. Er besitzt mittlerweile achtzehn. Dick de Vecchi aus San Lorenzo in Kalifornien hat sich völlig spezialisiert. Er konzentriert sich auf 1941er Chevrolets und besitzt derzeit sieben, einen von jeder Ausführung, die Chevrolet in diesem Jahr im Angebot hatte. Ist er zufrieden? Nicht ganz. Er hätte gern noch die einzige 41er Limousine mit Faltverdeck, die sich ein anderer Liebhaber aus zwei Limousinen und zwei Kabrios zusammengebaut hat.

Eine Sammlung von Fahrzeugen aus einem einzigen Baujahr, die sich zudem noch ihren Unterhalt selbst verdiente, war die Flotte eines Autovermieters am Flughafen Santa Ynez in Kalifornien, alles 1958er Chevrolets, überwiegend Limousinen, aber auch ein paar Kombis und ein Bel Air mit Hardtop. Die Fahrzeuge waren 1978 noch im Einsatz. Ob man sie heute noch mieten kann, ist nicht bekannt.

DIE PROFIS

Viele Jahre lang war das Oldtimersammeln ein Hobby, ein Freizeitvergnügen, das dem Liebhaber Hunderte von Stunden zufriedener Bastelei und Fahrerei bescherte. Niemand verdiente Geld damit, im Gegenteil. Als die Preise noch niedrig waren, bemaßen sich die Aufwendungen allerdings mehr in Zeit als in Dollar und Cent. In den letzten dreißig Jahren bestreitet jedoch eine zunehmende Zahl von Leuten ihren Lebensunterhalt mit dem Restaurieren, dem An- und Verkauf und dem Versteigern von sammelnswerten Autos jeden Alters.

Die erste bedeutende amerikanische Versteigerung fand im Mai 1962 statt. Die neun Oldtimer aus der Sammlung von Wallace C. Bird brachten 37.850 Dollar ein. Die Einzelpreise von 5.300 Dollar für einen Duesenberg, 3.700 Dollar für einen Hispano-Suiza und 1.850 Dollar für einen

▼ **1957er Pontiac Bonneville mit Einspritzer – preisgekrönt**

◀ **1935er Auburn 851 bei einer Parade**

▼ **Shelby Mustang 350, erkennbar am Streifen auf Haube und Dach, 1991 in Meadowbrokk**

▶ **1936er Cord**

Bugatti 43 galten damals als sehr hoch. Ein Beobachter vom Auktionshaus Parke-Bernet sagte voraus, daß das erst der Anfang gewesen sei: »Leute, erfüllt euch euren Herzenswunsch jetzt. In zehn Jahren können die meisten von euch sich das Hobby nicht mehr leisten.«

Er hatte recht. Schon bald schnellten die Preise in die Höhe. Aber auch die kleinen Sammler blieben nicht außen vor, denn steigende Preise bedeuteten, daß auch der Wert einer kleinen Sammlung stieg. Ende der sechziger Jahre brachte ein Mercer 35 Raceabout 45.000 Dollar, im Jahrzehnt darauf bestätigte sich die Bedeutung der Oldtimer durch den Einstieg bekannter internationaler Auktionshäuser wie Sotheby's und Christies. Sotheby's arbeitete mit dem New Yorker Auktionshaus Parke-Bernet zusammen, aber das bekannteste rein amerikanische Unternehmen ist die in Indiana beheimatete Kruse Classic Auction Company. Kruse war bereits bekannt für Versteigerungen von Immobilien und Landmaschinen und machte im Januar 1973 erstmals Schlagzeilen mit dem Verkauf eines gepanzerten Mercedes-Benz aus dem Fuhrpark Hitlers für 153.000 Dollar. Im folgenden Jahr durchbrach ein Duesenberg J die 200.000-Dollar-Grenze. 1979 versteigerte Christies den Hitler-Mercedes für 400.000 Dollar. Während der achtziger Jahre hielt Kruse überall in den USA jährlich rund 40 Auktionen ab und setzte dabei über 13.000 Autos um, über 75 Prozent aller Sammlerautos, die in den USA angeboten wurden. Den Rekordpreis bei einer Versteigerung bezahlte 1986 Jerry Moore für einen Bugatti Royale: 6,5 Millionen Dollar. Dieser Wagen ging später privat für 8,1 Millionen Dollar an den Pizzakönig Tom Monaghan, der ihn in seine Sammlung von 20 Ferraris, 20 Rolls-Royce und 28 Duesenberg einreihte.

Wenn man zu den Auktionshäusern die Oldtimer-Händler und professionellen Restaurierer hinzunimmt, könnte man sicherlich von einem Multimillionen-Dollargeschäft sprechen. Aber auf jeden, der sich damit seinen Lebensunterhalt verdient, kommen viele andere, die das Sammeln alter Autos rein als Hobby betreiben.

OADS
359